2025 위패스

공인중개사 합격셀렉트
2차 부동산공법

WEPASS•

머리말
Intro

안녕하세요. 부동산공법을 강의하는 이현우 감정평가사·공인중개사·행정사입니다.

감정평가사 공부를 시작하면서 부동산공법을 처음으로 공부했습니다. 이후 공인중개사를 취득하면서 부동산공법을 다시 공부했습니다. 공부할 때만 하더라도 내용이 지겹고 탁상공론이라고만 느꼈습니다. 재미도 없고 암기해도 금방 잊어버렸습니다. 현업에 나가서 부동산이 개발되는 과정을 살펴보며 부동산을 평가하다 보니 그제야 부동산공법이 이런 법이라고 새삼 느꼈습니다.

또한 부동산공법을 힘들게 공부했던 저의 과거를 비춰보며, 어느 부분이 여러분을 힘들게 하는지 충분히 이해할 수 있습니다. 이를 바탕으로 쉽고 문제를 맞힐 수 있는 노하우를 전수해 드리겠습니다.

부동산공법을 공부하며 공인중개사라는 여러분의 목표에 다다르길 진심으로 기원합니다. 더 나아가 부동산 지식이 해박한 전문성을 갖춘 전문가로 거듭나길 소원합니다.

2025. 02. 10.
이현우 올림

**부동산공법은
부동산을 어떻게
이용하고 활용하는지에
대한 설명서입니다.**

내가 가지고 있는 이 땅에 어떤 용도의 건물을 지을 수 있는지, 그 건물의 규모는 어떠한지 등을 알아가는 법입니다.

핸드폰을 사면서 설명서만 읽어 본다면 얼마나 재미없고, 지루할까요? 핸드폰을 만져보지도 않고 설명서만 읽는다면 핸드폰이 어떤 기기인지 알 수 있을까요? 저는 현업에서 겪은 많은 고민과 실사례를 들어 여러분께 전달할 생각입니다. 부동산 사용 설명서를 읽어드리며 실제 어떤 사례가 있는지 설명해 드리고자 합니다.

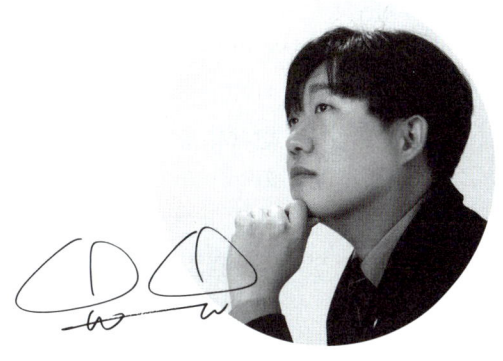

이 책의 구성 및 특징

포인트를 잡고 공부하기!

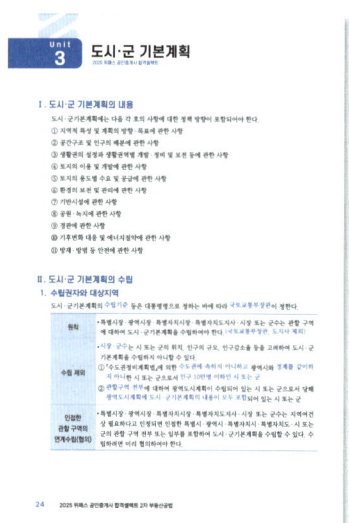

공법이 어렵다고 느끼는 이유는 '양'에 있습니다. 공인중개사 공부에 학생들이 체감하는 공부량 1등일 것입니다. 무조건 암기하려 덤비면 그 많은 양을 소화할 수 없습니다. 이해가 바탕이 되면 암기가 줄어듭니다. 이해를 잘 하기 위해서는 강약조절을 할 줄 알아야 합니다. 무턱대고 책을 읽어나가는 것이 아닌, 어떤 문장과 단어가 포인트인지 잡고 공부해야 합니다. 포인트 잡고 공부할 단어에 색상 표시를 해 두었으니 복습을 할 땐 표시된 부분만 빠르게 보시면 됩니다.

공법의 방대한 양을 체계도로 한번에!

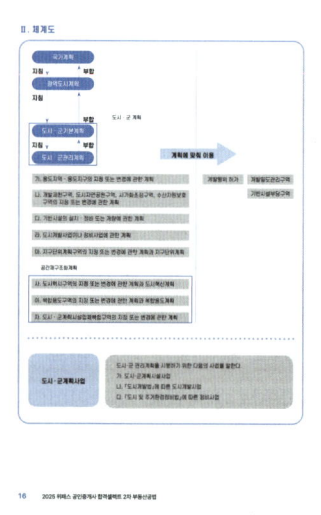

합격셀렉트는 이론을 탄탄하게 배우는 기본강의이자 OX 기출 문제 풀이를 통해 포인트를 잡고 가는 핵심 요약서이기도 합니다. 객관식 문제 풀이 시즌에 체계도가 나옵니다. 체계도는 전지형 태로 진짜 한장에 정리된 공법의 지도입니다. 합격셀렉트에 이 체계도를 파트별로 넣었다가 이후에 한장으로 합쳐서 볼 수 있도록 했습니다. 체계도를 보다 기억이 안나면 합격셀렉트의 해당 파트를 펼쳐 다시 보면 해결! 체계도가 있으니 방대한 양에 길을 잃을 일이 없습니다!

합격셀렉트 부동산공법은
방대한 양은 줄이고 재미는 늘렸습니다.

 핵심 기출 OX를 통해 포인트 잡기!

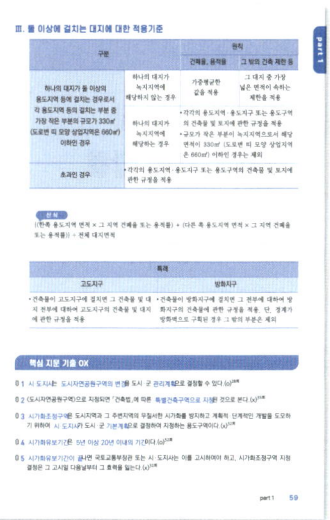

이론을 배우고 한참 후에 문제풀이 강의에 들어오면 이론은 다 까먹고 문제는 안 풀리는 경우가 많습니다. 그 이유는 우리가 공부한 이론의 어떤 부분이 실제로 문제가 되는지 잘 모르기 때문입니다. 자꾸 이상한 부분을 공부하고 이후에 문제를 풀다가 중요한 부분이 아니었다는 것을 나중에서야 알게 되곤 합니다. 합격셀렉트에 OX 기출문제 7개년 이상을 실었습니다. 특히 포인트가 되는 단어가 무엇인지 표시해 개념을 이해하고 실제로 점수까지 잡고 갈 수 있도록 했습니다.

 그림으로 보여주는 공법

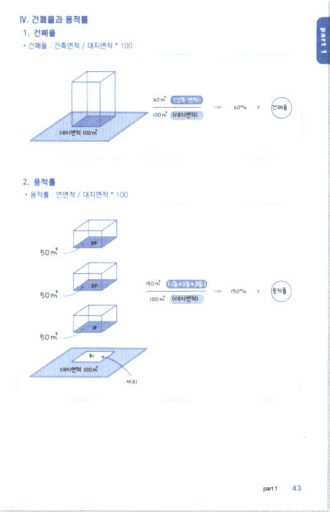

특히 공법을 제대로 배워두면 공인중개사 일을 할 때 원활한 중개가 가능합니다. 그때 가서 다시 공부할 필요 없도록! 충분히 이해할 수 있게 그림으로 표현이 가능한 부분은 그림을 넣었습니다.

 특별한 표를 통해 깔끔한 정리!

방대한 양을 글로 접하면 기억에 남지 않습니다. 표를 통해 깔끔하게 비교정리를 해야 합니다. 여러분의 이해와 암기를 동시에 해결하기 위해 비법이 담긴 표를 만들었습니다.

Contents

Part 1. 국토의 계획 및 이용에 관한 법률

- Unit 1. 국토의 계획 기본 개념 ··········· 11
- Unit 2. 광역도시계획 ··········· 15
- Unit 3. 도시·군 기본계획 ··········· 20
- Unit 4. 도시·군 관리계획 ··········· 24
- Unit 5. 공간재구조화계획 (신설) ··········· 32
- Unit 6. 용도지역의 지정 ··········· 35
- Unit 7. 용도지구의 지정 ··········· 43
- Unit 8. 용도구역의 지정 ··········· 49
- Unit 9. 도시·군계획시설 ··········· 57
- Unit 10. 지구단위계획 ··········· 77
- Unit 11. 개발행위허가 ··········· 86
- Unit 12. 개발밀도관리구역 및 기반시설부담구역 ··········· 99

Part 2. 도시개발법

- Unit 1. 정의 및 체계도 ··········· 109
- Unit 2. 도시개발계획의 수립 ··········· 110
- Unit 3. 도시개발구역의 지정 ··········· 116
- Unit 4. 도시개발사업의 시행자 ··········· 123
- Unit 5. 도시개발사업 실시계획 ··········· 131
- Unit 6. 도시개발사업 시행 ··········· 135
- Unit 7. 도시개발채권 등 ··········· 158

Part 3. 도시정비법

- Unit 1. 체계도 및 용어정의 ··········· 165
- Unit 2. 기본계획 수립 및 정비구역의 지정 ··········· 169
- Unit 3. 정비사업의 시행방법 및 시행자 ··········· 182
- Unit 4. 조합설립추진위원회 및 조합 ··········· 188
- Unit 5. 사업시행계획 등 ··········· 199
- Unit 6. 관리처분계획 등 ··········· 207
- Unit 7. 비용의 부담 등 ··········· 220

Part 4. 건축법

Unit 1. 용어정의 ·········· 225
Unit 2. 건축법 적용 제외 ·········· 228
Unit 3. 건축용도별 건축물의 종류 및 용도변경 ·········· 230
Unit 4. 건축허가 및 건축신고 ·········· 236
Unit 5. 사용승인 및 건물의 유지·관리 ·········· 250
Unit 6. 건축물의 설계, 건축시공 및 공사감리 ·········· 254
Unit 7. 공용건축물에 대한 특례 ·········· 257
Unit 8. 건축물의 대지와 도로 ·········· 259
Unit 9. 건축물의 구조 및 재료 ·········· 265
Unit 10. 건축물의 대지, 면적 및 높이 ·········· 274
Unit 11. 건축법 적용의 완화 ·········· 282
Unit 12. 특별건축구역 등 ·········· 284

Part 5. 주택법

Unit 1. 용어의 정의 ·········· 297
Unit 2. 주택건설사업자 ·········· 305
Unit 3. 주택조합 ·········· 308
Unit 4. 주택건설사업의 시행 ·········· 319
Unit 5. 주택의 공급 ·········· 330
Unit 6. 투기과열지구 및 전매제한 ·········· 338
Unit 7. 리모델링 허가 ·········· 347
Unit 8. 권한의 위임·위탁 ·········· 353

Part 6. 농지법

Unit 1. 정의 ·········· 357
Unit 2. 농지의 소유 ·········· 361
Unit 3. 대리경작자 제도 ·········· 373
Unit 4. 농업진흥지역 ·········· 375
Unit 5. 농지전용 ·········· 378
Unit 6. 농지대장 ·········· 383

PART 1

국토의 계획 및 이용에 관한 법률

2025 위패스 공인중개사 합격셀렉트
2차 부동산공법

Unit 1-12

Unit 1 국토의 계획 기본 개념
Unit 2 광역도시계획
Unit 3 도시·군 기본계획
Unit 4 도시·군 관리계획
Unit 5 공간재구조화계획(신설)
Unit 6 용도지역의 지정
Unit 7 용도지구의 지정
Unit 8 용도구역의 지정
Unit 9 도시·군계획시설
Unit 10 지구단위계획
Unit 11 개발행위허가
Unit 12 개발밀도관리구역 및 기반시설부담구역

국토의 계획 및 이용에 관한 법률 (약칭:국토계획법)
[시행 2024. 8. 7.] [법률 제20234호, 2024. 2. 6. 일부개정]

국토의 계획 및 이용에 관한 법률 시행령 (약칭:국토계획법 시행령)
[시행 2024. 9. 20.] [대통령령 제34319호, 2024. 3. 19. 일부개정]

국토의 계획 및 이용에 관한 법률 시행규칙 (약칭:국토계획법 시행규칙)
[시행 2024. 11. 30.] [국토교통부령 제1338호, 2024. 5. 29. 일부개정]

Unit 1. 국토의 계획 기본 개념

2025 위패스 공인중개사 합격셀렉트

Ⅰ. 행정조직구성

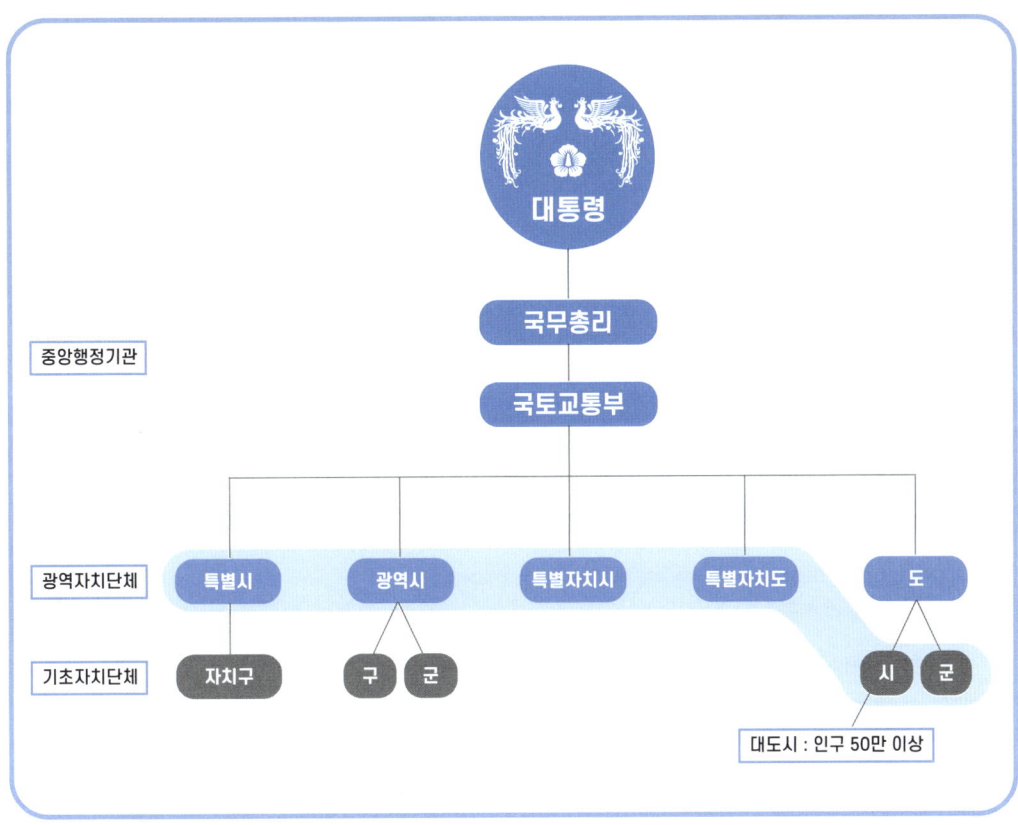

Ⅱ. 체계도

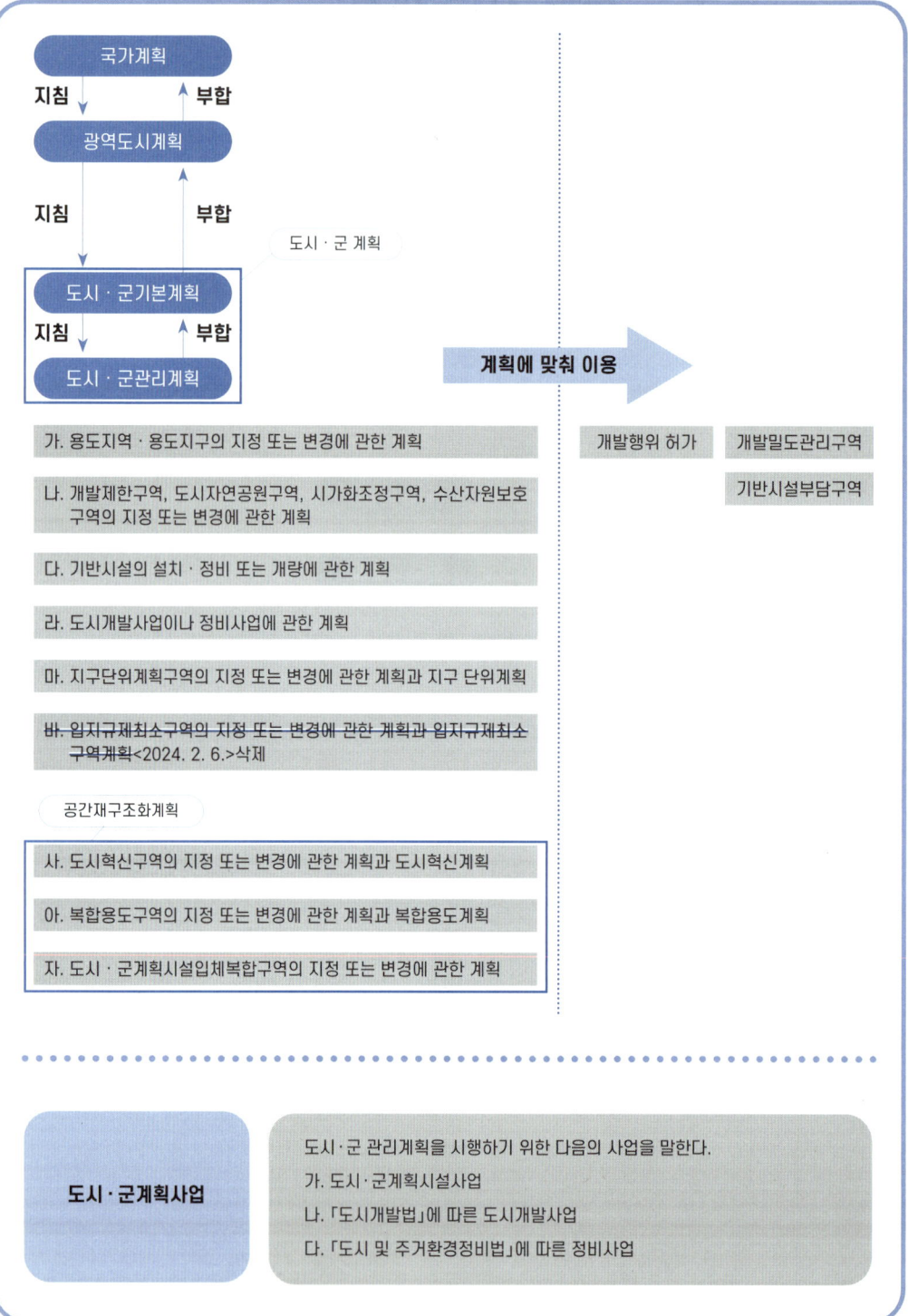

Ⅲ. 도시·군계획의 법적 지위

국가계획 ↓ 광역도시계획 ↓ 도시·군 기본계획 ↓ 도시·군 관리계획	• 광역도시계획 및 도시·군계획은 **국가계획에 부합**되어야 하며, 광역도시계획 또는 도시·군계획의 내용이 국가계획의 내용과 다를 때에는 **국가계획의 내용이 우선**한다. 이 경우 국가계획을 수립하려는 중앙행정기관의 장은 미리 지방자치단체의 장의 의견을 듣고 충분히 협의하여야 한다. • 광역도시계획이 수립되어 있는 지역에 대하여 수립하는 **도시·군기본계획은 그 광역도시계획에 부합**되어야 하며, 도시·군기본계획의 내용이 광역도시계획의 내용과 다를 때에는 **광역도시계획의 내용이 우선**한다. • 도시·군계획은 특별시·광역시·특별자치시·특별자치도·시 또는 군의 관할 구역에서 수립되는 **다른 법률에 따른 토지의 이용·개발 및 보전에 관한 계획의 기본**이 된다. • 특별시장·광역시장·특별자치시장·특별자치도지사·시장 또는 군수가 관할 구역에 대하여 다른 법률에 따른 환경·교통·수도·하수도·주택 등에 관한 **부문별 계획을 수립**할 때에는 **도시·군기본계획의 내용에 부합**되게 하여야 한다.
국가계획	• 중앙행정기관이 법률에 따라 수립하거나 국가의 정책적인 목적을 이루기 위하여 수립하는 계획 중 도시·군 기본계획의 내용이나 도시·군관리계획으로 결정하여야 할 사항이 포함된 계획을 말한다.
광역도시계획	• 광역계획권의 장기발전방향을 제시하는 계획을 말한다.
도시·군 계획	• 특별시·광역시·특별자치시·특별자치도·시 또는 군(광역시의 관할 구역에 있는 군은 제외한다. 이하 같다)의 관할 구역에 대하여 수립하는 공간구조와 발전방향에 대한 계획으로서 도시·군기본계획과 도시·군관리계획으로 구분한다.
도시·군기본계획	• 특별시·광역시·특별자치시·특별자치도·시 또는 군의 관할 구역 및 생활권에 대하여 기본적인 공간구조와 장기발전방향을 제시하는 종합계획으로서 도시·군관리계획 수립의 지침이 되는 계획을 말한다.
도시·군관리계획	• 특별시·광역시·특별자치시·특별자치도·시 또는 군의 개발·정비 및 보전을 위하여 수립하는 토지 이용, 교통, 환경, 경관, 안전, 산업, 정보통신, 보건, 복지, 안보, 문화 등에 관한 다음 각 목의 계획을 말한다. ① 용도지역·용도지구의 지정 또는 변경에 관한 계획 ② 개발제한구역, 도시자연공원구역, 시가화조정구역, 수산자원보호구역의 지정 또는 변경에 관한 계획 ③ 기반시설의 설치·정비 또는 개량에 관한 계획 ④ 도시개발사업이나 정비사업에 관한 계획 ⑤ 지구단위계획구역의 지정 또는 변경에 관한 계획과 지구단위계획 ⑥ 도시혁신구역의 지정 또는 변경에 관한 계획과 도시혁신계획 ⑦ 복합용도구역의 지정 또는 변경에 관한 계획과 복합용도계획 ⑧ 도시·군계획시설입체복합구역의 지정 또는 변경에 관한 계획

핵심 지문 기출 OX

01 도시·군관리계획을 시행하기 위한 사업으로 도시·군계획사업에 해당하는 것으로 〈도시·군계획시설사업, 「도시개발법」에 따른 도시개발사업, 「도시 및 주거환경정비법」에 따른 정비사업이 있다.(o)[29회]

02 지구단위계획구역의 지정에 관한 계획은 〈도시·군기본계획〉에 해당한다.(x)[35회]

03 도시·군기본계획의 내용이 광역도시계획의 내용과 다를 때에는 도시·군기본계획의 내용이 우선한다.(x)[35회]

04 광역도시계획이 수립되어 있는 지역에 대하여 수립하는 도시·군기본계획은 그 광역도시계획에 부합되어야 한다.(o)[32회]

Unit 2. 광역도시계획

Ⅰ. 광역계획권의 지정목적 및 내용

1. 지정목적
공간구조 및 기능을 상호 연계시키고 환경을 보전하며 광역시설을 체계적으로 정비하기 위함

2. 지정내용
① 광역계획권의 공간 구조와 기능 분담에 관한 사항
② 광역계획권의 녹지관리체계와 환경 보전에 관한 사항
③ 광역시설의 배치·규모·설치에 관한 사항
④ 경관계획에 관한 사항
⑤ 광역계획권의 교통 및 물류유통체계에 관한 사항
⑥ 광역계획권의 문화·여가공간 및 방재에 관한 사항

Ⅱ. 광역계획권의 지정

1. 지정권자
① 지정권자 : 국토교통부장관 또는 도지사

국토교통부장관	도지사
광역계획권이 둘 이상의 특별시·광역시·특별자치시·도 또는 특별자치도(이하 '시·도')의 관할 구역에 걸쳐 있는 경우	광역계획권이 도의 관할 구역에 속하여 있는 경우

② 광역계획권의 지정 또는 변경 요청 : 중앙행정기관의 장, 시·도지사, 시장 또는 군수는 국토교통부장관이나 도지사에게 광역계획권의 지정 또는 변경을 요청할 수 있다.

2. 지정절차 (의,심 - 지정, 통보)

구분	지정권자	
	국토교통부장관	도지사
의견청취	• 관계 시·도지사, 시장 또는 군수	• 관계 중앙행정기관의 장, 관계 시·도지사, 시장 또는 군수
심의	• 중앙도시계획위원회	• 지방도시계획위원회
지정,변경	• 국토교통부장관	• 도지사
통보	• 관계 시·도지사, 시장 또는 군수	

III. 광역도시계획의 수립

1. 수립권자

	지정권자가 국토교통부장관인 경우	지정권자가 도지사인 경우
구분	• 광역계획권이 둘 이상의 특별시·광역시·특별자치시·도 또는 특별자치도(이하 '시·도')의 관할 구역에 걸쳐 있는 경우	• 광역계획권이 도의 관할 구역에 속하여 있는 경우
원칙	• 관할 시·도지사의 공동수립	• 관할 시장 또는 군수의 공동수립
예외	• 국토교통부장관 단독 수립 ① 광역계획권을 지정한 날부터 3년이 지날 때까지 관할 시·도지사로부터 광역도시계획에 대하여 승인 신청이 없는 경우 ② 국가계획과 관련된 광역도시계획의 수립이 필요한 경우	• 관할 도지사 단독 수립 ① 광역계획권을 지정한 날부터 3년이 지날 때까지 관할 시장 또는 군수로부터 광역도시계획의 승인신청이 없는 경우 ② 시장 또는 군수가 협의를 거쳐 요청하는 경우
	• 국토교통부장관, 시·도지사 공동 수립 • 시·도지사가 요청하는 경우와 그 밖에 필요하다고 인정되는 경우	• 도지사, 시장 또는 군수 공동 수립 • 시장 또는 군수가 요청하는 경우와 그 밖에 필요하다고 인정하는 경우

2. 수립절차 (조,공,의 - 수립)

기초조사 ↓	① 기초조사 • 국토교통부장관, 시·도지사, 시장 또는 군수는 기초조사 하여야 한다. • 기초조사에 필요한 자료를 제출하도록 관계 행정기관의 장에게 요청할 수 있다. • 효율적인 기초조사를 위하여 필요하면 기초조사를 전문기관에 의뢰할 수 있다. • 기초조사정보체계를 구축·운영하여야 한다. • 기초조사정보체계를 구축한 경우에는 등록된 정보의 현황을 5년마다 확인하고 변동사항을 반영하여야 한다.
공청회(생략×) ↓	② 공청회 • 주민과 관계 전문가 등으로부터 의견을 들어야 하며, 공청회에서 제시된 의견이 타당하다고 인정하면 광역도시계획에 반영하여야 한다.
의견청취 ↓	③ 의견청취 • 시·도지사, 시장 또는 군수는 광역도시계획을 수립하거나 변경하려면 미리 관계 시·도, 시 또는 군의 의회와 관계 시장 또는 군수의 의견을 들어야 한다. • 국토교통부장관은 광역도시계획을 수립하거나 변경하려면 관계 시·도지사에게 광역도시계획안을 송부하여야 하며, 관계 시·도지사는 그 광역도시계획안에 대하여 그 시·도의 의회와 관계 시장 또는 군수의 의견을 들은 후 그 결과를 국토교통부장관에게 제출하여야 한다.
광역도시계획의 수립	

IV. 광역도시계획의 승인

1. 승인권자

국토교통부장관	도지사
• 시·도지사는 광역도시계획을 수립하거나 변경하려면 국토교통부장관의 승인을 받아야 한다. 다만, 도지사가 수립하는 광역도시계획은 그러하지 아니하다.	• 시장 또는 군수는 광역도시계획을 수립하거나 변경하려면 도지사의 승인을 받아야 한다.

2. 승인절차 (협심 – 승인)

	지정권자가 국토교통부장관인 경우	지정권자가 도지사인 경우
협의 (30일 내) ↓ 심의 ↓ 승인	① 관계 중앙행정기관과 협의 ② 중앙도시계획위원회에 심의 ③ 국토교통부장관의 승인	① 관계 행정기관과 협의 ② 지방도시계획위원회에 심의 ③ 시도지사의 승인

V. 광역도시계획의 공고 및 열람

	지정권자가 국토교통부장관인 경우	지정권자가 도지사인 경우
송부 ↓ 공고, 열람(30일 이상)	① 관계 중앙행정기관의 장과 시·도지사에게 송부 ② 시·도지사가 공고·열람	① 관계 행정기관의 장 (국토교통부장관을 포함)과 시장 또는 군수에게 송부 ② 시장 또는 군수가 공고·열람

핵심 지문 기출 OX

01 둘 이상의 특별시·광역시·특별자치시·특별자치도·시 또는 군의 공간구조 및 기능을 상호 연계시키고 환경을 보전하며 광역시설을 체계적으로 정비하기 위하여 필요한 경우에는 광역계획권을 지정할 수 있다.(o)[29회]

02 국토교통부장관은 인접한 둘 이상의 특별시·광역시·특별자치시의 관할 구역 전부 또는 일부를 광역계획권으로 지정할 수 있다.(o)[28회]

03 광역계획권이 둘 이상의 시·도의 관할 구역에 걸쳐 있는 경우에는 관할 시·도지사가 공동으로 광역계획권을 지정하여야 한다.(x)[29회]

04 광역계획권이 둘 이상의 도의 관할 구역에 걸쳐 있는 경우, 해당 도지사들은 공동으로 광역계획권을 지정하여야 한다.(x)[33회]

05 광역계획권이 하나의 도의 관할 구역에 속하여 있는 경우, 도지사는 국토교통부장관과 공동으로 광역계획권을 지정 또는 변경하여야 한다.(x)[33회]

06 국토교통부장관은 광역계획권을 지정하려면 관계 시·도지사, 시장 또는 군수의 의견을 들은 후 중앙도시계획위원회의 심의를 거쳐야 한다.(o)[28회]

07 중앙행정기관의 장, 시·도지사, 시장 또는 군수는 국토교통부장관이나 도지사에게 광역계획권의 지정 또는 변경을 요청할 수 있다.(o)[33회]

08 중앙행정기관의 장, 시·도지사, 시장 또는 군수는 국토교통부장관이나 도지사에게 광역계획권의 변경을 요청할 수 있다.(o)[29회]

09 국토교통부장관이 광역계획권을 변경하려면 관계 시·도지사, 시장 또는 군수의 의견을 들은 후 지방도시계획위원회의 심의를 거쳐야 한다.(x)[33회]

10 도지사가 광역계획권을 지정하려면 관계 중앙행정기관의 장의 의견을 들은 후 중앙도시계획위원회의 심의를 거쳐야 한다.(x)[33회]

11 광역도시계획의 수립기준은 국토교통부장관이 정한다.(o)[31,32회]

12 국가계획과 관련된 광역도시계획의 수립이 필요한 경우 광역도시계획의 수립권자는 국토교통부장관이다.(o)[29회]

13 광역계획권이 같은 도의 관할 구역에 속하여 있는 경우 관할 도지사가 광역도시계획을 수립하여야 한다.(x)[32회]

14 광역계획권을 지정한 날부터 3년이 지날 때까지 관할 시장 또는 군수로부터 광역도시계획의 승인 신청이 없는 경우 관할 도지사가 광역도시계획을 수립하여야 한다.(o)[32회]

15 광역도시계획을 공동으로 수립하는 시·도지사는 그 내용에 관하여 서로 협의가 되지 아니하면 공동이나 단독으로 국토교통부장관에게 조정을 신청할 수 있다.(o)[31회]

16 국토교통부장관은 시·도지사가 요청하는 경우에도 시·도지사와 공동으로 광역도시계획을 수립할 수 없다.(x)[28회]

17 도지사는 시장 또는 군수가 협의를 거쳐 요청하는 경우에는 단독으로 광역도시계획을 수립할 수 있다.(o)[31회]

18 시장 또는 군수가 기초조사정보체계를 구축한 경우에는 등록된 정보의 현황을 5년마다 확인하고 변동사항을 반영하여야 한다.(o)[32회]

19 국토교통부장관, 시·도지사, 시장 또는 군수는 광역도시계획을 수립하려면 미리 공청회를 열어 주민과 관계 전문가 등으로부터 의견을 들어야 한다.(o)[29회]

20 시장 또는 군수는 광역도시계획을 변경하려면 미리 공청회를 열어야 한다.(o)[28회]

21 광역도시계획의 수립을 위한 공청회는 광역계획권 단위로 개최하되, 필요한 경우에는 광역계획권을 수개의 지역으로 구분하여 개최할 수 있다.(o)[31회]

22 국토의 계획 및 이용에 관한 법령상 광역도시계획을 수립하려는 경우 시장 또는 군수가 주민의 의견을 들어야 한다.(o)[30회]

23 시·도지사, 시장 또는 군수는 광역도시계획을 수립하거나 변경하려면 미리 관계 시·도, 시 또는 군의 의회와 관계 시장 또는 군수의 의견을 들어야 한다.(o)[32회]

24 시·도지사, 시장 또는 군수는 광역도시계획을 변경하려면 미리 관계 시·도, 시 또는 군의 의회와 관계 시장 또는 군수의 의견을 들어야 한다.(o)[28회]

25 시장 또는 군수는 광역도시계획을 수립하려면 도지사의 승인을 받아야 한다.(o)[28회]

26 국토교통부장관은 광역도시계획을 수립하였을 때에는 직접 그 내용을 공고하고 일반이 열람할 수 있도록 하여야 한다.(x)[31회]

Unit 3. 도시·군 기본계획

I. 도시·군 기본계획의 내용

도시·군기본계획에는 다음 각 호의 사항에 대한 정책 방향이 포함되어야 한다.

① 지역적 특성 및 계획의 방향·목표에 관한 사항
② 공간구조 및 인구의 배분에 관한 사항
③ 생활권의 설정과 생활권역별 개발·정비 및 보전 등에 관한 사항
④ 토지의 이용 및 개발에 관한 사항
⑤ 토지의 용도별 수요 및 공급에 관한 사항
⑥ 환경의 보전 및 관리에 관한 사항
⑦ 기반시설에 관한 사항
⑧ 공원·녹지에 관한 사항
⑨ 경관에 관한 사항
⑩ 기후변화 대응 및 에너지절약에 관한 사항
⑪ 방재·방범 등 안전에 관한 사항

II. 도시·군 기본계획의 수립

1. 수립권자와 대상지역

도시·군기본계획의 수립기준 등은 대통령령으로 정하는 바에 따라 국토교통부장관이 정한다.

원칙	• 특별시장·광역시장·특별자치시장·특별자치도지사·시장 또는 군수는 관할 구역에 대하여 도시·군기본계획을 수립하여야 한다. (국토교통부장관, 도지사 제외)
수립 제외	• 시장·군수는 시 또는 군의 위치, 인구의 규모, 인구감소율 등을 고려하여 도시·군기본계획을 수립하지 아니할 수 있다. ① 『수도권정비계획법』에 의한 수도권에 속하지 아니하고 광역시와 경계를 같이하지 아니한 시 또는 군으로서 인구 10만명 이하인 시 또는 군 ② 관할구역 전부에 대하여 광역도시계획이 수립되어 있는 시 또는 군으로서 당해 광역도시계획에 도시·군기본계획의 내용이 모두 포함되어 있는 시 또는 군
인접한 관할 구역의 연계수립(협의)	• 특별시장·광역시장·특별자치시장·특별자치도지사·시장 또는 군수는 지역여건상 필요하다고 인정되면 인접한 특별시·광역시·특별자치시·특별자치도·시 또는 군의 관할 구역 전부 또는 일부를 포함하여 도시·군기본계획을 수립할 수 있다. 수립하려면 미리 협의하여야 한다.

2. 수립절차 (조.공.의 - 수립)

| 기초조사 ↓ 공청회(생략×) (주민, 관계전문가) ↓ 의견청취(지방의회) ↓ 도시·군 기본계획의 수립 (광역시 군수 및 국토교통부장관, 도지사 제외) | ①기초조사
• 특별시장·광역시장·특별자치시장·특별자치도지사·시장 또는 군수는 토지적성평가, 재해취약성 분석 포함하여 기초조사하여야 한다.
㉠입안일부터 5년 이내 실시한 경우 및 ㉡다른 법률에 따른 지역·지구 등의 지정이나 개발계획 수립 등으로 인하여 도시·군기본계획의 변경이 필요한 경우 토지적성평가, 재해취약성 분석을 하지 아니할 수 있다.
②공청회
• 주민과 관계전문가 등으로부터 의견을 들어야 하며, 공청회에서 제시된 의견이 타당하다고 인정하면 도시·군기본계획에 반영하여야 한다.
③의견청취
• 특별시장·광역시장·특별자치시장·특별자치도지사·시장 또는 군수는 도시·군기본계획을 수립하거나 변경하려면 미리 그 특별시·광역시·특별자치시·특별자치도·시 또는 군 의회의 의견을 들어야 한다.
• 의회는 특별한 사유가 없으면 30일 이내에 의견을 제시하여야 한다. |

Ⅲ. 도시·군 기본계획의 확정, 승인 및 정비

1. 확정 및 승인권자

확정권자	승인권자
• 특별시장·광역시장·특별자치시장 또는 특별자치도지사는 관할 구역의 도시·군 기본계획을 직접 확정한다.	• 시장 또는 군수는 도지사의 승인을 받아야 한다.

2. 절차 (협.심. - 승인)

| 협의 (30일 내) ↓ 심의 ↓ 승인 | ① 관계 행정기관의 장 (국토교통부장관을 포함)과 협의
② 지방도시계획위원회에 심의
③ 시장 또는 군수가 수립한 경우 도지사의 승인
• 특별시장·광역시장·특별자치시장·특별자치도지사는 승인 필요× |

Ⅳ. 도시·군 기본계획의 공고 및 열람

	특별시장·광역시장·특별자치시장·특별자치도지사의 경우	도지사의 경우
송부 ↓ 공고, 열람(30일 이상)	① 관계 행정기관의 장에게 송부 ② 특별시장·광역시장·특별자치시장·특별자치도지사가 공고	① 도지사는 시장 또는 군수에게 송부 ② 시장 또는 군수는 공고, 열람

Ⅴ. 도시·군 기본계획의 정비 : 5년마다 타당성 검토의무

Ⅵ. 생활권계획 수립의 특례

① 특별시장·광역시장·특별자치시장·특별자치도지사·시장 또는 군수는 생활권역별 개발·정비 및 보전 등에 필요한 경우 생활권계획을 따로 수립할 수 있다.

② 생활권이란 통근·통학·쇼핑·여가·친교·업무·공공서비스 등 주민들의 일상적인 생활활동이 이루어지는 공간범위를 말하며, 생활권계획은 생활권을 범위로 주민 요구와 지역특성에 맞는 생활개선과제를 발굴하고 해결하는 시민 눈높이 계획을 말한다.

③ 생활권계획은 도시기본계획을 구체화하는 중간단위계획을 말하며, 이는 도시기본계획 내용을 생활권단위로 구체화·종합화하고, 하위계획 및 관련계획에 대한 지침을 제시하는 역할을 한다.

④ 생활권계획이 수립 또는 승인된 때에는 해당 계획이 수립된 생활권에 대해서는 도시·군기본계획이 수립 또는 변경된 것으로 본다.

핵심 지문 기출 OX

01 도시·군기본계획에는 기후변화 대응 및 에너지절약에 관한 사항에 대한 정책 방향이 포함되어야 한다.(o)³²회

02 도시·군기본계획의 내용이 광역도시계획의 내용과 다를 때에는 도시·군기본계획의 내용이 우선한다.(x)³⁵회

03 광역도시계획이 수립되어 있는 지역에 대하여 수립하는 도시·군기본계획은 그 광역도시계획에 부합되어야 한다.(o)³²회

04 「수도권정비계획법」에 의한 수도권에 속하고 광역시와 경계를 같이하지 아니한 시로서 인구 20만명 이하인 시는 도시·군기본계획을 수립하지 아니할 수 있다.(x)³²회

05 시장 또는 군수는 인접한 시 또는 군의 관할 구역을 포함하여 도시·군기본계획을 수립하려면 미리 그 시장 또는 군수와 협의하여야 한다.(o)³¹회

06 도시·군기본계획 입안일부터 5년 이내에 토지적성평가를 실시한 경우에는 토지적성평가를 하지 아니할 수 있다.(o)³¹회

07 시장 또는 군수는 도시·군기본계획을 수립하려면 미리 그 시 또는 군 의회의 의견을 들어야 한다.(o)³¹회

08 특별시장·광역시장·특별자치시장 또는 특별자치도지사는 도시·군기본계획을 변경하려면 관계 행정기관의 장(국토교통부장관을 포함)과 협의한 후 지방도시계획위원회의 심의를 거쳐야 한다.(o)³²회

09 시장·군수가 미리 지방의회의 의견을 들어 수립한 도시·군기본계획의 경우 도지사는 지방도시계획위원회의 심의를 거치지 않고 해당 계획을 승인할 수 있다.(x)³⁵회

10 시장 또는 군수가 도시·군기본계획의 승인을 받으려 할 때, 도시·군기본계획안에 첨부하여야 할 서류로서 청문회의 청문조서, 해당 시·군 및 도의 의회 및 지방도시계획위원회의 심의·의결 결과, 관계 중앙행정기관의 장과의 협의 및 중앙도시계획위원회의 심의에 필요한 서류가 해당된다.(x)³³회

11 시장 또는 군수가 도시·군기본계획의 승인을 받으려 할 때, 도시·군기본계획안에 첨부하여야 할 서류로서 기초조사 결과가 요구된다.(o)³³회

12 시장 또는 군수는 도시·군기본계획을 변경하려면 도지사와 협의한 후 지방도시계획위원회의 심의를 거쳐야 한다.(x)³¹회

13 시장 또는 군수는 5년마다 관할 구역의 도시·군기본계획에 대하여 타당성을 전반적으로 재검토하여 정비하여야 한다.(o)³¹회, ³²회

14 도시·군기본계획의 수립권자가 생활권계획을 따로 수립한 때에는 해당 계획이 수립된 생활권에 대해서는 도시·군관리계획이 수립된 것으로 본다.(x)³⁵회

15 광역도시계획이나 도시·군기본계획을 수립할 때 도시·군관리계획을 함께 입안할 수 없다.(x)³⁵회

Unit 4 도시·군 관리계획

Ⅰ. 도시·군 관리계획의 내용

도시·군기본계획의 수립기준 등은 대통령령으로 정하는 바에 따라 국토교통부장관이 정한다.

① 용도지역·용도지구의 지정 또는 변경에 관한 계획
② 개발제한구역, 도시자연공원구역, 시가화조정구역, 수산자원보호구역의 지정 또는 변경에 관한 계획
③ 기반시설의 설치·정비 또는 개량에 관한 계획
④ 도시개발사업이나 정비사업에 관한 계획
⑤ 지구단위계획구역의 지정 또는 변경에 관한 계획과 지구단위계획
⑥ 삭제〈2024. 2. 6.〉(입지규제최소구역의 지정 또는 변경에 관한 계획과 입지규제최소구역계획은 삭제됨)
⑦ 도시혁신구역의 지정 또는 변경에 관한 계획과 도시혁신계획
⑧ 복합용도구역의 지정 또는 변경에 관한 계획과 복합용도계획
⑨ 도시·군계획시설입체복합구역의 지정 또는 변경에 관한 계획

Ⅱ. 도시·군 관리계획의 입안

1. 입안권자

① 원칙 : 특별시장·광역시장·특별자치시장·특별자치도지사·시장 또는 군수

관할 구역 입안		• 특별시장·광역시장·특별자치시장·특별자치도지사·시장 또는 군수는 관할 구역에 대하여 도시·군관리계획을 입안하여야 한다.
인접한 관할 구역 포함	–	① 지역여건상 필요하다고 인정하여 미리 인접한 특별시장·광역시장·특별자치시장·특별자치도지사·시장 또는 군수와 협의한 경우 ② 인접한 특별시·광역시·특별자치시·특별자치도·시 또는 군의 관할 구역을 포함하여 도시·군기본계획을 수립한 경우
	협의가 성립한 경우	• 관계 특별시장·광역시장·특별자치시장·특별자치도지사·시장 또는 군수가 협의하여 공동으로 입안하거나 입안할 자를 정한다.
	협의가 성립되지 아니하는 경우	• 같은 도의 관할 구역에 속할 때에는 관할 도지사가, 둘 이상의 시·도의 관할 구역에 걸쳐 있을 때에는 국토교통부장관(수산자원보호구역의 경우 해양수산부장관을 말한다)이 입안할 자를 지정하고 그 사실을 고시하여야 한다.

② 예외 : 국토교통부장관·도지사

국토교통부장관	도지사
① 국가계획과 관련된 경우 ② 둘 이상의 시·도에 걸쳐 지정되는 용도지역·용도지구 또는 용도구역과 둘 이상의 시·도에 걸쳐 이루어지는 사업의 계획 중 도시·군관리계획으로 결정하여야 할 사항이 있는 경우 → 직접 또는 관계 중앙행정기관의 장의 요청에 의하여 도시·군관리계획을 입안할 수 있다. • 이 경우 국토교통부장관은 관할 시·도지사 및 시장·군수의 의견을 들어야 한다.	① 둘 이상의 시·군에 걸쳐 지정되는 용도지역·용도지구 또는 용도구역과 둘 이상의 시·군에 걸쳐 이루어지는 사업의 계획 중 도시·군관리계획으로 결정하여야 할 사항이 포함되어 있는 경우 ② 도지사가 직접 수립하는 사업의 계획으로서 도시·군관리계획으로 결정하여야 할 사항이 포함되어 있는 경우 → 직접 또는 시장이나 군수의 요청에 의하여 도시·군관리계획을 입안할 수 있다. • 이 경우 도지사는 관계 시장 또는 군수의 의견을 들어야 한다.

2. 입안제안 ★

제안사항	토지소유자 동의 요건
• 도시·군계획시설입체복합구역의 지정 및 변경과 도시·군계획시설 입체복합구역의 건축제한·건폐율·용적률·높이 등에 관한 사항	대상 토지면적의 5분의 4 이상
• 기반시설의 설치·정비 또는 개량에 관한 사항	
• 지구단위계획구역의 지정 및 변경과 지구단위계획의 수립 및 변경에 관한 사항	대상 토지면적의 3분의 2 이상
• 개발진흥지구 중 공업기능 또는 유통물류기능 등을 집중적으로 개발·정비하기 위한 산업·유통개발진흥지구	
• 용도지구 중 해당 용도지구에 따른 건축물이나 그 밖의 시설의 용도·종류 및 규모 등의 제한을 지구단위계획으로 대체하기 위한 용도지구	
제안결과 통보 및 비용부담	• 도시·군관리계획입안의 제안을 받은 국토교통부장관, 시·도지사, 시장 또는 군수는 제안일부터 45일 이내에 도시·군관리계획입안에의 반영여부를 제안자에게 통보하여야 한다. 다만, 부득이한 사정이 있는 경우에는 1회에 한하여 30일을 연장할 수 있다. • 입안을 제안받은 자는 제안자와 협의하여 제안된 도시·군관리계획의 입안 및 결정에 필요한 비용의 전부 또는 일부를 제안자에게 부담시킬 수 있다.

- cf) 산업·유통개발진흥지구의 지정 제안 대상지역의 요건

  ① 지정 대상 지역의 면적은 1만제곱미터 이상 3만제곱미터 미만일 것
  ② 지정 대상 지역이 자연녹지지역·계획관리지역 또는 생산관리지역일 것
  ③ 지정 대상 지역의 전체 면적에서 계획관리지역의 면적이 차지하는 비율이 100분의 50 이상일 것. 이 경우 자연녹지지역 또는 생산관리지역 중 도시·군기본계획에 반영된 지역은 계획관리지역으로 보아 산정한다.
  ④ 지정 대상 지역의 토지특성이 과도한 개발행위의 방지를 위하여 국토교통부장관이 정하여 고시하는 기준에 적합할 것

3. 입안절차

(1) 입안 절차

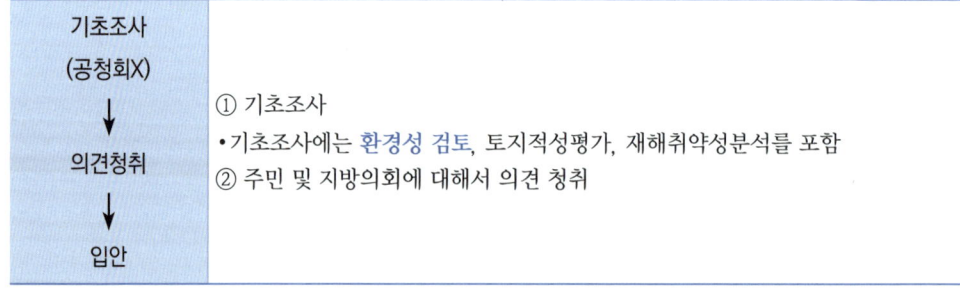

구분	내용
기초조사를 실시하지 아니할 수 있는 요건	① 해당 지구단위계획구역이 도심지(상업지역과 상업지역에 연접한 지역)에 위치하는 경우 ② 해당 지구단위계획구역 안의 나대지면적이 구역면적의 2퍼센트에 미달하는 경우 ③ 해당 지구단위계획구역 또는 도시·군계획시설부지가 다른 법률에 따라 지역·지구 등으로 지정되거나 개발계획이 수립된 경우 ④ 지구단위계획의 내용에 너비 12미터 이상 도로의 설치계획이 없는 경우 ⑤ 기존의 용도지구를 폐지하고 지구단위계획을 수립 또는 변경하여 그 용도지구에 따른 건축물이나 그 밖의 시설의 용도·종류 및 규모 등의 제한을 그대로 대체하려는 경우 ⑥ 해당 도시·군계획시설의 결정을 해제하려는 경우 ⑦ 그 밖에 국토교통부령으로 정하는 요건에 해당하는 경우
환경성 검토를 실시하지 아니할 수 있는 요건	① 기초조사 실시하지 아니할 수 있는 요건 중 ① ~ ⑥ 까지의 어느 하나에 해당하는 경우 ② 「환경영향평가법」에 따른 전략환경영향평가 대상인 도시·군관리계획을 입안하는 경우

토지적성평가를
실시하지 아니할 수
있는 요건
	① 기초조사 실시하지 아니할 수 있는 요건 중 ① ~ ⑥ 까지의 어느 하나에 해당하는 경우
	② 도시·군관리계획 입안일부터 5년 이내에 토지적성평가를 실시한 경우
	③ 주거지역·상업지역 또는 공업지역에 도시·군관리계획을 입안하는 경우
	④ 법 또는 다른 법령에 따라 조성된 지역에 도시·군관리계획을 입안하는 경우
	⑤ 개발제한구역에서 조정 또는 해제된 지역에 대하여 도시·군관리계획을 입안하는 경우
	⑥ 「도시개발법」에 따른 도시개발사업의 경우
	⑦ 지구단위계획구역 또는 도시·군계획시설부지에서 도시·군관리계획을 입안하는 경우
	⑧ 다음의 어느 하나에 해당하는 용도지역·용도지구·용도구역의 지정 또는 변경의 경우
	  ㉠ 주거지역·상업지역·공업지역 또는 계획관리지역의 그 밖의 용도지역으로의 변경(계획관리지역을 자연녹지지역으로 변경하는 경우는 제외)
	  ㉡ 주거지역·상업지역·공업지역 또는 계획관리지역 외의 용도지역 상호간의 변경(자연녹지지역으로 변경하는 경우는 제외)
	  ㉢ 용도지구·용도구역의 지정 또는 변경(개발진흥지구의 지정 또는 확대지정은 제외)
	⑨ 다음의 어느 하나에 해당하는 기반시설을 설치하는 경우
	  ㉠ 용도지역별 개발행위규모에 해당하는 기반시설
	  ㉡ 도로·철도·궤도·수도·가스 등 선형으로 된 교통시설 및 공급시설
	  ㉢ 공간시설(체육공원·묘지공원 및 유원지는 제외한다)
	  ㉣ 방재시설 및 환경기초시설(폐차장은 제외한다)
	  ㉤ 개발제한구역 안에 설치하는 기반시설

재해취약성 분석을 실시하지 아니할 수 있는 요건	① 기초조사 실시하지 아니할 수 있는 요건 중 ① ~ ⑥ 까지의 어느 하나에 해당하는 경우 ② 도시·군관리계획 입안일부터 5년 이내에 재해취약성분석을 실시한 경우

(2) 도시·군관리계획의 차등 입안

도시·군관리계획은 계획의 상세 정도, 도시·군관리계획으로 결정하여야 하는 기반시설의 종류 등에 대하여 도시 및 농·산·어촌 지역의 인구밀도, 토지 이용의 특성 및 주변 환경 등을 종합적으로 고려하여 차등을 두어 입안하여야 한다.

(3) 입안의 특례

국토교통부장관, 시·도지사, 시장 또는 군수는 도시·군관리계획을 조속히 입안하여야 할 필요가 있다고 인정되면 광역도시계획이나 도시·군기본계획을 수립할 때에 도시·군관리계획을 함께 입안할 수 있다.

Ⅲ. 도시·군 관리계획의 결정 및 정비

1. 결정권자

원칙(시·도지사, 대도시 시장, 시장 또는 군수)	예외 (국토교통부장관 등)
• 도시·군관리계획은 시·도지사가 직접 또는 시장·군수의 신청에 따라 결정한다. • 서울특별시와 광역시 및 특별자치시를 제외한 인구 50만 이상의 대도시의 경우에는 해당 시장이 직접 결정한다. • 시장 또는 군수가 직접 결정하는 경우 　① 시장 또는 군수가 입안한 지구단위계획구역의 지정·변경과 지구단위계획의 수립·변경에 관한 도시·군관리계획 　② 지구단위계획으로 대체하는 용도지구 폐지에 관한 도시·군관리계획[해당 시장(대도시 시장은 제외한다) 또는 군수가 도지사와 미리 협의한 경우에 한정한다]	① 국토교통부장관이 입안한 도시·군관리계획 ② 개발제한구역의 지정 및 변경에 관한 도시·군관리계획 ③ 시가화조정구역의 지정 및 변경에 관한 도시·군관리계획 ④ 수산자원보호구역의 지정 및 변경에 관한 도시·군관리계획 * 해양수산부장관이 결정

2. 결정 및 공람절차

절차		시·도지사	국토교통부장관
협의 (30일 내) ↓ 심의 ↓ 결정, 고시 ↓ 송부 및 열람	협의	• 관계 행정기관의 장 • 국토교통부장관이 입안하여 결정한 도시·군관리계획은 미리 국토교통부장관과 협의	관계 중앙행정기관의 장
	심의	• 지방도시계획위원회 • 지구단위계획이나 지구단위계획으로 대체하는 용도지구 폐지에 관한 사항 결정 시 시·도 건축위원회와 도시계획위원회의 공동 심의	중앙도시계획위원회

3. 효력

① 효력발생시기★ : 도시·군관리계획 결정의 효력은 지형도면을 고시한 날부터 발생한다.
② 기득권 보호

원칙	예외
• 도시·군관리계획 결정 당시 이미 사업이나 공사에 착수한 자는 그 도시·군관리계획 결정과 관계없이 그 사업이나 공사를 계속할 수 있다.	• 시가화조정구역이나 수산자원보호구역의 지정에 관한 도시·군관리계획 결정이 있는 경우에는 특별시장·광역시장·특별자치시장·특별자치도지사·시장 또는 군수에게 3월 이내(결정의 고시일로부터) 신고하고 그 사업이나 공사를 계속할 수 있다.

4. 도시·군 관리계획의 정비 : 5년마다 타당성 검토의무

핵심 지문 기출 OX

01 국토교통부장관은 국가계획과 관련된 경우 직접 도시·군관리계획을 입안할 수 있다.(o)³²회

02 국가계획과 연계하여 시가화조정구역의 지정이 필요한 경우 국토교통부장관이 직접 그 지정을 도시·군관리계획으로 결정할 수 있다.(o)²⁸회

03 인접한 특별시·광역시·특별자치시·특별자치도·시 또는 군의 관할 구역에 대한 도시·군관리계획은 관계 특별시장·광역시장·특별자치시장·특별자치도지사·시장 또는 군수가 협의하여 공동으로 입안하거나 입안할 자를 정한다.(o)³²회

04 주민이 도시·군관리계획의 입안권자에게 그 입안을 제안할 수 있는 사항으로 〈기반시설의 설치·정비 또는 개량에 관한 사항〉이 포함된다.(o)³⁴회

05 주민은 공공청사의 설치에 관한 사항에 대하여 도시·군관리계획의 입안권자에게 그 계획의 입안을 제안할 수 있다.(o)³⁵회

06 주민이 도시·군관리계획의 입안권자에게 그 입안을 제안할 수 있는 사항으로 〈지구단위계획구역의 지정 및 변경과 지구단위계획의 수립 및 변경에 관한 사항〉이 포함된다.(o)³⁴회

07 주민은 시장 또는 군수에게 지구단위계획구역의 지정에 관한 사항에 대하여 도시·군관리계획의 입안을 제안할 수 있다.(o)²⁸회

08 주민이 도시·군관리계획의 입안권자에게 그 입안을 제안할 수 있는 사항으로 〈산업·유통개발진흥지구의 변경에 관한 사항〉이 해당한다.(o)³⁴회

09 주민은 산업·유통개발진흥지구의 지정에 관한 사항에 대하여 도시·군관리계획의 입안권자에게 도시·군관리계획의 입안을 제안할 수 있다.(o)³²회

10 산업·유통개발진흥지구의 지정 및 변경에 관한 사항은 입안제안의 대상에 해당하지 않는다.(x)³⁰회

11 주민은 상업지역에 산업·유통개발진흥지구를 지정하여 줄 것을 내용으로 하는 도시·군관리계획의 입안을 제안할 수 있다.(x)³⁵회

12 주민이 도시·군관리계획의 입안권자에게 그 입안을 제안할 수 있는 사항으로 〈시가화조정구역의 지정 및 변경에 관한 사항〉이 해당한다.(x)³⁴회

13 주민이 도시·군관리계획의 입안을 제안하려는 경우 요구되는 제안 사항별 요건 중 기반시설의 설치에 관한 사항은 대상 토지면적의 5분의 4이상 동의를 요한다.(o)²⁹회

14 주민이 도시·군관리계획의 입안을 제안하려는 경우 요구되는 제안 사항별 요건 중 기반시설의 정비에 관한 사항은 대상 토지면적의 3분의 2이상 동의를 요한다.(x)²⁹회

15 주민이 도시·군관리계획의 입안을 제안하려는 경우 요구되는 제안 사항별 요건 중 지구단위계획구역의 지정과 지구단위계획의 수립에 관한 사항, 산업·유통개발진흥지구의 지정에 관한 사항은 대상 토지면적의 3분의 2이상 동의를 요한다.(o)²⁹회

16 주민이 도시·군관리계획의 입안을 제안하려는 경우 용도지구 중 해당 용도지구에 따른 건축물이나 그 밖의 시설의 용도·종류 및 규모 등의 제한을 지구단위계획으로 대체하기 위한 용도지구의 지정에 관한 사항은 대상 토지면적의 3분의 2이상 동의를 요한다.(o)²⁹회

17 주민이 도시·군관리계획의 입안을 제안하는 경우 제안서에는 도시·군관리계획도서뿐만 아니라 계획설명서도 첨부하여야 한다.(o)³⁰회

18 도시·군관리계획의 입안을 제안하려는 자가 토지소유자의 동의를 받아야 하는 경우 국·공유지는 동의 대상 토지 면적에서 제외된다.(o)³⁰회

19 도시·군관리계획의 입안을 제안받은 자는 그 처리 결과를 제안자에게 알려야 한다.(o)³⁰회

20 도시·군관리계획의 입안을 제안받은 자는 제안자와 협의하여 제안된 도시·군관리계획의 입안 및 결정에 필요한 비용의 전부 또는 일부를 제안자에게 부담시킬 수 있다.(o)³⁰회

21 도시·군관리계획의 입안을 제안받은 자는 도시·군관리계획의 입안 및 결정에 필요한 비용을 제안자에게 부담시킬 수 없다.(x)²⁸회

22 도시·군관리계획으로 입안하려는 지구단위계획구역이 상업지역에 위치하는 경우에는 재해취약성분석을 하지 아니할 수 있다.(o)³²회

23 국토교통부장관은 관계 중앙행정기관의 장의 요청이 없어도 국가안전보장상 기밀을 지켜야 할 필요가 있다고 인정되면 중앙도시계획위원회의 심의를 거치지 않고 도시·군관리계획을 결정할 수 있다.(x)³¹회

24 시·도지사가 지구단위계획을 결정하려면 「건축법」에 따라 시·도에 두는 건축위원회와 도시계획위원회가 공동으로 하는 심의를 거쳐야 한다.(o)³¹회

25 시장 또는 군수가 입안한 지구단위계획구역의 지정·변경에 관한 도시·군관리계획은 시장 또는 군수가 직접 결정한다.(o)³¹회

26 시장·군수가 입안한 지구단위계획의 수립에 관한 도시·군관리계획은 시장·군수의 신청에 따라 도지사가 결정한다.(x)³⁵회

27 개발제한구역의 지정에 관한 도시·군관리계획은 국토교통부장관이 결정한다.(o)³¹회

28 수산자원보호구역의 지정에 관한 도시·군관리계획은 국토교통부장관이 결정한다.(x)²⁸회

29 개발제한구역의 지정에 관한 도시·군관리계획, 국가계획과 연계하여 시가화조정구역의 지정이 필요한 경우 시가화조정구역의 지정에 관한 도시·군관리계획, 둘 이상의 시·도에 걸쳐 이루어지는 사업의 계획 중 도시·군관리계획으로 결정하여야 할 사항이 있는 경우 국토교통부장관이 입안한 도시·군관리계획은 도시·군관리계획의 결정권자가 모두 동일하다.(o)²⁹회

30 도시자연공원구역의 지정에 관한 도시·군관리계획의 결정권자는 국토교통부장관이다.(x)²⁹회

31 시·도지사는 국가계획과 관련되어 국토교통부장관이 입안하여 결정한 도시·군관리계획을 변경하려면 미리 국토교통부장관과 협의하여야 한다.(o)³⁵회

32 도시·군관리계획 결정의 효력은 지형도면을 고시한 날부터 발생한다.(o)³¹회

33 도시·군관리계획 결정은 지형도면을 고시한 날의 다음날부터 효력이 발생한다.(x)²⁸회

34 도시·군관리계획 결정의 효력은 지형도면을 고시한 날의 다음 날부터 발생한다.(x)³⁵회

35 도시·군관리계획 결정의 효력은 지형도면을 고시한 다음 날부터 발생한다.(x)³²회

36 국토교통부장관이 도시·군관리계획을 직접 입안한 경우에는 시·도지사가 지형도면을 작성하여야 한다.(x)³⁵회

37 시가화조정구역의 지정에 관한 도시·군관리계획 결정 당시 승인받은 사업이나 공사에 이미 착수한 자는 신고없이 그 사업이나 공사를 계속할 수 있다.(x)²⁸회

38 시가화조정구역의 지정에 관한 도시·군관리계획 결정 당시 이미 사업에 착수한 자는 그 결정에도 불구하고 신고 없이 그 사업을 계속할 수 있다.(x)³⁵회

Unit 5 공간재구조화계획(신설)

Ⅰ. 공간재구조화계획의 의의

공간재구조화 계획	• 토지의 이용 및 건축물이나 그 밖의 시설의 용도·건폐율·용적률·높이 등을 완화하는 용도구역의 효율적이고 계획적인 관리를 위하여 수립하는 계획을 말한다.
도시혁신계획	• 창의적이고 혁신적인 도시공간의 개발을 목적으로 도시혁신구역에서의 토지의 이용 및 건축물의 용도·건폐율·용적률·높이 등의 제한에 관한 사항을 따로 정하기 위하여 공간재구조화계획으로 결정하는 도시·군관리계획을 말한다.
복합용도계획	• 주거·상업·산업·교육·문화·의료 등 다양한 도시기능이 융복합된 공간의 조성을 목적으로 복합용도구역에서의 건축물의 용도별 구성비율 및 건폐율·용적률·높이 등의 제한에 관한 사항을 따로 정하기 위하여 공간재구조화계획으로 결정하는 도시·군관리계획을 말한다.

Ⅱ. 공간재구조화계획의 수립권자와 내용

공간재구조화계획의 수립기준 등은 대통령령으로 정하는 바에 따라 국토교통부장관이 정한다.

용도 구역의 지정	① 도시혁신구역 및 도시혁신계획 ② 복합용도구역 및 복합용도계획 ③ 도시·군계획시설입체복합구역(② 또는 ②와 함께 구역을 지정하거나 계획을 입안하는 경우로 한정)
공간 재구조화 계획의 내용	① 용도구역 지정 위치 및 용도구역에 대한 계획 등에 관한 사항 ② 공간재구조화계획의 범위 설정에 관한 사항 ③ 공간재구조화계획 기본구상 및 토지이용계획 ④ 도시혁신구역 및 복합용도구역 내의 도시·군기본계획 변경 및 도시·군관리계획 결정·변경에 관한 사항 ⑤ 도시혁신구역 및 복합용도구역 외의 지역에 대한 주거·교통·기반시설 등에 미치는 영향 및 이에 대한 관리방안(도시·군관리계획 결정·변경에 관한 사항을 포함한다) ⑥ 환경관리계획 또는 경관계획 ⑦ 그 밖에 국토교통부장관이 정하는 사항

Ⅲ. 공간재구조화계획의 입안

1. 입안권자

원칙	예외 (국토교통부장관)
도시·군관리계획 규정사항을 준용한다.	•〈국토교통부장관〉은 도시의 경쟁력 향상, 특화발전 및 지역 균형발전 등을 위하여 필요한 때에는 관할 특별시장·광역시장·특별자치시장·특별자치도지사·시장 또는 군수의 요청에 따라 공간재구조화계획을 입안할 수 있다.

2. 입안제안

제안사항	토지소유자 동의 요건
도시혁신구역의 지정	대상 토지면적의 3분의 2 이상
복합용도구역의 지정	
도시·군계획시설입체복합구역 지정	대상 토지면적의 5분의 4 이상
국공유재산지정에 따른 제3자의 제안	•입안을 제안받은 공간재구조화계획 입안권자는 「국유재산법」·「공유재산 및 물품 관리법」에 따른 국유재산·공유재산이 공간재구조화계획으로 지정된 용도구역 내에 포함된 경우(지정된 용도구역 내 국공유재산의 면적의 합이 공간재구조화계획으로 지정된 용도구역 면적의 100분의 50을 초과하는 경우)에는 제안자 외의 제3자에 의한 제안이 가능하도록 제안 내용의 개요를 공고하여야 한다.
제안결과 통보 및 비용부담	•공간재구조화계획 입안권자는 제안 내용의 개요를 공고하려는 경우에는 90일 이상의 기간을 정하여 해당 제안 내용의 개요를 공고해야 한다. •공간재구조화계획 입안권자가 제안서 내용의 채택 여부 등을 결정한 경우에는 그 결과를 제안자와 제3자에게 알려야 한다. •공간재구조화계획 입안권자는 제안자 또는 제3자와 협의하여 제안된 공간재구조화계획의 입안 및 결정에 필요한 비용의 전부 또는 일부를 제안자 또는 제3자에게 부담시킬 수 있다.

3. 입안절차 : 도시·군관리계획 준용한다.

Ⅳ. 공간재구조화계획의 결정 및 정비

1. 결정권자 : 시·도지사(직접 또는 시장, 군수의 신청) 또는 국토교통부장관

2. 결정 및 공람 절차

절차		시·도지사	국토교통부장관
협의(30일 내) 도시혁신구역 지정을 위한 공간재구조화계획 결정의 경우에는 근무일 기준 10일 내 ↓ 심의 ↓ 결정, 고시 ↓ 송부 및 열람	협의	관계 행정기관의 장(국토교통부장관을 포함)	
	심의	• 시·도지사가 결정하는 공간재구조화계획 중 도시혁신구역, 복합용도구역, 도시·군계획시설입체복합구역의 지정 및 입지 타당성 등에 관한 사항은 중앙도시계획위원회의 심의를 거침 • 나머지 사항은 지방도시계획위원회의 심의를 거침	중앙도시계획위원회

3. 효력

① 원칙★ : 공간재구조화계획 결정의 효력은 지형도면을 고시한 날부터 발생한다.

② 예외★ : 지형도면이 필요 없는 경우에는 공간 재구화 계획 결정을 고시한 날부터 효력이 발생한다.

Unit 6 용도지역의 지정

Ⅰ. 용도지역의 의의 및 종류

1. 의의

용도지역 : 토지의 이용 및 건축물의 용도, 건폐율, 용적률, 높이 등을 제한함으로써 토지를 경제적·효율적으로 이용하고 공공복리의 증진을 도모하기 위하여 서로 중복되지 아니하게 도시·군관리계획으로 결정하는 지역을 말한다

2. 종류

국토교통부장관, 시·도지사 또는 대도시 시장은 대통령령으로 정하는 바에 따라 용도지역(주거, 상업, 공업, 녹지지역)을 도시·군관리계획결정(조례)으로 다시 세분하여 지정하거나 변경할 수 있다.

도시지역		인구와 산업이 밀집되어 있거나 밀집이 예상되어 그 지역에 대하여 체계적인 개발·정비·관리·보전 등이 필요한 지역
	주거지역	거주의 안녕과 건전한 생활환경의 보호를 위하여 필요한 지역
	전용주거지역	양호한 주거환경을 보호하기 위하여 필요한 지역
	제1종 전용주거지역	단독주택 중심의 양호한 주거환경을 보호하기 위하여 필요한 지역
	제2종 전용주거지역	공동주택 중심의 양호한 주거환경을 보호하기 위하여 필요한 지역
	일반주거지역	편리한 주거환경을 조성하기 위하여 필요한 지역
	제1종 일반주거지역	저층주택을 중심으로 편리한 주거환경을 조성하기 위하여 필요한 지역
	제2종 일반주거지역	중층주택을 중심으로 편리한 주거환경을 조성하기 위하여 필요한 지역
	제3종 일반주거지역	중고층주택을 중심으로 편리한 주거환경을 조성하기 위하여 필요한 지역
	준주거지역	주거기능을 위주로 이를 지원하는 일부 상업기능 및 업무기능을 보완하기 위하여 필요한 지역
	상업지역	상업이나 그 밖의 업무의 편익을 증진하기 위하여 필요한 지역
	근린상업지역	근린지역에서의 일용품 및 서비스의 공급을 위하여 필요한 지역
	유통상업지역	도시 내 및 지역 간 유통기능의 증진을 위하여 필요한 지역
	일반상업지역	일반적인 상업기능 및 업무기능을 담당하게 하기 위하여 필요한 지역
	중심상업지역	도심·부도심의 상업기능 및 업무기능의 확충을 위하여 필요한 지역
	공업지역	공업의 편익을 증진하기 위하여 필요한 지역
	전용공업지역	주로 중화학공업, 공해성 공업 등을 수용하기 위하여 필요한 지역
	일반공업지역	환경을 저해하지 아니하는 공업의 배치를 위하여 필요한 지역
	준공업지역	경공업 그 밖의 공업을 수용하되, 주거기능·상업기능 및 업무기능의 보완이 필요한 지역
	녹지지역	자연환경·농지 및 산림의 보호, 보건위생, 보안과 도시의 무질서한 확산을 방지하기 위하여 녹지의 보전이 필요한 지역
	보전녹지지역	도시의 자연환경·경관·산림 및 녹지공간을 보전할 필요가 있는 지역
	생산녹지지역	주로 농업적 생산을 위하여 개발을 유보할 필요가 있는 지역
	자연녹지지역	도시의 녹지공간의 확보, 도시확산의 방지, 장래 도시용지의 공급 등을 위하여 보전할 필요가 있는 지역으로서 불가피한 경우에 한하여 제한적인 개발이 허용되는 지역
관리지역		도시지역의 인구와 산업을 수용하기 위하여 도시지역에 준하여 체계적으로 관리하거나 농림업의 진흥, 자연환경 또는 산림의 보전을 위하여 농림지역 또는 자연환경보전지역에 준하여 관리할 필요가 있는 지역
	보전관리지역	자연환경 보호, 산림 보호, 수질오염 방지, 녹지공간 확보 및 생태계 보전 등을 위하여 보전이 필요하나, 주변 용도지역과의 관계 등을 고려할 때 자연환경보전지역으로 지정하여 관리하기가 곤란한 지역
	생산관리지역	농업·임업·어업 생산 등을 위하여 관리가 필요하나, 주변 용도지역과의 관계 등을 고려할 때 농림지역으로 지정하여 관리하기가 곤란한 지역
	계획관리지역	도시지역으로의 편입이 예상되는 지역이나 자연환경을 고려하여 제한적인 이용·개발을 하려는 지역으로서 계획적·체계적인 관리가 필요한 지역
농림지역		도시지역에 속하지 아니하는 「농지법」에 따른 농업진흥지역 또는 「산지관리법」에 따른 보전산지 등으로서 농림업을 진흥시키고 산림을 보전하기 위하여 필요한 지역
자연환경보전지역		자연환경·수자원·해안·생태계·상수원 및 「국가유산기본법」 제3조에 따른 국가유산의 보전과 수산자원의 보호·육성 등을 위하여 필요한 지역

	행위제한
용도지역 미지정 시	자연환경보전지역
녹지지역 미세분 시	보전녹지지역
관리지역 미세분 시	보전관리지역

Ⅱ. 용도지역의 지정

1. 원칙
국토교통부장관, 시·도지사 또는 대도시 시장은 용도지역의 지정 또는 변경을 도시·군관리계획으로 결정한다. 이때 2 이상의 용도지역을 중복하여 지정할 수 없다.

2. 지정특례
① 공유수면매립지에 관한 용도지역의 지정의제

매립 목적이 같은 경우	• 공유수면의 매립 목적이 그 매립구역과 이웃하고 있는 용도지역의 내용과 같으면 도시·군관리계획의 입안 및 결정 절차 없이 그 매립준공구역은 그 매립의 준공인가일부터 이와 이웃하고 있는 용도지역으로 지정된 것으로 본다. • 관계 특별시장·광역시장·특별자치시장·특별자치도지사·시장 또는 군수는 그 사실을 지체 없이 고시하여야 한다.
매립 목적이 다르거나 매립구역이 걸치는 경우	• 공유수면의 매립 목적이 그 매립구역과 이웃하고 있는 용도지역의 내용과 다른 경우 및 그 매립구역이 둘 이상의 용도지역에 걸쳐 있거나 이웃하고 있는 경우 그 매립구역이 속할 용도지역은 도시·군관리계획결정으로 지정하여야 한다.
통보	• 관계 행정기관의 장은 「공유수면 관리 및 매립에 관한 법률」에 따른 공유수면 매립의 준공검사를 하면 국토교통부령으로 정하는 바에 따라 지체 없이 관계 특별시장·광역시장·특별자치시장·특별자치도지사·시장 또는 군수에게 통보하여야 한다.

② 다른 법률에 따라 지정된 지역의 용도지역 지정 등의 의제

도시지역으로 결정·고시 간주	관리지역에서 농림지역 등으로 결정·고시 간주
• 「항만법」에 따른 항만구역으로서 [도시지역에 연접한 공유수면] • 「어촌·어항법」에 따른 어항구역으로서 [도시지역에 연접한 공유수면] • 「산업입지 및 개발에 관한 법률」에 따른 [국가산업단지, 일반산업단지 및 도시첨단산업단지] • 「택지개발촉진법」에 따른 택지개발지구 • 「전원개발촉진법」에 따른 전원개발사업구역 및 예정구역(수력발전소 또는 송·변전설비만을 설치하기 위한 전원개발사업구역 및 예정구역은 제외한다. 이하 이 조에서 같다)	• 관리지역에서 「농지법」에 따른 농업진흥지역으로 지정·고시된 지역은 이 법에 따른 농림지역으로 본다. • 관리지역의 산림 중 「산지관리법」에 따라 보전산지로 지정·고시된 지역은 그 고시에서 구분하는 바에 따라 이 법에 따른 농림지역 또는 자연환경보전지역으로 결정·고시된 것으로 본다.
용도지역의 환원	• 도시지역에 해당하는 구역·단지·지구 등이 해제되는 경우(개발사업의 완료로 해제되는 경우는 제외한다) 이 법 또는 다른 법률에서 그 구역등이 어떤 용도지역에 해당되는지를 따로 정하고 있지 아니한 경우에는 이를 지정하기 이전의 용도지역으로 환원된 것으로 본다. • 지정권자는 용도지역이 환원된 사실을 대통령령으로 정하는 바에 따라 고시하고, 그 지역을 관할하는 특별시장·광역시장·특별자치시장·특별자치도지사·시장 또는 군수에게 통보하여야 한다.

Ⅲ. 용도지역에서의 행위제한

1. 단독주택

주거지역	• 건축 가능
상업지역	• 근린상업지역 : 건축 가능 • 유통상업지역 : 건축 불가 • 일반상업지역 : 지역 여건 등을 고려하여 도시·군계획조례로 정하는 바에 따라 건축 불가 • 중심상업지역 : 건축 불가(다른 용도와 복합된 것은 가능)
공업지역	• 전용공업지역 : 건축 불가 • 일반공업지역 : 조례가 정하는 바에 따라 건축 가능 • 준공업지역 : 지역 여건 등을 고려하여 도시·군계획조례로 정하는 바에 따라 건축 불가
그 외	• 건축이 가능하거나 조례에 따라 (보전녹지) 건축 가능

2. 아파트

주거지역	• 제1종 전용주거지역, 제1종 일반주거지역에서는 건축 불가, 나머지는 건축 가능
상업지역	• 근린상업지역, 일반상업지역 : 지역 여건 등을 고려하여 도시·군계획조례로 정하는 바에 따라 건축 불가 (* 주상복합으로 공동주택 부분의 면적이 연면적의 합계의 90퍼센트 미만인 경우 제한X) • 유통상업지역 : 건축 불가 • 중심상업지역 : 건축 불가 (* 주상복합으로 공동주택 부분의 면적이 연면적의 합계의 90퍼센트 미만인 경우 건축 가능)
공업지역	• 전용공업지역, 일반공업지역 : 건축 불가 • 준공업지역 : 지역 여건 등을 고려하여 도시·군계획조례로 정하는 바에 따라 건축 불가
그 외	• 건축 불가

3. 제2종 근린생활시설 중 단란주점

주거지역	• 건축 불가
상업지역	• 근린상업지역, 일반상업지역, 중심상업지역 : 건축 가능 • 유통상업지역 : 지역 여건 등을 고려하여 도시·군계획조례로 정하는 바에 따라 건축 불가
공업지역	• 전용공업지역, 일반공업지역 : 건축 불가 • 준공업지역 : 지역 여건 등을 고려하여 도시·군계획조례로 정하는 바에 따라 건축 불가
그 외	• 건축 불가

4. 위락시설 중 단란주점 또는 유흥주점

위락시설은 근린상업지역을 제외한 상업지역에만 설치가 가능하다. 근린상업지역은 공원·녹지 또는 지형지물에 따라 주거지역과 차단되거나 주거지역으로부터 도시·군계획조례로 정하는 거리 밖에 건축하는 경우는 건축이 가능하다.

IV. 건폐율과 용적률
1. 건폐율
- 건폐율 : 건축면적 / 대지면적 × 100

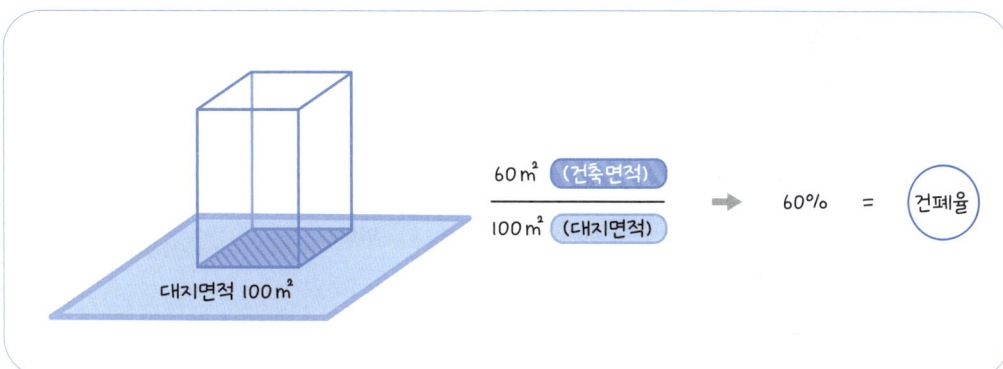

2. 용적률
- 용적률 : 연면적 / 대지면적 × 100

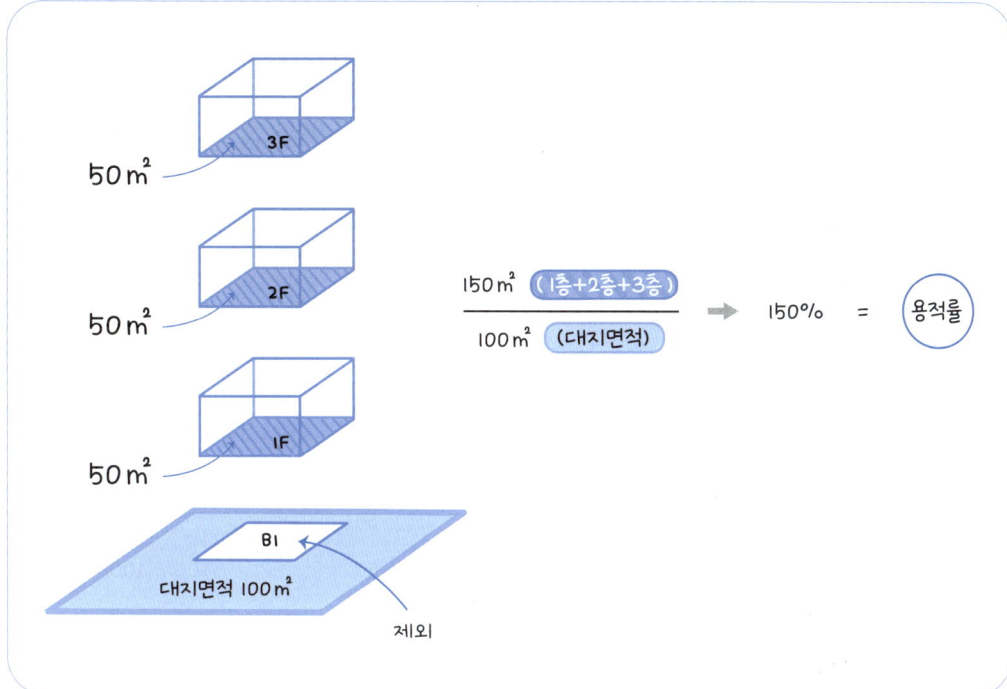

1. 건폐율·용적률 규정

용도지역			건폐율	용적률	
				최저	최고
도시지역					
	주거지역				
		전용주거지역			
		제1종 전용주거지역	50	50	100
		제2종 전용주거지역	50	100	150
		일반주거지역			
		제1종 일반주거지역	60	100	200
		제2종 일반주거지역	60	150	250
		제3종 일반주거지역	50	200	300
		준주거지역	70	200	500
	상업지역				
		근린상업지역	70	200	900
		유통상업지역	80	200	1100
		일반상업지역	80	300	1300
		중심상업지역	90	400	1500
	공업지역				
		전용공업지역	70	150	300
		일반공업지역	70	200	350
		준공업지역	70	200	400
	녹지지역				
		보전녹지지역	20	50	80
		생산녹지지역	20	50	100
		자연녹지지역	20	50	100
관리지역					
	보전관리지역		20	50	80
	생산관리지역		20	50	80
	계획관리지역		40	50	100
농림지역			20	50	80
자연환경보전지역			20	50	80
용도지역 미지정, 미세분 시			20	50	80

2. 도시·군계획조례에 따른 건폐율 및 용적률

지역		건폐율 (80% 이하)	용적률 (200% 이하)
개발진흥지구	자연녹지지역에 지정	30%	–
	도시지역 외의 지역에 지정	40% • 계획관리지역에 산업·유통개발진흥지구 지정 시 60%	100%
수산자원보호구역		40%	80%
자연취락지구 (집단취락지구는 개발제한구역법)		60%	–
「자연공원법」에 따른 자연공원		60%	100%
「산업입지 및 개발에 관한 법률」에 따른 농공단지		70%	150%
공업지역에 있는 「산업입지 및 개발에 관한 법률」에 따른 국가산업단지·일반산업단지·도시첨단산업단지 및 준산업단지		80%	–

핵심 지문 기출 OX

01 용도지역은 토지를 경제적, 효율적으로 이용하기 위하여 필요한 경우 서로 중복되게 지정할 수 있다. (x)35회

02 국토교통부장관이 용도지역을 지정하는 경우에는 도시·군관리계획으로 결정한다. (o)28회

03 용도지역은 필요한 경우 도시·군기본계획으로 결정할 수 있다. (x)35회

04 공유수면의 매립 목적이 그 매립구역과 이웃하고 있는 용도지역의 내용과 다른 경우 그 매립준공구역은 이와 이웃하고 있는 용도지역으로 지정된 것으로 본다. (x)33회

05 바다인 공유수면의 매립구역이 둘 이상의 용도지역과 이웃하고 있는 경우 그 매립구역은 이웃하고 있는 가장 큰 용도지역으로 지정된 것으로 본다. (x)35회

06 「택지개발촉진법」에 따른 택지개발지구로 지정·고시된 지역은 도시지역으로 결정·고시된 것으로 본다. (o)33회

07 관리지역에서 「농지법」에 따른 농업진흥지역으로 지정·고시된 지역은 「국토의 계획 및 이용에 관한 법률」에 따른 농림지역으로 결정·고시된 것으로 본다. (o)35회

08 법령상 용도지역별 용적률의 최대한도로서 〈주거지역은 500% 이하〉이다. (o)33회

09 법령상 용도지역별 용적률의 최대한도로서 〈계획관리지역은 80% 이하〉이다. (x)33회

10 법령상 용도지역별 용적률의 최대한도로서 〈농림지역은 80% 이하〉이다.(o)[33회]

11 〈제3종일반주거지역-일반공업지역-준공업지역-준주거지역〉은 법령상 용적률의 최대한도가 낮은 지역부터 높은 지역의 순서로 나열된다.(o)[28회]

12 법령상 용도지역별 용적률의 최대한도 중 〈제1종 전용주거지역, 제3종 일반주거지역, 준주거지역, 일반공업지역, 준공업지역〉 중 준주거지역이 가장 크다.(o)[30회]

13 법령상 용도지역별 용적률의 최대한도 중 〈근린상업지역, 준공업지역, 준주거지역, 보전녹지지역, 계획관리지역〉 중 준주거지역이 가장 크다.(x)[32회]

14 용도지역 중 계획관리지역, 자연녹지지역, 근린상업지역, 전용공업지역, 생산녹지지역은 도시지역에 해당한다.(x)[28회]

15 법령상 도시·군계획조례로 정할 수 있는 건폐율 중에서 〈자연환경보전지역에 있는 「자연공원법」에 따른 자연공원, 계획관리지역에 있는 「산업입지 및 개발에 관한 법률」에 따른 농공단지, 수산자원보호구역, 도시지역 외의 지역의 개발진흥지구, 자연녹지지역에 지정된 개발진흥지구〉 중 계획관리지역이 최대한도가 가장 크다.(o)[29회]

16 법령상 아파트를 건축할 수 있는 용도지역은 계획관리지역, 일반공업지역, 유통상업지역, 제1종일반주거지역, 제2종전용주거지역 중 제2종 전용주거지역이다.(o)[29회]

17 법령상 제3종 일반주거지역 안에서 도시·군계획조례가 정하는 바에 의하여 건축할 수 있는 건축물로서 〈제2종 근린생활 시설 중 단란주점, 의료시설 중 격리병원, 문화 및 집회시설 중 관람장, 위험물저장 및 처리시설 중 액화가스 취급소·판매소, 업무시설로서 그 용도에 쓰이는 바닥면적 4천 제곱미터인 것〉이 해당할 수 있다.(x)[30회]

Unit 7. 용도지구의 지정

Ⅰ. 용도지구의 의의 및 종류

1. 의의

용도지구	토지의 이용 및 건축물의 용도·건폐율·용적률·높이 등에 대한 용도지역의 제한을 강화하거나 완화하여 적용함으로써 용도지역의 기능을 증진시키고 경관·안전 등을 도모하기 위하여 도시·군관리계획으로 결정하는 지역을 말한다.

2. 용도지구의 종류

경관지구	경관의 보전·관리 및 형성을 위하여 필요한 지구
보호지구	「국가유산기본법」 제3조에 따른 국가유산, 중요 시설물(항만, 공항 등 대통령령으로 정하는 시설물을 말한다) 및 문화적·생태적으로 보존가치가 큰 지역의 보호와 보존을 위하여 필요한 지구
방재지구	• 풍수해, 산사태, 지반의 붕괴, 그 밖의 재해를 예방하기 위하여 필요한 지구 • 시·도지사 또는 대도시 시장은 연안침식이 진행 중이거나 우려되는 지역 등에 대해서는 방재지구의 지정 또는 변경을 도시·군관리계획으로 결정하여야 한다. 이 경우 도시·군관리계획의 내용에는 해당 방재지구의 재해저감대책을 포함하여야 한다.
취락지구	녹지지역·관리지역·농림지역·자연환경보전지역·개발제한구역 또는 도시자연공원구역의 취락을 정비하기 위한 지구
개발진흥지구	주거기능·상업기능·공업기능·유통물류기능·관광기능·휴양기능 등을 집중적으로 개발·정비할 필요가 있는 지구
복합용도지구 (일반주거, 일반공업, 계획관리)	지역의 토지이용 상황, 개발 수요 및 주변 여건 등을 고려하여 효율적이고 복합적인 토지이용을 도모하기 위하여 특정시설의 입지를 완화할 필요가 있는 지구
특정용도 제한지구	주거 및 교육 환경 보호나 청소년 보호 등의 목적으로 오염물질 배출시설, 청소년 유해시설 등 특정시설의 입지를 제한할 필요가 있는 지구
방화지구	화재의 위험을 예방하기 위하여 필요한 지구
고도지구	쾌적한 환경 조성 및 토지의 효율적 이용을 위하여 건축물 높이의 최고한도를 규제할 필요가 있는 지구

3. 용도지구의 세분 ↔ 세분X (복.제.화.고)

(1) 규정에 따른 세분

경관지구	자연경관지구	• 산지·구릉지 등 자연경관을 보호하거나 유지하기 위하여 필요한 지구
	시가지경관지구	• 지역 내 주거지, 중심지 등 시가지의 경관을 보호 또는 유지하거나 형성하기 위하여 필요한 지구
	특화경관지구	• 지역 내 주요 수계의 수변 또는 문화적 보존가치가 큰 건축물 주변의 경관 등 특별한 경관을 보호 또는 유지하거나 형성하기 위하여 필요한 지구
보호지구	역사문화환경 보호지구	• 국가유산·전통사찰 등 역사·문화적으로 보존가치가 큰 시설 및 지역의 보호와 보존을 위하여 필요한 지구
	중요시설물보호지구	• 중요시설물(제1항에 따른 시설물을 말한다. 이하 같다)의 보호와 기능의 유지 및 증진 등을 위하여 필요한 지구
	생태계보호지구	• 야생동식물서식처 등 생태적으로 보존가치가 큰 지역의 보호와 보존을 위하여 필요한 지구
방재지구	시가지방재지구	• 건축물·인구가 밀집되어 있는 지역으로서 시설 개선 등을 통하여 재해 예방이 필요한 지구
	자연방재지구	• 토지의 이용도가 낮은 해안변, 하천변, 급경사지 주변 등의 지역으로서 건축 제한 등을 통하여 재해 예방이 필요한 지구
취락지구	집단취락지구	• 개발제한구역안의 취락을 정비하기 위하여 필요한 지구
	자연취락지구	• 녹지지역·관리지역·농림지역 또는 자연환경보전지역안의 취락을 정비하기 위하여 필요한 지구
개발진흥지구	주거개발진흥지구	• 주거기능을 중심으로 개발·정비할 필요가 있는 지구
	산업·유통개발 진흥지구	• 공업기능 및 유통·물류기능을 중심으로 개발·정비할 필요가 있는 지구
	관광·휴양개발 진흥지구	• 관광·휴양기능을 중심으로 개발·정비할 필요가 있는 지구
	복합개발진흥지구	• 주거기능, 공업기능, 유통·물류기능 및 관광·휴양기능중 2 이상의 기능을 중심으로 개발·정비할 필요가 있는 지구
	특정개발진흥지구	• 주거기능, 공업기능, 유통·물류기능 및 관광·휴양기능 외의 기능을 중심으로 특정한 목적을 위하여 개발·정비할 필요가 있는 지구

(2) 조례로 세분 (경.보.제)

시·도지사 또는 대도시 시장은 지역여건상 필요한 때에는 해당 시·도 또는 대도시의 도시·군계획조례로 정하는 바에 따라 경관지구를 추가적으로 세분하거나 중요시설물보호지구 및 특정용도제한지구를 세분하여 지정할 수 있다.

기준
① 용도지구의 신설은 법에서 정하고 있는 용도지역·용도지구·용도구역·지구단위계획구역 또는 다른 법률에 따른 지역·지구만으로는 효율적인 토지이용을 달성할 수 없는 부득이한 사유가 있는 경우에 한할 것 ② 용도지구안에서의 행위제한은 그 용도지구의 지정목적 달성에 필요한 최소한도에 그치도록 할 것 ③ 당해 용도지역 또는 용도구역의 행위제한을 완화하는 용도지구를 신설하지 아니할 것

II. 용도지구의 지정

국토교통부장관, 시·도지사 또는 대도시 시장은 도시·군관리계획으로 용도지구의 지정 또는 변경을 결정하며, 필요하다고 인정되면 도시·군관리계획결정으로 경관지구·방재지구·보호지구·취락지구 및 개발진흥지구를 세분하여 지정하거나 변경할 수 있다.

Ⅲ. 용도지구에서의 행위제한

① 경관지구 : 도시·군계획 조례로 정하는 건축물을 건축할 수 없다.
② 보호지구 : 도시·군계획 조례로 정하는 건축물을 건축할 수 없다.
③ 방재지구 : 도시·군계획 조례로 정하는 건축물을 건축할 수 없다.
④ 취락지구

	허용 건축물	제외 건축물
자연취락지구	• 단독주택, 제1종 및 제2종 근린생활시설(한의원 등), 창고, 방송통신시설, 동식물 관련 시설(도축장 등) 등	• 음식점, 단란주점, 안마시술소, 장례시설(동물 전용 포함)
집단취락지구	• 집단취락지구안에서의 건축제한에 관하여는 개발제한구역의 지정 및 관리에 관한 특별조치법령이 정하는 바에 의한다.	

⑤ 개발진흥지구

개발계획을 수립하는 개발진흥지구	• 원칙 : 지구단위계획 또는 관계 법률에 따라 건축할 수 있다. • 예외 : 지구단위계획 또는 개발계획이 수립되기 전에는 개발진흥지구의 계획적 개발에 위배되지 아니하는 범위에서 도시·군계획조례로 정하는 건축물을 건축할 수 있다.
개발계획을 수립×	• 원칙 : 해당 용도지역에서 허용되는 건축물을 건축할 수 있다. • 예외 : 산업·유통개발진흥지구에서는 해당 용도지역에서 허용되는 건축물 외에 해당 지구계획(해당 지구의 토지이용, 기반시설 설치 및 환경오염 방지 등에 관한 계획을 말한다)에 따라 요건을 갖춘 건축물 중 도시·군계획조례로 정하는 건축물을 건축할 수 있다.

⑥ 복합용도지구

	허용 건축물	제외 건축물
일반주거지역	준주거지역에서 허용되는 건축물	제2종 근린생활시설 중 안마시술소, 장례시설 등
일반공업지역	준공업지역에서 허용되는 건축물	아파트, 노유자시설, 제2종 근린생활시설 중 단란주점 및 안마시술소
계획관리지역	위락(유원시설업), 숙박시설, 일반·휴게음식점, 판매시설	-

⑦ 특정용도제한지구 : 도시·군계획조례로 정하는 건축물을 건축할 수 없다.
⑧ 방화지구 : 도시·군계획조례로 정한다.
⑨ 고도지구 : 고도지구 안에서는 도시·군관리계획으로 정하는 높이를 초과하는 건축물을 건축할 수 없다.

Ⅳ. 용도지구에 대한 지원

1. 취락지구에 대한 지원

집단취락지구	• 개발제한구역법에서 정하는 바에 의함
자연취락지구	• 자연취락지구안에 있거나 자연취락지구에 연결되는 도로·수도공급설비·하수도 등의 정비 • 어린이놀이터·공원·녹지·주차장·학교·마을회관 등의 설치·정비 • 쓰레기처리장·하수처리시설 등의 설치·개량 • 하천정비 등 재해방지를 위한 시설의 설치·개량 • 주택의 신축·개량

2. 방재지구에 대한 지원

국가나 지방자치단체는 이 법률 또는 다른 법률에 따라 방재사업을 시행하거나 그 사업을 지원하는 경우 방재지구에 우선적으로 지원할 수 있다.

Ⅴ. 리모델링이 필요한 건축물에 대한 제한 완화

경관지구 또는 고도지구 안에서의 「건축법 시행령」에 따른 리모델링이 필요한 건축물에 대해서는 경관지구·고도지구의 건축제한에도 불구하고 건축물의 높이·규모 등의 제한을 완화하여 제한할 수 있다.

Ⅵ. 방재지구의 의무적 지정

시·도지사 또는 대도시 시장은 연안침식이 진행 중이거나 우려되는 지역 등 대통령령으로 정하는 지역에 대해서는 방재지구의 지정 또는 변경을 도시·군관리계획으로 결정하여야 한다. 이 경우 도시·군관리계획의 내용에는 해당 방재지구의 재해저감대책을 포함하여야 한다.

핵심 지문 기출 OX

01 용도지구란 토지의 이용 및 건축물의 용도·건폐율·용적률·높이 등에 대한 용도지역의 제한을 강화하거나 완화하여 적용함으로써 용도지역의 기능을 증진시키고 경관·안전 등을 도모하기 위하여 도시·군관리계획으로 결정하는 지역을 말한다.(o)[30회]

02 시·도지사는 법률에서 정하고 있는 용도지구 외에 새로운 용도지구를 신설할 수 없다.(x)[28회]

03 방재지구의 지정을 도시·군관리계획으로 결정하는 경우 도시·군관리계획의 내용에는 해당 방재지구의 재해저감대책을 포함하여야 한다.(o)[28회]

04 법령상 용도지구의 세분으로 경관지구는 〈자연경관지구, 주거경관지구, 시가지경관지구〉가 있다.(x)[30회]

05 법령상 용도지구의 세분으로 보호지구는 〈역사문화환경보호지구, 중요시설물보호지구, 생태계보호지구〉가 있다.(o)³⁰회

06 법령상 용도지구의 세분으로 방재지구는 〈자연방재지구, 시가지방재지구, 특정개발방재지구〉가 있다.(x)³⁰회

07 법령상 용도지구의 세분으로 취락지구는 〈자연취락지구, 농어촌취락지구, 집단취락지구〉가 있다.(x)³⁰회

08 법령상 개발진흥지구를 세분하여 중요시설물개발진흥지구, 복합개발진흥지구, 특정개발진흥지구, 주거개발진흥지구, 관광·휴양개발진흥지구로 지정할 수 있다.(x)³⁵회

09 대도시 시장은 재해의 반복 발생이 우려되는 지역에 대해서는 특정용도제한지구를 지정하여야 한다.(x)³³회

10 집단취락지구란 개발제한구역 안의 취락을 정비하기 위하여 필요한 지구를 말한다.(o)²⁸회

11 집단취락지구란 관리지역안의 취락을 정비하기 위하여 필요한 지구를 말한다.(x)³⁴회

12 국토의 계획 및 이용에 관한 법령상 시·도지사가 복합용도지구를 지정할 수 있는 용도지역은 준주거지역, 근린상업지역, 일반공업지역, 계획관리지역, 일반상업지역을 말한다.(x)³⁴회

13 대도시 시장은 유통상업지역에 복합용도지구를 지정할 수 있다.(x)³³회

14 법령상 공업기능 및 유통·물류기능을 중심으로 개발·정비할 필요가 있는 용도지구는 산업·유통개발진흥지구이다.(o)³¹회

15 국토의 계획 및 이용에 관한 법령상 공업기능 및 유통·물류기능을 중심으로 개발·정비할 필요가 있는 용도지구는 산업·유통개발진흥지구이다.(o)³⁴회

16 복합개발진흥지구란 주거기능, 상업기능, 유통·물류기능 및 관광·휴양기능 중 2 이상의 기능을 중심으로 개발·정비할 필요가 있는 지구를 말한다.(x)³⁴회

17 방재지구안에서는 용도지역안에서의 층수 제한에 있어 1층 전부를 필로티 구조로 하는 경우 필로티 부분을 층수에서 제외한다.(o)²⁹회

18 자연취락지구안에서는 4층 이하의 방송통신시설을 건축할 수 있다.(o)²⁹회

19 자연취락지구안에서 건축할 수 있는 건축물로 단독주택, 도축장, 마을회관, 한의원, 동물 전용의 장례식장이 있다.(x)³¹회

20 지구단위계획 또는 관계 법률에 따른 개발계획을 수립하지 아니하는 개발진흥지구에서는 개발진흥지구의 지정목적 범위에 해당 용도지역에서 허용되는 건축물을 건축할 수 있다.(o)²⁹회

21 일반주거지역에 지정된 복합용도지구안에서는 장례시설을 건축할 수 있다.(x)²⁹회

22 고도지구안에서는 도시·군관리계획으로 정하는 높이를 초과하는 건축물을 건축할 수 없다.(o)²⁹회

23 법령상 국가 또는 지방자치단체가 자연취락지구안의 주민의 생활편익과 복지증진 등을 위하여 시행하거나 지원할 수 있는 사업으로 〈어린이놀이터·마을회관의 설치, 쓰레기처리장·하수처리시설의 개량, 하천정비 등 재해방지를 위한 시설의 설치, 주택의 개량〉이 있다.(o)³⁰회

Unit 8. 용도구역의 지정

I. 용도구역의 의의 및 종류

용도구역		• 토지의 이용 및 건축물의 용도·건폐율·용적률·높이 등에 대한 용도지역 및 용도지구의 제한을 강화하거나 완화하여 따로 정함으로써 시가지의 무질서한 확산 방지, 계획적이고 단계적인 토지이용의 도모, 혁신적이고 복합적인 토지활용의 촉진, 토지이용의 종합적 조정·관리 등을 위하여 도시·군관리계획으로 결정하는 지역을 말한다.
개발제한구역	지정권자	• 국토교통부장관
	지정목적	• 도시의 무질서한 확산을 방지하고 도시주변의 자연환경을 보전하여 도시민의 건전한 생활환경을 확보하기 위하여 도시의 개발을 제한할 필요가 있거나 국방부장관의 요청이 있어 보안상 도시의 개발을 제한할 필요가 있다고 인정
	행위제한	• 개발제한구역 지정 및 관리에 관한 특별조치법 (개발제한구역법)
수산자원보호구역	지정권자	• 해양수산부장관
	지정목적	• 수산자원을 보호·육성하기 위하여 필요한 공유수면이나 그에 인접한 토지에 대한 수산자원보호구역의 지정 또는 변경
	행위제한	• 수산자원관리법
시가화조정구역	지정권자	• 시·도지사 또는 국토교통부장관(국가계획 연계 시)
	지정목적	• 도시지역과 그 주변지역의 무질서한 시가화를 방지하고 계획적·단계적인 개발을 도모하기 위함
	행위제한	• 시가화유보기간(5년 이상 20년 이내), 도시·군계획사업, 개발행위허가
도시자연공원구역	지정권자	• 시·도지사 또는 대도시 시장
	지정목적	• 도시의 자연환경 및 경관을 보호하고 도시민에게 건전한 여가·휴식공간을 제공하기 위하여 도시지역 안에서 식생이 양호한 산지의 개발을 제한할 필요가 있다고 인정
	행위제한	• 도시공원 및 녹지 등에 관한 법률
도시혁신구역	지정권자	• 공간재구조화 결정권자
	행위제한	• 도시혁신계획
복합용도구역	지정권자	• 공간재구조화 결정권자
	행위제한	• 복합용도계획
도시·군계획시설 입체복합구역	지정권자	• 도시·군관리계획 결정권자
	행위제한	• 시행령 별도 지정

Ⅱ. 용도구역에서의 행위제한

1. 시가화조정구역

(1) 시가화유보기간

- 국토교통부장관 또는 시·도지사는 시가화조정구역을 지정 또는 변경하고자 하는 때에는 당해 도시지역과 그 주변지역의 인구의 동태, 토지의 이용상황, 산업발전상황 등을 고려하여 도시·군관리계획으로 시가화유보기간을 정하여야 한다.
- 시가화유보기간은 5년 이상 20년 이내의 범위 안에서 도시·군관리계획에 의하여 정해진다.
- 시가화조정구역의 지정에 관한 도시·군관리계획의 결정은 시가화유보기간이 끝난 날의 다음날부터 그 효력을 잃는다. 이 경우 국토교통부장관 또는 시·도지사는 대통령령으로 정하는 바에 따라 그 사실을 고시하여야 한다.

(2) 행위제한

도시·군계획사업	특별시장·광역시장·특별자치시장·특별자치도지사·시장 또는 군수의 〈개발행위허가〉를 받아 할 수 있는 행위
• 국방상 또는 공익상 시가화조정구역 안에서의 사업시행이 불가피한 것으로서 관계 중앙행정기관의 장의 요청에 의하여 국토교통부장관이 시가화조정구역의 지정목적달성에 지장이 없다고 인정하는 도시·군계획사업을 말한다.	① 농업·임업 또는 어업용의 건축물 중 대통령령으로 정하는 종류와 규모의 건축물이나 그 밖의 시설을 건축하는 행위 ② 마을공동시설, 공익시설·공공시설, 광공업 등 주민의 생활을 영위하는 데에 필요한 행위로서 대통령령으로 정하는 행위 ③ 입목의 벌채, 조림, 육림, 토석의 채취, 그 밖에 대통령령으로 정하는 경미한 행위

2. 도시혁신구역(신설)

(1) 도시혁신구역 세부사항

지정목적	• 창의적이고 혁신적인 도시공간의 개발을 목적으로 도시혁신구역에서의 토지의 이용 및 건축물의 용도·건폐율·용적률·높이 등의 제한에 관한 사항을 따로 정하기 위하여 공간재구조화계획으로 결정
〈공간재구조화계획〉으로 결정시 고려사항	① 도시혁신구역의 지정 목적 ② 해당 지역의 용도지역·기반시설 등 토지이용 현황 ③ 도시·군기본계획 등 상위계획과의 부합성 ④ 주변 지역의 기반시설, 경관, 환경 등에 미치는 영향 및 도시환경 개선·정비 효과 ⑤ 도시의 개발 수요 및 지역에 미치는 사회적·경제적 파급효과
지정대상	① 도시·군기본계획에 따른 도심·부도심 또는 생활권의 중심지역 ② 주요 기반시설과 연계하여 지역의 거점 역할을 수행할 수 있는 지역 ③ 유휴토지 또는 대규모 시설의 이전부지 ④ 그 밖에 도시공간의 창의적이고 혁신적인 개발이 필요하다고 인정되는 지역으로서 해당 시·도의 도시·군계획조례로 정하는 지역
〈도시혁신계획〉 포함사항	① 용도지역·용도지구, 도시·군계획시설 및 지구단위계획의 결정에 관한 사항 ② 주요 기반시설의 확보에 관한 사항 ③ 건축물의 건폐율·용적률·높이에 관한 사항 ④ 건축물의 용도·종류 및 규모 등에 관한 사항 ⑤ 다른 법률 규정 적용의 완화 또는 배제에 관한 사항 ⑥ 도시혁신구역 내 개발사업 및 개발사업의 시행자 등에 관한 사항 ⑦ 그 밖에 도시혁신구역의 체계적 개발과 관리에 필요한 사항
우선적용	• 다른 법률에서 공간재구조화계획의 결정을 의제하고 있는 경우에도 이 법에 따르지 아니하고 도시혁신구역의 지정과 도시혁신계획을 결정할 수 없다.
절차	• 공간재구조화계획 결정권자가 제3항에 따른 공간재구조화계획을 결정하기 위하여 관계 행정기관의 장과 협의하는 경우 협의 요청을 받은 기관의 장은 그 요청을 받은 날부터 10일(근무일 기준) 이내에 의견을 회신하여야 한다.
의제	• 도시혁신구역 및 도시혁신계획에 관한 도시·군관리계획 결정의 실효, 도시혁신구역에서의 건축 등에 관하여 다른 특별한 규정이 없으면 "지구단위계획구역"은 "도시혁신구역"으로, "지구단위계획"은 "도시혁신계획"으로 본다.

(2) 행위제한 : 도시혁신계획으로 따로 지정

> 법 제80조의4(도시혁신구역에서의 행위 제한) 용도지역 및 용도지구에 따른 제한에도 불구하고 도시혁신구역에서의 토지의 이용, 건축물이나 그 밖의 시설의 용도·건폐율·용적률·높이 등에 관한 제한 및 그 밖에 대통령령으로 정하는 사항에 관하여는 도시혁신계획으로 따로 정한다.
>
> 법 제83조의3(도시혁신구역에서의 다른 법률의 적용 특례) ① 도시혁신구역에 대하여는 다음 각 호의 법률 규정에도 불구하고 도시혁신계획으로 따로 정할 수 있다.
>   ㉠ 「주택법」 제35조에 따른 주택의 배치, 부대시설·복리시설의 설치기준 및 대지조성기준
>   ㉡ 「주차장법」 제19조에 따른 부설주차장의 설치
>   ㉢ 「문화예술진흥법」 제9조에 따른 건축물에 대한 미술작품의 설치
>   ㉣ 「건축법」 제43조에 따른 공개 공지 등의 확보
>   ㉤ 「도시공원 및 녹지 등에 관한 법률」 제14조에 따른 도시공원 또는 녹지 확보기준
>   ㉥ 「학교용지 확보 등에 관한 특례법」 제3조에 따른 학교용지의 조성·개발 기준
> ② 도시혁신구역으로 지정된 지역은 「건축법」 제69조에 따른 특별건축구역으로 지정된 것으로 본다.
> ③ 시·도지사 또는 시장·군수·구청장은 「건축법」 제70조에도 불구하고 도시혁신구역에서 건축하는 건축물을 같은 법 제73조에 따라 건축기준 등의 특례사항을 적용하여 건축할 수 있는 건축물에 포함시킬 수 있다.
> ④ 도시혁신구역의 지정·변경 및 도시혁신계획 결정의 고시는 「도시개발법」 제5조에 따른 개발계획의 내용에 부합하는 경우 같은 법 제9조제1항에 따른 도시개발구역의 지정 및 개발계획 수립의 고시로 본다. 이 경우 도시혁신계획에서 정한 시행자는 같은 법 제11조에 따른 사업시행자 지정요건 및 도시개발구역 지정 제안 요건 등을 갖춘 경우에 한정하여 같은 법에 따른 도시개발사업의 시행자로 지정된 것으로 본다.
> ⑤ 도시혁신계획에 대한 도시계획위원회 심의 시 「교육환경 보호에 관한 법률」 제5조제8항에 따른 지역교육환경보호위원회, 「문화유산의 보존 및 활용에 관한 법률」 제8조에 따른 문화유산위원회(같은 법 제70조에 따른 시·도지정문화유산에 관한 사항의 경우 같은 법 제71조에 따른 시·도문화유산위원회를 말한다) 또는 「자연유산의 보존 및 활용에 관한 법률」 제7조의2에 따른 자연유산위원회(같은 법 제40조에 따른 시·도자연유산에 관한 사항의 경우 같은 법 제41조의2에 따른 시·도자연유산위원회를 말한다)와 공동으로 심의를 개최하고, 그 결과에 따라 다음 각 호의 법률 규정을 완화하여 적용할 수 있다. 이 경우 다음 각 호의 완화 여부는 각각 지역교육환경보호위원회, 문화유산위원회 및 자연유산위원회의 의결에 따른다.
>   ㉠ 「교육환경 보호에 관한 법률」 제9조에 따른 교육환경보호구역에서의 행위제한
>   ㉡ 「문화유산의 보존 및 활용에 관한 법률」 제13조에 따른 역사문화환경 보존지역에서의 행위제한
>   ㉢ 「자연유산의 보존 및 활용에 관한 법률」 제10조에 따른 역사문화환경 보존지역에서의 행위제한

3. 복합용도구역(신설)

(1) 도시혁신구역 세부사항

지정목적	• 주거·상업·산업·교육·문화·의료 등 다양한 도시기능이 융복합된 공간의 조성을 목적으로 복합용도구역에서의 건축물의 용도별 구성비율 및 건폐율·용적률·높이 등의 제한에 관한 사항을 따로 정하기 위하여 공간재구조화계획으로 결정
〈공간재구조화계획〉으로 결정시 고려사항	① 복합용도구역의 지정 목적 ② 해당 지역의 용도지역·기반시설 등 토지이용 현황 ③ 도시·군기본계획 등 상위계획과의 부합성 ④ 주변 지역의 기반시설, 경관, 환경 등에 미치는 영향 및 도시환경 개선·정비 효과
지정대상	① 산업구조 또는 경제활동의 변화로 복합적 토지이용이 필요한 지역 ② 노후 건축물 등이 밀집하여 단계적 정비가 필요한 지역 ③ 복합용도구역으로 지정하려는 지역이 둘 이상의 용도지역에 걸치는 경우로서 토지를 효율적으로 이용하기 위해 건축물의 용도, 종류 및 규모 등을 통합적으로 관리할 필요가 있는 지역 ④ 그 밖에 복합된 공간이용을 촉진하고 다양한 도시공간을 조성하기 위해 계획적 관리가 필요하다고 인정되는 지역으로서 해당 시·도의 도시·군계획조례로 정하는 지역
〈복합용도계획〉 포함사항	① 용도지역·용도지구, 도시·군계획시설 및 지구단위계획의 결정에 관한 사항 ② 주요 기반시설의 확보에 관한 사항 ③ 건축물의 용도별 복합적인 배치비율 및 규모 등에 관한 사항 ④ 건축물의 건폐율·용적률·높이에 관한 사항 ⑤ 특별건축구역계획에 관한 사항 ⑥ 그 밖에 복합용도구역의 체계적 개발과 관리에 필요한 사항
의제	• 복합용도구역 및 복합용도계획에 관한 도시·군관리계획 결정의 실효, 도시혁신구역에서의 건축 등에 관하여 다른 특별한 규정이 없으면 '지구단위계획구역'은 '도시혁신구역'으로, '지구단위계획'은 '도시혁신계획'으로 본다.

(2) 행위제한

- 복합용도계획으로 따로 지정한다.
- 건폐율과 용적률은 〈도시지역〉의 최대한도의 범위에서 정한다.

> 법 제80조의5(복합용도구역에서의 행위 제한)
> ① 용도지역 및 용도지구에 따른 제한에도 불구하고 복합용도구역에서의 건축물이나 그 밖의 시설의 용도·종류 및 규모 등의 제한에 관한 사항은 대통령령으로 정하는 범위에서 복합용도계획으로 따로 정한다.
> ② 복합용도구역에서의 건폐율과 용적률은 제77조제1항 각 호 및 제78조제1항 각 호에 따른 용도지역별 건폐율과 용적률의 최대한도의 범위에서 복합용도계획으로 정한다.
>
> 법 제83조의3(도시혁신구역에서의 다른 법률의 적용 특례)
> ② 도시혁신구역으로 지정된 지역은 「건축법」 제69조에 따른 특별건축구역으로 지정된 것으로 본다.
> ③ 시·도지사 또는 시장·군수·구청장은 「건축법」 제70조에도 불구하고 도시혁신구역에서 건축하는 건축물을 같은 법 제73조에 따라 건축기준 등의 특례사항을 적용하여 건축할 수 있는 건축물에 포함시킬 수 있다.

4. 도시·군계획시설입체복합구역 (신설)

(1) 도시·군계획시설입체복합구역 세부사항

지정목적	• 도시·군관리계획의 결정권자의 도시·군계획시설의 입체복합적 활용을 위함
지정대상	① 도시·군계획시설 준공 후 10년이 경과한 경우로서 해당 시설의 개량 또는 정비가 필요한 경우 ② 주변지역 정비 또는 지역경제 활성화를 위하여 기반시설의 복합적 이용이 필요한 경우 ③ 첨단기술을 적용한 새로운 형태의 기반시설 구축 등이 필요한 경우 ④ 효율적이고 복합적인 도시·군계획시설의 조성을 위해 필요한 경우로서 해당 시·도 또는 대도시의 도시·군계획조례로 정하는 경우

(2) 행위제한

도시·군계획시설과 도시·군계획시설이 아닌 시설의 용도·종류 및 규모		건폐율	용적률	건축물 높이
도시지역	관리지역, 농림지역 및 자연환경보전지역	용도지역별 건폐율 최대한도의 150% 이하의 범위	용도지역별 용적률 최대한도의 200% 이하의 범위	• 제한된 높이의 150% 이하의 범위 • 단, 공동주택(중심, 일반상업 제외)은 200% 이하
도시지역 범위	계획관리지역에서 허용되는 범위			

Ⅲ. 둘 이상에 걸치는 대지에 대한 적용기준

구분		원칙	
		건폐율, 용적율	그 밖의 건축 제한 등
하나의 대지가 둘 이상의 용도지역 등에 걸치는 경우로서 각 용도지역 등의 걸치는 부분 중 가장 작은 부분의 규모가 330㎡ (도로변 띠 모양 상업지역은 660㎡) 이하인 경우	하나의 대지가 녹지지역에 해당하지 않는 경우	가중평균한 값을 적용	그 대지 중 가장 넓은 면적이 속하는 제한을 적용
	하나의 대지가 녹지지역에 해당하는 경우	• 각각의 용도지역·용도지구 또는 용도구역의 건축물 및 토지에 관한 규정을 적용 • 규모가 작은 부분이 녹지지역으로서 해당 면적이 330㎡(도로변 띠 모양 상업지역은 660㎡) 이하인 경우는 제외	
초과인 경우		• 각각의 용도지역·용도지구 또는 용도구역의 건축물 및 토지에 관한 규정을 적용	

> **산식**
> {(한쪽 용도지역 면적 × 그 지역 건폐율 또는 용적률) + (다른 쪽 용도지역 면적 × 그 지역 건폐율 또는 용적률)} ÷ 전체 대지면적

특례	
고도지구	방화지구
• 건축물이 고도지구에 걸치면 그 건축물 및 대지 전부에 대하여 고도지구의 건축물 및 대지에 관한 규정을 적용	• 건축물이 방화지구에 걸치면 그 전부에 대하여 방화지구의 건축물에 관한 규정을 적용. 단, 경계가 방화벽으로 구획된 경우 그 밖의 부분은 제외

핵심 지문 기출 OX

01 시·도지사는 도시자연공원구역의 변경을 도시·군관리계획으로 결정할 수 있다.(o)[28회]

02 〈도시자연공원구역〉으로 지정되면 「건축법」에 따른 특별건축구역으로 지정된 것으로 본다.(x)[35회]

03 시가화조정구역은 도시지역과 그 주변지역의 무질서한 시가화를 방지하고 계획적·단계적인 개발을 도모하기 위하여 시·도지사가 도시·군기본계획으로 결정하여 지정하는 용도구역이다.(x)[32회]

04 시가화유보기간은 5년 이상 20년 이내의 기간이다.(o)[32회]

05 시가화유보기간이 끝나면 국토교통부장관 또는 시·도지사는 이를 고시하여야 하고, 시가화조정구역 지정 결정은 그 고시일 다음날부터 그 효력을 잃는다.(x)[32회]

06 공익상 그 구역안에서의 사업시행이 불가피한 것으로서 주민의 요청에 의하여 시·도지사가 시가화조정구역의 지정목적달성에 지장이 없다고 인정한 도시·군계획사업은 시가화조정구역에서 시행할 수 있다.(x)³²회

07 시가화조정구역에서 입목의 벌채, 조림, 육림 행위는 허가없이 할 수 있다.(x)³²회

08 〈농업·임업 또는 어업을 영위하는 자가 관리용건축물로서 기존 관리용건축물의 면적을 제외하고 33제곱미터를 초과하는 것을 건축하는 행위〉는 시가화조정구역안에서 특별시장·광역시장·특별자치시장·특별자치도지사·시장 또는 군수의 허가를 받아 할 수 있는 행위이다.(x)³³회

09 〈주택의 증축(기존 주택의 면적을 포함하여 100제곱미터 이하의 증축)〉은 시가화조정구역안에서 특별시장·광역시장·특별자치시장·특별자치도지사·시장 또는 군수의 허가를 받아 할 수 있는 행위이다.(o)³³회

10 〈마을공동시설로서 정자 등 간이휴게소의 설치〉는 시가화조정구역안에서 특별시장·광역시장·특별자치시장·특별자치도지사·시장 또는 군수의 허가를 받아 할 수 있는 행위이다.(o)³³회

11 〈마을공동시설로서 농로·제방 및 사방시설의 설치〉는 시가화조정구역안에서 특별시장·광역시장·특별자치시장·특별자치도지사·시장 또는 군수의 허가를 받아 할 수 있는 행위이다.(o)³³회

12 〈마을공동시설로서 농기계수리소 및 농기계용 유류판매소의 설치〉는 시가화조정구역 안에서 특별시장·광역시장·특별자치시장·특별자치도지사·시장 또는 군수의 허가를 받아 할 수 있는 행위이다.(o)³³회

13 〈시가화조정구역〉으로 지정되면 「건축법」에 따른 특별건축구역으로 지정된 것으로 본다.(x)³⁵회

14 〈도시혁신구역〉으로 지정되면 「건축법」에 따른 특별건축구역으로 지정된 것으로 본다.(o)³⁵회

15 〈복합용도구역〉으로 지정되면 「건축법」에 따른 특별건축구역으로 지정된 것으로 본다.(o)³⁵회

Unit 9. 도시·군계획시설

Ⅰ. 기반시설

1. 기반시설 구분

기반시설		
	교통시설	• 도로, 철도, 항만, 공항, 주차장, 자동차정류장(여객자동차터미널, 물류터미널, 공영차고지, 공동차고지, 화물자동차 휴게소, 복합환승센터, 환승센터), 궤도, 차량검사 및 면허시설
	공간시설	• 광장, 공원, 녹지, 유원지, 공공공지
	유통·공급시설	• 유통업무설비, 수도, 전기, 가스공급설비, 방송·통신시설, 공동구, 유류저장 및 송유설비
	공공·문화체육시설	• 학교, 공공청사, 문화시설 및 공공필요성이 인정되는 체육시설, 연구시설, 사회복지시설, 공공직업훈련시설, 청소년수련시설
	방재시설	• 하천, 유수지, 저수지, 방화설비, 방풍설비, 방수설비, 사방설비, 방조설비
	보건위생시설	• 장사시설, 도축장, 종합의료시설
	환경기초시설	• 하수도, 폐기물처리 및 재활용시설, 빗물저장 및 이용시설, 수질오염방지시설, 폐차장

2. 기반시설 세분

도로	• 일반도로, 자동차전용도로, 보행자전용도로, 보행자우선도로, 자전거전용도로, 고가도로, 지하도로
자동차정류장	• 여객자동차터미널, 물류터미널, 공영차고지, 공동차고지, 화물자동차 휴게소, 복합환승센터, 환승센터
광장	• 교통광장, 일반광장, 경관광장, 지하광장, 건축물부설광장

3. 기반시설의 설치

(1) 원칙
- 기반시설을 설치하려면 그 시설의 종류·명칭·위치·규모 등을 미리 도시·군관리계획으로 결정하여야 한다.
- 효율적인 토지이용을 위하여 둘 이상의 도시·군계획시설을 같은 토지에 함께 결정하거나 도시·군계획시설이 위치하는 공간의 일부를 구획하여 도시·군계획시설을 결정할 수 있다.

(2) 예외
- 용도지역·기반시설의 특성 등을 고려하여 다음으로 정하는 경우에는 도시·군관리계획으로 결정하지 아니할 수 있다.

공통	• 주차장, 차량 검사 및 면허시설, 공공공지, 열공급설비, 방송·통신시설, 시장·공공청사·문화시설·공공필요성이 인정되는 체육시설·연구시설·사회복지시설·공공직업 훈련시설·청소년수련시설·저수지·방화설비·방풍설비·방수설비·사방설비·방조설비·장사시설·종합의료시설·빗물저장 및 이용시설·폐차장 • 「도시공원 및 녹지 등에 관한 법률」의 규정에 의하여 점용허가대상이 되는 공원 안의 기반시설
도시지역 및 지구단위계획구역	• 그 밖에 국토교통부령으로 정하는 시설 • 광장중 건축물부설광장 • 대지면적이 500제곱미터 미만인 도축장 • 폐기물처리 및 재활용시설 중 재활용시설 • 유치원, 특수학교, 대안학교, 방송대학·통신대학 및 방송통신대학
외의 지역	• 궤도 및 전기공급설비 • 그 밖에 국토교통부령이 정하는 시설

(3) 기반시설의 설치 기준
- 도시·군계획시설의 결정·구조 및 설치의 기준 등에 필요한 사항 : 국토교통부령으로 정한다.

4. 기반시설의 관리

설치한 도시·군계획시설의 관리에 관하여 이 법 또는 다른 법률에 특별한 규정이 있는 경우 외에는 국가가 관리하는 경우에는 대통령령으로, 지방자치단체가 관리하는 경우에는 그 지방자치단체의 조례로 도시·군계획시설의 관리에 관한 사항을 정한다.

핵심 지문 기출 OX

01 건설기계운전학원은 교통시설에 해당한다.(o)²⁸회

02 차량검사 및 면허시설은 교통시설에 해당한다.(o)³²회

03 자전거전용도로는 〈기반시설〉에 해당하지 않는다.(x)³⁵회

04 녹지는 공간시설에 해당한다.(o)³²회

05 방송·통신시설은 유통·공급시설에 해당한다.(o)²⁸회

06 학교는 공공·문화체육시설에 해당한다.(o)³²회

07 하천은 방재시설에 해당한다.(o)²⁸회

08 자연장지는 공간시설에 해당한다.(x)²⁸회

09 폐차장은 환경기초시설에 해당한다.(o)²⁸회

10 폐기물처리 및 재활용시설은 보건위생시설에 해당한다.(x)³²회

11 법령상 도시지역에서 미리 도시·군관리계획으로 결정하지 않고 설치할 수 있는 시설로서 〈광장(건축물부설광장 제외), 대지면적이 500제곱미터 미만인 도축장, 재활용시설, 「고등교육법」에 따른 방송통신대학〉이 해당한다.(x)³³회

Ⅱ. 공동구 ★

1. 정의
공동구란 전기·가스·수도 등의 공급설비, 통신시설, 하수도시설 등 지하매설물을 공동 수용함으로써 미관의 개선, 도로구조의 보전 및 교통의 원활한 소통을 위하여 지하에 설치하는 시설물을 말한다.

2. 공동구 수용시설 및 설치대상

	의무적 수용	임의적 수용
공동구에 수용하는 시설	전선로, 통신선로, 수도관, 열수송관, 중수도관, 쓰레기수송관	가스관, 하수도관, 그 밖의 시설은 공동구협의회 심의를 거쳐 수용

	사업규모 200만㎡ 초과하는 경우	
공동구 의무적 설치대상	도시개발구역, 정비구역, 공공주택지구, 택지개발지구, 도청이전신도시, 경제자유구역	

3. 공동구의 비용

	설치비용	관리비용
설치비용의 부담	• 공동구의 설치(개량하는 경우를 포함한다)에 필요한 비용은 공동구 점용예정자와 사업시행자가 부담한다.	• 공동구의 관리에 소요되는 비용은 그 공동구를 점용하는 자가 함께 부담하되, 부담비율은 점용면적을 고려하여 공동구관리자가 정한다.
설치비용의 납부	• 사업시행자는 공동구의 설치가 포함되는 개발사업의 실시계획인가등이 있은 후 지체 없이 공동구 점용예정자에게 부담금의 납부를 통지하여야 한다. • 부담금의 납부통지를 받은 공동구 점용예정자는 공동구설치공사가 착수되기 전에 부담액의 3분의 1 이상을 납부하여야 하며, 그 나머지 금액은 점용공사기간 만료일(만료일전에 공사가 완료된 경우에는 그 공사의 완료일을 말한다) 전까지 납부하여야 한다.	

4. 공동구의 관리

공동구관리자 (주체)		• 공동구는 특별시장·광역시장·특별자치시장·특별자치도지사·시장 또는 군수가 관리한다. 다만, 공동구의 효율적인 관리·운영을 위하여 필요하다고 인정하는 경우에는 대통령령으로 정하는 기관에 그 관리·운영을 위탁할 수 있다.
계획 및 안전점검	안전 및 유지 관리계획	• 공동구관리자는 5년마다 해당 공동구의 안전 및 유지관리계획을 대통령령으로 정하는 바에 따라 수립·시행하여야 한다.
	안전점검	• 공동구관리자는 대통령령으로 정하는 바에 따라 1년에 1회 이상 공동구의 안전점검을 실시하여야 하며, 안전점검결과 이상이 있다고 인정되는 때에는 지체 없이 정밀안전진단·보수·보강 등 필요한 조치를 하여야 한다.
공동구협의회		• 공동구관리자는 공동구의 설치·관리에 관한 주요 사항의 심의 또는 자문을 하게 하기 위하여 공동구협의회를 둘 수 있다.
점용 및 사용		• 공동구 설치비용을 부담하지 아니한 자(부담액을 완납하지 아니한 자를 포함한다)가 공동구를 점용하거나 사용하려면 그 공동구를 관리하는 공동구관리자의 허가를 받아야 한다. • 공동구를 점용하거나 사용하는 자는 그 공동구 관리 주체가 정하는 바에 따라 점용료 또는 사용료를 납부하여야 한다.

Ⅲ. 광역시설

1. 광역시설의 의의 및 종류

2 이상의 특별시·광역시·특별자치시·특별자치도·시 또는 군	
관할 구역에 걸치는 시설	• 도로·철도·광장·녹지, 수도·전기·가스·열공급설비, 방송·통신시설, 공동구, 유류저장 및 송유설비, 하천·하수도(하수종말처리시설을 제외)
공동으로 이용하는 시설	• 항만·공항·자동차정류장·공원·유원지·유통업무설비·문화시설·공공필요성이 인정되는 체육시설·사회복지시설·공공직업훈련시설·청소년수련시설·유수지·장사시설·도축장·하수도(하수종말처리시설에 한함)·폐기물처리 및 재활용시설·수질오염방지시설·폐차장

2. 광역시설의 설치 및 관리

원칙	• 도시·군계획시설 설치·관리 규정에 따른다.
예외	• 협약의 체결이나 협의회 등을 구성하여 설치·관리할 수 있다. • 국가계획으로 설치하는 광역시설은 다른 법률에 따라 설립된 법인이 설치·관리할 수 있다.

3. 환경오염방지사업

지방자치단체는 환경오염이 심하게 발생하거나 해당 지역의 개발이 현저하게 위축될 우려가 있는 광역시설을 다른 지방자치단체의 관할 구역에 설치할 때에는 대통령령으로 정하는 바에 따라 환경오염방지를 위한 사업이나 해당 지역 주민의 편익을 증진시키기 위한 사업을 해당 지방자치단체와 함께 시행하거나 이에 필요한 자금을 해당 지방자치단체에 지원하여야 한다.

핵심 지문 기출 OX

01 공동구가 설치된 경우 하수도관은 공동구협의회의 심의를 거쳐 공동구에 수용할 수 있다.(o)[28회]

02 공동구가 설치된 경우 쓰레기수송관은 공동구협의회의 심의를 거쳐야 공동구에 수용할 수 있다.(x)[35회]

03 법령상 사업시행자가 공동구를 설치하여야 하는 지역은 「공공주택특별법」에 따른 공공주택지구, 「도시 및 주거환경정비법」에 따른 정비구역, 「산업입지 및 개발에 관한 법률」에 따른 일반산업단지, 「도청이전을 위한 도시건설 및 지원에 관한 특별법」에 따른 도청이전신도시가 해당한다.(x)[31회]

04 「도시개발법」에 따른 도시개발구역이 200만제곱미터를 초과하는 경우 해당 구역에서 개발사업을 시행하는 자는 공동구를 설치하여야 한다.(o)[29회]

05 「택지개발촉진법」에 따른 택지개발지구가 200만제곱미터를 초과하는 경우에는 공동구를 설치하여야 한다.(o)[35회]

06 200만제곱미터를 초과하는 「도시개발법」에 따른 도시개발구역에서 개발사업을 시행하는 자는 공동구를 설치하여야 한다.(o)[32회]

07 도시개발구역의 규모가 150만㎡인 경우 해당 구역의 개발사업 시행자는 공동구를 설치하여야 한다.(x)[28회]

08 공동구관리자는 10년마다 해당 공동구의 안전 및 유지관리계획을 수립·시행하여야 한다.(x)[29회]

09 공동구관리자는 매년 해당 공동구의 안전 및 유지관리계획을 수립·시행하여야 한다.(x)[28회]

10 광역시설의 설치 및 관리는 공동구의 설치에 관한 규정에 따른다.(x)[28회]

11 봉안시설, 도축장은 광역시설이 될 수 있다.(o)[28회]

12 관계 특별시장·광역시장·특별자치시장·특별자치도지사는 협약을 체결하거나 협의회 등을 구성하여 광역시설을 설치·관리할 수 있다.(o)[28회]

13 국가계획으로 설치하는 광역시설은 그 광역시설의 설치·관리를 사업목적 또는 사업종목으로 하여 다른 법률에 따라 설립된 법인이 설치·관리할 수 있다.(o)[28회]

14 국가계획으로 설치하는 광역시설은 그 광역시설의 설치·관리를 사업종목으로 하여 다른 법률에 따라 설립된 법인이 설치·관리할 수 있다.(o)[32회]

Ⅳ. 도시·군계획시설사업

도시·군계획시설사업	도시·군계획시설을 설치·정비 또는 개량하는 사업을 말한다.
도시·군계획시설	기반시설 중 도시·군관리계획으로 결정된 시설을 말한다.

- 용도지역·용도지구안에서의 도시·군계획시설에 대하여는 용도지역·용도지구에서의 건축제한 규정을 적용하지 아니한다.

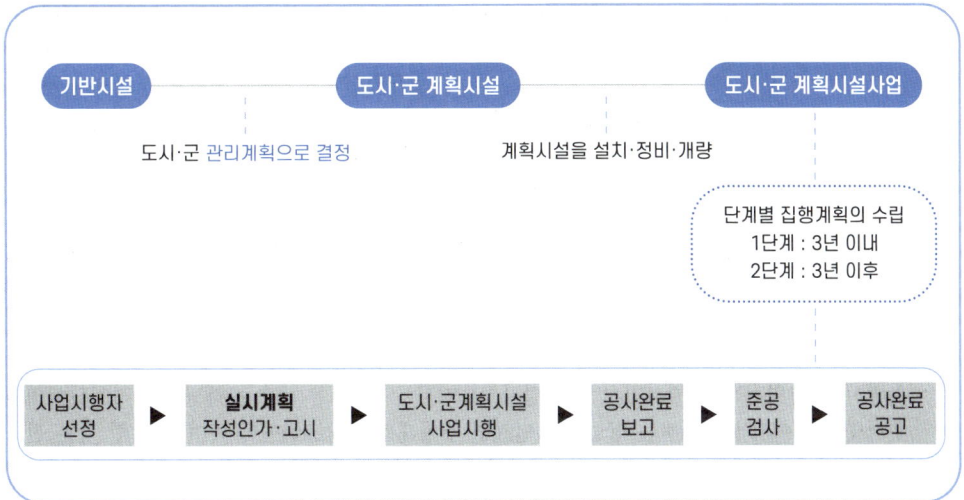

1. 단계별 집행계획의 수립

(1) 단계별 집행계획의 구분

제1단계 집행계획	3년 이내에 시행하는 도시·군계획시설사업
제2단계 집행계획	3년 후에 시행하는 도시·군계획시설사업

(2) 수립권자

〈원칙〉 특별시장·광역시장·특별자치시장· 특별자치도지사·시장 또는 군수		〈예외〉 국토교통부장관, 도지사
도시·군계획시설결정의 고시일부터 3개월 이내에 재원조달계획, 보상계획 등을 포함하는 단계별 집행계획을 수립하여야 한다.		• 국토교통부장관이나 도지사가 직접 입안한 도시·군관리계획인 경우 국토교통부장관이나 도지사는 단계별 집행계획을 수립하여 해당 특별시장·광역시장·특별자치시장·특별자치도지사·시장 또는 군수에게 송부할 수 있다.
도시 및 주거환경정비법	• 도시·군계획시설결정의 고시일부터 2년 이내에 단계별 집행계획을 수립할 수 있다.	
도시재정비 촉진을 위한 특별법		
도시재생 활성화 및 지원에 관한 특별법		

특별시장·광역시장·특별자치시장·특별자치도지사·시장 또는 군수는 단계별집행계획을 수립하고자 하는 때에는 미리 관계 행정기관의 장과 협의하여야 하며, 해당 지방의회의 의견을 들어야 한다.

(3) 단계별 집행계획의 공고

특별시장·광역시장·특별자치시장·특별자치도지사·시장 또는 군수는 해당 지방자치단체의 공보와 인터넷 홈페이지에 게재하는 방법으로 단계별 집행계획을 공고하여야 하며, 필요한 경우 전국 또는 해당 지방자치단체를 주된 보급지역으로 하는 일간신문에 게재하는 방법이나 방송 등의 방법을 병행할 수 있다.

(4) 도시·군계획시설부지에서의 개발행위

① 원칙 : 특별시장·광역시장·특별자치시장·특별자치도지사·시장 또는 군수는 도시·군계획시설의 설치 장소로 결정된 지상·수상·공중·수중 또는 지하는 그 도시·군계획시설이 아닌 건축물의 건축이나 공작물의 설치를 허가하여서는 아니 된다.

② 예외 : 도시·군계획시설결정의 고시일부터 2년이 지날 때까지 그 시설의 설치에 관한 사업이 시행되지 아니한 도시·군계획시설 중 ①단계별 집행계획이 수립되지 아니하거나 ②단계별 집행계획에서 제1단계 집행계획(단계별 집행계획을 변경한 경우에는 최초의 단계별 집행계획을 말한다)에 포함되지 아니한 도시·군계획시설의 부지에 대하여는 허가를 받아 다음의 행위를 할 수 있다.

  ㉠ 가설건축물의 건축과 이에 필요한 범위에서의 토지의 형질 변경
  ㉡ 도시·군계획시설의 설치에 지장이 없는 공작물의 설치와 이에 필요한 범위에서의 토지의 형질 변경
  ㉢ 건축물의 개축 또는 재축과 이에 필요한 범위에서의 토지의 형질 변경

2. 사업시행자 선정

(1) 사업시행자가 행정청인 경우

원칙		예외	
관할 구역만 시행	둘 이상의 관할구역에 걸쳐 시행	국가계획 관련 시	광역도시계획 관련 시
특별시장· 광역시장· 특별자치시장· 특별자치도지사· 시장 또는 군수	① 원칙 : 협의하여 시행자 지정 ② 예외 : 직접 지정한다. 	같은 도 관할구역	도지사가 시행자 지정
둘 이상의 시·도	국토교통부장관이 지정		국토교통부장관 직접 시행할 수 있다.	도지사 직접 시행할 수 있다.

(2) 사업시행자가 비행정청인 경우

공공사업자	민간사업자
• 국토교통부장관, 시·도지사, 시장 또는 군수로부터 시행자로 지정을 받아 도시·군계획시설사업을 시행할 수 있다. ① 국가 또는 지방자치단체 ② 대통령령으로 정하는 공공기관(한국토지주택공사 등 공사) ③ 지방공사 및 지방공단	• 도시·군계획시설사업의 시행자로 지정을 받으려면 도시·군계획시설사업의 대상인 토지(국공유지는 제외한다)의 소유 면적 및 토지 소유자의 동의 비율에 관하여 요건을 갖추어야 한다. • 토지면적 3분의 2이상 소유(국공유지 제외) • 토지소유자 총수 2분의 1이상 동의

(3) 행정심판, 청문

행정심판		청문(하여야 한다)
도시·군계획시설사업의 시행자가 행정청인 경우	시행자의 처분에 대하여 행정심판 제기 가능	① 개발행위허가의 취소 ② 도시·군계획시설사업의 시행자 지정의 취소 ③ 실시계획인가의 취소
도시·군계획시설사업의 시행자가 행정청이 아닌 경우	시행자를 지정한 자에게 행정심판을 제기하여야 함	

3. 실시계획

(1) 실시계획의 작성

주체	• 도시·군계획시설사업의 시행자
내용	① 사업의 종류 및 명칭 ② 사업의 면적 또는 규모 ③ 사업시행자의 성명 및 주소(법인인 경우에는 법인의 명칭 및 소재지와 대표자의 성명 및 주소) ④ 사업의 착수예정일 및 준공예정일
첨부서류	• 사업시행에 필요한 설계도서, 자금계획, 시행기간, 그 밖에 대통령령으로 정하는 사항

(2) 실시계획의 인가

1) 인가권자

인가권자	국토교통부장관	시·도지사 또는 대도시 시장
요건	국토교통부장관이 지정한 시행자	그 밖의 시행자

2) 인가를 받지 않고도 가능한 행위(변경하거나 폐지하는 경우 준용)

㉠ 사업명칭을 변경하는 경우
㉡ 구역경계의 변경이 없는 범위 안에서 행하는 건축물의 연면적 10퍼센트 미만의 변경과 「학교시설사업 촉진법」에 의한 학교시설의 변경인 경우
㉢ 다음 각 목의 공작물을 설치하는 경우
  ⓐ 도시지역 또는 지구단위계획구역에 설치되는 공작물로서 무게는 50톤, 부피는 50세제곱미터, 수평투영면적은 50제곱미터를 각각 넘지 않는 공작물
  ⓑ 도시지역·자연환경보전지역 및 지구단위계획구역 외의 지역에 설치되는 공작물로서 무게는 150톤, 부피는 150세제곱미터, 수평투영면적은 150제곱미터를 각각 넘지 않는 공작물
㉣ 기존 시설의 일부 또는 전부에 대한 용도변경을 수반하지 않는 대수선·재축 및 개축인 경우
㉤ 도로의 포장 등 기존 도로의 면적·위치 및 규모의 변경을 수반하지 아니하는 도로의 개량인 경우
㉥ 구역경계의 변경이 없는 범위에서 측량결과에 따라 면적을 변경하는 경우

3) 인가 및 조건부 인가

① 원칙 : 인가권자는 도시·군계획시설사업의 시행자가 작성한 실시계획이 도시·군계획시설의 결정·구조 및 설치의 기준 등에 맞다고 인정하는 경우에는 실시계획을 인가하여야 한다.
② 조건부 인가 : 인가권자는 기반시설의 설치나 그에 필요한 용지의 확보, 위해 방지, 환경오염 방지, 경관 조성, 조경 등의 조치를 할 것을 조건으로 실시계획을 인가할 수 있다.
③ 공고 및 열람 : 국토교통부장관, 시·도지사 또는 대도시 시장은 실시계획을 인가하려면 미리 그 사실을 공고하고, 관계 서류의 사본을 14일 이상 일반이 열람할 수 있도록 하여야 한다.

4. 사업의 시행

분할 시행	• 도시·군계획시설사업을 효율적으로 추진하기 위하여 필요하다고 인정되면 사업시행대상지역 또는 대상시설을 둘 이상으로 분할하여 도시·군계획시설사업을 시행할 수 있음
관계 서류의 열람	• 도시·군계획시설사업을 시행하기 위하여 필요하면 등기소나 그 밖의 관계 행정기관의 장에게 필요한 서류의 열람 또는 복사나 그 등본 또는 초본의 발급을 무료로 청구할 수 있음
서류의 송달	• 이해관계인에게 서류를 송달할 필요가 있으나 이해관계인의 주소 또는 거소가 불분명하거나 그 밖의 사유로 서류를 송달할 수 없는 경우에는 대통령령으로 정하는 바에 따라 그 서류의 송달을 갈음하여 그 내용을 공시할 수 있음(공시송달)

토지등의 수용 및 사용	수용 대상	• 토지·건축물 또는 그 토지에 정착된 물건 • 토지·건축물 또는 그 토지에 정착된 물건에 관한 소유권 외의 권리
	인접지 일시 사용권	• 특히 필요한 경우 도시·군계획시설의 인접한 토지·건축물 또는 그 토지에 정착된 물건 및 이에 관한 소유권 외의 권리를 일시 사용할 수 있음
	사업인정 및 사업인정고시의 의제	•「공익사업을 위한 토지 등의 취득 및 보상에 관한 법률」을 준용하여 실시계획을 고시한 경우 동법에 따른 사업인정 및 그 고시가 있었던 것으로 봄
	재결신청기간의 특례	• 재결 신청은 실시계획에서 정한 도시·군계획시설사업의 시행기간에 하여야 함

타인토지에의 출입 등

① 출입 및 장애물 제거

구분		행정청	행정청이 아닌 시행자
출입	허가	X	O
	통지	출입하려는 날의 7일 전까지 통지	
일시사용, 장애물 제거	소유자 동의	소유자·점유자·관리인의 동의를 받아야 함	
	미동의시	통지	허가
	통지	3일 전까지 통지	

② 일출 전 일몰 후, 점유자 승낙 없이 출입할 수 없음
③ 토지점유자는 정당한 사유 없이 출입 등의 행위를 방해하거나 거부하지 못함
④ 증표 및 허가증 제시
⑤ 위반 시, 1천만원 이하 과태료
⑥ 손실보상의무자 : 행위자가 속한 행정청, 시행자가 손실보상

5. 사업의 이행 담보

이행보증금의 예치	원칙	• 특별시장·광역시장·특별자치시장·특별자치도지사·시장 또는 군수는 기반시설의 설치나 그에 필요한 용지의 확보, 위해 방지, 환경오염 방지, 경관, 조경 등을 위하여 필요하다고 인정되는 경우로서 이의 이행을 보증하기 위하여 도시·군계획시설사업의 시행자로 하여금 이행보증금을 예치하게 할 수 있다.
	의무 면제	• 국가 또는 지방자치단체, 공공기관, 지방공사 및 지방공단
원상회복 ↓ (미이행 시) 행정대집행		• 특별시장·광역시장·특별자치시장·특별자치도지사·시장 또는 군수는 개발행위허가를 받지 아니하고 개발행위를 하거나·허가내용과 다르게 개발행위를 하는 자에게는 그 토지의 원상회복을 명할 수 있다.
		• 원상회복의 명령을 받은 자가 원상회복을 하지 아니하면 「행정대집행법」에 따른 행정대집행에 따라 원상회복을 할 수 있다. • 행정대집행에 필요한 비용은 개발행위허가를 받은 자가 예치한 이행보증금을 사용할 수 있다.

6. 비용부담

원칙	예외		
	협의	협의 불성립	
		같은 도	다른 시·도
시행자가 비용을 부담	① 국토교통부장관, 시·도지사 → 시·도, 시 또는 군에 부담(50% 넘지 못함) 　(행정안전부장관과 협의) ② 시·도지사 → 시·도에 속하지 아니하는 지방자치단체에 협의 및 부담(협의 불성립 시 행정안전부장관 결정) ③ 시장 또는 군수 → 다른 지방자치단체에 협의 및 부담	도지사 결정	행정안전부장관 결정
시행자가 행정청인 경우	• 행정청이 시행하는 도시·군계획시설사업에 드는 비용은 50% 이하의 범위에서 그 비용의 전부 또는 일부를 국가예산으로 보조 또는 융자할 수 있다.		
시행자가 행정청 아닌 경우	• 행정청이 아닌 자가 시행하는 도시·군계획시설사업에 대하여는 당해 도시·군계획시설사업에 소요되는 비용의 3분의 1 이하의 범위안에서 국가 또는 지방자치단체가 보조 또는 융자할 수 있다.		

7. 공사완료의 공고 등

시행자가 국토교통부장관, 시·도지사와 대도시 시장	• 그 외의 경우
공사를 마친 때에는 공사완료 공고를 해야 함	• 시행자는 공사완료보고서를 작성하여 시·도지사나 대도시 시장에게 제출, 시·도지사나 대도시 시장은 공사완료보고서를 받으면 지체 없이 준공검사하여 실시계획대로 완료되었다고 인정되는 경우에는 도시·군계획시설사업의 시행자에게 준공검사증명서를 발급하고 공사완료 공고를 해야 함

의제되는 인·허가등에 따른 준공검사·준공인가 등에 해당하는 사항이 있으면 미리 관계 행정기관의 장과 협의하여야 하며, 이 사항에 대해서는 준공검사·준공인가 등을 받은 것으로 의제된다.

핵심 지문 기출 OX

01 도시·군계획시설은 기반시설 중 도시·군관리계획으로 결정된 시설이다.(o)[32회]

02 용도지역 안에서의 건축물의 용도·종류 및 규모의 제한에 대한 규정은 도시·군계획시설에 대해서도 적용된다.(x)[33회]

03 광역시장이 단계별 집행계획을 수립하고자 하는 때에는 미리 관계 행정기관의 장과 협의하여야 하며, 해당 지방의회의 의견을 들어야 한다.(o)[28회]

04 5년 이내에 시행하는 도시·군계획시설사업은 단계별 집행계획 중 제1단계 집행계획에 포함되어야 한다.(x)[34회]

05 「도시 및 주거환경정비법」에 따라 도시·군관리계획의 결정이 의제되는 경우에는 해당 도시·군계획시설결정의 고시일부터 3개월 이내에 도시·군계획시설에 대하여 단계별 집행계획을 수립하여야 한다.(x)[34회]

06 도시·군계획시설사업이 같은 도의 관할 구역에 속하는 둘 이상의 시 또는 군에 걸쳐 시행되는 경우에는 국토교통부장관이 시행자를 정한다.(x)[32회]

07 국토교통부장관은 국가계획과 관련되거나 그 밖에 특히 필요하다고 인정되는 경우에는 관계 특별시장·광역시장·특별자치시장·특별자치도지사·시장 또는 군수의 의견을 들어 직접 도시·군계획시설사업을 시행할 수 있다.(o)[34회]

08 둘 이상의 시 또는 군의 관할 구역에 걸쳐 시행되는 도시·군계획시설사업이 광역도시계획과 관련된 경우, 도지사는 관계 시장 또는 군수의 의견을 들어 직접 시행할 수 있다.(o)[28회]

09 한국토지주택공사는 도시·군계획시설사업 대상 토지소유자 동의 요건을 갖추지 않아도 도시·군계획시설사업의 시행자로 지정받을 수 있다.(o)[32회]

10 한국토지주택공사가 도시·군계획시설사업의 시행자로 지정을 받으려면 토지소유자 총수의 3분의 2 이상에 해당하는 자의 동의를 얻어야 한다.(x)[34회]

11 도시·군계획시설사업 실시계획에는 사업의 착수예정일 및 준공예정일도 포함되어야 한다.(o)[32회]

12 행정청인 도시·군계획시설사업 시행자의 처분에 대하여는 「행정심판법」에 따라 행정심판을 제기할 수 있다.(o)²⁸회

13 국토교통부장관이 이 법률의 위반자에 대한 처분으로서 실시계획인가를 취소하려면 청문을 실시하여야 한다.(o)²⁸회

14 법령상 청문을 하여야 하는 경우로 〈개발행위허가의 취소, 개발행위허가의 제한, 실시계획인가의 취소〉가 있다.(x)³¹회

15 시행자는 도시·군계획시설사업을 효율적으로 추진하기 위하여 필요하다고 인정되면 사업시행대상지역을 둘 이상으로 분할하여 시행할 수 있다.(o)²⁸회

16 사업시행자는 도시·군계획시설사업 대상시설을 둘 이상으로 분할하여 도시·군계획시설사업을 시행하여서는 아니 된다.(x)³⁴회

17 행정청인 시행자는 이해관계인의 주소 또는 거소가 불분명하여 서류를 송달할 수 없는 경우 그 서류의 송달을 갈음하여 그 내용을 공시할 수 있다.(o)²⁸회

18 토지에의 출입에 따라 손실을 입은 자가 보상에 관하여 국토교통부장관에게 조정을 신청하지 아니하는 경우에는 관할 토지수용위원회에 재결을 신청할 수 없다.(x)³⁴회

19 토지 점유자가 승낙하지 않는 경우에도 사업시행자는 시장 또는 군수의 허가를 받아 일몰 후에 울타리로 둘러싸인 타인의 토지에 출입할 수 있다.(x)³⁴회

20 사업시행자가 행정청인 경우라도 허가를 받지 아니하면 타인의 토지에 출입할 수 없다.(x)³⁴회

21 타인의 토지에 출입하려는 행정청인 사업시행자는 출입하려는 날의 7일 전까지 그 토지의 소유자·점유자 또는 관리인에게 그 일시와 장소를 알려야 한다.(o)³⁴회

22 토지의 소유자·점유자 또는 관리인의 동의 없이 타인의 토지를 재료 적치장 또는 임시통로로 일시 사용한 사업시행자는 사용한 날부터 14일 이내에 시장 또는 군수의 허가를 받아야 한다.(x)³⁴회

23 지방자치단체가 직접 도시·군계획시설사업을 시행하는 경우에는 이행보증금을 예치하여야 한다.(x)²⁸회

24 도시·군계획시설사업 실시계획 인가 내용과 다르게 도시·군계획시설사업을 하여 토지의 원상회복 명령을 받은 자가 원상회복을 하지 아니하면 「행정대집행법」에 따른 행정대집행에 따라 원상회복을 할 수 있다.(o)³²회

V. 장기미집행 도시·군계획시설부지 매수청구

1. 매수청구권자
도시·군계획시설의 부지로 되어 있는 토지 중 지목이 대(垈)인 토지소유자

2. 매수의무자

원칙	• 특별시장·광역시장·특별자치시장·특별자치도지사·시장 또는 군수
예외	• 해당 도시·군계획시설사업의 시행자가 정하여진 경우에는 그 시행자 • 도시·군계획시설을 설치하거나 관리하여야 할 의무가 있는 자가 있으면 그 의무가 있는 자 • 도시·군계획시설을 설치하거나 관리하여야 할 의무가 서로 다른 경우 설치하여야 할 의무가 있는 자

3. 절차

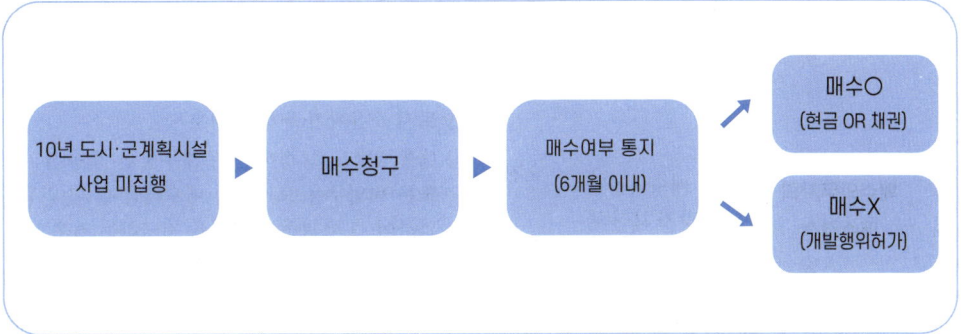

(1) 매수청구

매수청구 할 수 있는 경우	매수청구 할 수 없는 경우
• 도시·군관리계획시설 결정의 고시일부터 10년 이내에 그 도시·군계획시설의 설치에 관한 도시·군계획시설사업이 시행되지 아니하는 경우	• 도시·군관리계획시설 결정의 고시일부터 10년 이내에 도시·군관리계획시설사업이 시행되지 않아도 사업의 실시계획인가나 그에 상당하는 절차가 진행된 경우

(2) 매수절차

매수 여부의 결정		매수가격 및 절차
통보	매수기한	
• 매수의무자는 매수청구를 받은 날부터 6개월 이내에 매수 여부를 결정하여 토지 소유자와 특별시장·광역시장·특별자치시장·특별자치도지사·시장 또는 군수에게 알려야 한다. • 매수의무자가 특별시장·광역시장·특별자치시장·특별자치도지사·시장 또는 군수인 경우는 제외한다	• 매수하기로 결정한 토지는 매수 결정을 알린 날부터 2년 이내에 매수하여야 한다.	• 매수 청구된 토지의 매수가격·매수절차 등에 관하여 이 법에 특별한 규정이 있는 경우 외에는 「공익사업을 위한 토지 등의 취득 및 보상에 관한 법률」을 준용한다.

(3) 대금지급 및 개발행위허가

매수의무자의 매수결정		원칙	• 매수 청구를 받은 토지를 매수할 때에는 현금으로 그 대금을 지급한다.
	• 예외 : 매수의무자가 지방자치단체인 경우에는 채권을 발행하여 지급할 수 있다.	요건	㉠ 토지 소유자가 원하는 경우 ㉡ 대통령령으로 정하는 부재부동산 소유자의 토지 또는 비업무용 토지로서 매수대금이 3천만원을 초과하여 그 초과하는 금액을 지급하는 경우
		상환기간 및 이율	• 도시·군계획시설채권의 상환기간은 10년 이내로 한다. • 그 이율은 채권 발행 당시 은행이 적용하는 1년 만기 정기예금금리의 평균 이상이어야 하며, 구체적인 상환기간과 이율은 조례로 정한다.
매수의무자가 매수하지 아니할 시	• 매수청구를 한 토지소유자는 건축물 또는 공작물을 허가를 받아 설치할 수 있다.	요건	㉠ 매수하지 아니하기로 결정한 경우 ㉡ 매수 결정을 알린 날부터 2년이 지날 때까지 해당 토지를 매수하지 아니하는 경우
		건축물 또는 공작물	• 단독주택으로서 3층 이하인 것 • 제1종, 제2종 근린생활시설로서 3층 이하인 것(단란주점, 안마시술소, 노래연습장, 다중생활시설 제외) • 공작물

VI. 실시계획의 실효 및 도시·군계획시설결정의 실효

1. 실시계획의 실효

(1) 실시계획의 실효(5년 후 실효)

도시·군계획시설결정의 고시일로부터 10년 이후에 실시계획을 작성하거나 인가를 받은 도시·군계획시설사업의 시행자 (장기미집행 도시·군계획시설의 시행자)	실시계획 고시일로부터 5년 이내에 토지보상법에 따른 재결신청을 하지 아니한 경우
실시계획 고시일부터 5년이 지난 다음 날에 그 실시계획은 실효됨	

(2) 실시계획의 실효(7년 후 실효)

원칙	• 장기미집행 도시·군계획시설사업의 시행자가 재결신청을 하지 아니하고 실시계획 고시일부터 5년이 지나기 전에 해당 도시·군계획시설사업에 필요한 토지 면적의 3분의 2 이상을 소유하거나 사용할 수 있는 권원을 확보하고 실시계획 고시일부터 7년 이내에 재결신청을 하지 아니한 경우 실시계획 고시일부터 7년이 지난 다음 날에 그 실시계획은 실효됨
예외	• 장기미집행 도시·군계획시설사업의 시행자가 재결신청 없이 도시·군계획시설사업에 필요한 모든 토지·건축물 또는 그 토지에 정착된 물건을 소유하거나 사용할 수 있는 권원을 확보한 경우 그 실시계획은 효력을 유지함

2. 도시·군계획시설결정의 실효 ★

(1) 실효사유

도시·군계획시설 고시일부터 20년이 지날 때까지 그 시설의 설치에 관한 도시·군계획시설사업이 시행되지 아니하는 경우 고시일부터 20년이 되는 날의 다음날에 효력을 잃는다.

(2) 실효고시

시·도지사 또는 대도시 시장은 도시·군계획시설결정이 효력을 잃으면 [실효일자, 실효사유, 실효된 도시·군계획의 내용]을 지체없이 고시하여야 한다.

Ⅶ. 도시·군계획시설 결정의 해제

1. 지방의회의 해제 권고

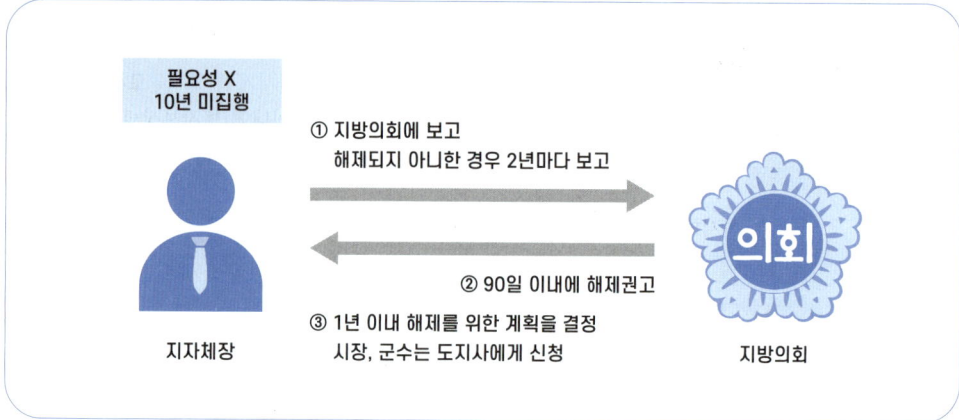

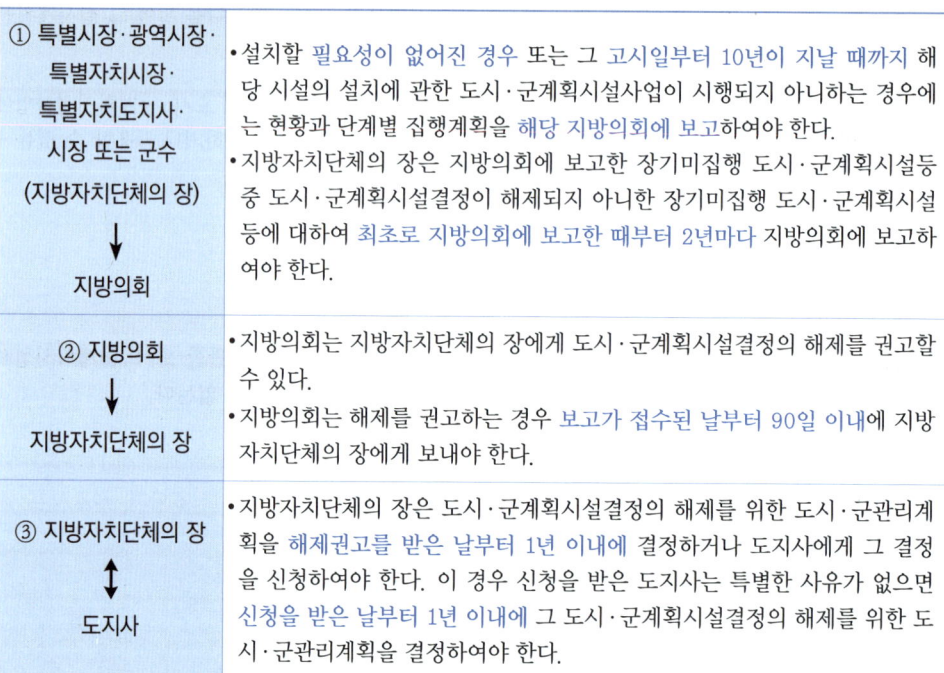

① 특별시장·광역시장· 특별자치시장· 특별자치도지사· 시장 또는 군수 (지방자치단체의 장) ↓ 지방의회	• 설치할 필요성이 없어진 경우 또는 그 고시일부터 10년이 지날 때까지 해당 시설의 설치에 관한 도시·군계획시설사업이 시행되지 아니하는 경우에는 현황과 단계별 집행계획을 해당 지방의회에 보고하여야 한다. • 지방자치단체의 장은 지방의회에 보고한 장기미집행 도시·군계획시설등 중 도시·군계획시설결정이 해제되지 아니한 장기미집행 도시·군계획시설 등에 대하여 최초로 지방의회에 보고한 때부터 2년마다 지방의회에 보고하여야 한다.
② 지방의회 ↓ 지방자치단체의 장	• 지방의회는 지방자치단체의 장에게 도시·군계획시설결정의 해제를 권고할 수 있다. • 지방의회는 해제를 권고하는 경우 보고가 접수된 날부터 90일 이내에 지방자치단체의 장에게 보내야 한다.
③ 지방자치단체의 장 ↕ 도지사	• 지방자치단체의 장은 도시·군계획시설결정의 해제를 위한 도시·군관리계획을 해제권고를 받은 날부터 1년 이내에 결정하거나 도지사에게 그 결정을 신청하여야 한다. 이 경우 신청을 받은 도지사는 특별한 사유가 없으면 신청을 받은 날부터 1년 이내에 그 도시·군계획시설결정의 해제를 위한 도시·군관리계획을 결정하여야 한다.

2. 도시·군계획시설결정의 해제 신청 등

토지 소유자			
	• 도시·군계획시설결정의 고시일부터 **10년** 이내에 그 도시·군계획시설의 설치에 관한 도시·군계획시설사업이 **시행되지 아니**한 경우 • 단계별 집행계획상 해당 도시·군계획시설의 실효 시까지 **집행계획이 없는** 경우 → 토지의 소유자는 도시·군계획시설에 대한 도시·군관리계획 **입안권자**에게 그 토지의 도시·군계획시설결정 해제를 위한 도시·군관리계획 **입안을 신청**할 수 있다.	→	① 입안권자
	• 도시·군관리계획 입안권자는 **신청을 받은 날부터 3개월 이내**에 입안 여부를 결정하여 토지 소유자에게 알려야 하며, 해당 도시·군계획시설결정의 실효 시까지 설치하기로 집행계획을 수립하는 등 대통령령으로 정하는 특별한 사유가 없으면 그 도시·군계획시설결정의 해제를 위한 도시·군관리계획을 입안하여야 한다.	←	
	• 토지 소유자는 해당 도시·군계획시설결정의 해제를 위한 도시·군관리계획이 입안되지 아니하는 경우에는 도시·군관리계획 **결정권자**에게 **해제를 신청**할 수 있다.	→	② 결정권자
	• 도시·군관리계획 결정권자는 **신청을 받은 날부터 2개월 이내**에 결정 여부를 정하여 토지 소유자에게 알려야 하며, 특별한 사유가 없으면 그 도시·군계획시설결정을 해제하여야 한다.	←	
	• 해제 신청을 한 토지 소유자는 해당 도시·군계획시설결정이 해제되지 아니하는 등 대통령령으로 정하는 사항에 해당하는 경우에는 **국토교통부장관**에게 그 도시·군계획시설결정의 **해제 심사를 신청**할 수 있다.	→	③ 국토교통부장관
	• 국토교통부장관은 대통령령으로 정하는 바에 따라 해당 도시·군계획시설에 대한 도시·군관리계획 결정권자에게 도시·군계획시설결정의 해제를 권고할 수 있다. • 해제를 권고받은 도시·군관리계획 결정권자는 특별한 사유가 없으면 그 도시·군계획시설결정을 해제하여야 한다.	←	

핵심 지문 기출 OX

01 도시·군계획시설결정의 고시일부터 5년 이내에 도시·군계획시설사업이 시행되지 아니하는 경우 그 도시·군계획시설의 부지 중 지목이 대인 토지의 소유자는 그 토지의 매수를 청구할 수 있다.(x)[28회]

02 도시·군계획시설 부지의 매수의무자는 매수하기로 결정한 토지를 매수 결정을 알린 날부터 2년 이내에 매수하여야 한다.(o)[32회]

03 도시·군계획시설채권의 상환기간은 10년 이내로 한다.(o)[32회]

04 도시·군계획시설 부지의 매수의무자인 지방공사는 도시·군계획시설채권을 발행하여 그 대금을 지급할 수 있다.(x)[32회]

05 도시·군계획시설 부지의 매수 청구시 매수의무자가 매수하지 아니하기로 결정한 날부터 1년이 경과하면 토지소유자는 해당 용도지역에서 허용되는 건축물을 건축할 수 있다.(x)[29회]

06 도시·군계획시설결정이 고시된 도시·군계획시설에 대하여 그 고시일부터 〈20〉년이 지날 때까지 그 시설의 설치에 관한 도시·군계획시설사업이 시행되지 아니하는 경우 그 도시·군계획시설결정은 그 고시일부터 〈20〉년이 〈되는 날의 다음날〉에 그 효력을 잃는다.(o)[30회]

07 도시·군계획시설 결정의 고시일부터 20년이 지날 때까지 시설사업이 시행되지 아니하는 경우 그 시설결정은 20년이 되는 날에 효력을 잃는다.(x)[35회]

08 도시·군계획시설결정은 고시일부터 10년 이내에 도시·군계획시설사업이 시행되지 아니하는 경우 그 고시일부터 10년이 되는 날의 다음날에 그 효력을 잃는다.(x)[28회]

09 도시·군계획시설에 대해서 시설결정이 고시된 날부터 10년이 지날 때까지 도시·군계획시설사업이 시행되지 아니한 경우 그 도시·군계획시설의 결정은 효력을 잃는다.(x)[29회]

10 도시·군계획시설 결정의 고시일부터 10년 이내에 시설사업이 시행되지 아니하는 경우 그 부지 내에 건물만을 소유한 자도 시설결정 해제를 위한 도시·군관리계획 입안을 신청할 수 있다.(x)[35회]

11 도시·군계획시설 부지로 되어 있는 토지의 소유자는 도시·군계획시설결정의 실효시까지 그 토지의 도시·군계획시설결정 해제를 위한 도시·군관리계획 입안을 신청할 수 없다.(x)[29회]

12 도시·군계획시설 결정의 고시일부터 10년 이내에 실시계획의 인가만 있고 시설사업이 진행되지 아니하는 경우 그 부지의 소유자는 그 토지의 매수를 청구할 수 있다.(x)[35회]

Unit 10 지구단위계획

지구단위계획구역 → 지구단위계획 → 사업 착수

Ⅰ. 지구단위계획의 의의

도시·군계획 수립 대상지역의 일부에 대하여 토지 이용을 합리화하고 그 기능을 증진시키며 미관을 개선하고 양호한 환경을 확보하며, 그 지역을 체계적·계획적으로 관리하기 위하여 수립하는 도시·군관리계획을 말한다. 지구단위계획구역 및 지구단위계획은 도시·군관리계획으로 결정한다.

Ⅱ. 지구단위계획구역의 지정

1. 도시지역 내의 지역

할 수 있다	하여야 한다
• 도시개발구역, 정비구역, 택지개발지구, 대지조성사업지구, 산업단지와 준산업단지, 관광단지와 관광특구, 용도지구 • 개발제한구역, 도시자연공원구역, 시가화조정구역 또는 공원에서 해제되는 구역, 녹지지역에서 주거·상업·공업지역으로 변경되는 구역과 새로 도시지역에 편입되는 구역 중 계획적인 개발 또는 관리가 필요한 지역 • 도시지역의 체계적·계획적인 관리 또는 개발이 필요한 지역	① 정비구역 및 택지개발지구에서 시행되는 사업이 끝난 후 10년이 지난 지역 ② 면적이 30만제곱미터 이상인 지역을 말한다. • 시가화조정구역 또는 공원에서 해제되는 지역. 다만, 녹지지역으로 지정 또는 존치되거나 개발계획이 수립되지 아니하는 경우를 제외한다. • 녹지지역에서 주거지역·상업지역 또는 공업지역으로 변경되는 지역

2. 도시지역 외의 지역

(1) 계획관리지역 : 지정하려는 구역 면적의 50% 이상이 계획관리지역일 것

> ① 계획관리지역 외에 지구단위계획구역에 포함하는 지역은 생산관리지역 또는 보전관리지역일 것
> ② 공동주택중 아파트 또는 연립주택의 건설계획이 포함되는 경우에는 30만제곱미터 이상일 것
>   ㉠ ⓐ지구단위계획구역이 자연보전권역이거나 ⓑ지구단위계획구역 안에 초등학교 용지를 확보하여 관할 교육청의 동의를 얻거나 지구단위계획구역 안 또는 지구단위계획구역으로부터 통학이 가능한 거리에 초등학교가 위치하고 학생수용이 가능한 경우로서 관할 교육청의 동의를 얻은 경우 10만제곱미터 이상일 것
>   ㉡ 그 외의 경우 3만제곱미터 이상일 것
> ③ 당해 지역에 도로·수도공급설비·하수도 등 기반시설을 공급할 수 있을 것
> ④ 자연환경·경관·미관 등을 해치지 아니하고 국가유산의 훼손우려가 없을 것

(2) 개발진흥지구 ★

주거개발진흥지구 / 복합개발진흥지구(주거O) / 특정개발진흥지구	산업·유통개발진흥지구 및 복합개발진흥지구(주거X)	관광·휴양개발진흥지구
계획관리지역	계획관리지역, 생산관리지역 농림지역	관리지역, 농림지역, 자연환경보전지역

(3) 용도지구를 폐지하고 그 용도지구의 행위제한 등을 지구단위계획으로 대체하려는 지역

Ⅲ. 지구단위계획

1. 지구단위계획의 수립

지구단위계획의 수립기준 등은 대통령령으로 정하는 바에 따라 국토교통부장관이 정한다.

> **수립 시 고려사항**
> ① 도시의 정비·관리·보전·개발 등 지구단위계획구역의 지정 목적
> ② 주거·산업·유통·관광휴양·복합 등 지구단위계획구역의 중심기능
> ③ 해당 용도지역의 특성
> ④ 지역 공동체의 활성화
> ⑤ 안전하고 지속가능한 생활권의 조성
> ⑥ 해당 지역 및 인근 지역의 토지 이용을 고려한 토지이용계획과 건축계획의 조화

2. 지구단위계획의 결정권자

지구단위계획구역 및 지구단위계획은 국토교통부장관, 시·도지사, 시장 또는 군수가 도시·군관리계획으로 결정한다.

3. 지구단위계획의 포함사항

ⓒ와 ⓜ의 사항을 포함한 둘 이상의 사항이 포함되어야 한다. 다만, ⓑ를 내용으로 하는 지구단위계획의 경우에는 그러하지 아니하다. (법52조)

> ⊙ 용도지역이나 용도지구를 대통령령으로 정하는 범위에서 세분하거나 변경하는 사항
> ⓑ 기존의 용도지구를 폐지하고 그 용도지구에서의 건축물이나 그 밖의 시설의 용도·종류 및 규모 등의 제한을 대체하는 사항
> ⓒ 기반시설의 배치와 규모
> ⓓ 도로로 둘러싸인 일단의 지역 또는 계획적인 개발·정비를 위하여 구획된 일단의 토지의 규모와 조성계획
> ⓜ 건축물의 용도제한, 건축물의 건폐율 또는 용적률, 건축물 높이의 최고한도 또는 최저한도
> ⓗ 건축물의 배치·형태·색채 또는 건축선에 관한 계획
> ⓢ 환경관리계획 또는 경관계획
> ⓞ 보행안전 등을 고려한 교통처리계획

4. 지구단위계획구역에서 법률규정의 완화적용

(1) 도시지역 내 법률규정의 완화 적용

지구단위계획구역에서 건축물을 건축하려는 자가 그 대지의 일부를 (이하 "공공시설등"이라 한다)의 부지로 제공하거나 공공시설등을 설치하여 제공하는 경우 건축물에 대하여 지구단위계획으로 다음 각 호의 구분에 따라 건폐율·용적률 및 높이제한을 완화하여 적용할 수 있다.

완화할 수 있는 건폐율	완화할 수 있는 용적률	완화할 수 있는 높이
• 해당 용도지역에 적용되는 건폐율 × [1 + 공공시설등의 부지로 제공하는 면적 ÷ 원래의 대지면적] 이내	• 해당 용도지역에 적용되는 용적률 + [1.5 × (공공시설등의 부지로 제공하는 면적 × 공공시설등 제공 부지의 용적률) ÷ 공공시설등의 부지 제공 후의 대지면적] 이내	• 「건축법」에 따라 제한된 높이 × (1 + 공공시설등의 부지로 제공하는 면적 ÷ 원래의 대지면적) 이내

완화 규정	최대한도
건폐율	• 완화하여 적용되는 건폐율은 당해 용도지역 또는 용도지구에 적용되는 건폐율의 150%를 초과할 수 없다.
용적률	• 완화하여 적용되는 용적률은 당해 용도지역 또는 용도지구에 적용되는 용적률의 200%를 초과할 수 없다.

기타 완화규정

용적률 완화	120%	• 도시지역에 개발진흥지구를 지정하고 당해 지구를 지구단위계획구역으로 지정한 경우 • 지구단위계획구역 내 제1종전용주거지역·제2종전용주거지역·제1종일반주거지역 또는 제2종일반주거지역이 다음 각 호의 요건을 모두 갖춘 경우에는 단독주택, 연립주택 및 다세대주택의 부지에 대해서 지구단위계획으로 용적률을 완화하여 적용할 수 있다. ① 해당 지역에 「도시재생 활성화 및 지원에 관한 특별법」에 따른 도시재생활성화계획이 수립되어 있을 것 ② 도시재생활성화계획이 연립주택 및 다세대주택을 건축하는 내용을 포함할 것
	140%	• 지구단위계획구역 내 준주거지역에서 건축물을 건축하려는 자가 그 대지의 일부를 공공시설등의 부지로 제공하거나 공공시설등을 설치하여 제공하는 경우 • 지구단위계획구역 내 준주거지역에서 「공공주택 특별법」에 따른 도심 공공주택 복합사업 또는 「빈집 및 소규모주택 정비에 관한 특례법」에 따른 소규모재개발사업을 시행하는 경우 • 지구단위계획구역 내 「국가첨단전략산업 경쟁력 강화 및 보호에 관한 특별조치법」에 따른 국가첨단전략기술을 보유하고 있는 자가 입주하는 「산업입지 및 개발에 관한 법률」에 따른 산업단지에 대하여 용적률 완화에 관한 산업통상자원부장관의 요청이 있는 경우 산업입지정책심의회의 심의를 거쳐 완화하여 적용할 수 있다.
높이제한 완화		• 도시지역에 개발진흥지구를 지정하고 당해 지구를 지구단위계획구역으로 지정한 경우에는 지구단위계획으로 제한된 건축물높이의 120퍼센트 이내에서 높이제한을 완화하여 적용할 수 있다. • 지구단위계획구역 내 준주거지역에서는 지구단위계획으로 채광(採光) 등의 확보를 위한 건축물의 높이 제한을 200퍼센트 이내의 범위에서 완화하여 적용할 수 있다.
주차장 설치기준 완화 (100%)		① 한옥마을을 보존하고자 하는 경우 ② 차 없는 거리를 조성하고자 하는 경우(지구단위계획으로 보행자전용도로를 지정하거나 차량의 출입을 금지한 경우를 포함한다) ③ 원활한 교통소통 또는 보행환경 조성을 위하여 도로에서 대지로의 차량통행이 제한되는 차량진입금지구간을 지정한 경우

(2) 도시지역 외 법률규정의 완화 적용

건폐율	용적률	건축제한
• 지구단위계획구역에서는 지구단위계획으로 해당 용도지역 또는 개발진흥지구에 적용되는 건폐율의 150퍼센트 이내에서 건폐율을 완화하여 적용할 수 있다.	• 지구단위계획구역에서는 지구단위계획으로 해당 용도지역 또는 개발진흥지구에 적용되는 용적률의 200퍼센트 이내에서 용적률을 완화하여 적용할 수 있다.	• 지구단위계획구역에서는 지구단위계획으로 건축물의 용도·종류 및 규모 등을 완화하여 적용할 수 있다 • 개발진흥지구(계획관리지역에 지정된 개발진흥지구를 제외한다)에 지정된 지구단위계획구역에 대하여는 아파트 및 연립주택은 허용되지 아니한다.

(3) 지구단위계획구역에서 건축물의 건축

지구단위계획구역에서 건축물을 건축하거나 건축물의 용도를 변경하려면 그 지구단위계획에 맞게 건축하거나 용도를 변경하여야 한다.

〈지구단위계획이 적용되지 않는 가설건축물〉
① 존치기간(연장된 존치기간을 포함한 총 존치기간을 말한다)이 3년의 범위에서 해당 특별시·광역시·특별자치시·특별자치도·시 또는 군의 도시·군계획조례로 정한 존치기간 이내인 가설건축물
② 재해복구기간 중 이용하는 재해복구용 가설건축물
③ 공사기간 중 이용하는 공사용 가설건축물

Ⅲ. 공공시설등의 설치 비용 등

공공시설	① 도로·공원·철도·수도·항만·공항·광장·녹지·공공공지·공동구·하천·유수지·방화설비·방풍설비·방수설비·사방설비·방조설비·하수도·구거(도랑)과 같은 공공용시설 ② 행정청이 설치하는 시설로서 주차장, 저수지 및 그 밖에 국토교통부령으로 정하는 시설

1. 공공시설의 설치

설치의무자	①도시지역 내 주거·상업·업무 등의 기능을 결합하는 등 복합적인 토지 이용을 증진시킬 필요가 있는 지역으로서 대통령령으로 정하는 요건에 해당하는 지역 또는 ②도시지역 내 유휴토지를 효율적으로 개발하거나 교정시설, 군사시설, 그 밖에 대통령령으로 정하는 시설을 이전 또는 재배치하여 토지 이용을 합리화하고, 그 기능을 증진시키기 위하여 집중적으로 정비가 필요한 지역으로서 대통령령으로 정하는 요건에 해당하는 지역의 전부 또는 일부를 지구단위계획구역으로 지정함에 따라 지구단위계획으로 도시지역 내 세부 용도지역이 변경되어 용적률이 높아지거나 건축제한이 완화되는 경우 또는 지구단위계획으로 도시·군계획시설 결정이 변경되어 행위제한이 완화되는 경우에는 해당 지구단위계획구역에서 건축물을 건축하려는 자(도시·군관리계획이 입안되는 경우 입안 제안자를 포함한다)
부담 범위	• 용도지역의 변경 또는 도시·군계획시설 결정의 변경 등으로 인한 토지가치 상승분(『감정평가 및 감정평가사에 관한 법률』에 따른 감정평가법인등이 용도지역의 변경 또는 도시·군계획시설 결정의 변경 전·후에 대하여 각각 감정평가한 토지가액의 차이를 말한다)의 범위에서 지구단위계획으로 정하는 바에 따라 정함
의무	• 다음 시설의 부지를 제공하거나 공공시설등을 설치하여 제공하도록 한다. ① 공공시설 ② 기반시설 ③ 공공임대주택 또는 기숙사 등 공공필요성이 인정되어 해당 시·도 또는 대도시의 조례로 정하는 시설

2. 지구단위 밖에 공공시설의 설치 비용 납부

(1) 비용의 납부 의무
해당 지구단위계획구역 안의 공공시설등이 충분한 것으로 인정될 때에는 해당 지구단위계획구역 밖의 관할 특별시·광역시·특별자치시·특별자치도·시 또는 군에 지구단위계획으로 정하는 바에 따라 다음의 사업에 필요한 비용을 납부하는 것으로 갈음할 수 있다.
① 도시·군계획시설결정의 고시일부터 10년 이내에 도시·군계획시설사업이 시행되지 아니한 도시·군계획시설의 설치
② 공공임대주택 또는 기숙사 등 공공필요성이 인정되어 해당 시·도 또는 대도시의 조례로 정하는 시설의 설치
③ 공공시설 또는 제1호에 해당하지 아니하는 기반시설의 설치

(2) 특별시 또는 광역시 관할 구 또는 군의 공공시설등의 설치 비용 사용 제한
지구단위계획구역이 특별시 또는 광역시 관할인 경우에는 공공시설등의 설치 비용 납부액 중 100분의 20 이상 100분의 30 이하의 범위에서 해당 지구단위계획으로 정하는 비율에 해당하는 금액은 해당 지구단위계획구역의 관할 구(자치구를 말한다) 또는 군(광역시의 관하리 구역에 있는 군을 말한다)에 귀속된다. 이때 해당 지구단위계획구역의 관할 구 또는 군은 귀속되는 공공시설등의 설치 비용의 전부를 〈도시·군계획시설결정의 고시일부터 10년 이내에 도시·군계획시설사업이 시행되지 아니한 도시·군계획시설의 설치〉 사업에 우선 사용하여야 한다.

(3) 공공시설등의 설치 비용 사용 제한
특별시·광역시·특별자치시·특별자치도·시 또는 군은 납부받은 공공시설등의 설치 비용의 100분의 10 이상을 〈도시·군계획시설결정의 고시일부터 10년 이내에 도시·군계획시설사업이 시행되지 아니한 도시·군계획시설의 설치〉 사업에 우선 사용하여야 한다.

(4) 기금의 설치
특별시장·광역시장·특별자치시장·특별자치도지사·시장·군수 또는 구청장은 납부받거나 귀속되는 공공시설등의 설치 비용의 관리 및 운용을 위하여 기금을 설치할 수 있다.

IV. 지구단위계획구역 지정의 실효 및 지구단위계획의 실효

지구단위계획구역 → 지구단위계획	지구단위계획 → 사업 착수
• 도시·군관리계획결정의 고시일부터 3년 이내에 그 지구단위계획구역에 관한 지구단위계획이 결정·고시되지 아니하면 그 3년이 되는 날의 다음날에 그 지구단위계획구역의 지정에 관한 도시·군관리계획결정은 효력을 잃는다.	• 지구단위계획(주민이 입안을 제안한 것에 한정)에 관한 도시·군관리계획결정의 고시일부터 5년 이내에 이 법 또는 다른 법률에 따라 허가·인가·승인 등을 받아 사업이나 공사에 착수하지 아니하면 그 5년이 된 날의 다음날에 그 지구단위계획에 관한 도시·군관리계획결정은 효력을 잃는다.

핵심 지문 기출 OX

01 도시·군계획 수립 대상지역의 일부에 대하여 토지이용을 합리화하고 그 기능을 증진시키며 미관을 개선하고 양호한 환경을 확보하며, 그 지역을 체계적·계획적으로 관리하기 위하여 수립하는 도시·군관리계획은 지구단위계획이다.(o)30회

02 도시·군 계획 수립 대상지역의 일부에 대하여 토지이용을 합리화하고 그 기능을 증진시키며 미관을 개선하고 양호한 환경을 확보하며, 그 지역을 체계적·계획적으로 관리하기 위하여 수립하는 도시·군 관리계획은 입지규제최소구역계획이라 한다.(x)30회

03 지구단위계획구역 및 지구단위계획은 도시·군관리계획으로 결정한다.(o)32회

04 「관광진흥법」에 따라 지정된 관광특구에 대하여 지구단위계획구역을 지정할 수 있다.(o)28회

05 「관광진흥법」에 따라 지정된 관광단지의 전부 또는 일부에 대하여 지구단위계획구역을 지정할 수 있다.(o)32회

06 도시지역 외의 지역도 지구단위계획구역으로 지정될 수 있다.(o)28회

07 건축물의 형태·색채에 관한 계획도 지구단위계획의 내용으로 포함될 수 있다.(o)28회

08 지구단위계획은 해당 용도지역의 특성을 고려하여 수립한다.(o)32회

09 시장 또는 군수가 입안한 지구단위계획구역의 지정·변경에 관한 도시·군관리계획은 시장 또는 군수가 직접 결정한다.(o)32회

10 지구단위계획으로 차량진입금지구간을 지정한 경우 「주차장법」에 따른 주차장 설치기준을 최대 80%까지 완화하여 적용할 수 있다.(x)28회

11 법령상 도시지역 외 지구단위계획구역의 용도지역 또는 개발진흥지구에 적용되는 건폐율의 150% 이내에서 건폐율을 완화하여 적용할 수 있다.(o)29회

12 법령상 도시지역 외 지구단위계획구역의 용도지역 또는 개발진흥지구에 적용되는 용적률의 200% 이내에서 용적률을 완화하여 적용할 수 있다.(o)29회

13 법령상 도시지역 외 지구단위계획구역의 용도지역에 적용되는 건축물높이의 120% 이내에서 높이제한을 완화하여 적용할 수 있다.(x)29회

14 계획관리지역에 지정된 개발진흥지구 내의 지구단위계획구역에서는 건축물의 용도·종류 및 규모 등을 완화하여 적용할 수 있다.(o)29회

15 계획관리지역 외의 지역에 지정된 개발진흥지구 내의 지구단위계획구역에서는 건축물의 용도·종류 및 규모 등을 완화하여 적용할 경우 아파트 및 연립주택은 허용되지 아니한다.(o)29회

16 지구단위계획이 수립되어 있는 지구단위계획구역에서 공사기간 중 이용하는 공사용 가설건축물을 건축하려면 그 지구단위계획에 맞게 하여야 한다.(x)32회

17 행정청이 설치하는 공동묘지는 〈공공시설〉에 해당한다.(o)35회

18 지구단위계획(주민이 입안을 제안한 것에 한정한다)에 관한 도시·군관리계획결정의 고시일부터 〈10〉년 이내에 「국토의 계획 및 이용에 관한 법률」 또는 다른 법률에 따라 허가·인가·승인 등을 받아 사업이나 공사에 착수하지 아니하면 그 〈10〉년이 된 날의 다음날에 그 지구단위계획에 관한 도시·군관리계획결정은 효력을 잃는다.(x)34회

Unit 11 개발행위허가

2025 위패스 공인중개사 합격셀렉트

I. 허가 대상

개발행위를 하려는 자는 특별시장·광역시장·특별자치시장·특별자치도지사·시장 또는 군수의 허가를 받아야 한다. 다만, 도시·군계획사업에 의한 행위는 그러하지 아니하다.

건축물의 건축	「건축법」에 따른 건축물의 건축	
공작물의 설치	인공을 가하여 제작한 시설물(「건축법」에 따른 건축물을 제외한다)의 설치	
토지의 형질변경	개발행위허가 받아야 하는 경우	개발행위허가 받지 않아도 되는 경우
	• 절토(땅깎기)·성토(흙쌓기)·정지(땅고르기)·포장 등의 방법으로 토지의 형상을 변경하는 행위와 공유수면의 매립	• 경작을 위한 토지형질변경 (①~④까지는 허가를 받아야 함) ① 인접토지의 관개·배수 및 농작업에 영향을 미치는 경우 ② 재활용 골재, 사업장 폐토양, 오염된 침전물 등 수질오염 또는 토질오염의 우려가 있는 토사 등을 사용하여 성토하는 경우. 다만, 「농지법」에 따른 성토는 제외한다. ③ 지목의 변경을 수반하는 경우(전·답 사이의 변경은 제외한다) ④ 옹벽 설치 또는 2미터 이상의 절토·성토가 수반되는 경우
토석채취	흙·모래·자갈·바위 등의 토석을 채취하는 행위. 다만, 토지의 형질변경을 목적으로 하는 것을 제외한다.	
토지분할	개발행위허가 받아야 하는 경우	개발행위허가 받지 않아도 되는 경우
	① 녹지지역·관리지역·농림지역 및 자연환경보전지역 안에서 관계법령에 따른 허가·인가 등을 받지 아니하고 행하는 토지의 분할 ② 「건축법」에 따른 분할제한면적 미만으로의 토지의 분할 ③ 관계 법령에 의한 허가·인가 등을 받지 아니하고 행하는 너비 5미터 이하로의 토지의 분할	• 건축법에 따른 건축물이 있는 대지의 토지분할은 허가를 받지 않아도 됨
물건을 쌓아놓는 행위	• 녹지지역·관리지역 또는 자연환경보전지역 안에서 「건축법」에 따라 사용승인을 받은 건축물의 울타리 안에 위치하지 아니한 토지에 물건을 1개월 이상 쌓아놓는 행위	

Ⅱ. 변경허가

개발행위허가를 받은 사항을 변경하는 경우에는 변경허가를 받아야 한다. 다만, 다음에 해당하는 경미한 사항을 변경한 때에는 지체없이 그 사실을 특별시장·광역시장·특별자치시장·특별자치도지사·시장 또는 군수에게 통지하여야 한다.

1. 사업기간을 단축하는 경우
2. 다음 어느 하나에 해당하는 경우
① 부지면적 또는 건축물 연면적을 5퍼센트 범위에서 축소[공작물의 무게, 부피, 수평투영면적(하늘에서 내려다보이는 수평 면적을 말한다) 또는 토석채취량을 5퍼센트 범위에서 축소하는 경우를 포함한다]하는 경우
② 관계 법령의 개정 또는 도시·군관리계획의 변경에 따라 허가받은 사항을 불가피하게 변경하는 경우
③ 「공간정보의 구축 및 관리 등에 관한 법률」 및 「건축법」에 따라 허용되는 오차를 반영하기 위한 변경인 경우
④ 「건축법 시행령」 어느 하나에 해당하는 변경인 경우
　㉠ 건축물의 동수나 층수를 변경하지 아니하면서 변경되는 부분의 바닥면적의 합계가 50제곱미터 이하인 경우로서 다음의 요건을 모두 갖춘 경우
　　ⓐ 변경되는 부분의 높이가 1미터 이하이거나 전체 높이의 10분의 1 이하일 것
　　ⓑ 허가를 받거나 신고를 하고 건축 중인 부분의 위치 변경범위가 1미터 이내일 것
　　ⓒ 신고를 하면 건축허가를 받은 것으로 보는 규모에서 건축허가를 받아야 하는 규모로의 변경이 아닐 것
　㉡ 건축물의 동수나 층수를 변경하지 아니하면서 변경되는 부분이 연면적 합계의 10분의 1 이하인 경우
　㉢ 대수선에 해당하는 경우
　㉣ 건축물의 층수를 변경하지 아니하면서 변경되는 부분의 높이가 1미터 이하이거나 전체 높이의 10분의 1 이하인 경우
　㉤ 허가를 받거나 신고를 하고 건축 중인 부분의 위치가 1미터 이내에서 변경되는 경우

Ⅲ. 허가를 받지 않아도 가능한 개발행위

다음의 행위는 개발행위허가를 받지 아니하고 할 수 있다. 다만, ①에 따라 응급조치를 한 경우에는 1개월 이내에 특별시장·광역시장·특별자치시장·특별자치도지사·시장 또는 군수에게 신고하여야 한다.
① 재해복구나 재난수습을 위한 응급조치
②「건축법」에 따라 신고하고 설치할 수 있는 건축물의 개축·증축 또는 재축과 이에 필요한 범위에서의 토지의 형질 변경(도시·군계획시설사업이 시행되지 아니하고 있는 도시·군계획시설의 부지인 경우만 가능하다)
③ 다음의 경미한 행위

건축물의 건축	•「건축법」에 따른 건축허가 또는 건축신고 및 가설건축물 건축의 허가 또는 축조신고 대상에 해당하지 아니하는 건축물의 건축
공작물의 설치	① 도시지역 또는 지구단위계획구역에서 무게가 50톤 이하, 부피가 50세제곱미터 이하, 수평투영면적이 50제곱미터 이하인 공작물의 설치 ② 도시지역·자연환경보전지역 및 지구단위계획구역외의 지역에서 무게가 150톤 이하, 부피가 150세제곱미터 이하, 수평투영면적이 150제곱미터 이하인 공작물의 설치 ③ 녹지지역·관리지역 또는 농림지역안에서의 농림어업용 비닐하우스의 설치
토지의 형질변경	① 높이 50센티미터 이내 또는 깊이 50센티미터 이내의 절토·성토·정지 등(포장을 제외하며, 주거지역·상업지역 및 공업지역외의 지역에서는 지목변경을 수반하지 아니하는 경우에 한한다) ② 도시지역·자연환경보전지역 및 지구단위계획구역 외의 지역에서 면적이 660제곱미터 이하인 토지에 대한 지목변경을 수반하지 아니하는 절토·성토·정지·포장 등(토지의 형질변경 면적은 형질변경이 이루어지는 당해 필지의 총면적을 말한다. 이하 같다) ③ 조성이 완료된 기존 대지에 건축물이나 그 밖의 공작물을 설치하기 위한 토지의 형질변경(절토 및 성토는 제외한다) ④ 국가 또는 지방자치단체가 공익상의 필요에 의하여 직접 시행하는 사업을 위한 토지의 형질변경
토석채취	① 도시지역 또는 지구단위계획구역에서 채취면적이 25제곱미터 이하인 토지에서의 부피 50세제곱미터 이하의 토석채취 ② 도시지역·자연환경보전지역 및 지구단위계획구역외의 지역에서 채취면적이 250제곱미터 이하인 토지에서의 부피 500세제곱미터 이하의 토석채취
토지분할	①「사도법」에 의한 사도개설허가를 받은 토지의 분할 ② 토지의 일부를 국유지 또는 공유지로 하거나 공공시설로 사용하기 위한 토지의 분할 ③ 행정재산중 용도폐지되는 부분의 분할 또는 일반재산을 매각·교환 또는 양여하기 위한 분할 ④ 토지의 일부가 도시·군계획시설로 지형도면고시가 된 당해 토지의 분할 ⑤ 너비 5미터 이하로 이미 분할된 토지의「건축법」에 따른 분할제한면적 이상으로의 분할
물건을 쌓아놓는 행위	① 녹지지역 또는 지구단위계획구역에서 물건을 쌓아놓는 면적이 25제곱미터 이하인 토지에 전체무게 50톤 이하, 전체부피 50세제곱미터 이하로 물건을 쌓아놓는 행위 ② 관리지역(지구단위계획구역으로 지정된 지역을 제외한다)에서 물건을 쌓아놓는 면적이 250제곱미터 이하인 토지에 전체무게 500톤 이하, 전체부피 500세제곱미터 이하로 물건을 쌓아놓는 행위

Ⅳ. 개발행위의 허가기준

1. 일반적 기준

구분		규모
도시지역	주거지역	1만㎡ 미만
	상업지역	
	자연녹지지역	
	생산녹지지역	
공업지역(도시지역), 관리지역, 농림지역		3만㎡ 미만
보전녹지지역(도시지역), 자연환경보전지역		5천㎡ 미만

① 용도지역별 특성을 고려하여 대통령령으로 정하는 개발행위의 규모에 적합할 것. 다만, 개발행위가 「농어촌정비법」에 따른 농어촌정비사업으로 이루어지는 경우 개발행위 규모의 제한을 받지 아니한다.
② 도시·군관리계획 및 성장관리계획의 내용에 어긋나지 아니할 것
③ 도시·군계획사업의 시행에 지장이 없을 것
④ 주변지역의 토지이용실태 또는 토지이용계획, 건축물의 높이, 토지의 경사도, 수목의 상태, 물의 배수, 하천·호소·습지의 배수 등 주변환경이나 경관과 조화를 이룰 것
⑤ 해당 개발행위에 따른 기반시설의 설치나 그에 필요한 용지의 확보계획이 적절할 것

2. 용도지역별 기준

시가화 용도 〈주거지역, 상업지역, 공업지역〉	유보 용도 〈계획관리지역, 생산관리지역, 자연녹지지역〉	보전 용도 〈보전관리지역, 농림지역, 자연환경보전지역, 보전녹지지역, 생산녹지지역〉
• 토지의 이용 및 건축물의 용도·건폐율·용적률·높이 등에 대한 용도지역의 제한에 따라 개발행위허가의 기준을 적용하는 주거지역·상업지역 및 공업지역	• 도시계획위원회의 심의를 통하여 개발행위허가의 기준을 강화 또는 완화하여 적용할 수 있는 계획관리지역·생산관리지역 및 녹지지역	• 도시계획위원회의 심의를 통하여 개발행위허가의 기준을 강화하여 적용할 수 있는 보전관리지역·농림지역·자연환경보전지역 및 녹지지역

V. 개발행위허가 절차

1. 허가의 절차

개발행위 허가신청서의 제출	• 원칙 : 개발행위를 하려는 자는 그 개발행위에 따른 기반시설의 설치나 그에 필요한 용지의 확보, 위해 방지, 환경오염 방지, 경관, 조경 등에 관한 계획서를 첨부한 신청서를 개발행위허가권자에게 제출하여야 한다. • 예외 : 개발밀도관리구역 안에서는 기반시설의 설치나 그에 필요한 용지의 확보에 관한 계획서를 제출하지 아니한다.
의견청취	• 개발행위가 도시·군계획사업의 시행에 지장을 주는지에 관하여 해당 지역에서 시행되는 도시·군계획사업의 시행자의 의견을 들어야 한다. • 공공시설의 귀속에 관한 사항이 포함된 개발행위허가를 하려면 미리 해당 공공시설이 속한 관리청의 의견을 들어야 한다.
협의	• 개발행위허가 또는 변경허가를 할 때에 그 내용에 인·허가 의제 사항에 해당하는 사항이 있으면 미리 관계 행정기관의 장과 협의하여야 한다. 이때 협의 요청을 받은 관계 행정기관의 장은 요청을 받은 날부터 20일 이내에 의견을 제출하여야 하며, 그 기간 내에 의견을 제출하지 아니하면 협의가 이루어진 것으로 본다.
심의	• 부피 3만세제곱미터 이상의 토석채취 등 일정한 요건을 충족하는 ①건축물의 건축, ②공작물의 설치, ③토지의 형질변경, ④토석채취는 중앙도시계획위원회나 지방도시계획위원회의 심의를 거쳐야 한다. 그러나 다음의 경우는 심의를 생략할 수 있다. ㉠ 제8조, 제9조 또는 다른 법률에 따라 도시계획위원회의 심의를 받는 구역에서 하는 개발행위 ㉡ 지구단위계획 또는 성장관리계획을 수립한 지역에서 하는 개발행위 ㉢ 주거지역·상업지역·공업지역에서 시행하는 개발행위 중 특별시·광역시·특별자치시·특별자치도·시 또는 군의 조례로 정하는 규모, 위치 등에 해당하지 아니하는 개발행위 ㉣ 「환경영향평가법」에 따라 환경영향평가를 받은 개발행위 ㉤ 「도시교통정비 촉진법」에 따라 교통영향평가에 대한 검토를 받은 개발행위 ㉥ 「농어촌정비법」 제2조제4호에 따른 농어촌정비사업 중 대통령령으로 정하는 사업을 위한 개발행위 ㉦ 「산림자원의 조성 및 관리에 관한 법률」에 따른 산림사업 및 「사방사업법」에 따른 사방사업을 위한 개발행위
허가 또는 불허가 처분	• 특별시장·광역시장·특별자치시장·특별자치도지사·시장 또는 군수는 개발행위허가의 신청에 대하여 특별한 사유가 없으면 15일(도시계획위원회의 심의를 거쳐야 하거나 관계 행정기관의 장과 협의를 하여야 하는 경우에는 심의 또는 협의기간을 제외한다) 이내에 허가 또는 불허가의 처분을 하여야 한다. 이때 이를 지체 없이 그 신청인에게 허가내용이나 불허가처분의 사유를 서면 또는 국토이용정보체계를 통하여 알려야 한다.

2. 조건부허가

특별시장·광역시장·특별자치시장·특별자치도지사·시장 또는 군수는 개발행위허가를 하는 경우에는 미리 개발행위허가를 신청한 자의 의견을 들어 그 개발행위에 따른 기반시설의 설치 또는 그에 필요한 용지의 확보, 위해 방지, 환경오염 방지, 경관, 조경 등에 관한 조치를 할 것을 조건으로 개발행위허가를 할 수 있다.

3. 이행보증금 등

원칙	예외
• 특별시장·광역시장·특별자치시장·특별자치도지사·시장 또는 군수는 기반시설의 설치나 그에 필요한 용지의 확보, 위해 방지, 환경오염 방지, 경관, 조경 등을 위하여 필요하다고 인정되는 경우로서 대통령령으로 정하는 경우에는 이의 이행을 보증하기 위하여 개발행위허가를 받는 자로 하여금 이행보증금을 예치하게 할 수 있다.	• 이행보증금을 예치하지 않아도 된다. ① 국가나 지방자치단체가 시행하는 개발행위 ② 「공공기관의 운영에 관한 법률」에 따른 공공기관 중 대통령령으로 정하는 기관이 시행하는 개발행위 ③ 그 밖에 해당 지방자치단체의 조례로 정하는 공공단체가 시행하는 개발행위

	특별시장·광역시장·특별자치시장·특별자치도지사·시장 또는 군수는
원상회복	• 개발행위허가를 받지 아니하고 개발행위를 하거나 허가내용과 다르게 개발행위를 하는 자에게는 그 토지의 원상회복을 명할 수 있다.
행정대집행	• 원상회복의 명령을 받은 자가 원상회복을 하지 아니하면 「행정대집행법」에 따른 행정대집행에 따라 원상회복을 할 수 있다. 이 경우 행정대집행에 필요한 비용은 개발행위허가를 받은 자가 예치한 이행보증금을 사용할 수 있다.

4. 준공검사

①건축물의 건축 또는 공작물의 설치, ②토지의 형질 변경, ③토석의 채취에 대한 개발행위를 마치면 특별시장·광역시장·특별자치시장·특별자치도지사·시장 또는 군수의 준공검사를 받아야 한다. 다만 건축물의 사용승인을 받은 경우에는 그러하지 아니한다.

VI. 개발행위허가의 제한

제한권자
국토교통부장관, 시·도지사, 시장 또는 군수

제한지역 및 제한기간	
① 녹지지역이나 계획관리지역으로서 수목이 집단적으로 자라고 있거나 조수류 등이 집단적으로 서식하고 있는 지역 또는 우량 농지 등으로 보전할 필요가 있는 지역 ② 개발행위로 인하여 주변의 환경·경관·미관 및 「국가유산기본법」에 따른 국가유산 등이 크게 오염되거나 손상될 우려가 있는 지역	① 도시·군기본계획이나 도시·군관리계획을 수립하고 있는 지역으로서 그 도시·군기본계획이나 도시·군관리계획이 결정될 경우 용도지역·용도지구 또는 용도구역의 변경이 예상되고 그에 따라 개발행위허가의 기준이 크게 달라질 것으로 예상되는 지역 ② 지구단위계획구역으로 지정된 지역 ③ 기반시설부담구역으로 지정된 지역
• 중앙도시계획위원회나 지방도시계획위원회의 심의를 거쳐 한 차례만 3년 이내의 기간 동안 개발행위허가를 제한할 수 있다.	• 중앙도시계획위원회나 지방도시계획위원회의 심의를 거치지 아니하고 한 차례만 2년 이내의 기간 동안 개발행위허가의 제한을 연장할 수 있다. (3 + 2(별도 심의 불요))

핵심 지문 기출 OX

01 도시·군계획사업에 의하여 10층 이상의 건축물을 건축하려는 경우에는 개발행위허가를 받아야 한다.(x)[35회]

02 농림지역에 물건을 1개월 이상 쌓아놓는 행위는 개발행위허가의 대상이 아니다.(o)[34회]

03 개발행위허가를 받은 건축물의 연면적을 5% 범위에서 축소하려는 경우에는 허가권자에게 미리 신고하여야 한다.(x)[35회]

04 재해복구를 위한 응급조치로서 공작물의 설치를 하려는 자는 도시·군계획사업에 의한 행위가 아닌 한 개발행위허가를 받아야 한다.(x)[30회]

05 〈해당 개발행위가 「농어촌정비법」에 따른 농어촌정비사업으로 이루어지는 경우〉 개발행위허가 시 개발행위 규모의 제한을 받지 않는다.(o)[34회]

06 〈지구단위계획으로 정한 가구 및 획지의 범위 안에서 이루어지는 토지의 형질변경으로서 당해 형질변경과 그와 관련된 기반시설의 설치가 동시에 이루어지는 경우〉 개발행위허가 시 개발행위 규모의 제한을 받지 않는다.(o)[34회]

07 〈건축물의 건축, 공작물의 설치 또는 지목의 변경을 수반하지 아니하고 시행하는 토지복원사업을 하는 경우〉 개발행위허가 시 개발행위 규모의 제한을 받지 않는다.(o)[34회]

08 〈「환경친화적 자동차의 개발 및 보급 촉진에 관한 법률」에 따른 수소연료공급시설의 설치를 수반하는 경우〉 개발행위허가 시 개발행위 규모의 제한을 받지 않는다.(x)[34회]

09 〈해당 개발행위가 「국방·군사시설 사업에 관한 법률」에 따른 국방·군사시설사업으로 이루어지는 경우〉 개발행위허가 시 개발행위 규모의 제한을 받지 않는다.(o)[34회]

10 법령상 개발행위허가의 기준으로서 〈도시·군계획으로 경관계획이 수립되어 있는 경우에는 그에 적합할 것〉을 요한다.(o)[31회]

11 법령상 개발행위허가의 기준으로서 〈도시·군계획조례로 정하는 도로의 너비에 관한 기준에 적합할 것〉을 요한다.(o)[31회]

12 법령상 개발행위허가의 기준으로서 〈공유수면매립의 경우 매립목적이 도시·군계획에 적합할 것〉을 요한다.(o)[31회]

13 법령상 개발행위허가의 기준으로서 〈토지의 분할 및 물건을 쌓아놓는 행위에 입목의 벌채가 수반되지 아니할 것〉을 요한다.(o)[31회]

14 법령상 개발행위허가의 기준으로서 〈자금조달계획이 목적사업의 실현에 적합하도록 수립되어 있을 것〉을 요한다.(x)[31회]

15 「사방사업법」에 따른 사방사업을 위한 개발행위에 대하여 허가를 하는 경우 중앙도시계획위원회와 지방도시계획위원회의 심의를 거치지 아니한다.(o)[34회]

16 「사방사업법」에 따른 사방사업을 위한 개발행위를 허가하려면 지방도시계획위원회의 심의를 거쳐야 한다.(x)[33회]

17 토지의 일부가 도시·군계획시설로 지형도면고시가 된 당해 토지의 분할은 개발행위허가를 받아야 한다.(x)[33회]

18 개발행위허가의 신청이 있는 경우 특별한 사유가 없으면 도시계획위원회의 심의 또는 기타 협의 기간을 포함하여 15일 이내에 허가 또는 불허가의 처분을 하여야 한다.(x)[35회]

19 환경오염 방지조치를 할 것을 조건으로 개발행위허가를 하려는 경우에는 미리 개발행위허가를 신청한 자의 의견을 들어야 한다.(o)[30회]

20 국가나 지방자치단체가 시행하는 개발행위에도 이행보증금을 예치하게 하여야 한다.(x)[30회]

21 토지분할을 위한 개발행위허가를 받은 자는 그 개발행위를 마치면 시·도지사의 준공검사를 받아야 한다.(x)[33회]

22 건축물의 건축에 대한 개발행위허가를 받은 자가 그 건축을 완료하고「건축법」에 따른 건축물의 사용승인을 받은 경우 허가권자의 준공검사를 받지 않아도 된다.(o)[35회]

23 국토교통부장관은 개발행위로 인하여 주변의 환경이 크게 오염될 우려가 있는 지역에서 개발행위허가를 제한하고자 하는 경우 중앙도시계획위원회의 심의를 거쳐야 한다.(o)[33회]

24 일정 기간 동안 개발행위허가를 제한할 수 있는 대상지역에 지구단위계획구역은 포함되지 않는다.(x)[34회]

25 국토교통부장관이 지구단위계획구역으로 지정된 지역에 대하여 허가의 제한을 연장하려면 중앙도시계획위원회의 심의를 거쳐야 한다.(x)[35회]

26 기반시설부담구역으로 지정된 지역에 대해서는 중앙도시계획위원회나 지방도시계획위원회의 심의를 거치지 아니하고 개발행위허가의 제한을 연장할 수 있다.(o)[34회]

27 기반시설부담구역으로 지정된 지역에 대해서는 개발행위허가의 제한을 연장할 수 없다.(x)[35회]

28 시·도지사는 기반시설부담구역으로 지정된 지역에 대해서는 10년간 개발행위허가를 제한할 수 있다.(x)[33회]

29 개발행위허가의 제한을 연장하는 경우 그 연장 기간은 2년을 넘을 수 없다.(o)[34회]

VII. 개발행위에 따른 공공시설의 귀속 ★

개발행위를 받은 자가 행정청인 경우		
구분	새로운 공공시설을 설치	기존 공공시설에 대체되는 공공시설을 설치
귀속주체	시설을 관리할 관리청에 무상으로 귀속	개발행위허가를 받은 자에게 무상으로 귀속
귀속시기	개발행위가 끝나 준공검사를 마치고 공공시설의 종류와 토지의 세목을 통지한 날	

개발행위를 받은 자가 행정청이 아닌 경우		
구분	새로운 공공시설을 설치	기존 공공시설에 대체되는 공공시설을 설치
귀속주체	시설을 관리할 관리청에 무상으로 귀속	새로 설치한 공공시설의 설치비용에 상당하는 범위에서 개발행위허가를 받은 자에게 무상으로 양도
귀속시기	준공검사를 받은 날	

관리청이 불분명한 경우		
도로 등	하천	그 외의 재산
국토교통부장관	환경부장관	기획재정부장관

VIII. 성장관리계획

1. 성장관리계획구역 지정

특별시장·광역시장·특별자치시장·특별자치도지사·시장 또는 군수는 녹지지역, 관리지역, 농림지역 및 자연환경보전지역 중 다음 각 호의 어느 하나에 해당하는 지역의 전부 또는 일부에 대하여 성장관리계획구역을 지정할 수 있다.

① 개발수요가 많아 무질서한 개발이 진행되고 있거나 진행될 것으로 예상되는 지역
② 주변의 토지이용이나 교통여건 변화 등으로 향후 시가화가 예상되는 지역
③ 주변지역과 연계하여 체계적인 관리가 필요한 지역
④ 「토지이용규제 기본법」에 따른 지역·지구등의 변경으로 토지이용에 대한 행위제한이 완화되는 지역
⑤ 그 밖에 난개발의 방지와 체계적인 관리가 필요한 지역

2. 성장관리계획구역 지정절차

	의견청취 → 협의 → 심의		송부 → 고시 및 열람
주체	특별시장·광역시장·특별자치시장·특별자치도지사·시장 또는 군수 (도지사X)		
절차	•성장관리계획구역을 지정하거나 이를 변경하려면 대통령령으로 정하는 바에 따라 미리 주민과 해당 지방의회의 의견을 들어야 하며, 관계 행정기관과의 협의 및 지방도시계획위원회의 심의를 거쳐야 한다.		•성장관리계획구역을 지정하거나 이를 변경한 경우에는 관계 행정기관의 장에게 관계 서류를 송부하여야 하며, 대통령령으로 정하는 바에 따라 이를 고시하고 14일 이상 일반인이 열람할 수 있도록 하여야 한다.
	지방의회	관계 행정기관의 장	
	•특별시·광역시·특별자치시·특별자치도·시 또는 군의 의회는 특별한 사유가 없으면 60일 이내에 특별시장·광역시장·특별자치시장·특별자치도지사·시장 또는 군수에게 의견을 제시하여야 하며, 그 기한까지 의견을 제시하지 아니하면 의견이 없는 것으로 본다.	•협의 요청을 받은 관계 행정기관의 장은 특별한 사유가 없으면 요청을 받은 날부터 30일 이내에 특별시장·광역시장·특별자치시장·특별자치도지사·시장 또는 군수에게 의견을 제시하여야 한다.	

3. 성장관리계획의 수립

(1) 성장관리계획의 정의

성장관리계획	•성장관리계획구역에서의 난개발을 방지하고 계획적인 개발을 유도하기 위하여 수립하는 계획을 말한다.

(2) 성장관리계획의 내용

특별시장·광역시장·특별자치시장·특별자치도지사·시장 또는 군수는 다음 지정목적을 이루는 데 필요한 사항을 포함하여 성장관리계획을 수립하여야 한다.
① 도로, 공원 등 기반시설의 배치와 규모에 관한 사항
② 건축물의 용도제한, 건축물의 건폐율 또는 용적률
③ 건축물의 배치, 형태, 색채 및 높이
④ 환경관리 및 경관계획
⑤ 그 밖에 난개발의 방지와 체계적인 관리에 필요한 사항

건폐율 완화	•성장관리계획구역에서는 성장관리계획으로 정하는 바에 따라 특별시·광역시·특별자치시·특별자치도·시 또는 군의 조례로 정하는 비율까지 건폐율을 완화하여 적용할 수 있다. •성장관리계획구역에서는 성장관리계획으로 정하는 바에 따라 특별시·광역시·특별자치시·특별자치도·시 또는 군의 조례로 정하는 비율까지 건폐율을 완화하여 적용할 수 있다.	계획관리지역	50%
		생산관리지역, 생산녹지지역, 자연녹지지역, 농림지역,	30%
용적률 완화	•성장관리계획구역 내 계획관리지역에서는 125퍼센트 이하의 범위에서 성장관리계획으로 정하는 바에 따라 특별시·광역시·특별자치시·특별자치도·시 또는 군의 조례로 정하는 비율까지 용적률을 완화하여 적용할 수 있다.		

핵심 지문 기출 OX

01 개발행위허가를 받은 행정청이 새로 공공시설을 설치한 경우, 새로 설치된 공공시설은 그 시설을 관리할 관리청에 무상으로 귀속된다.(o)[33회]

02 개발행위허가를 받은 행정청이 기존의 공공시설에 대체되는 공공시설을 설치한 경우에는 새로 설치된 공공시설은 그 시설을 관리할 관리청에 무상으로 귀속된다.(o)[32회]

03 개발행위허가를 받은 자가 행정청인 경우, 그가 기존의 공공시설에 대체되는 공공시설을 설치하면 기존의 공공시설은 대체되는 공공시설의 설치비용에 상당하는 범위 안에서 개발행위허가를 받은 자에게 무상으로 양도될 수 있다.(x)[30회]

04 개발행위허가를 받은 행정청이 기존의 공공시설에 대체되는 공공시설을 설치한 경우에는 종래의 공공시설은 그 행정청에게 무상으로 귀속된다.(o)[32회]

05 개발행위허가를 받은 자가 행정청인 경우, 개발행위로 용도가 폐지되는 공공시설은 새로 설치한 공공시설의 설치비용에 상당하는 범위에서 개발행위허가를 받은 자에게 무상으로 양도할 수 있다.(x)[33회]

06 관리청에 귀속되거나 개발행위허가를 받은 행정청에게 양도될 공공시설은 준공검사를 받음으로써 관리청과 개발행위허가를 받은 자에게 각각 귀속되거나 양도된 것으로 본다.(x)[33회]

07 개발행위에 따른 공공시설 등의 귀속에 관한 설명과 관련하여, 개발행위허가를 받은 행정청은 개발행위가 끝나 준공검사를 마친 때에는 해당 시설의 관리청에 공공시설의 종류와 토지의 세목을 통지하여야 한다.(o)[32회]

08 개발행위허가를 받은 행정청은 국토교통부장관의 허가를 받아 그에게 귀속된 공공시설의 처분으로 인한 수익금을 도시 군계획사업 외의 목적에 사용할 수 있다.(x)[33회]

09 개발행위허가를 받은 자가 행정청이 아닌 경우 개발행위 허가를 받은 자가 새로 설치한 공공시설은 그 시설을 관리할 행정청에 무상으로 귀속된다.(o)[32회]

10 개발행위허가를 받은 자가 행정청이 아닌 경우, 개발행위로 용도가 폐지되는 공공시설은 개발행위허가를 받은 자에게 전부 무상으로 귀속된다.(x)[30회]

11 개발행위허가를 받은 자가 행정청이 아닌 경우 개발행위로 용도가 폐지되는 공공시설은 개발행위허가를 받은 자에게 무상으로 귀속된다.(x)[32회]

12 공공시설의 관리청이 불분명한 경우 하천에 대하여는 국토교통부 장관을 관리청으로 본다.(x)[33회]

13 시장 또는 군수는 성장관리계획구역을 지정할 때에는 도시·군관리계획의 결정으로 하여야 한다.(x)[33회]

14 법령상 성장관리계획을 수립할 수 있는 지역으로〈개발수요가 많아 무질서한 개발이 진행되고 있는 계획관리지역〉이 해당한다.(o)[29회]

15 법령상 성장관리계획을 수립할 수 있는 지역으로〈개발수요가 많아 무질서한 개발이 진행될 것으로 예상되는 생산관리지역〉이 해당한다.(o)[29회]

16 법령상 성장관리계획을 수립할 수 있는 지역으로〈주변의 토지이용 변화 등으로 향후 시가화가 예상되는 농림지역〉이 해당한다.(o)[29회]

17 법령상 성장관리계획을 수립할 수 있는 지역으로 〈교통여건 변화 등으로 향후 시가화가 예상되는 자연환경보전지역〉이 해당한다.(o)²⁹회

18 법령상 성장관리계획을 수립할 수 있는 지역으로 〈주변지역과 연계하여 체계적인 관리가 필요한 주거지역〉이 해당한다.(x)²⁹회

19 법 제58조에 따른 시가화 용도 지역은 성장관리계획의 수립 대상 지역이 아니다.(o)³¹회

20 시장 또는 군수는 공업지역 중 향후 시가화가 예상되는 지역의 전부 또는 일부에 대하여 성장관리계획구역을 지정할 수 있다.(x)³³회

21 〈성장관리계획을 수립하는 경우〉 법령상 시장 또는 군수가 주민의 의견을 들어야 한다.(o)³⁰회

22 시장 또는 군수는 성장관리계획구역을 지정하려면 성장관리계획구역안을 7일간 일반이 열람할 수 있도록 해야 한다.(x)³³회

23 성장관리계획구역에서의 난개발을 방지하고 계획적인 개발을 유도하기 위하여 수립하는 계획은 〈공간재구조화계획〉이다.(x)³⁵회

24 기반시설의 배치와 규모에 관한 사항은 성장관리계획에 포함되지 않을 수 있다.(x)³¹회

25 계획관리지역에서 경관계획을 포함하는 성장관리계획을 수립한 경우에는 50% 이하의 범위에서 조례로 건폐율을 정할 수 있다.(o)³¹회

26 성장관리계획구역 내 생산녹지지역에서는 30% 이하의 범위에서 성장관리계획으로 정하는 바에 따라 건폐율을 완화하여 적용할 수 있다.(o)³³회

27 〈생산관리지역〉은 성장관리계획구역에서 30% 이하의 범위에서 성장관리계획으로 정하는 바에 따라 건폐율을 완화하여 적용할 수 있는 지역이다.(o)³⁵회

28 〈생산녹지지역〉은 성장관리계획구역에서 30% 이하의 범위에서 성장관리계획으로 정하는 바에 따라 건폐율을 완화하여 적용할 수 있는 지역이다.(o)³⁵회

29 〈자연녹지지역〉은 성장관리계획구역에서 30% 이하의 범위에서 성장관리계획으로 정하는 바에 따라 건폐율을 완화하여 적용할 수 있는 지역이다.(o)³⁵회

30 〈농림지역〉은 성장관리계획구역에서 30% 이하의 범위에서 성장관리계획으로 정하는 바에 따라 건폐율을 완화하여 적용할 수 있는 지역이다.(o)³⁵회

31 〈보전녹지지역〉은 성장관리계획구역에서 30% 이하의 범위에서 성장관리계획으로 정하는 바에 따라 건폐율을 완화하여 적용할 수 있는 지역이다.(x)³⁵회

32 성장관리계획구역 내 보전관리지역에서는 125% 이하의 범위에서 성장관리계획으로 정하는 바에 따라 용적률을 완화하여 적용할 수 있다.(x)³³회

Unit 12. 개발밀도관리구역 및 기반시설부담구역

I. 의의

개발밀도 관리구역	• 개발로 인하여 기반시설이 부족할 것으로 예상되나 기반시설을 설치하기 곤란한 지역을 대상으로 건폐율이나 용적률을 강화하여 적용하기 위하여 지정하는 구역을 말한다.
기반시설 부담구역	• 개발밀도관리구역 외의 지역으로서 개발로 인하여 도로, 공원, 녹지 등 대통령령으로 정하는 기반시설의 설치가 필요한 지역을 대상으로 기반시설을 설치하거나 그에 필요한 용지를 확보하게 하기 위하여 지정·고시하는 구역을 말한다.

II. 개발밀도관리구역

지정권자(도지사X)	• 특별시장·광역시장·특별자치시장·특별자치도지사·시장 또는 군수
대상지역	• 개발행위로 기반시설(도시·군계획시설을 포함한다)의 처리·공급 또는 수용능력이 부족할 것으로 예상되는 지역 중 기반시설의 설치가 곤란한 주거·상업·공업지역
지정절차	① 지방도시계획위원회 심의(명칭, 범위, 건폐율 및 용적률의 강화 범위) → ② 지정·변경 → ③ 고시
지정기준 (국토교통부장관이 정한다)	① 기반시설 부족 예상 + 설치 곤란 　㉠ 당해 지역의 도로서비스 수준이 매우 낮아 차량통행이 현저하게 지체되는 지역 　㉡ 당해 지역의 도로율이 국토교통부령이 정하는 용도지역별 도로율에 20퍼센트 이상 미달하는 지역 　㉢ 향후 2년 이내에 당해 지역의 수도에 대한 수요량이 수도시설의 시설용량을 초과할 것으로 예상되는 지역 　㉣ 향후 2년 이내에 당해 지역의 하수발생량이 하수시설의 시설용량을 초과할 것으로 예상되는 지역 　㉤ 향후 2년 이내에 당해 지역의 학생수가 학교수용능력을 20퍼센트 이상 초과할 것으로 예상되는 지역 ② 경계는 도로·하천 그 밖에 특색 있는 지형지물을 이용하거나 용도지역의 경계선을 따라 설정하는 등 경계선이 분명하게 구분되도록 할 것 ③ 기반시설의 부족 정도를 고려 용적률 강화범위 결정 ④ 기반시설의 변화를 주기적으로 검토하여 용적률을 강화 또는 완화하거나 개발밀도관리구역을 해제하는 등 필요한 조치를 취하도록 할 것
용적률 강화	• 용도지역 적용 용적률 최대한도의 50% 범위 내

Ⅲ. 기반시설부담구역

1. 기반시설부담구역의 지정 : 개발밀도관리구역 외의 지역 ★

지정권자 (도지사X)		• 특별시장·광역시장·특별자치시장·특별자치도지사·시장 또는 군수
대상지역	필수	① 이 법 또는 다른 법령의 제정·개정으로 인하여 행위 제한이 완화되거나 해제되는 지역 ② 이 법 또는 다른 법령에 따라 지정된 용도지역 등이 변경되거나 해제되어 행위 제한이 완화되는 지역 ③ 해당 지역의 전년도 개발행위허가 건수가 전전년도 개발행위허가 건수보다 20퍼센트 이상 증가한 지역 ④ 해당 지역의 전년도 인구증가율이 그 지역이 속하는 특별시·광역시·특별자치시·특별자치도·시 또는 군(광역시의 관할 구역에 있는 군은 제외)의 전년도 인구증가율보다 20퍼센트 이상 높은 지역
	임의	• 개발행위가 집중되어 해당 지역의 계획적 관리를 위하여 필요하다고 인정되는 경우
지정절차		①주민의견청취 → ②지방도시계획위원회 심의 → ③지정·변경 → ④고시
지정기준 (국토교통부 장관이 정한다)		① 기반시설부담구역은 기반시설이 적절하게 배치될 수 있는 규모로서 최소 10만 제곱미터 이상의 규모가 되도록 지정할 것 ② 소규모 개발행위가 연접하여 시행될 것으로 예상되는 지역의 경우에는 하나의 단위구역으로 묶어서 기반시설부담구역을 지정할 것 ③ 기반시설부담구역의 경계는 도로, 하천, 그 밖의 특색 있는 지형지물을 이용하는 등 경계선이 분명하게 구분되도록 할 것

2. 기반시설설치계획

내용	포함하여야 한다	① 설치가 필요한 기반시설의 종류, 위치 및 규모 ② 기반시설의 설치 우선순위 및 단계별 설치계획
	종합적으로 고려해야 한다	① 기반시설의 배치는 해당 기반시설부담구역의 토지이용계획 또는 앞으로 예상되는 개발수요를 고려하여 적절하게 정할 것 ② 기반시설의 설치시기는 재원조달계획, 시설별 우선순위, 사용자의 편의와 예상되는 개발행위의 완료시기 등을 고려하여 합리적으로 정할 것
수립		• 특별시장·광역시장·특별자치시장·특별자치도지사·시장 또는 군수는 기반시설부담구역이 지정되면 기반시설 설치계획을 수립하여야 한다. • 지구단위계획을 수립한 경우에는 기반시설설치계획을 수립한 것으로 본다.
반영		• 기반시설설치계획을 수립한 경우에는 도시·군관리계획에 반영하여야 한다.
해제		• 기반시설부담구역의 지정고시일부터 1년이 되는 날까지 기반시설설치계획을 수립하지 아니하면 그 1년이 되는 날의 다음날에 기반시설부담구역의 지정은 해제된 것으로 본다.

3. 기반시설설치비용

(1) 부과대상 및 기준

기반시설	① 도로 ② 공원, ③ 녹지 ④ 학교 (*「고등교육법」에 따른 학교(대학) 제외) ⑤ 수도 ⑥ 하수도, ⑦ 폐기물처리 및 재활용시설 *해당 시설의 이용을 위하여 필요한 부대시설 및 편의시설을 포함
부과대상	• 기반시설부담구역에서 **연면적 200㎡ 초과**하는 건축물의 신축·증축 • 다만, 기존 건축물을 철거하고 신축하는 경우에는 기존 건축물의 건축연면적을 초과하는 건축행위만 부과대상으로 한다.
비용 산정기준	**[산식]** [(표준시설비용 + 용지비용) × 연면적 × 부담률(20%)] (−) 국가·지방자치단체 부담분 • 표준시설비용 : 매년 1월 1일을 기준으로 한 기반시설 표준시설비용을 매년 6월 10일까지 고시하여야 한다. • 용지비용 : 용지환산계수 × 개별공시지가 평균 × 건축물별 기반시설 유발계수

- 용지환산계수는 지역별 기반시설의 설치 정도를 고려하여 0.4 범위에서 지방자치단체의 조례로 정함.
- 건축물별 기반시설 유발계수 (24.9.20 기준)

0.5	• 창고시설	1.4	• 문화 및 집회시설, 종교시설, 운수시설, 자원순환관련시설
0.7	• 단독 및 공동주택, 교육연구 시설, 노유자시설, 수련시설, 운동시설, 업무시설, 위험물저장처리시설, 자동차관련시설, 동·식물 관련 시설, 교정 및 군사시설, 발전시설, 묘지관련시설, 장례시설, 야영장시설	1.6	• 제2종 근린생활시설
		1.9	• 관광휴게시설
		2.1	• 위락시설

0.8	• 방송통신시설	0.3
		~
		2.5
			• 공장
			  − 펄프, 종이 및 종이제품 제조공장 : 2.5
			  − 비금속, 광물제품 제조공장 : 1.3

0.9	• 의료시설		
1.0	• 숙박시설		
1.3	• 제1종근린생활시설, 판매시설		

(2) 비용의 납부 및 체납처분

1) 주체

납부의무자(건축행위를 하는 자)	부과권자
① 건축행위를 위탁 또는 도급한 경우에는 그 위탁이나 도급을 한 자 ② 타인 소유의 토지를 임차하여 건축행위를 하는 경우에는 그 행위자 ③ 건축행위를 완료하기 전에 건축주의 지위나 제1호 또는 제2호에 해당하는 자의 지위를 승계하는 경우에는 그 지위를 승계한 자	특별시장·광역시장· 특별자치시장· 특별자치도지사· 시장 또는 군수

2) 시기

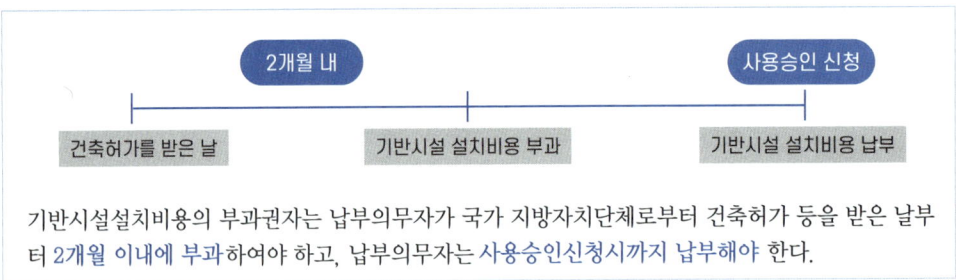

기반시설설치비용의 부과권자는 납부의무자가 국가 지방자치단체로부터 건축허가 등을 받은 날부터 2개월 이내에 부과하여야 하고, 납부의무자는 사용승인신청시까지 납부해야 한다.

3) 비용납부

- 기반시설설치비용은 현금, 신용카드 또는 직불카드로 납부하도록 하되, 부과대상 토지 및 이와 비슷한 토지로 하는 납부(이하 "물납")를 인정할 수 있다.
- 특별시장·광역시장·특별자치시장·특별자치도지사·시장 또는 군수는 기반시설설치비용의 관리 및 운용을 위하여 기반시설부담구역별로 특별회계를 설치하여야 하며, 그에 필요한 사항은 지방자치단체의 조례로 정한다.

핵심 지문 기출 OX

01 개발밀도관리구역으로 지정될 수 있는 지역에 농림지역은 포함되지 않는다.(o)³⁵회

02 개발밀도관리구역의 지정은 해당 지방자치단체에 설치된 지방도시계획위원회의 심의대상이다.(o)³⁵회

03 시장 또는 군수는 개발밀도관리구역을 지정하거나 변경하려면 해당 지방자치단체에 설치된 지방도시계획위원회의 심의를 거쳐야 한다.(o)³⁴회

04 시장 또는 군수가 개발밀도관리구역을 변경하는 경우 관할 지방도시계획위원회의 심의를 거치지 않아도 된다.(x)³²회

05 군수가 개발밀도관리구역을 지정하려면 지방도시계획위원회의 심의를 거쳐 도지사의 승인을 받아야 한다.(x)²⁹회

06 개발밀도관리구역에서는 당해 용도지역에 적용되는 건폐율 또는 용적률을 강화 또는 완화하여 적용할 수 있다.(x)²⁹회

07 〈개발밀도관리구역을 지정하려는 경우〉 시장 또는 군수가 주민의 의견을 들어야 한다.(x)³⁰회

08 시장 또는 군수는 개발밀도관리구역에서는 해당 용도지역에 적용되는 용적률의 최대한도의 50% 범위에서 용적률을 강화하여 적용한다.(o)³²회

09 개발밀도관리구역에서는 해당 용도지역에 적용되는 용적률의 최대한도의 50% 범위에서 강화하여 적용한다.(o)³³회

10 개발밀도관리구역에서는 해당 용도지역에 적용되는 용적률의 최대한도의 50% 범위에서 용적률을 강화하여 적용한다.(o)³⁴회

11 개발밀도관리구역에서는 해당 용도지역에 적용되는 건폐율의 최대한도의 50% 범위에서 건폐율을 강화하여 적용한다.(x)³⁵회

12 〈기반시설부담구역〉은 기반시설을 설치하기 곤란한 지역을 대상으로 지정한다.(x)³⁵회

13 개발밀도관리구역은 기반시설부담구역으로 지정될 수 없다.(o)³⁵회

14 기반시설을 설치하거나 그에 필요한 용지를 확보하게 하기 위하여 개발밀도관리구역에 기반시설부담구역을 지정할 수 있다.(x)³⁴회

15 주거·상업지역에서의 개발행위로 기반시설의 수용능력이 부족할 것으로 예상되는 지역 중 기반시설의 설치가 곤란한 지역은 기반시설부담구역으로 지정할 수 있다.(x)²⁹회

16 개발밀도관리구역의 지정기준, 개발밀도관리구역의 관리 등에 관하여 필요한 사항은 대통령령으로 정하는 바에 따라 국토교통부장관이 정한다.(o)³⁴회

17 광역시장은 「국토의 계획 및 이용에 관한 법률」의 개정으로 인하여 행위 제한이 완화되는 지역에 대하여는 이를 기반시설부담구역으로 지정할 수 없다.(x)³⁰회

18 기반시설의 설치가 필요하다고 인정하는 지역으로서, 해당 지역의 전년도 개발행위허가 건수가 전전년도 개발행위허가 건수보다 20% 이상 증가한 지역에 대하여는 기반시설부담구역으로 지정하여야 한다.(o)³³회

19 도시·군계획시설사업의 시행자인 시장 또는 군수는 개발밀도관리구역에 관한 기초조사를 하기 위하여 필요하면 타인의 토지에 출입할 수 있다.(o)[34회]

20 국토교통부장관, 시·도지사, 시장 또는 군수나 도시·군계획시설사업의 시행자는 〈개발밀도관리구역, 기반시설부담구역〉 및 기반시설설치계획에 관한 기초조사를 위하여 필요하면 타인의 토지에 출입하거나 임시통로로 일시 사용할 수 있다.(o)[33회]

21 〈기반시설부담구역을 지정하려는 경우〉 시장 또는 군수가 주민의 의견을 들어야 한다.(o)[30회]

22 기반시설부담구역의 지정은 해당 광역시에 설치된 지방도시계획위원회의 심의대상이다.(o)[30회]

23 개발밀도관리구역의 변경고시는 당해 지방자치단체의 공보에 게재하는 방법에 의한다.(o)[35회]

24 지구단위계획을 수립한 경우에는 기반시설설치계획을 수립한 것으로 본다.(o)[30회, 35회]

25 시장은 기반시설부담구역을 지정하면 기반시설설치계획을 수립하여야 하며, 이를 도시관리계획에 반영하여야 한다.(o)[29회]

26 기반시설부담구역이 지정되면 광역시장은 대통령령으로 정하는 바에 따라 기반시설설치계획을 수립하여야 하며, 이를 도시·군관리계획에 반영하여야 한다.(o)[30회]

27 기반시설부담구역이 지정되면 기반시설설치계획을 수립하여야 하며, 이를 도시·군관리계획에 반영하여야 한다.(o)[33회]

28 기반시설부담구역의 지정고시일부터 1년이 되는 날까지 광역시장이 기반시설설치계획을 수립하지 아니하면 그 1년이 되는 날의 다음날에 기반시설부담구역의 지정은 해제된 것으로 본다.(o)[30회]

29 기반시설부담구역의 지정고시일부터 2년이 되는 날까지 기반시설설치계획을 수립하지 아니하면 그 2년이 되는 날에 기반시설부담구역의 지정은 해제된 것으로 본다.(x)[32회]

30 기반시설설치계획은 기반시설부담구역의 지정고시일부터 3년이 되는 날까지 수립하여야 한다.(x)[33회]

31 기반시설부담구역에서 개발행위를 허가받고자 하는 자에게는 기반시설설치비용을 부과하여야 한다.(x)[29회]

32 공원의 이용을 위하여 필요한 편의시설은 기반시설부담구역에 설치가 필요한 기반시설에 해당하지 않는다.(x)[35회]

33 기반시설부담구역에서 기반시설설치비용의 부과대상인 건축행위는 100제곱미터(기존 건축물의 연면적을 포함한다)를 초과하는 건축물의 신축·증축 행위로 한다.(x)[31회]

34 기반시설부담구역에서 기존 건축물을 철거하고 신축하는 경우에는 기존 건축물의 건축연면적을 포함하는 건축행위를 기반시설설치비용의 부과대상으로 한다.(x)[35회]

35 「유아교육법」에 따른 사립유치원은 법령상 기반시설을 유발하는 시설에서 제외되는 건축물이다.(o)[31회]

36 「도시재정비 촉진을 위한 특별법」에 따라 공급하는 임대주택은 법령상 기반시설을 유발하는 시설에서 제외되는 건축물이다.(o)[31회]

37 주한 국제기구 소유의 건축물은 법령상 기반시설을 유발하는 시설에서 제외되는 건축물이다.(o)[31회]

38 「택지개발촉진법」에 따른 택지개발예정지구에서 지구단위계획을 수립하여 개발하는 토지에 건축하는 건축물은 법령상 기반시설을 유발하는 시설에서 제외되는 건축물이다.(o)[31회]

39 기반시설부담구역 내에서 신축된 「건축법 시행령」상의 종교집회장은 기반시설설치비용의 부과대상이다.(x)³⁵회

40 상업지역에 설치하는 「농수산물유통 및 가격안정에 관한 법률」에 따른 농수산물집하장은 법령상 기반시설을 유발하는 시설에서 제외되는 건축물이다.(x)³¹회

41 기반시설부담구역에서 기반시설설치비용 산정시 기반시설을 설치하는데 필요한 용지비용도 산입된다.(o)²⁸회

42 기반시설부담구역에서 의료시설과 교육연구시설의 기반시설유발계수는 같다.(x)²⁸회

43 〈단독주택, 장례시설, 관광휴게시설, 제2종 근린생활시설, 비금속 광물제품 제조공장〉 중 법령상 건축물별 기반시설유발계수가 가장 큰 것은 관광휴게시설이다.(o)³⁰회

44 시장 또는 군수는 기반시설설치비용 납부의무자가 지방자치단체로부터 건축허가를 받은 날부터 3개월 이내에 기반시설설치비용을 부과하여야 한다.(x)³²회

45 기반시설부담구역에서 기반시설설치비용을 부과받은 납부의무자는 납부기일의 연기 또는 분할납부가 인정되지 않는 한 사용승인(준공검사 등 사용승인이 의제되는 경우에는 그 준공검사) 신청 시까지 기반시설설치비용을 내야 한다.(o)²⁸회

46 기반시설설치비용 납부의무자는 사용승인 신청 후 7일까지 그 비용을 내야 한다.(x)³²회

47 기반시설부담구역에서 기반시설설치비용 납부시 물납이 인정될 수 있다.(o)²⁸회

48 기반시설부담구역에서 기반시설설치비용의 관리 및 운용을 위하여 기반시설부담구역별로 특별회계가 설치되어야 한다.(o)²⁸회

49 기반시설설치비용의 관리 및 운용을 위하여 기반시설부담구역별로 특별회계를 설치하여야 한다.(o)³³회

PART 2

도시개발법

WEPASS

2025 위패스 공인중개사 합격셀렉트
2차 부동산공법

Unit 1-7

Unit 1 정의 및 체계도
Unit 2 도시개발계획의 수립
Unit 3 도시개발구역의 지정
Unit 4 도시개발사업의 시행자
Unit 5 도시개발사업 실시계획
Unit 6 도시개발사업 시행
Unit 7 도시개발채권 등

도시개발법
[시행 2023. 10. 19.] [법률 제19561호, 2023. 7. 18. 일부개정]

도시개발법 시행령
[시행 2024. 9. 15.] [대통령령 제34881호, 2024. 9. 10. 타법개정]

도시개발법 시행규칙
[시행 2022. 1. 21.] [국토교통부령 제1099호, 2022. 1. 21. 일부개정]

Unit 1. 정의 및 체계도

2025 위패스 공인중개사 합격셀렉트

Ⅰ. 정의

1. 도시개발구역
도시개발사업을 시행하기 위하여 지정·고시된 구역을 말한다.

2. 도시개발사업
도시개발구역에서 주거, 상업, 산업, 유통, 정보통신, 생태, 문화, 보건 및 복지 등의 기능이 있는 단지 또는 시가지를 조성하기 위하여 시행하는 사업을 말한다.

Ⅱ. 체계도

```
도시·군관리계획 ─ 도시개발사업    지정 제안
                                 지정 요청
                                 개발계획 수립(지정권자)
                                 개발구역 지정(지정권자)
                                 실시계획(시행자)
                                 실시계획 인가·고시
                                 도시개발사업 시행

        [ 수용·사용방식 ]        [ 환지방식 ]         [ 혼용방식 ]
        수용·사용권 설정          환지 계획·인가·고시
        사업시행                  사업시행
        공사완료                  공사완료
        준공검사                  공사완료공고
        공사완료공고              의견서제출
        공급                      준공검사
                                 환지처분
                                 청산
```

Unit 2. 도시개발계획의 수립

2025 위패스 공인중개사 합격셀렉트

Ⅰ. 도시개발계획의 수립

선계획 후지정 (원칙, Must)	선지정 후계획 (예외, Can)
• 지정권자는 도시개발구역을 지정하려면 해당 도시개발구역에 대한 도시개발사업의 계획을 수립하여야 한다.	• 개발계획을 공모 • 다음 지역을 도시개발구역으로 지정 시 ① 자연녹지지역 ② 생산녹지지역 ③ 도시지역 외의 지역(관리지역, 농림지역, 자연환경보전지역) ④ 국토교통부장관이 지역균형발전을 위하여 관계 중앙행정기관의 장과 협의하여 도시개발구역으로 지정하려는 지역 (자연환경보전지역 제외) ⑤ 해당 도시개발구역에 포함되는 주거지역·상업지역·공업지역의 면적의 합계가 전체 도시개발구역 지정 면적의 100분의 30 이하인 지역

Ⅱ. 개발계획의 내용

1. 개발계획의 수립기준 및 내용

(1) 개발계획의 수립기준

주체	• 개발계획의 작성 기준 및 방법은 국토교통부장관이 정한다.
계획체계 광역⊃기본⊃개발	• 「국토의 계획 및 이용에 관한 법률」에 따른 광역도시계획이나 도시·군기본계획이 수립되어 있는 지역에 대하여 개발계획을 수립하려면 개발계획의 내용이 해당 광역도시계획이나 도시·군기본계획에 들어맞도록 하여야 한다.

(2) 개발계획의 내용

1) 필수적 포함내용

개발계획에는 다음의 사항이 포함되어야 한다. (도시개발구역을 지정한 후에 개발계획을 수립하는 경우 도시개발구역을 지정할 때에 밑줄 친 사항에 관한 계획을 수립하여야 한다)

> ① 도시개발구역의 명칭·위치 및 면적
> ② 도시개발구역의 지정 목적과 도시개발사업의 시행기간
> ③ 도시개발구역을 둘 이상의 사업시행지구로 분할하거나 서로 떨어진 둘 이상의 지역을 하나의 구역으로 결합하여 도시개발사업을 시행하는 경우에는 그 분할이나 결합에 관한 사항
> ④ 도시개발사업의 시행자에 관한 사항
> ⑤ 도시개발사업의 시행방식
> ⑥ 인구수용계획[분양주택(분양을 목적으로 공급하는 주택을 말한다) 및 임대주택(「민간임대주택에 관한 특별법」에 따른 민간임대주택 및 「공공주택 특별법」에 따른 공공임대주택을 말한다)으로 구분한 주택별 수용계획을 포함한다]
> ⑦ 토지이용계획
> ⑧ 원형지로 공급될 대상 토지 및 개발 방향
> ⑨ 교통처리계획
> ⑩ 환경보전계획
> ⑪ 보건의료시설 및 복지시설의 설치계획
> ⑫ 도로, 상하수도 등 주요 기반시설의 설치계획
> ⑬ 재원조달계획

2) 임의적 포함내용

도시개발구역을 지정한 후에 개발계획에 포함시킬 수 있다.

> ⑭ 도시개발구역 밖의 지역에 기반시설을 설치하여야 하는 경우에는 그 시설의 설치에 필요한 비용의 부담 계획
> ⑮ 수용 또는 사용의 대상이 되는 토지·건축물 또는 토지에 정착한 물건과 이에 관한 소유권 외의 권리, 광업권, 어업권, 양식업권, 물의 사용에 관한 권리가 있는 경우에는 그 세부목록
> ⑯ 임대주택건설계획 등 세입자 등의 주거 및 생활 안정 대책
> ⑰ 순환개발 등 단계적 사업추진이 필요한 경우 사업추진 계획 등에 관한 사항

(3) 330만㎡ 이상의 도시개발구역

330만㎡ 이상인 도시개발구역에 관한 개발계획을 수립할 때에는 해당 구역에서 주거, 생산, 교육, 유통, 위락 등의 기능이 서로 조화를 이루도록 노력하여야 한다.

Ⅲ. 환지 방식으로 개발계획 수립시 동의 요건

1. 원칙

원칙	경미한 사항의 변경임에도 불구하고 동의를 요하는 경우
• 지정권자는 환지방식의 도시개발사업에 대한 개발계획을 수립하려면 환지 방식이 적용되는 지역의 토지면적의 3분의 2 이상에 해당하는 토지 소유자와 그 지역의 토지 소유자 총수의 2분의 1 이상의 동의를 받아야 한다. 환지 방식으로 시행하기 위하여 개발계획을 변경(대통령령으로 정하는 경미한 사항의 변경은 제외)하려는 경우에도 또한 같다.	① 환지방식을 적용하는 지역의 면적 변경이 다음 각 목의 어느 하나에 해당하는 경우 　㉠ 편입되는 토지의 면적이 종전 환지방식이 적용되는 면적의 100분의 5 이상인 경우 　㉡ 제외되는 토지의 면적이 종전 환지방식이 적용되는 면적의 100분의 10 이상인 경우 　㉢ 편입 또는 제외되는 면적이 각각 3만 제곱미터 이상인 경우 　㉣ 토지의 편입이나 제외로 인하여 환지방식이 적용되는 면적이 종전보다 100분의 10 이상 증감하는 경우 ② 너비가 12미터 이상인 도로를 신설 또는 폐지하는 경우 ③ 사업시행지구를 분할하거나 분할된 사업시행지구를 통합하는 경우 ④ 도로를 제외한 기반시설의 면적이 종전보다 100분의 10(공원 또는 녹지의 경우에는 100분의 5) 이상으로 증감하거나 신설되는 기반시설의 총면적이 종전 기반시설 면적의 100분의 5 이상인 경우 ⑤ 수용예정인구가 종전보다 100분의 10 이상 증감하는 경우(변경 이후 수용예정인구가 3천명 미만인 경우는 제외한다) ⑥ 임대주택(민간임대주택 및 공공임대주택) 건설용지의 면적 또는 임대주택 호수가 종전보다 100분의 10 이상 감소하는 경우 ⑦ 기반시설을 제외한 도시개발구역의 용적률이 종전보다 100분의 5 이상 증가하는 경우

2. 예외

시행자가 국가, 지방자치단체인 경우	시행자가 조합인 경우 (간주)
• 지정권자는 도시개발사업을 환지 방식으로 시행하려고 개발계획을 수립하거나 변경할 때에 도시개발사업의 시행자가 국가, 지방자치단체면 토지 소유자의 동의를 받을 필요가 없다.	• 지정권자가 도시개발사업의 전부를 환지 방식으로 시행하려고 개발계획을 수립하거나 변경할 때에 도시개발사업의 시행자가 조합에 해당하는 경우로서 조합이 성립된 후 총회에서 도시개발구역의 토지면적의 3분의 2 이상에 해당하는 조합원과 그 지역의 조합원 총수의 2분의 1 이상의 찬성으로 수립 또는 변경을 의결한 개발계획을 지정권자에게 제출한 경우에는 토지 소유자의 동의를 받은 것으로 본다.

3. 동의자 수의 산정방법

① 도시개발구역의 토지면적을 산정하는 경우 : 국공유지를 포함하여 산정할 것
② 1필지의 토지 소유권을 여럿이 공유하는 경우 : 다른 공유자의 동의를 받은 대표 공유자 1인을 해당 토지 소유자로 볼 것. 다만, 「집합건물의 소유 및 관리에 관한 법률」에 따른 구분소유자는 각각을 토지 소유자 1인으로 본다.
③ 1인이 둘 이상 필지의 토지를 단독으로 소유한 경우 : 필지의 수에 관계없이 토지 소유자를 1인으로 볼 것
④ 둘 이상 필지의 토지를 소유한 공유자가 동일한 경우 : 공유자 여럿을 대표하는 1인을 토지 소유자로 볼 것
⑤ 공람·공고일 후에 「집합건물의 소유 및 관리에 관한 법률」 제2조제1호에 따른 구분소유권을 분할하게 되어 토지 소유자의 수가 증가하게 된 경우 : 공람·공고일 전의 토지 소유자의 수를 기준으로 산정하고, 증가된 토지 소유자의 수는 토지 소유자 총수에 추가 산입하지 말 것
⑥ 도시개발구역의 지정이 제안되기 전에 또는 도시개발구역에 대한 도시개발사업의 계획의 변경을 요청받기 전에 동의를 철회하는 사람이 있는 경우 : 그 사람은 동의자 수에서 제외
⑦ 도시개발구역의 지정이 제안된 후부터 법 제4조에 따라 개발계획이 수립되기 전까지의 사이에 토지 소유자가 변경된 경우 또는 개발계획의 변경을 요청받은 후부터 개발계획이 변경되기 전까지의 사이에 토지 소유자가 변경된 경우 : 기존 토지 소유자의 동의서를 기준
⑧ 국공유지를 제외한 전체 사유 토지면적 및 토지 소유자에 대하여 동의 요건 이상으로 동의를 받은 후에 그 토지면적 및 토지 소유자의 수가 법적 동의 요건에 미달하게 된 경우에는 국공유지 관리청의 동의를 받아야 한다.

Ⅳ. 개발계획의 변경

지정권자는 직접 또는 관계 중앙행정기관의 장 또는 시장(대도시 시장은 제외한다)·군수·구청장 또는 도시개발사업의 시행자의 요청을 받아 개발계획을 변경할 수 있다.

핵심 지문 기출 OX

01 자연녹지지역에서 도시개발구역을 지정한 이후 도시개발사업의 계획을 수립하는 것은 허용되지 아니한다.(x)³⁰회

02 개발계획에 따라 도시개발구역을 지정한 후에 개발계획에 포함시킬 수 있는 사항으로서 〈임대주택건설계획 등 세입자 등의 주거 생활 안정 대책〉이 포함된다.(o)³⁴회

03 개발계획에 따라 도시개발구역을 지정한 후에 개발계획에 포함시킬 수 있는 사항으로서 〈환경보전계획〉이 포함된다.(x)³⁴회

04 개발계획에 따라 도시개발구역을 지정한 후에 개발계획에 포함시킬 수 있는 사항으로서 〈보건의료시설 및 복지시설의 설치계획〉이 포함된다.(x)³⁴회

05 개발계획에 따라 도시개발구역을 지정한 후에 개발계획에 포함시킬 수 있는 사항으로서 〈원형지로 공급될 대상 토지 및 개발방향〉이 포함된다.(x)³⁴회

06 개발계획에 따라 도시개발구역을 지정한 후에 개발계획에 포함시킬 수 있는 사항으로서 〈도시개발구역을 둘 이상의 사업시행지구로 분할하여 도시개발사업을 시행하는 경우 그 분할에 관한 사항〉이 포함된다.(x)³⁴회

07 도시개발법령상 환지방식으로 시행하는 도시개발사업의 경미한 변경의 제외사항으로서 〈제외되는 토지의 면적이 종전 환지방식이 적용되는 면적의 100분의 10 이상인 경우〉가 해당한다.(o)³³회

08 도시개발법령상 환지방식으로 시행하는 도시개발사업의 경미한 변경의 제외사항으로서 〈편입 또는 제외되는 면적이 각각 5만 제곱미터 이상인 경우〉가 해당한다.(x)³³회

09 도시개발법령상 환지방식으로 시행하는 도시개발사업의 경미한 변경의 제외사항으로서 〈토지의 편입이나 제외로 인하여 환지방식이 적용되는 면적이 종전보다 100분의 10 이상 증감하는 경우〉가 해당한다.(o)³³회

10 시행자가 한국토지주택공사인 도시개발사업의 일부를 환지방식으로 시행하기 위하여 개발계획을 변경할 때 〈너비가 10m인 도로를 폐지하는 경우〉 토지소유자의 동의가 필요하다.(x)²⁸회

11 시행자가 한국토지주택공사인 도시개발사업의 일부를 환지방식으로 시행하기 위하여 개발계획을 변경할 때 〈사업시행지구를 분할하거나 분할된 사업시행지구를 통합하는 경우〉 토지소유자의 동의가 필요하다.(o)²⁸회

12 시행자가 한국토지주택공사인 도시개발사업의 일부를 환지방식으로 시행하기 위하여 개발계획을 변경할 때 〈도로를 제외한 기반시설의 면적이 종전보다 100분의 4 증가하는 경우〉 토지소유자의 동의가 필요하다.(x)²⁸회

13 시행자가 한국토지주택공사인 도시개발사업의 일부를 환지방식으로 시행하기 위하여 개발계획을 변경할 때 〈수용예정인구가 종전보다 100분의 5 증가하여 2천6백명이 되는 경우〉 토지소유자의 동의가 필요하다.(x)²⁸회

14 시행자가 한국토지주택공사인 도시개발사업의 일부를 환지방식으로 시행하기 위하여 개발계획을 변경할 때 〈기반시설을 제외한 도시개발구역의 용적률이 종전보다 100분의 4 증가하는 경우〉 토지소유자의 동의가 필요하다.(x)²⁸회

15 지정권자는 도시개발사업을 환지 방식으로 시행하려고 개발계획을 수립할 때에 시행자가 지방자치단체이면 토지 소유자의 동의를 받을 필요가 없다.(o)³¹회

16 환지 방식의 도시개발사업에 대한 개발계획 수립 시 필요한 동의자의 수를 산정하는 방법으로서 〈도시개발구역의 토지면적을 산정하는 경우〉 국공유지를 제외하고 산정하여야 한다.(x)³⁵회

17 환지 방식의 도시개발사업에 대한 개발계획 수립 시 필요한 동의자의 수를 산정하는 방법으로서 〈1인이 둘 이상 필지의 토지를 단독으로 소유한 경우〉 필지의 수에 관계없이 토지소유자를 1인으로 보아야 한다.(o)³⁵회

18 환지 방식의 도시개발사업에 대한 개발계획 수립 시 필요한 동의자의 수를 산정하는 방법으로서 〈1필지의 토지소유권을 여럿이 공유하는 경우〉 「집합건물의 소유 및 관리에 관한 법률」에 따른 구분소유자인지 여부와 관계없이 다른 공유자의 동의를 받은 대표공유자 1인을 해당 토지소유자로 보아야 한다.(x)³⁵회

19 환지 방식의 도시개발사업에 대한 개발계획 수립 시 필요한 동의자의 수를 산정하는 방법으로서 〈도시개발구역의 지정이 제안된 후부터 개발계획이 수립되기 전까지의 사이에 토지소유자가 변경된 경우〉 변경된 토지소유자의 동의서를 기준으로 하여야 한다.(x)³⁵회

Unit 3 도시개발구역의 지정

2025 위패스 공인중개사 합격셀렉트

Ⅰ. 도시개발구역의 지정권자

〈원칙〉
① 시·도지사 (특별시장·광역시장·도지사·특별자치도지사)
② 대도시 시장 (서울특별시와 광역시를 제외한 인구 50만 이상의 대도시의 시장)

협의	국토교통부장관
• 도시개발사업이 필요하다고 인정되는 지역이 둘 이상의 특별시·광역시·도·특별자치도 또는 서울특별시와 광역시를 제외한 인구 50만 이상의 대도시의 행정구역에 걸치는 경우에는 관계 시·도지사 또는 대도시 시장이 협의하여 도시개발구역을 지정할 자를 정한다.	① 국가가 도시개발사업을 실시할 필요가 있는 경우 ② 관계 중앙행정기관의 장이 요청하는 경우 ③ 공공기관의 장 또는 정부출연기관의 장이 30만㎡이상으로서 국가계획과 밀접한 관련이 있는 도시개발구역의 지정을 제안하는 경우 ④ 협의가 성립되지 아니하는 경우 ⑤ 천재지변, 그 밖의 사유로 인하여 도시개발사업을 긴급하게 할 필요가 있는 경우

도시개발구역의 분할·결합

- 지정권자는 도시개발사업의 효율적인 추진과 도시의 경관 보호 등을 위하여 필요하다고 인정하는 경우에는 도시개발구역을 둘 이상의 사업시행지구로 분할하거나 서로 떨어진 둘 이상의 지역을 결합하여 하나의 도시개발구역으로 지정할 수 있다.
- 도시개발구역을 둘 이상의 사업시행지구로 분할할 수 있는 경우는 지정권자가 도시개발사업의 효율적인 추진을 위하여 필요하다고 인정하는 경우로서 분할 후 각 사업시행지구의 면적이 각각 1만제곱미터 이상인 경우로 한다.

Ⅱ. 도시개발구역 지정요건

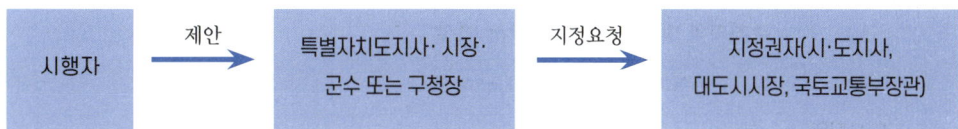

1. 도시개발구역 지정제안

	특별자치도지사·시장·군수 또는 구청장에게 제안	국토교통부장관에게 직접 제안
지정제안자	• 국가·지방자치단체·조합을 제외한 도시개발사업의 시행자로 지정될 수 있는 자는 특별자치도지사·시장·군수 또는 구청장에게 도시개발구역의 지정을 제안할 수 있다.	① 국가가 도시개발사업을 실시할 필요가 있는 경우 ② 관계 중앙행정기관의 장이 요청하는 경우 ③ 공공기관의 장 또는 정부출연기관의 장이 30만㎡ 이상으로서 국가계획과 밀접한 관련이 있는 도시개발구역의 지정을 제안하는 경우 ④ 협의가 성립되지 아니하는 경우
동의 요건	• 민간사업시행자(토지소유자, 지방이전법인, 건설사업자, 부동산개발업자, 부동산투자회사 등, 조합 제외)가 도시개발구역의 지정을 제안하려는 경우에는 대상 구역 토지면적의 3분의 2이상에 해당하는 토지소유자(지상권자를 포함)의 동의를 받아야 한다.	
반영통보	• 1개월 이내에 통보 → 불가피한 경우에는 1개월 이내 연장	
비용부담	• 특별자치도지사·시장·군수 또는 구청장은 제안자와 협의하여 도시개발구역의 지정을 위하여 필요한 비용의 전부 또는 일부를 제안자에게 부담시킬 수 있다.	

2. 도시개발구역 지정요청

시장(대도시 시장은 제외)·군수 또는 구청장은 시·군·구도시계획위원회에 자문을 거치고, 시·도지사에게 도시개발구역의 지정을 요청할 수 있다.

3. 도시개발구역 규모

도시지역	주거지역 및 상업지역	•1만㎡ 이상
	공업지역	•3만㎡ 이상
	자연녹지지역	•1만㎡ 이상
	생산녹지지역	•1만㎡ 이상(생산녹지지역이 도시개발구역 지정면적의 100분의 30 이하인 경우만 해당된다.)
도시지역 외의 지역	원칙	•30만㎡ 이상
	예외	•공동주택 중 아파트 또는 연립주택의 건설계획이 포함되는 경우로서 다음 요건을 모두 갖춘 경우에는 10만㎡ 이상으로 한다. ① 도시개발구역에 초등학교용지를 확보하여 관할 교육청과 협의한 경우 ② 도시개발구역에서 「도로법」 규정에 해당하는 도로 또는 국토교통부령으로 정하는 도로와 연결되거나 4차로 이상의 도로를 설치하는 경우

① 자연녹지지역, 생산녹지지역 및 도시지역 외의 지역에 도시개발구역을 지정하는 경우에는 광역도시계획 또는 도시·군기본계획에 의하여 개발이 가능한 지역에서만 국토교통부장관이 정하는 기준에 따라 지정하여야 한다. 다만, 광역도시계획 및 도시·군기본계획이 수립되지 아니한 지역인 경우에는 자연녹지지역 및 계획관리지역에서만 도시개발구역을 지정할 수 있다.

② 다음의 지역 중 지정권자가 계획적인 도시개발이 필요하다고 인정하는 경우 도시개발구역 규모는 적용하지 않는다.
  ㉠ 취락지구 또는 개발진흥지구로 지정된 지역
  ㉡ 지구단위계획구역으로 지정된 지역
  ㉢ 국토교통부장관이 지역균형발전을 위하여 관계 중앙행정기관의 장과 협의하여 도시개발구역으로 지정하려는 지역(자연환경보전지역은 제외한다)

Ⅲ. 도시개발구역 지정절차

기초조사	① 기초조사
	• 시행자나 시행자가 되려는 자는 도시개발구역을 지정하거나 지정을 요청 또는 제안하려고 할 때에는 도시개발구역으로 지정될 구역의 토지, 건축물, 공작물, 주거 및 생활실태, 주택수요, 그 밖에 필요한 사항에 관하여 대통령령으로 정하는 바에 따라 조사하거나 측량할 수 있다.
↓	
주민 등의 의견청취	② 공람이나 공청회를 통한 주민의 의견청취
	• 국토교통부장관, 시·도지사 또는 대도시 시장이 도시개발구역을 지정하고자 하거나 대도시 시장이 아닌 시장·군수 또는 구청장이 도시개발구역의 지정을 요청하려고 하는 경우에는 공람이나 공청회를 통하여 주민이나 관계 전문가 등으로부터 의견을 들어야 하며, 공람이나 공청회에서 제시된 의견이 타당하다고 인정되면 이를 반영하여야 한다.
	• 도시개발구역을 변경(대통령령으로 정하는 경미한 사항은 제외)하려는 경우에도 또한 같다.
↓	
협의 (관계 행정 기관의 장) 및 심의 (도시계획 위원회)	③ 도시계획위원회의 심의 및 국토교통부장관과 협의
	• 지정권자는 도시개발구역을 지정하거나 개발계획을 수립하려면 관계 행정기관의 장과 협의한 후 중앙도시계획위원회 또는 같은 시·도도시계획위원회나 대도시에 두는 대도시도시계획위원회의 심의를 거쳐야 한다.
	• 변경하는 경우에도 또한 같다. 다만, 대통령령으로 정하는 경미한 사항을 변경하는 경우에는 그러하지 아니하다.
	• 지정하려는 도시개발구역의 면적이 50만㎡ 이상인 경우, 개발계획이 국가계획을 포함하고 있거나 관련되는 경우 지정권자는 국토교통부장관과 협의하여야 한다.
↓	
고시 (지정권자) 및 공람 (대도시 시장, 특별자치 도지사, 시군구청장)	④ 도시개발구역 지정·고시
	• 지정권자는 도시개발구역을 지정하거나 개발계획을 수립한 경우에는 대통령령으로 정하는 바에 따라 이를 관보나 공보에 고시하고, 대도시 시장인 지정권자는 관계 서류를 일반에게 공람시켜야 하며, 대도시 시장이 아닌 지정권자는 해당 도시개발구역을 관할하는 시장(대도시 시장은 제외)·군수 또는 구청장에게 관계 서류의 사본을 보내야 하며, 지정권자인 특별자치도지사와 관계 서류를 송부받은 시장(대도시 시장은 제외)·군수 또는 구청장은 해당 관계 서류를 일반인에게 공람시켜야 한다. 변경하는 경우에도 또한 같다.

Ⅳ. 도시개발구역 지정효과

1. 도시지역 등의 결정 · 고시 의제

원칙	예외
• 도시개발구역이 지정·고시된 경우 해당 도시개발구역은 도시지역과 지구단위계획구역으로 결정되어 고시된 것으로 본다.	• 도시지역 외의 지역에 지정된 지구단위계획구역 및 같은 법에 따른 취락지구로 지정된 지역인 경우에는 그러하지 아니하다.

2. 도시개발구역에서의 개발행위허가 대상

(1) 개발행위허가 대상

• 도시개발구역지정에 관한 주민 등의 의견청취를 위한 공고가 있는 지역 및 도시개발구역에서 다음 행위를 하려는 자는 특별시장·광역시장·특별자치도지사·시장 또는 군수의 허가를 받아야 한다. 허가받은 사항을 변경하려는 경우에도 또한 같다.	① 건축물의 건축 등 : 「건축법」에 따른 건축물(가설건축물을 포함)의 건축, 대수선 또는 용도 변경 ② 공작물의 설치 : 인공을 가하여 제작한 시설물(「건축법」에 따른 건축물은 제외)의 설치 ③ 토지의 형질변경 : 절토(땅깎기)·성토(흙쌓기)·정지·포장 등의 방법으로 토지의 형상을 변경하는 행위, 토지의 굴착 또는 공유수면의 매립 ④ 토석의 채취 : 흙·모래·자갈·바위 등의 토석을 채취하는 행위 ⑤ 토지분할 (＊ 토지의 합병X) ⑥ 물건을 쌓아놓는 행위 : 옮기기 쉽지 아니한 물건을 1개월 이상 쌓아놓는 행위 ⑦ 죽목의 벌채 및 식재

(2) 개발행위허가 제외 사항

① 재해 복구 또는 재난 수습에 필요한 응급조치를 위하여 하는 행위
② 농림수산물의 생산에 직접 이용되는 간이공작물(비닐하우스, 양잠장, 농림수산물의 건조장, 버섯 재배사, 종묘배양장, 퇴비장, 탈곡장 등)의 설치
③ 경작을 위한 토지의 형질변경
④ 도시개발구역의 개발에 지장을 주지 아니하고 자연경관을 훼손하지 아니하는 범위에서의 토석 채취
⑤ 도시개발구역에 남겨두기로 결정된 대지에서 물건을 쌓아놓는 행위
⑥ 관상용 죽목의 임시 식재(경작지에서의 임시 식재는 제외한다)

(3) 기득권 보호

허가를 받아야 하는 행위로서 도시개발구역의 지정 및 고시 당시 이미 관계 법령에 따라 행위 허가를 받았거나 허가를 받을 필요가 없는 행위에 관하여 그 공사나 사업에 착수한 자는 30일 이내에 특별시장·광역시장·특별자치도지사·시장 또는 군수에게 신고한 후 이를 계속 시행할 수 있다.

V. 도시개발구역 지정해제

1. 해제사유

원칙 (선계획 후지정)	• 개발계획 수립·고시 → 도시개발구역 지정·고시 → 실시계획 인가 신청 • 도시개발구역의 지정은 다음 어느 하나에 규정된 날의 **다음 날에 해제된 것으로 본다.**	
	• 도시개발구역이 지정·고시된 날부터 3년이 되는 날까지 실시계획의 인가를 신청하지 아니하는 경우에는 그 3년이 되는 날	• 도시개발사업의 공사 완료(환지 방식에 따른 사업인 경우에는 그 환지처분)의 공고일
예외 (선지정 후계획)	• 도시개발구역 지정·고시 → 개발계획 수립·고시 → 실시계획 인가 신청 • 도시개발구역을 지정한 후 개발계획을 수립하는 경우에는 다음 어느 하나에 규정된 날의 **다음 날에 도시개발구역의 지정이 해제된 것으로 본다.**	
	• 도시개발구역이 지정·고시된 날부터 2년이 되는 날까지 개발계획을 수립·고시하지 아니하는 경우에는 그 2년이 되는 날 • 다만, 도시개발구역의 면적이 330만㎡ 이상인 경우에는 5년으로 한다.	• 개발계획을 수립·고시한 날부터 3년이 되는 날까지 실시계획 인가를 신청하지 아니하는 경우에는 그 3년이 되는 날 • 다만, 도시개발구역의 면적이 330만㎡ 이상인 경우에는 5년으로 한다.

2. 해제효과

- 도시개발구역의 지정이 해제의제된 경우에는 그 도시개발구역에 대한 「국토의 계획 및 이용에 관한 법률」에 따른 용도지역 및 지구단위계획구역은 해당 도시개발구역 지정 전의 용도지역 및 지구단위계획구역으로 각각 환원되거나 폐지된 것으로 본다.
- 다만, 도시개발사업의 공사완료에 따라 도시개발구역의 지정이 해제의제된 경우에는 환원되거나 폐지된 것으로 보지 아니한다.

핵심 지문 기출 OX

01 대도시 시장은 직접 도시개발구역을 지정할 수 없고, 도지사에게 그 지정을 요청하여야 한다.(x)[30회]

02 도시개발사업이 필요하다고 인정되는 지역이 둘 이상의 도의 행정구역에 걸치는 경우에는 해당 면적이 더 넓은 행정구역의 도지사가 도시개발구역을 지정하여야 한다.(x)[30회]

03 〈국가가 도시개발사업을 실시할 필요가 있는 경우〉 국토교통부장관이 도시개발구역을 지정할 수 있다.(o)[33회]

04 〈관계 중앙행정기관의 장이 요청하는 경우〉 국토교통부장관이 도시개발구역을 지정할 수 있다.(o)[33회]

05 〈한국토지주택공사 사장이 20만 제곱미터의 규모로 국가계획과 밀접한 관련이 있는 도시개발구역의 지정을 제안하는 경우〉 국토교통부장관이 도시개발구역을 지정할 수 있다.(x)[33회]

06 〈도시개발사업이 필요하다고 인정되는 지역이 둘 이상의 도의 행정구역에 걸치는 경우에 도시개발구역을 지정할 자에 관하여 관계 도지사 간에 협의가 성립되지 아니하는 경우〉 국토교통부장관이 도시개발구역을 지정할 수 있다.(o)[33회]

07 〈천재지변, 그 밖의 사유로 인하여 도시개발사업을 긴급하게 할 필요가 있는 경우〉 국토교통부장관이 도시개발구역을 지정할 수 있다.(o)[33회]

08 천재지변으로 인하여 도시개발사업을 긴급하게 할 필요가 있는 경우 국토교통부장관이 도시개발구역을 지정할 수 있다.(o)[30회]

09 도시개발구역의 총 면적이 1만제곱미터 미만인 경우 둘 이상의 사업시행지구로 분할하여 지정할 수 있다.(x)[30회]

10 도시개발구역으로 지정할 수 있는 대상 지역 및 규모로서 주거지역 및 상업지역은 〈1만 제곱미터 이상〉에 해당한다.(o)[29회]

11 도시개발구역으로 지정할 수 있는 대상 지역 및 규모로서 공업지역은 〈3만 제곱미터 이상〉에 해당한다.(o)[29회]

12 도시개발구역으로 지정할 수 있는 대상 지역 및 규모로서 자연녹지지역은 〈1만 제곱미터 이상〉에 해당한다.(o)[29회]

13 도시개발구역으로 지정할 수 있는 대상 지역 및 규모로서 도시개발구역 지정면적의 100분의 30 이하인 생산녹지지역은 〈1만 제곱미터 이상〉에 해당한다.(o)[29회]

14 도시개발구역에서 허가를 받아야 할 행위로 〈건축법에 따른 건축물의 용도 변경〉이 해당한다.(o)[32회]

15 도시개발구역에서 허가를 받아야 할 행위로 〈공유수면의 매립〉이 해당한다.(o)[32회]

16 도시개발구역에서 허가를 받아야 할 행위로 〈토석의 채취〉이 해당한다.(o)[32회]

17 도시개발구역에서 허가를 받아야 할 행위로 〈죽목의 식재〉이 해당한다.(o)[32회]

18 도시개발구역에서 허가를 받아야 할 행위로 〈토지의 합병〉이 해당한다.(x)[32회]

19 도시개발구역이 지정·고시된 날부터 2년이 되는 날까지 개발계획을 수립·고시하지 아니하는 경우에는 그 2년이 되는 날의 다음 날. 다만, 도시개발구역의 면적이 330만제곱미터 이상인 경우에는 5년의 다음 날에 도시개발구역의 지정이 해제된 것으로 본다.(o)[31회]

20 개발계획을 수립·고시한 날부터 3년이 되는 날까지 실시계획 인가를 신청하지 아니하는 경우에는 그 3년이 되는 날의 다음 날. 다만, 도시개발구역의 면적이 330만제곱미터 이상인 경우에는 5년의 다음 날에 도시개발구역의 지정이 해제된 것으로 본다.(o)[31회]

Unit 4. 도시개발사업의 시행자

I. 시행자의 지정, 대행 및 변경

1. 지정권자 지정 사업시행자

도시개발사업의 시행자는 다음의 자 중에서 지정권자가 지정한다. 다만, 도시개발구역의 전부를 환지 방식으로 시행하는 경우에는 토지 소유자나 조합을 시행자로 지정한다.

구분		지정 시행자
공공사업 시행자		• 국가나 지방자치단체
	공공 기관	• 한국토지주택공사, 한국수자원공사, 한국농어촌공사, 한국관광공사, 한국철도공사, 「혁신도시 조성 및 발전에 관한 특별법」에 따른 매입공공기관 (한국부동산원 X, 한국도로공사 X)
	정부출연 기관	• 국가철도공단(역세권개발사업을 시행하는 경우에만 해당), 제주국제자유도시개발센터(제주특별자치도에서 개발사업을 하는 경우에만 해당)
		• 「지방공기업법」에 따라 설립된 지방공사
민간사업 시행자		① 도시개발구역의 토지 소유자(「공유수면 관리 및 매립에 관한 법률」에 따라 면허를 받은 자를 해당 공유수면을 소유한 자로 보고 그 공유수면을 토지로 보며, 수용 또는 사용 방식의 경우에는 도시개발구역의 국공유지를 제외한 토지면적의 3분의 2 이상을 소유한 자를 말한다) ② 도시개발구역의 토지 소유자가 도시개발을 위하여 설립한 조합(도시개발사업의 전부를 환지 방식으로 시행하는 경우에만 해당) ③ 「수도권정비계획법」에 따른 과밀억제권역에서 수도권 외의 지역으로 이전하는 법인 중 과밀억제권역의 사업 기간 등 대통령령으로 정하는 요건에 해당하는 법인 ④ 「주택법」에 따라 등록한 자 중 도시개발사업을 시행할 능력이 있다고 인정되는 자로서 대통령령으로 정하는 요건에 해당하는 자(주택단지와 그에 수반되는 기반시설을 조성하는 경우에만 해당) ⑤ 「건설산업기본법」에 따른 토목공사업 또는 토목건축공사업의 면허를 받는 등 개발계획에 맞게 도시개발사업을 시행할 능력이 있다고 인정되는 자로서 대통령령으로 정하는 요건에 해당하는 자 ⑥ 「부동산개발업의 관리 및 육성에 관한 법률」 제4조제1항에 따라 등록한 부동산개발업자로서 대통령령으로 정하는 요건에 해당하는 자 ⑦ 「부동산투자회사법」에 따라 설립된 자기관리부동산투자회사 또는 위탁관리부동산투자회사로서 대통령령으로 정하는 요건에 해당하는 자
출자법인		• 민간사업시행자 중 조합을 제외하고 도시개발사업을 시행할 목적으로 출자에 참여하여 설립한 법인

2. 전부 환지방식의 사업시행자

원칙	• 도시개발구역의 전부를 환지 방식으로 시행하는 경우에는 토지 소유자나 조합을 시행자로 지정한다.
예외	• 지정권자는 다음 어느 하나에 해당하는 사유가 있으면 지방자치단체, 한국토지주택공사, 지방공사, 신탁업자 중 외부감사의 대상이 되는 자를 시행자로 지정할 수 있다. 이 경우 도시개발사업을 시행하는 자가 시·도지사 또는 대도시 시장인 경우 국토교통부장관이 지정한다. 이 경우 대통령령으로 정하는 바에 따라 시행규정을 작성해야 한다. ① 토지 소유자나 조합이 개발계획의 수립·고시일부터 1년 이내에 시행자 지정을 신청하지 아니한 경우 또는 지정권자가 신청된 내용이 위법하거나 부당하다고 인정한 경우 ② 지방자치단체의 장이 집행하는 공공시설에 관한 사업과 병행하여 시행할 필요가 있다고 인정한 경우 ③ 도시개발구역의 국공유지를 제외한 토지면적의 2분의 1 이상에 해당하는 토지 소유자 및 토지 소유자 총수의 2분의 1 이상이 지방자치단체등의 시행에 동의한 경우

3. 도시개발사업의 대행

공공사업 시행자(국가나 지방자치단체, 공공기관, 정부출연기관, 지방공사)에 해당하는 자는 도시개발사업을 효율적으로 시행하기 위하여 필요한 경우에는 대통령령으로 정하는 바에 따라 설계·분양 등 도시개발사업의 일부를 주택건설사업자 등에게 다음의 행위를 대행하게 할 수 있다.

① 실시설계
② 부지조성공사
③ 기반시설공사
④ 조성된 토지의 분양

4. 시행자의 변경

지정권자는 다음 어느 하나에 해당하는 경우에는 시행자를 변경할 수 있다.

① 도시개발사업에 관한 실시계획의 인가를 받은 후 2년 이내에 사업을 착수하지 아니하는 경우
② 행정처분으로 시행자의 지정이나 실시계획의 인가가 취소된 경우
③ 시행자의 부도·파산, 그 밖에 이와 유사한 사유로 도시개발사업의 목적을 달성하기 어렵다고 인정되는 경우
④ 도시개발구역의 전부를 환지방식으로 시행하는 시행자가 도시개발구역 지정의 고시일부터 1년 이내에 도시개발사업에 관한 실시계획의 인가를 신청하지 아니하는 경우

Ⅱ. 도시개발조합

1. 도시개발조합의 설립

설립인가	설립인가 시 동의비율	변경인가
• 조합을 설립하려면 도시개발구역의 토지 소유자 7명 이상이 대통령령으로 정하는 사항을 포함한 정관을 작성하여 지정권자에게 조합 설립의 인가를 받아야 한다.	• 조합 설립의 인가를 신청하려면 해당 도시개발구역의 토지면적의 3분의 2 이상에 해당하는 토지 소유자와 그 구역의 토지 소유자 총수의 2분의 1 이상의 동의를 받아야 한다.	• 조합이 인가를 받은 사항을 변경하려면 지정권자로부터 변경인가를 받아야 한다.
	• 토지 소유자는 조합 설립인가의 신청 전에 동의를 철회할 수 있다. 이 경우 그 토지 소유자는 동의자 수에서 제외한다. • 조합 설립인가에 동의한 자로부터 토지를 취득한 자는 조합의 설립에 동의한 것으로 본다.	• 경미한 사항을 변경하려는 경우에는 신고하여야 한다. ① 주된 사무소의 소재지를 변경하려는 경우 ② 공고방법을 변경하려는 경우

2. 조합의 법적성격

법인	설립등기	준용
• 조합은 법인으로 한다.	• 조합의 설립인가를 받은 조합의 대표자가 설립인가를 받은 날부터 30일 이내에 주된 사무소의 소재지에서 등기를 하면 성립한다.	• 조합에 관하여 도시개발법으로 규정한 것 외에는 「민법」 중 사단법인에 관한 규정을 준용한다.

3. 조합원 : 조합의 조합원은 도시개발구역의 토지 소유자로 한다.

권리	① 보유토지의 면적과 관계없는 평등한 의결권. 다만, 다른 조합원으로부터 해당 도시개발구역에 그가 가지고 있는 토지 소유권 전부를 이전 받은 조합원은 정관으로 정하는 바에 따라 본래의 의결권과는 별도로 그 토지 소유권을 이전한 조합원의 의결권을 승계할 수 있다. ② 공유 토지는 공유자의 동의를 받은 대표공유자 1명만 의결권이 있다. ③ 「집합건물의 소유 및 관리에 관한 법률」에 따른 구분소유자는 구분소유자별로 의결권이 있다. 다만, 공람·공고일 후에 구분소유권을 분할하여 구분소유권을 취득한 자는 의결권이 없다.
의무	• 정관에서 정한 조합의 운영 및 도시개발사업의 시행에 필요한 경비의 부담
경비부담	• 조합은 그 사업에 필요한 비용을 조성하기 위하여 정관으로 정하는 바에 따라 조합원에게 경비를 부과·징수할 수 있다. • 조합은 부과금이나 연체료를 체납하는 자가 있으면 대통령령으로 정하는 바에 따라 특별자치도지사·시장·군수 또는 구청장에게 그 징수를 위탁할 수 있다. • 조합은 특별자치도지사·시장·군수 또는 구청장이 징수한 금액의 100분의 4에 해당하는 금액을 해당 특별자치도·시·군 또는 구에 지급하여야 한다.

4. 조합의 임원

(1) 임원의 구성, 직무, 선임

구성	직무	선임 및 겸직금지
조합장 1명	• 조합장은 조합을 대표하고 그 사무를 총괄하며, 총회·대의원회 또는 이사회의 의장이 된다.	• 조합의 임원은 의결권을 가진 조합원이어야 하고, 정관으로 정한 바에 따라 총회에서 선임한다. • 조합장 또는 이사의 자기를 위한 조합과의 계약이나 소송에 관하여는 감사가 조합을 대표한다. • 조합의 임원은 같은 목적의 사업을 하는 다른 조합의 임원 또는 직원을 겸할 수 없다.
이사	• 이사는 정관에서 정하는 바에 따라 조합장을 보좌하며, 조합의 사무를 분장한다.	
감사	• 감사는 조합의 사무 및 재산상태와 회계에 관한 사항을 감사한다.	

(2) 임원의 결격사유

조합의 임원으로 선임된 자가 각 어느 하나에 해당하게 된 경우에는 그 다음 날부터 임원의 자격을 상실한다.

① 피성년후견인, 피한정후견인 또는 미성년자
② 파산선고를 받은 자로서 복권되지 아니한 자
③ 금고 이상의 형을 선고받고 그 집행이 끝나거나 집행을 받지 아니하기로 확정된 후 2년이 지나지 아니한 자 또는 그 형의 집행유예 기간 중에 있는 자

5. 총회(최고의결기관, 필수기관) 및 대의원회(의결기관, 임의기관)

(1) 총회의 의결사항 : 다음 사항은 총회의 의결을 거쳐야 한다.

> ① 정관의 변경
> ② 개발계획 및 실시계획의 수립 및 변경
> ③ 자금의 차입과 그 방법·이율 및 상환방법
> ④ 조합의 수지예산
> ⑤ 부과금의 금액 또는 징수방법
> ⑥ 환지계획의 작성
> ⑦ 환지예정지의 지정
> ⑧ 체비지 등의 처분방법
> ⑨ 조합임원의 선임
> ⑩ 조합의 합병 또는 해산에 관한 사항. 다만, 청산금의 징수·교부를 완료한 후에 조합을 해산하는 경우는 제외한다.
> ⑪ 그 밖에 정관에서 정하는 사항

(2) 대의원회

요건	• 의결권을 가진 조합원의 수가 50인 이상인 조합은 총회의 권한을 대행하게 하기 위하여 대의원회를 둘 수 있다.
대의원의 수	• 대의원회에 두는 대의원의 수는 의결권을 가진 조합원 총수의 100분의 10 이상으로 하고, 대의원은 의결권을 가진 조합원 중에서 정관에서 정하는 바에 따라 선출한다.
대행사항	• 대의원회는 총회의 의결사항 중 다음 사항을 〈제외〉한 총회의 권한을 대행할 수 있다. ① 정관의 변경 ② 개발계획 및 실시계획의 수립 및 변경 ③ 환지계획의 작성 ④ 조합임원의 선임 ⑤ 조합의 합병 또는 해산에 관한 사항. 다만, 청산금의 징수·교부를 완료한 후에 조합을 해산하는 경우는 제외한다.

핵심 지문 기출 OX

01 도시개발사업 시행자로 지정될 수 있는 자로서 〈국가〉가 해당한다.(o)[33회]

02 국가는 도시개발사업의 시행자가 될 수 없다.(x)[29회]

03 지방자치단체는 수용 또는 사용 방식으로 시행하는 도시개발사업의 시행자로 지정될 수 없다.(x)[35회]

04 「한국철도공사법」에 따른 한국철도공사는 수용 또는 사용 방식으로 시행하는 도시개발사업의 시행자로 지정될 수 없다.(x)[35회]

05 한국철도공사는 「역세권의 개발 및 이용에 관한 법률」에 따른 역세권개발사업을 시행하는 경우에만 도시개발사업의 시행자가 된다.(x)[29회]

06 도시개발사업 시행자로 지정될 수 있는 자로서 〈한국부동산원〉이 해당한다.(x)[33회]

07 도시개발사업 시행자로 지정될 수 있는 자로서 〈한국수자원공사〉가 해당한다.(o)[33회]

08 도시개발사업 시행자로 지정될 수 있는 자로서 〈한국관광공사〉가 해당한다.(o)[33회]

09 도시개발사업 시행자로 지정될 수 있는 자로서 〈지방공기업법에 따라 설립된 지방공사〉가 해당한다.(o)[33회]

10 「지방공기업법」에 따라 설립된 지방공사는 수용 또는 사용 방식으로 시행하는 도시개발사업의 시행자로 지정될 수 없다.(x)[35회]

11 도시개발구역의 국공유지를 제외한 토지면적의 3분의 2 이상을 소유한 자는 수용 또는 사용 방식으로 시행하는 도시개발사업의 시행자로 지정될 수 없다.(x)[35회]

12 조합은 도시개발사업 전부를 환지 방식으로 시행하는 경우에 도시개발사업의 시행자가 될 수 있다.(o)[31회]

13 도시개발구역의 토지 소유자가 도시개발을 위하여 설립한 조합은 수용 또는 사용 방식으로 시행하는 도시개발사업의 시행자로 지정될 수 있다.(x)[35회]

14 지정권자가 도시개발구역 전부를 환지 방식으로 시행하는 도시개발사업을 지방자치단체의 장이 집행하는 공공시설에 관한 사업과 병행하여 시행할 필요가 있다고 인정하는 경우 도시개발사업의 시행자로 지정될 수 있는 자로 〈국가, 지방자치단체, 지방공기업법에 따른 지방공사, 한국토지주택공사, 「자본시장과 금융투자업에 관한 법률」에 따른 신탁업자 중 「주식회사 등의 외부감사에 관한 법률」 제4조에 따른 외부감사의 대상이 되는 자〉가 해당한다.(o)[30회]

15 지방자치단체가 도시개발사업의 전부를 환지 방식으로 시행하려고 할 때에는 도시개발사업의 시행규정을 작성하여야 한다.(o)[31회]

16 지방자치단체가 도시개발사업의 전부를 환지 방식으로 시행하려고 할 때에는 도시개발사업에 관한 규약을 정하여야 한다.(x)[30회]

17 사업주체인 지방자치단체는 조성된 토지의 분양을 주택법에 다른 주택건설사업자에게 대행하게 할 수 없다.(x)[29회]

18 주택법에 따른 주택건설사업자 등으로 하여금 도시개발사업의 일부를 대행하게 할 수 있는 자로서 〈지방자치단체, 한국관광공사법에 따른 한국관광공사, 수도권정비계획법에 다른 과밀억제권역에서 수도권 외의 지역으로 이전하는 법인, 부동산투자회사법에 따라 설립된 자기관리부동산투자회사〉가 해당한다.(x)[28회]

19 도시개발사업의 시행자인 국가 또는 지방자치단체가 주택법에 따른 주택건설사업자에게 대행하게 할 수 있는 도시개발사업의 범위에 해당하는 것으로〈실시설계, 부지조성공사, 기반시설 공사, 조성된 토지의 분양〉이 해당한다.(o)^{30회}

20 도시개발사업의 시행자인 지방자치단체가 주택법에 따른 주택건설사업자에게 대행하게 할 수 있는 도시개발사업의 범위에 해당하는 것으로〈실시설계, 부지조성공사, 기반시설공사, 조성된 토지의 분양, 토지상환채권의 발행〉이 해당한다.(x)^{34회}

21 지정권자는 시행자가 도시개발사업에 관한 실시계획의 인가를 받은 후 2년 이내에 사업을 착수하지 아니하는 경우 시행자를 변경할 수 있다.(o)^{29회}

22 〈도시개발사업에 관한 실시계획의 인가를 받은 후 2년 이내에 사업을 착수하지 아니하는 경우〉도시개발구역 지정권자가 시행자를 변경할 수 있다.(o)^{28회}

23 〈행정처분으로 사업시행자의 지정이 취소된 경우〉도시개발구역 지정권자가 시행자를 변경할 수 있다.(o)^{28회}

24 〈행정처분으로 실시계획의 인가가 취소된 경우〉도시개발구역 지정권자가 시행자를 변경할 수 있다.(o)^{28회}

25 〈사업시행자의 부도로 도시개발사업의 목적을 달성하기 어렵다고 인정하는 경우〉도시개발구역 지정권자가 시행자를 변경할 수 있다.(o)^{28회}

26 〈사업시행자가 도시개발구역 지정의 고시일부터 6개월 이내에 실시계획의 인가를 신청하지 아니하는 경우〉도시개발구역 지정권자가 시행자를 변경할 수 있다.(x)^{28회}

27 지정권자는 시행자가 도시개발구역 지정의 고시일부터 6개월 이내에 실시계획의 인가를 신청하지 아니하는 경우 시행자를 변경할 수 있다.(x)^{29회}

28 조합을 설립하려면 도시개발구역의 토지 소유자 7명 이상이 국토교통부장관에게 조합 설립의 인가를 받아야 한다.(x)^{29회}

29 조합을 설립하려면 도시개발구역의 토지소유자 10명 이상이 정관을 작성하여 지정권자에게 조합설립의 인가를 받아야 한다.(x)^{35회}

30 조합 설립의 인가를 신청하려면 해당 도시개발구역의 토지면적의 3분의 2 이상에 해당하는 토지 소유자와 그 구역의 토지 소유자 총수의 2분의 1 이상의 동의를 받아야 한다.(o)^{33회}

31 조합 설립의 인가를 신청하려면 해당 도시개발구역의 토지면적의 2분의 1 이상에 해당하는 토지 소유자와 그 구역의 토지 소유자 총수의 3분의 2 이상의 동의를 받아야 한다.(x)^{29, 31회}

32 토지 소유자가 도시개발구역의 지정을 제안하려는 경우에는 대상 구역 토지면적의 2분의 1 이상에 해당하는 토지 소유자의 동의를 받아야 한다.(x)^{29회}

33 토지 소유자가 조합 설립인가 신청에 동의하였다면 이후 조합 설립인가의 신청 전에 그 동의를 철회하였더라도 그 토지 소유자는 동의자 수에 포함된다.(x)^{31회}

34 조합이 설립인가를 받은 사항 중 청산에 관한 사항을 변경하려는 경우에는 지정권자에게 신고하여야 한다.(x)^{35회}

35 조합이 인가받은 사항 중 주된 사무소의 소재지를 변경하려는 경우 변경인가를 받아야 한다.(x)^{29회}

36 주된 사무소의 소재지를 변경하려면 지정권자로부터 변경인가를 받아야 한다.(x)^{33회}

37 조합이 조합 설립의 인가를 받은 사항 중 공고방법을 변경하려는 경우 지정권자로부터 변경인가를 받아야 한다.(x)³⁴회

38 조합의 설립인가를 받은 조합의 대표자는 설립인가를 받은 날부터 30일 이내에 주된 사무소의 소재지에서 설립등기를 하여야 한다.(o)³³회

39 조합은 그 주된 사무소의 소재지에서 등기를 하면 성립한다.(o)³³회

40 조합의 조합원은 도시개발구역의 토지 소유자로 한다.(o)³³회

41 도시개발구역의 토지 소유자가 미성년자인 경우에는 조합의 조합원이 될 수 없다.(x)³¹회

42 금고 이상의 형을 선고받고 그 집행이 끝나지 아니한 자는 조합원이 될 수 없다.(x)²⁹회

43 조합원은 보유토지의 면적과 관계없는 평등한 의결권을 가지므로, 공유 토지의 경우 공유자별로 의결권이 있다.(x)³¹회

44 다른 조합원으로부터 해당 도시개발구역에 그가 가지고 있는 토지소유권 전부를 이전 받은 조합원은 정관으로 정하는 바에 따라 본래의 의결권과는 별도로 그 토지소유권을 이전한 조합원의 의결권을 승계할 수 있다.(o)³⁵회

45 금고 이상의 형을 선고 받고 그 형의 집행유예기간 중에 있는 자는 조합의 임원이 될 수 없다.(o)³⁴회

46 조합의 임원으로 선임된 자가 금고 이상의 형을 선고받으면 그 날부터 임원의 자격을 상실한다.(x)³⁵회

47 조합장 또는 이사의 자기를 위한 조합과의 계약이나 소송에 관하여는 대의원회가 조합을 대표한다.(x)³⁴회

48 의결권을 가진 조합원의 수가 50인 이상인 조합은 총회의 권한을 대행하게 하기 위하여 대의원회를 둘 수 있으며, 대의원회에 두는 대의원의 수는 의결권을 가진 조합원 총수의 100분의 10 이상으로 한다.(o)³⁴회

49 의결권을 가진 조합원의 수가 100인인 조합은 총회의 권한을 대행하게 하기 위하여 대의원회를 둘 수 있다.(o)²⁹회

50 조합은 총회의 권한을 대행하게 하기 위하여 대의원회를 두어야 한다.(x)³⁵회

51 도시개발조합 총회의 의결사항 중 대의원회가 총회의 권한을 대행할 수 있는 사항으로서 〈정관의 변경, 개발계획의 수립, 조합장의 선임, 환지예정지의 지정, 조합의 합병에 관한 사항〉이 해당한다.(x)³¹회

Unit 5. 도시개발사업 실시계획

Ⅰ. 실시계획의 작성 및 내용

① 시행자는 도시개발사업에 관한 실시계획을 작성하여야 한다. 이 경우 실시계획에는 지구단위계획이 포함되어야 한다.
② 실시계획은 개발계획에 맞게, 지구단위계획은 지구단위계획의 수립기준에 따라 작성하여야 한다. 실시계획의 작성에 필요한 세부적인 사항은 국토교통부장관이 정한다.
③ 실시계획에는 사업 시행에 필요한 설계 도서, 자금 계획, 시행 기간, 그 밖에 대통령령으로 정하는 사항과 서류를 명시하거나 첨부하여야 한다.

Ⅱ. 실시계획의 인가

1. 지정권자의 인가

지정권자의 인가	인가를 받지 않아도 가능한 경미한 사항의 변경
• 시행자(지정권자가 시행자인 경우는 제외한다)는 작성된 실시계획에 관하여 지정권자의 인가를 받아야 한다. • 인가를 받은 실시계획을 변경하거나 폐지하는 경우에 준용한다.	① 사업시행지역의 변동이 없는 범위에서의 착오·누락 등에 따른 사업시행면적의 정정 ② 사업시행면적의 100분의 10의 범위에서의 면적의 감소 ③ 사업비의 100분의 10의 범위에서의 사업비의 증감 ④ 「공간정보의 구축 및 관리 등에 관한 법률」에 따른 지적측량 결과를 반영하기 위한 다음의 부지 면적 등의 변경 　㉠ 도시개발구역 　㉡ 토지이용계획에 따라 구획된 토지 　㉢ 도시·군계획시설 ⑤ 도시·군관리계획(지구단위계획은 제외한다)의 변경 ⑥ 지구단위계획의 변경 ⑦ 의제된 관련 인·허가등의 변경(관계 법령에서 경미한 변경으로 정한 경우로 한정)

2. 인가 절차

인가신청 → 의견청취 → 인가

인가신청		의견청취
원칙	예외	
• 시행자가 실시계획의 인가를 받으려는 경우에는 실시계획 인가신청서에 국토교통부령으로 정하는 서류(위치도, 계획평면도 및 개략설계도 등)를 첨부하여 시장(대도시 시장은 제외)·군수 또는 구청장을 거쳐 지정권자에게 제출하여야 한다.	• 국토교통부장관·특별자치도지사 또는 대도시 시장이 지정권자인 경우에는 국토교통부장관·특별자치도지사 또는 대도시 시장에게 직접 제출할 수 있다.	• 지정권자가 실시계획을 작성하거나 인가하는 경우 국토교통부장관이 지정권자이면 시·도지사 또는 대도시 시장의 의견을, 시·도지사가 지정권자이면 시장(대도시 시장은 제외)·군수 또는 구청장의 의견을 미리 들어야 한다.

Ⅲ. 실시계획의 고시

1. 고시 및 공람

(1) 고시

지정권자가 실시계획을 작성하거나 인가한 경우에는 대통령령으로 정하는 바에 따라 다음 내용을 포함하여 이를 관보나 공보에 고시하고 시행자에게 관계 서류의 사본을 송부한다. 지정권자는 도시개발사업을 환지방식으로 시행하는 구역에 대하여는 ①부터 ⑥까지의 사항과 토지조서를 관할 등기소에 통보 제출하여야 한다.

① 사업의 명칭
② 사업의 목적
③ 도시개발구역의 위치 및 면적
④ 시행자
⑤ 시행기간
⑥ 시행방식
⑦ 도시·군관리계획(지구단위계획을 포함한다)의 결정내용
⑧ 인가된 실시계획에 관한 도서의 공람기간 및 공람장소
⑨ 실시계획의 고시로 의제되는 인·허가등의 고시 또는 공고사항

(2) 공람

지정권자	대도시 시장	• 일반에게 관계 서류를 공람시켜야 한다.
	대도시 시장이 아닌 경우	• 해당 도시개발구역을 관할하는 시장(대도시 시장은 제외)·군수 또는 구청장에게 관계 서류의 사본을 보내야 한다. • 이 경우 지정권자인 특별자치도지사와 본문에 따라 관계 서류를 받은 시장(대도시 시장은 제외)·군수 또는 구청장은 이를 일반인에게 14일 이상 공람시켜야 한다.

2. 실시계획 고시의 효과

실시계획을 고시한 경우 그 고시된 내용 중 도시·군관리계획(지구단위계획을 포함)으로 결정하여야 하는 사항은 같은 법에 따른 도시·군관리계획이 결정되어 고시된 것으로 본다. 이 경우 종전에 도시·군관리계획으로 결정된 사항 중 고시 내용에 저촉되는 사항은 고시된 내용으로 변경된 것으로 본다. 이때 도시·군관리계획에 관한 지형도면의 고시는 「국토의 계획 및 이용에 관한 법률」의 규정에도 불구하고 도시개발사업의 시행기간에도 할 수 있다.

3. 관련 인·허가등의 의제

의제	• 실시계획을 작성하거나 인가할 때 지정권자가 해당 실시계획에 대한 허가·승인·심사·인가·신고·면허·등록·협의·지정·해제 또는 처분 등(이하 "인·허가등"이라 한다)에 관하여 관계 행정기관의 장과 협의한 사항에 대하여는 해당 인·허가등을 받은 것으로 보며, 실시계획을 고시한 경우에는 관계 법률에 따른 인·허가등의 고시나 공고를 한 것으로 본다. **기출** ① 「하수도법」에 따른 공공하수도 공사시행의 허가 ② 「주택법」에 따른 사업계획의 승인
서류제출	• 인·허가등의 의제를 받으려는 자는 실시계획의 인가를 신청하는 때에 해당 법률로 정하는 관계 서류를 함께 제출하여야 한다.
사전협의	• 지정권자는 실시계획을 작성하거나 인가할 때 그 내용에 의제사항 어느 하나에 해당하는 사항이 있으면 미리 관계 행정기관의 장과 협의하여야 한다. • 관계 행정기관의 장은 협의 요청을 받은 날부터 20일 이내에 의견을 제출하여야 하며, 그 기간 내에 의견을 제출하지 아니하면 협의한 것으로 본다.

핵심 지문 기출 OX

01 시행자가 작성하는 실시계획에는 지구단위계획이 포함되어야 한다.(o)[31회]

02 인가를 받은 실시계획 중 사업시행면적의 100분의 20이 감소된 경우 지정권자의 변경인가를 받을 필요가 없다.(x)[29회]

03 지정권자인 국토교통부장관이 실시계획을 작성하는 경우 시·도지사 또는 대도시 시장의 의견을 미리 들어야 한다.(o)[31회]

04 지정권자인 국토교통부장관이 실시계획을 작성하는 경우 시장·군수 또는 구청장의 의견을 미리 들어야 한다.(x)[29회]

05 지정권자가 시행자가 아닌 경우 시행자는 작성된 실시계획에 관하여 지정권자의 인가를 받아야 한다.(o)[31회]

06 도시개발사업을 환지방식으로 시행하는 구역에 대하여 지정권자가 실시계획을 작성한 경우에는 사업의 명칭·목적, 도시·군관리계획의 결정내용을 관할 등기소에 통보·제출하여야 한다.(x)[29회]

07 고시된 실시계획의 내용 중 도시·군관리계획으로 결정하여야 하는 사항이 종전에 도시·군관리계획으로 결정된 사항에 저촉되면 종전에 도시·군관리계획으로 결정된 사항이 우선하여 적용된다.(x)[31회]

08 실시계획을 인가할 때 지정권자가 해당 실시계획에 대한 「하수도법」에 따른 공공하수도 공사시행의 허가에 관하여 관계 행정기관의 장과 협의한 때에는 해당 허가를 받은 것으로 본다.(o)[29회]

09 실시계획의 인가에 의해 주택법에 따른 사업계획의 승인은 의제될 수 있다.(o)[31회]

Unit 6. 도시개발사업 시행

Ⅰ. 도시개발사업의 시행방식

1. 사업시행방식의 종류

시행자는 도시개발구역으로 지정하려는 지역에 대하여 하기의 기준에 따라 토지등을 **수용 또는 사용하는 방식**이나 **환지방식** 또는 이를 **혼용하는 방식**으로 도시개발사업의 시행방식을 **정함을 원칙**으로 하되, 사업의 용이성·규모 등을 고려하여 필요하면 국토교통부장관이 정하는 기준에 따라 도시개발사업의 시행방식을 정할 수 있다.

구분		내용
수용 또는 사용방식		• 계획적이고 체계적인 도시개발 등 집단적인 조성과 공급이 필요한 경우
환지방식		① 대지로서의 효용증진과 공공시설의 정비를 위하여 토지의 교환·분할·합병, 그 밖의 구획변경, 지목 또는 형질의 변경이나 공공시설의 설치·변경이 필요한 경우 ② 도시개발사업을 시행하는 지역의 지가가 인근의 다른 지역에 비하여 현저히 높아 수용 또는 사용방식으로 시행하는 것이 어려운 경우
혼용방식		• 도시개발구역으로 지정하려는 지역이 부분적으로 수용·사용방식 또는 환지방식에 해당하는 경우, 시행자가 도시개발사업을 혼용방식으로 시행하려는 경우에는 다음의 방식으로 도시개발사업을 시행할 수 있다. 사업시행의 방법 등에 관하여 필요한 세부적인 사항은 국토교통부장관이 정한다.
	분할 혼용방식	• 수용 또는 사용 방식이 적용되는 지역과 환지 방식이 적용되는 지역을 사업시행지구별로 분할하여 시행하는 방식
	미분할 혼용방식	• 사업시행지구를 분할하지 아니하고 수용 또는 사용 방식과 환지 방식을 혼용하여 시행하는 방식.

2. 사업시행방식의 변경

지정권자는 지가상승 등 **지역개발 여건의 변화**로 도시개발사업 시행방식 **지정 당시의 요건을 충족하지 못하나** 각 방식의 기준 어느 하나 요건을 충족하는 경우에는 해당 요건을 충족하는 도시개발사업 시행방식으로 변경할 수 있다.

시행자	변경 사업시행방식
공공사업시행자 (국/지/공/정/지)	수용 또는 사용방식 → 전부 환지 방식
	혼용방식 → 전부 환지 방식
도시개발조합을 제외한 사업시행자	수용 또는 사용 방식 → 혼용방식

3. 순환개발방식

① 시행자는 도시개발사업을 원활하게 시행하기 위하여 도시개발구역의 내외에 새로 건설하는 주택 또는 이미 건설되어 있는 주택에 그 도시개발사업의 시행으로 철거되는 주택의 세입자 또는 소유자를 임시로 거주하게 하는 등의 방식으로 그 도시개발구역을 순차적으로 개발할 수 있다.

② 시행자는 상기 방식으로 도시개발사업을 시행하는 경우에는 임시로 거주하는 주택(이하 '순환용주택')을 임시거주시설로 사용하거나 임대할 수 있다.

핵심 지문 기출OX

01 계획적이고 체계적인 도시개발 등 집단적인 조성과 공급이 필요한 경우에는 환지 방식으로 정하여야 하며, 다른 시행방식에 의할 수 없다.(x)30회

02 분할 혼용방식은 수용 또는 사용 방식이 적용되는 지역과 환지 방식이 적용되는 지역을 사업시행지구별로 분할하여 시행하는 방식이다.(o)30회

03 도시개발구역 지정 이후에는 도시개발사업의 시행방식을 변경할 수 없다.(x)30회

04 〈수용 또는 사용방식에서 전부 환지 방식으로의 변경〉은 도시개발구역지정 이후 지정권자가 도시개발사업의 시행방식을 변경할 수 있다.(o)35회

05 〈혼용방식에서 전부 환지 방식으로의 변경〉은 도시개발구역지정 이후 지정권자가 도시개발사업의 시행방식을 변경할 수 있다.(o)35회

06 〈수용 또는 사용방식에서 혼용방식으로의 변경〉은 도시개발구역지정 이후 지정권자가 도시개발사업의 시행방식을 변경할 수 있다.(o)35회

07 〈전부 환지 방식에서 혼용방식으로의 변경〉은 도시개발구역지정 이후 지정권자가 도시개발사업의 시행방식을 변경할 수 있다.(x)35회

08 도시개발사업을 시행하는 지방자치단체는 도시개발구역 지정 이후 그 시행방식을 혼용방식에서 수용 또는 사용방식으로 변경할 수 있다.(x)32회

09 시행자는 도시개발사업의 시행방식을 토지등을 수용 또는 사용하는 방식, 환지 방식 또는 이를 혼용하는 방식 중에서 정하여 국토교통부장관의 허가를 받아야 한다.(x)30회

Ⅱ. 수용 또는 사용방식

1. 토지등의 수용 또는 사용

(1) 수용 주체

원칙	• 시행자는 도시개발사업에 필요한 토지등을 수용하거나 사용할 수 있다.
민간사업시행자 (조합 제외) 수용 시 요건	• 민간사업시행자는 사업대상 토지면적의 3분의 2 이상에 해당하는 토지를 소유하고 토지 소유자 총수의 2분의 1 이상에 해당하는 자의 동의를 받아야 한다. • 토지 소유자의 동의요건 산정기준일은 도시개발구역지정 고시일을 기준으로 하며, 그 기준일 이후 시행자가 취득한 토지에 대하여는 동의 요건에 필요한 토지 소유자의 총수에 포함하고 이를 동의한 자의 수로 산정한다.

(2) 토지보상법 준용

토지등의 수용 또는 사용에 관하여 이 법에 특별한 규정이 있는 경우 외에는 「공익사업을 위한 토지 등의 취득 및 보상에 관한 법률」을 준용한다.

사업인정 및 고시 준용	재결신청기간
• 수용 또는 사용의 대상이 되는 토지의 세부목록을 고시한 경우에는 「공익사업을 위한 토지 등의 취득 및 보상에 관한 법률」에 따른 사업인정 및 그 고시가 있었던 것으로 본다.	• 재결신청은 같은 법에도 불구하고 개발계획에서 정한 도시개발사업의 시행 기간 종료일까지 하여야 한다.

2. 토지상환채권

발행권자(=시행자)	• 시행자는 토지 소유자가 원하면 토지등의 매수 대금의 일부를 지급하기 위하여 상환채권으로 상환할 토지 및 건축물 분양토지 및 건축물 면적의 2분의 1을 초과하지 않는 범위에서 사업 시행으로 조성된 토지·건축물로 상환하는 채권을 발행할 수 있다.	
지급보증	• 민간사업시행자는 은행, 보험회사, 공제조합으로부터 지급보증을 받은 경우에만 이를 발행할 수 있다.	
지정권자의 승인	• 시행자(지정권자가 시행자인 경우는 제외한다)는 토지상환채권을 발행하려면 대통령령으로 정하는 바에 따라 토지상환채권의 발행계획을 작성하여 미리 지정권자의 승인을 받아야 한다.	① 시행자의 명칭 ② 토지상환채권의 발행총액 ③ 토지상환채권의 이율 ④ 토지상환채권의 발행가액 및 발행시기 ⑤ 상환대상지역 또는 상환대상토지의 용도 ⑥ 토지가격의 추산방법 ⑦ 보증기관 및 보증의 내용 　(민간사업시행자가 발행하는 경우에만 해당)
발행이율 및 방법	• 토지상환채권의 이율은 발행당시의 은행의 예금금리 및 부동산 수급상황을 고려하여 발행자(= 시행자)가 정한다. • 토지상환채권은 기명식 증권으로 한다.	
이전 및 대항력 (성명, 주소 미기재 시 대항불가)	• 토지상환채권을 이전하는 경우 취득자는 그 성명과 주소를 토지상환채권원부에 기재하여 줄 것을 요청하여야 하며, 취득자의 성명과 주소가 토지상환채권에 기재되지 아니하면 취득자는 발행자 및 그 밖의 제3자에게 대항하지 못한다. • 토지상환채권을 질권의 목적으로 하는 경우에는 질권자의 성명과 주소가 토지상환채권원부에 기재되지 아니하면 질권자는 발행자 및 그 밖의 제3자에게 대항하지 못한다.	

3. 선수금

> 원형지(도시개발사업으로 조성되지 않은 상태의 토지)를 공급받거나 이용하려는 자 —(지급)→ 시행자

- 시행자는 조성토지등과 도시개발사업으로 조성되지 아니한 상태의 토지(이하 "원형지")를 공급받거나 이용하려는 자로부터 대통령령으로 정하는 바에 따라 해당 대금의 전부 또는 일부를 미리 받을 수 있다.
- 시행자(지정권자가 시행자인 경우는 제외한다)는 해당 대금의 전부 또는 일부를 미리 받으려면 지정권자의 승인을 받아야 한다.
- 시행자는 공사완료 공고 전에 미리 토지를 공급하거나 시설물을 이용하게 한 후에는 그 토지를 담보로 제공하여서는 아니 된다.

시행자	요건
공공사업시행자	• 개발계획을 수립·고시한 후에 사업시행 토지면적의 100분의 10 이상의 토지에 대한 소유권을 확보할 것(사용동의를 포함한다). • 실시계획인가를 받기 전에 선수금을 받으려는 경우에는 환경영향평가 및 교통영향평가를 실시하여 기반시설 투자계획이 구체화된 경우로 한정한다.
민간사업시행자	• 해당 도시개발구역에 대하여 실시계획인가를 받은 후 다음 각 요건을 모두 갖출 것 ① 공급하려는 토지에 대한 소유권을 확보하고, 해당 토지에 설정된 저당권을 말소하였을 것. 다만, 부득이한 사유로 요건 미충족 시 공동약정서를 공증하여 제출하여야 한다. ② 공급하려는 토지에 대한 도시개발사업의 공사 진척률이 100분의 10 이상일 것 ③ 공급계약의 불이행 시 선수금의 환불을 담보하기 위하여 보증서 등을 지정권자에게 제출할 것.

4. 원형지의 공급과 개발

(1) 대상 및 면적

시행자 → 지정권자	원형지 공급 대상자
• 시행자는 도시를 자연친화적으로 개발하거나 복합적·입체적으로 개발하기 위하여 필요한 경우에는 대통령으로 정하는 절차에 따라 미리 지정권자의 승인을 받아 공급하여 개발하게 할 수 있다. • 지정권자는 승인을 할 때에는 용적률 등 개발밀도, 토지용도별 면적 및 배치, 교통처리계획 및 기반시설의 설치 등에 관한 이행조건을 붙일 수 있다.	① 국가 또는 지방자치단체 ② 「공공기관의 운영에 관한 법률」에 따른 공공기관 ③ 「지방공기업법」에 따라 설립된 지방공사 ④ 시행자가 복합개발 등을 위하여 실시한 공모에서 선정된 자 ⑤ 원형지를 학교나 공장 등의 부지로 직접 사용하는 자

• 이 경우 공급될 수 있는 원형지의 면적은 도시개발구역 전체 토지 면적의 3분의 1 이내로 한정한다

(2) 공급계획

공급계획 작성	포함사항
• 시행자는 원형지를 공급하기 위하여 지정권자에게 승인 신청을 할 때에는 원형지의 공급 계획을 작성하여 함께 제출하여야 한다. • 작성된 공급 계획을 변경하는 경우에도 같다.	• 원형지 공급 계획에는 원형지를 공급받아 개발하는 자(이하 "원형지개발자"라 한다)에 관한 사항과 원형지의 공급내용 등이 포함되어야 한다.

(3) 원형지 매각제한

원칙	• 원형지개발자(국가 및 지방자치단체는 제외)는 10년의 범위에서(원형지에 대한 공사완료 공고일부터 5년/원형지 공급 계약일부터 10년 중 먼저 끝나는 기간)원형지를 매각할 수 없다.
예외	• 국가나 지방자치단체는 기간 내에도 원형지를 매각할 수 있다. • 이주용 주택, 공공·문화시설, 기반시설 용지, 임대주택 용지, 그 밖에 원형지개발자가 직접 조성 및 운영이 어려운 시설의 설치를 위한 용지는 미리 지정권자의 승인을 받은 경우 매각할 수 있다.
취소 등 조치 요건	• 지정권자는 어느 하나에 해당하는 경우에는 원형지 공급 승인을 취소하거나 시행자로 하여금 그 이행의 촉구, 원상회복 또는 손해배상의 청구, 원형지 공급계약의 해제 등 필요한 조치를 취할 것을 요구할 수 있다. ① 시행자가 원형지의 공급 계획대로 토지를 이용하지 아니하는 경우 ② 원형지개발자가 세부계획의 내용대로 사업을 시행하지 아니하는 경우 ③ 시행자 또는 원형지개발자가 이행조건을 이행하지 아니하는 경우
공급 계약 해제	• 시행자는 다음에 해당하는 경우 원형지 공급계약을 해제할 수 있다. ① 원형지개발자가 세부계획에서 정한 착수 기한 안에 공사에 착수하지 아니하는 경우 ② 원형지개발자가 공사 착수 후 세부계획에서 정한 사업 기간을 넘겨 사업 시행을 지연하는 경우 ③ 공급받은 토지의 전부나 일부를 시행자의 동의 없이 제3자에게 매각하는 경우 ④ 그 밖에 공급받은 토지를 세부계획에서 정한 목적대로 사용하지 아니하는 등 공급계약의 내용을 위반한 경우 • 시행자는 어느 하나에 해당하는 사유가 발생한 경우에 원형지개발자에게 2회 이상 시정을 요구하여야 하고, 원형지개발자가 시정하지 아니한 경우에는 원형지 공급계약을 해제할 수 있다. 원형지개발자는 시행자의 시정 요구에 대하여 의견을 제시할 수 있다.

(4) 원형지개발자 선정방법 및 가격

선정방법 원칙 (수의계약)	예외	공급가격 (감정가+공사비)
• 원형지 개발자의 선정은 수의계약의 방법으로 한다.	• 학교나 공장 등의 부지로 직접 사용하는 자에 해당하는 원형지개발자의 선정은 ① 경쟁입찰의 방식으로 하며, ② 2회 이상 유찰 시 수의계약의 방법으로 할 수 있다.	• 원형지 공급가격은 개발계획이 반영된 원형지의 감정가격에 시행자가 원형지에 설치한 기반시설 등의 공사비를 더한 금액을 기준으로 시행자와 원형지개발자가 협의하여 결정한다.

5. 조성토지 등의 공급

(1) 공급계획

	작성 : 시행자	승인 : 지정권자
작성 및 승인	• 시행자는 조성토지등을 공급하려고 할 때에는 조성토지등의 공급 계획을 작성하여야 하며, 지정권자가 아닌 시행자는 작성한 조성토지등의 공급 계획에 대하여 지정권자의 승인을 받아야 한다. 조성토지등의 공급 계획을 변경하려는 경우에도 또한 같다.	
의견청취	국토교통부장관 → 시·도지사 또는 대도시 시장	시·도지사 → 시(대도시 시장 제외)·군·구청장
	• 지정권자가 조성토지등의 공급 계획을 작성하거나 승인하는 경우 국토교통부장관이 지정권자이면 시·도지사 또는 대도시 시장의 의견을, 시·도지사가 지정권자이면 시장(대도시 시장은 제외한다)·군수 또는 구청장의 의견을 미리 들어야 한다.	
공급계획 내용	• 시행자가 직접 건축물을 건축하여 사용하거나 공급하려고 계획한 토지가 있는 경우에는 그 현황을 조성토지등의 공급 계획의 내용에 포함하여야 한다. • 다만, 민간참여자가 직접 건축물을 건축하여 사용하거나 공급하려고 계획한 토지는 전체 조성토지 중 해당 민간참여자의 출자 지분 범위 내에서만 조성토지등의 공급 계획에 포함할 수 있다.	

(2) 공급기준

- 시행자는 조성토지등의 공급 계획에 따라 조성토지등을 공급해야 한다.
- 시행자는 「국토의 계획 및 이용에 관한 법률」에 따른 기반시설의 원활한 설치를 위하여 필요하면 공급대상자의 자격을 제한하거나 공급조건을 부여할 수 있다.

(3) 공급방법

원칙	• 조성토지등의 공급은 경쟁입찰의 방법에 따른다.	
추첨방법	할 수 있다.	하여야 한다.
	① 「주택법」에 따른 국민주택규모 이하의 주택건설용지 ② 「주택법」에 따른 공공택지 ③ 330㎡ 이하의 단독주택용지 및 공장용지	• 공공사업시행자가 국민주택규모 이하의 주택건설용지 중 임대주택 건설용지를 공급하는 경우
수의계약 방법으로 공급 할 수 있는 경우	① 학교용지, 공공청사용지 등 일반에게 분양할 수 없는 공공용지를 국가, 지방자치단체, 그 밖의 법령에 따라 해당 시설을 설치할 수 있는 자에게 공급하는 경우 ② 고시한 실시계획에 따라 존치하는 시설물의 유지관리에 필요한 최소한의 토지를 공급하는 경우 ③ 토지상환채권에 의하여 토지를 상환하는 경우 ④ 토지의 규모 및 형상, 입지조건 등에 비추어 토지이용가치가 현저히 낮은 토지로서, 인접 토지 소유자 등에게 공급하는 것이 불가피하다고 시행자가 인정하는 경우 ⑤ 공공사업시행자가 도시개발구역에서 도시발전을 위하여 복합적이고 입체적인 개발이 필요하여 국토교통부령으로 정하는 절차와 방법에 따라 선정된 자에게 토지를 공급하는 경우 ⑥ 경쟁입찰 또는 추첨의 결과 2회 이상 유찰된 경우	

(4) 공급가격

원칙	• 조성토지등의 가격 평가는 감정가격으로 한다.	
예외	감정평가한 가격 이하로 정할 수 있다.	감정평가한 가격 이하로 정하여야 한다.
	• 학교, 폐기물처리시설, 임대주택, 공공청사, 사회복지시설(유료시설 제외), 공장, 임대주택, 국민주택규모 이하의 공동주택, (공공사업시행자 200실 이상)호텔업시설	• 공공사업시행자(국/지/공/정/지)가 임대주택 건설용지를 공급하는 경우에는 해당 토지의 가격을 감정평가한 가격 이하로 정하여야 한다.

핵심 지문 기출 OX

01 「지방공기업법」에 따라 설립된 지방공사가 시행자인 경우 토지 소유자 전원의 동의 없이는 도시개발사업에 필요한 토지등을 수용하거나 사용할 수 없다.(x)[30회]

02 도시개발사업을 시행하는 정부출연기관이 그 사업에 필요한 토지를 수용하려면 사업대상 토지면적의 3분의 2 이상에 해당하는 토지를 소유하고 토지소유자 총수의 2분의 1 이상에 해당하는 자의 동의를 받아야 한다.(x)[32회]

03 지방자치단체가 시행자인 경우 지급보증 없이 토지상환채권을 발행할 수 있다.(o)[30회]

04 도시개발사업을 시행하는 공공기관은 토지상환채권을 발행할 수 없다.(x)³²회

05 「지방공기업법」에 따라 설립된 지방공사가 단독으로 토지상환채권을 발행하는 경우에 토지등의 매수 대금 일부의 지급을 위하여 토지상환채권을 발행할 수 없다.(x)³³회

06 「지방공기업법」에 따라 설립된 지방공사가 단독으로 토지상환채권을 발행하는 경우에 「은행법」에 따른 은행으로부터 지급보증을 받은 경우에만 토지상환채권을 발행할 수 있다.(x)³³회

07 「지방공기업법」에 따라 설립된 지방공사가 단독으로 토지상환채권을 발행하는 경우에 토지상환채권의 발행규모는 그 토지상환채권으로 상환할 토지, 건축물이 해당 도시개발사업으로 조성되는 분양토지 또는 분양건축물 면적의 2분의 1을 초과하지 아니하도록 하여야 한다.(o)³³회

08 한국토지주택공사가 발행하려는 토지상환채권의 발행계획에 〈토지상환채권의 발행총액, 토지상환채권의 발행가액 및 발행시기, 상환대상지역 또는 상환대상토지의 용도, 토지가격의 추산방법, 보증기관 및 보증의 내용〉은 포함되어야 하는 사항에 해당한다.(o)³⁵회

09 「지방공기업법」에 따라 설립된 지방공사가 단독으로 토지상환채권을 발행하는 경우에 토지가격의 추산방법은 토지상환채권의 발행계획에 포함되지 않는다.(x)³³회

10 「지방공기업법」에 따라 설립된 지방공사가 단독으로 토지상환채권을 발행하는 경우에 토지상환채권은 이전할 수 없다.(x)³³회

11 지정권자가 아닌 시행자는 조성토지등을 공급받거나 이용하려는 자로부터 지정권자의 승인 없이 해당 대금의 전부 또는 일부를 미리 받을 수 있다.(x)³⁰회

12 지정권자는 원형지의 공급을 승인할 때 용적률 등 개발밀도에 관한 이행조건을 붙일 수 없다.(x)³⁴회

13 원형지의 면적은 도시개발구역 전체 토지 면적의 3분의 1을 초과하여 공급될 수 있다.(x)³⁰회

14 원형지를 공급받아 개발하는 지방공사는 원형지에 대한 공사완료 공고일부터 5년이 지난 시점이라면 해당 원형지를 매각할 수 있다.(o)³²회

15 원형지개발자인 지방자치단체는 10년의 범위에서 대통령령으로 정하는 기간 안에는 원형지를 매각할 수 없다.(x)³⁴회

16 원형지개발자가 공급받은 토지의 전부를 시행자의 동의 없이 제3자에게 매각하는 경우 시행자는 원형지개발자에 대한 시정요구 없이 원형지 공급계약을 해제할 수 있다.(x)³⁴회

17 원형지를 공장 부지로 직접 사용하는 원형지 개발자의 선정은 경쟁입찰의 방식으로 하며, 경쟁입찰이 2회 이상 유찰된 경우에는 수의계약의 방법으로 할 수 있다.(o)³⁴회

18 원형지 공급가격은 원형지의 감정가격과 원형지에 설치한 기반시설 공사비의 합산 금액을 기준으로 시·도의 조례로 정한다.(x)³⁴회

19 원형지가 공공택지 용도인 경우 원형지개발자의 선정은 추첨의 방법으로 할 수 있다.(x)³²회

20 공공용지가 아닌 조성토지등의 공급은 수의계약의 방법에 의하여야 한다.(x)³⁰회

Ⅲ. 환지 방식에 의한 사업 시행

1. 용어 정의

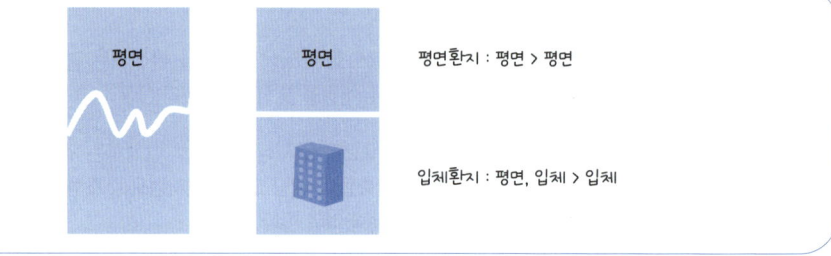

① 평면 환지: 환지 전 토지에 대한 권리를 도시개발사업으로 조성되는 토지에 이전하는 방식
② 입체 환지: 환지 전 토지나 건축물(무허가 건축물은 제외한다)에 대한 권리를 도시개발사업으로 건설되는 구분건축물에 이전하는 방식

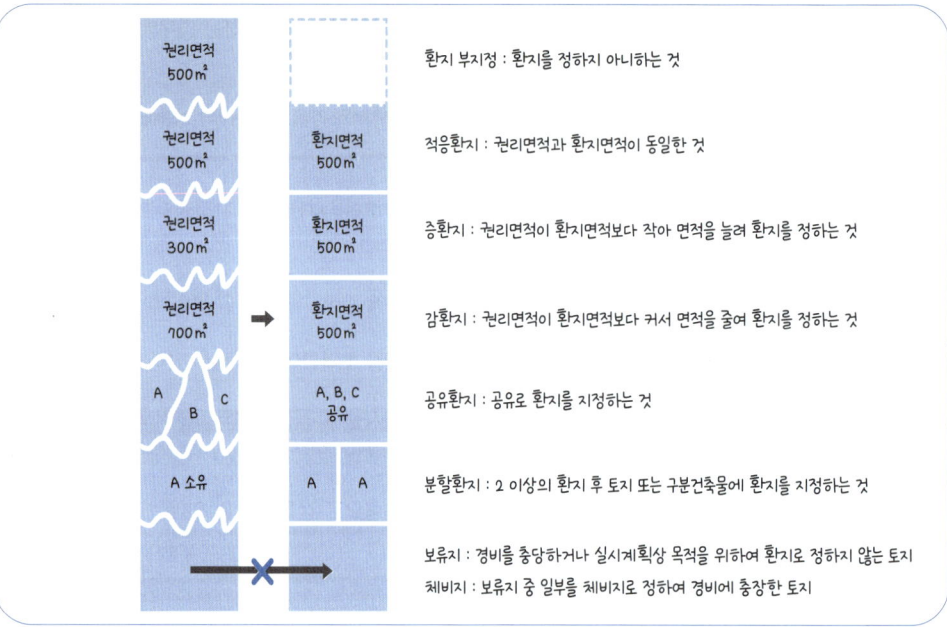

2. 환지계획

(1) 환지계획의 내용

시행자는 도시개발사업의 전부 또는 일부를 환지방식으로 시행하려면 다음의 사항이 포함된 환지계획을 작성하여야 한다.	① 환지 설계 ② 필지별로 된 환지 명세 (* 환지예정지의 지정 X) ③ 필지별과 권리별로 된 청산 대상 토지 명세 ④ 체비지(替費地) 또는 보류지(保留地)의 명세 ⑤ 입체 환지를 계획하는 경우에는 입체 환지용 건축물의 명세와 공급 방법·규모에 관한 사항 ⑥ 수입·지출 계획서 ⑦ 평균부담률 및 비례율과 그 계산서 (* 청산금의 결정 X) ⑧ 건축 계획(입체 환지를 시행하는 경우로 한정) 및 토지평가협의회 심의 결과

(2) 환지계획 및 설계의 작성기준

환지계획	환지설계
• 환지 계획은 종전의 토지와 환지의 위치·지목·면적·토질·수리·이용 상황·환경, 그 밖의 사항을 종합적으로 고려하여 합리적으로 정하여야 한다. • 시행자는 환지 계획을 작성할 때에는 환지계획구역별로 작성하여야 하며, 실시계획 인가 사항, 환지계획구역의 시가화 정도, 토지의 실제 이용 현황과 경제적 가치 등을 종합적으로 고려하여야 한다.	• 환지설계는 평가식을 원칙으로 하되, 환지지정으로 인하여 토지의 이동이 경미하거나 기반시설의 단순한 정비 등의 경우에는 면적식을 적용할 수 있다. • 하나의 환지계획구역에서는 같은 방식을 적용하여야 하며, 입체 환지를 시행하는 경우에는 반드시 평가식을 적용하여야 한다.

- 평가식 환지설계 : 도시개발사업 시행 전후의 토지의 평가가액에 비례하여 환지를 결정하는 방법
- 면적식 환지설계 : 도시개발사업 시행 전의 토지 및 위치를 기준으로 환지를 결정하는 방식

(3) 환지설계를 평가식으로 하는 경우 비례율

$$\left[\frac{\{\text{도시개발사업으로 조성되는 토지, 건축물의 평가액 합계(공공시설 무상공급 제외} - \text{총 사업비}\}}{\text{환지 전 토지, 건축물 평가액 합계}}\right] \times 100$$

(4) 평가식, 면적식 환지 기준

구분	평가식(평균부담률)	면적식(평균 토지부담률)
원칙	• 환지설계 시 평균부담률은 50퍼센트를 초과할 수 없다.	• 환지계획구역의 평균 토지부담률은 50퍼센트를 초과할 수 없다.
예외	• 환지계획구역의 토지 소유자 총수의 3분의 2 이상이 동의(시행자가 조합인 경우에는 총회에서 의결권 총수의 3분의 2 이상이 동의한 경우)하는 경우에는 이를 초과할 수 있다.	• 해당 환지계획구역의 특성을 고려하여 지정권자가 인정하는 경우에는 60퍼센트까지로 할 수 있다. • 환지계획구역의 토지 소유자 총수의 3분의 2 이상이 동의(시행자가 조합인 경우에는 총회에서 의결권 총수의 3분의 2 이상이 동의한 경우)하는 경우에는 60퍼센트를 초과하여 정할 수 있다.

- 평균부담률

$$[\text{총 사업비} / (\text{권리가액의 합계} + \text{체비지 평가액의 합계})] \times 100$$
$$* \text{권리가액} = \text{비례율} \times \text{환지 전 토지, 건축물 평가액}$$

- 평균 토지부담률

$$[(\text{보류지 면적} - \text{시행자 토지면적})] / [(\text{환지계획구역 면적} - \text{시행자 토지면적})] \times 100$$
$$* \text{시행자 토지면적} = \text{무상귀속 공공시설 면적} + \text{시행자 소유토지}$$

예 제

甲

면적	500㎡
평가단가	@500,000원/㎡
평가총액	2억 5천만원

환지 위치 : A

환지단가 : @1,500,000원/㎡

환지면적 : 300㎡

권리금액	
권리면적	
청산금	

乙

면적	800㎡
평가단가	@750,000원/㎡
평가총액	6억원

환지 위치 : B

환지단가 : @2,500,000원/㎡

환지면적 : 250㎡

권리금액	
권리면적	
청산금	

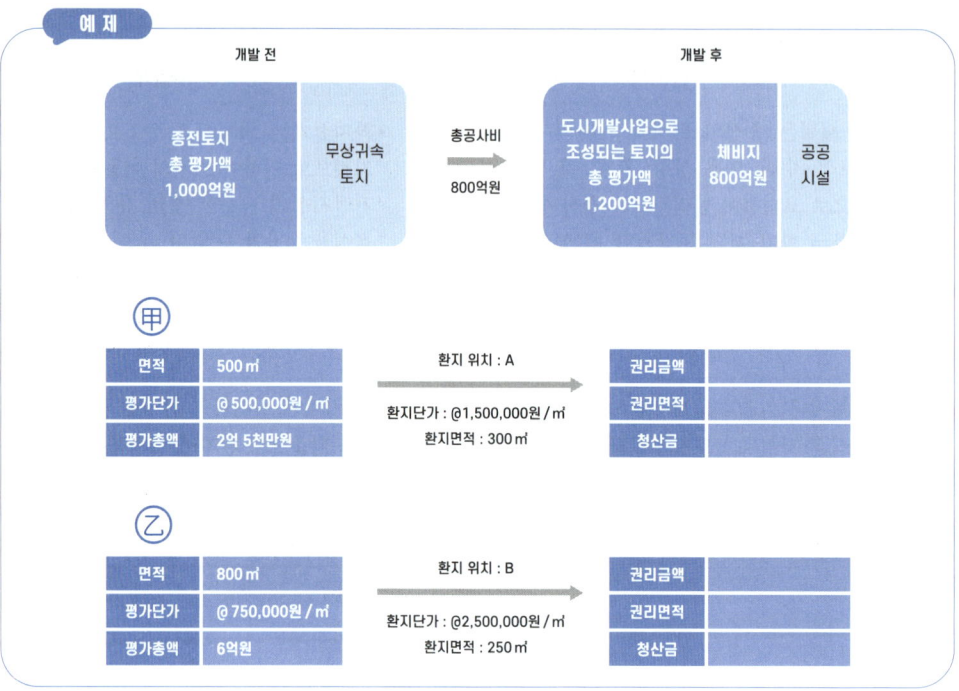

환지면적	• 도시개발사업으로 조성되는 토지의 면적
환지단가	• 도시개발사업으로 조성되는 토지의 평가액 ÷ 환지면적 • 도시개발사업으로 조성되는 토지의 개별적인 평가 단가
비례율	$\frac{(1200억원 + 800억원) - 800억원}{1000억원} = 1.20$
권리가액	• 비례율 × 환지 전 토지 평가액 甲: 1.20 × 2억 5천만원 = 3억원 乙: 1.20 × 6억원 = 7억 2천만원
권리면적	• 권리가액 ÷ 환지단가 甲: 3억원 ÷ 150만원 = 200㎡ 乙: 7억 2천만원 ÷ 250만원 = 288㎡
청산금	• (환지면적 − 권리면적) × 청산단가 甲: 권리면적보다 환지면적이 크므로 증환지 〉 초과하는 부분만큼 돈을 더냄 乙: 권리면적보다 환지면적이 작으므로 감환지 〉 미달하는 부분만큼 돈을 받음
평균부담률	$\frac{800억원}{(1000억원 \times 1.20 + 800억원)} \times 100 = 40\%$

3. 환지대상 지정유형

(1) 환지 부지정

원칙	• 토지 소유자가 신청하거나 동의하면 해당 토지의 전부 또는 일부에 대하여 환지를 정하지 아니할 수 있다. 다만, 해당 토지에 관하여 임차권자등이 있는 경우에는 그 동의를 받아야 한다.
예외	• 시행자는 각 어느 하나에 해당하는 토지는 제외할 수 있다. ① 환지 예정지를 지정하기 전에 사용하는 토지 ② 환지 계획 인가에 따라 환지를 지정받기로 결정된 토지 ③ 종전과 같은 위치에 종전과 같은 용도로 환지를 계획하는 토지 ④ 토지 소유자가 환지 제외를 신청한 토지의 면적 또는 평가액이 모두 합하여 구역 전체의 토지(국유지·공유지는 제외) 면적 또는 평가액의 100분의 15 이상이 되는 경우로서 환지를 정하지 아니할 경우 사업시행이 곤란하다고 판단되는 토지 ⑤ 공람한 날 또는 공고한 날 이후에 토지의 양수계약을 체결한 토지. 다만, 양수일부터 3년이 지난 경우는 제외한다.
사용·수익의 정지	• 시행자는 환지를 정하지 아니하기로 결정된 토지 소유자나 임차권자등에게 날짜를 정하여 그날부터 해당 토지 또는 해당 부분의 사용 또는 수익을 정지시킬 수 있다. 이 경우 시행자는 30일 이상의 기간을 두고 미리 해당 토지 소유자 또는 임차권자등에게 알려야 한다.

(2) 토지면적을 고려한 환지

증환지	감환지
• 시행자는 토지 면적의 규모를 조정할 특별한 필요가 있으면 면적이 작은 토지는 과소(過小) 토지가 되지 아니하도록 면적을 늘려 환지를 정하거나 환지 대상에서 제외할 수 있다.	• 시행자는 토지 면적의 규모를 조정할 특별한 필요가 있으면 면적이 넓은 토지는 그 면적을 줄여서 환지를 정할 수 있으나, 환지 대상에서 제외할 수 없다.

(3) 공유로 환지 지정
• 시행자는 과소 토지 등에 대하여 2 이상의 토지 또는 건축물 소유자의 신청을 받아 환지 후 하나의 토지나 구분건축물에 공유로 환지를 지정할 수 있다. 이 경우 환지를 지정받은 자는 다른 환지를 지정받을 수 없다.
• 시행자는 「집합건물의 소유 및 관리에 관한 법률」에 해당하는 건축물을 건축할 용도로 계획된 토지에 대하여 2 이상의 토지 소유자의 신청을 받아 공유로 환지를 지정할 수 있다.

(4) 수개의 권리에 대한 하나의 환지 지정
• 시행자는 동일인이 소유한 2 이상의 환지 전 토지 또는 건축물에 대하여 환지 후 하나의 토지 또는 구분건축물에 환지를 지정할 수 있다.

(5) 분할환지
• 시행자는 하나의 환지 전 토지에 대하여 2 이상의 환지 후 토지 또는 구분건축물에 환지를 지정할 수 있다. 이 경우 분할환지로 지정되는 각각의 권리면적은 과소 토지 규모 이상이어야 한다. 이때 「집합건물의 소유 및 관리에 관한 법률」에 따른 대지사용권에 해당하는 토지지분은 분할환지할 수 없다.

(6) 공공시설의 용지 등에 관한 조치

- 「공익사업을 위한 토지 등의 취득 및 보상에 관한 법률」에 해당하는 공공시설의 용지에 대하여는 환지 계획을 정할 때 그 위치·면적 등에 관하여 환지계획 작성기준을 적용하지 아니할 수 있다. 시행자가 도시개발사업의 시행으로 국가 또는 지방자치단체가 소유한 공공시설과 대체되는 공공시설을 설치하는 경우 종전의 공공시설의 전부 또는 일부의 용도가 폐지되거나 변경되어 사용하지 못하게 될 토지는 환지를 정하지 아니하며, 이를 다른 토지에 대한 환지의 대상으로 하여야 한다.

(7) 입체환지

원칙	• 시행자는 도시개발사업을 원활히 시행하기 위하여 특히 필요한 경우에는 토지 또는 건축물 소유자의 신청을 받아 건축물의 일부와 그 건축물이 있는 토지의 공유지분을 부여할 수 있다.
기준	• 입체 환지 계획의 작성에 관하여 필요한 사항은 국토교통부장관이 정할 수 있다.
입체환지에 따른 주택 공급	① 환지계획에 따른 공급 　시행자는 입체 환지로 건설된 주택 등 건축물을 인가된 환지 계획에 따라 환지신청자에게 공급하여야 한다. 이 경우 주택을 공급하는 경우에는 「주택법」에 따른 주택의 공급에 관한 기준을 적용하지 아니한다. ② 1주택 공급 　㉠ 1세대 또는 1명이 하나 이상의 주택 또는 토지를 소유한 경우 1주택을 공급할 것 　㉡ 같은 세대에 속하지 아니하는 2명 이상이 1주택 또는 1토지를 공유한 경우에는 1주택만 공급할 것 ③ 다음에 해당하는 토지 소유자는 소유한 주택 수만큼 공급 　㉠ 과밀억제권역에 위치하지 아니하는 도시개발구역의 토지 소유자 　㉡ 근로자(공무원인 근로자를 포함) 숙소나 기숙사의 용도로 주택을 소유하고 있는 토지 소유자 　㉢ 공공사업시행자(국지공정지)에 해당하는 토지 소유자 ④ 주택을 소유하지 아니한 토지 소유자에 대한 공급 　입체 환지로 주택을 공급하는 경우 주택을 소유하지 아니한 토지 소유자에 대하여는 기준일 현재 다음에 해당하는 경우에만 주택을 공급할 수 있다. 　㉠ 토지 면적이 국토교통부장관이 정하는 규모 이상인 경우 　㉡ 종전 토지의 총 권리가액이 입체 환지로 공급하는 공동주택 중 가장 작은 규모의 공동주택 공급예정가격 이상인 경우 ⑤ 공급하고 남은 건축물의 체비지 충당 및 일반 분양 　시행자는 입체 환지의 대상이 되는 용지에 건설된 건축물 중 공급대상자에게 공급하고 남은 건축물의 공급에 대하여는 규약·정관 또는 시행규정으로 정하는 목적을 위하여 체비지(건축물을 포함)로 정하거나 토지 소유자 외의 자에게 분양할 수 있다.
통지 및 공고	• 입체 환지의 경우 시행자는 환지 계획 작성 전에 실시계획의 내용, 환지 계획 기준, 환지 대상 필지 및 건축물의 명세, 환지신청 기간 등 대통령령으로 정하는 사항을 토지 소유자(건축물 소유자를 포함한다)에게 통지하고 해당 지역에서 발행되는 일간신문에 공고하여야 한다.
신청기간	• 입체 환지의 신청 기간은 통지한 날부터 30일 이상 60일 이하로 하여야 한다. 다만, 시행자는 환지 계획의 작성에 지장이 없다고 판단하는 경우에는 20일의 범위에서 그 신청기간을 연장할 수 있다. • 입체 환지를 받으려는 토지 소유자는 환지신청 기간 이내에 대통령령으로 정하는 방법 및 절차에 따라 시행자에게 환지신청을 하여야 한다.

(8) 환지 지정의 제한

원칙	• 시행자는 주민 등의 의견청취를 위하여 공람 또는 공청회의 개최에 관한 사항을 공고한 날 또는 투기억제를 위하여 시행예정자의 요청에 따라 지정권자가 따로 정하는 날의 다음 날부터 〈다음 어느 하나에 해당하는 경우〉에는 국토교통부령으로 정하는 바에 따라 해당 토지 또는 건축물에 대하여 금전으로 청산하거나 환지 지정을 제한할 수 있다.

① 1필지의 토지가 여러 개의 필지로 분할되는 경우
② 단독주택 또는 다가구주택이 다세대주택으로 전환되는 경우
③ 하나의 대지범위 안에 속하는 동일인 소유의 토지와 주택 등 건축물을 토지와 주택 등 건축물로 각각 분리하여 소유하는 경우
④ 나대지에 건축물을 새로 건축하거나 기존 건축물을 철거하고 다세대주택이나 그 밖의 「집합건물의 소유 및 관리에 관한 법률」에 따른 구분소유권의 대상이 되는 건물을 건축하여 토지 또는 건축물의 소유자가 증가되는 경우

(9) 체비지·보류지

- 시행자는 도시개발사업에 필요한 경비에 충당하거나 규약·정관·시행규정 또는 실시계획으로 정하는 목적을 위하여 일정한 토지를 환지로 정하지 아니하고 보류지로 정할 수 있으며, 그 중 일부를 체비지로 정하여 도시개발사업에 필요한 경비에 충당할 수 있다.
- (체비지 집단 지정) 특별자치도지사·시장·군수 또는 구청장은 「주택법」에 따른 공동주택의 건설을 촉진하기 위하여 필요하다고 인정하면 체비지 중 일부를 같은 지역에 집단으로 정하게 할 수 있다.
- 보류지는 실시계획인가에 따라 정하되, 도시개발구역이 2 이상의 환지계획구역으로 구분되는 경우에는 환지계획구역별로 사업비 및 보류지를 책정하여야 한다.

(10) 조성토지등의 가격평가 등

- 시행자는 환지 방식이 적용되는 도시개발구역에 있는 조성토지등의 가격을 평가할 때에는 토지평가협의회의 심의를 거쳐 결정하되, 그에 앞서 대통령령으로 정하는 공인평가기관(감정평가법인등)이 평가하게 하여야 한다.
- 환지설계 시 적용되는 토지·건축물의 평가액은 최초 환지계획인가 시를 기준으로 하여 정하고 변경할 수 없으며, 환지 후 토지·건축물의 평가액은 실시계획의 변경으로 평가 요인이 변경된 경우에만 환지 계획의 변경인가를 받아 변경할 수 있다.

4. 환지계획의 인가

(1) 인가권자

작성 및 변경 시 원칙	• 행정청이 아닌 시행자가 환지 계획을 작성한 경우에는 특별자치도지사·시장·군수 또는 구청장의 인가를 받아야 한다. • 인가받은 내용을 변경하려는 경우에 준용한다.
변경 시 예외	• 대통령령으로 정하는 경미한 사항을 변경하는 경우에는 그러하지 아니하다. ① 종전 토지의 합필 또는 분필로 환지명세가 변경되는 경우 ② 토지 또는 건축물 소유자(체비지인 경우에는 시행자 또는 체비지 매수자를 말한다)의 동의에 따라 환지 계획을 변경하는 경우. 다만, 다른 토지 또는 건축물 소유자에 대한 환지 계획의 변경이 없는 경우로 한정한다. ③ 「공간정보의 구축 및 관리 등에 관한 법률」에 따른 지적측량의 결과를 반영하기 위하여 환지 계획을 변경하는 경우 ④ 환지로 지정된 토지나 건축물을 금전으로 청산하는 경우

(2) 인가절차

통지	• 행정청이 아닌 시행자가 환지 계획의 인가를 신청하려고 하거나 행정청인 시행자가 환지 계획을 정하려고 하는 경우에는 토지 소유자와 해당 토지에 대하여 임차권, 지상권, 그 밖에 사용하거나 수익할 권리를 가진 자에게 환지 계획의 기준 및 내용 등을 알려야 한다.
공람	• 공람 장소·방법 등에 관한 사항을 인터넷 홈페이지 등을 이용하여 일반인에게 알리고 14일 이상 관계 서류의 사본을 일반인에게 공람시켜야 한다.
의견서 제출 및 결과 통보	• 토지 소유자나 임차권자등은 공람 기간에 시행자에게 의견서를 제출할 수 있으며, 시행자는 그 의견이 타당하다고 인정하면 환지 계획에 이를 반영하여야 한다. • 시행자는 제출된 의견에 대하여 공람 기일이 종료된 날부터 60일 이내에 그 의견을 제출한 자에게 환지 계획에의 반영여부에 관한 검토 결과를 통보하여야 한다.

핵심 지문 기출 OX

01 환지 계획에는 필지별로 된 환지 명세와 필지별과 권리별로 된 청산 대상 토지 명세가 포함되어야 한다.(o)³⁰회

02 도시개발사업을 입체 환지 방식으로 시행하는 경우에는 환지 계획에 건축 계획이 포함되어야 한다.(o)³²회

03 환지 설계를 평가식으로 하는 경우 〈총 사업비 250억원, 환지 전 토지·건축물 평가액 합계액 500억원, 도시개발사업으로 조성되는 토지·건축물의 평가액 합계액 1,000억원〉 이면 비례율은 150%이다.(o)³⁴회

04 도시개발법령상 조합인 시행자가 면적식으로 환지계획을 수립하여 환지방식에 의한 사업시행을 하는 경우, 〈환지계획구역 면적이 200,000㎡, 공공시설의 설치로 시행자에게 무상 귀속되는 토지면적 20,000㎡, 시행자가 소유하는 토지면적 10,000㎡, 보류지 면적 106,500㎡〉 이면 환지계획구역의 평균 토지부담률은 45%이다.(o)²⁷회

05 시행자는 환지를 정하지 아니하기로 결정된 토지 소유자나 임차권자등에게 날짜를 정하여 그날부터 해당 토지 또는 해당 부분의 사용 또는 수익을 정지시킬 수 있다.(o)³²회

06 시행자는 토지면적의 규모를 조정할 특별한 필요가 있으면 면적이 넓은 토지는 그 면적을 줄여서 환지를 정하거나 환지 대상에서 제외할 수 있다.(x)³²회

07 「집합건물의 소유 및 관리에 관한 법률」에 따른 대지사용권에 해당하는 토지지분은 분할환지할 수 없다.(o)³⁵회

08 도시개발구역 지정권자가 정한 기준일의 다음 날부터 단독주택이 다세대주택으로 전환되는 경우 시행자는 해당 건축물에 대하여 금전으로 청산하거나 환지 지정을 제한할 수 있다.(o)³²회

09 도시개발구역이 2 이상의 환지계획구역으로 구분되는 경우에도 사업비와 보류지는 도시개발구역 전체를 대상으로 책정하여야 하며, 환지계획구역별로는 책정할 수 없다.(x)³⁰회

10 시행자는 환지 방식이 적용되는 도시개발구역에 있는 조성토지등의 가격을 평가할 때에는 토지평가협의회의 심의를 거쳐 결정하되, 그에 앞서 감정평가법인등이 평가하게 하여야 한다.(o)²⁹회

11 도시개발구역에 있는 조성토지등의 가격은 개별공시지가로 한다.(x)³⁰회

12 환지설계 시 적용되는 토지·건축물의 평가액은 최초 환지계획인가 신청 시를 기준으로 하여 정하되, 환지계획의 변경인가를 받아 변경할 수 있다.(x)²⁹회

13 행정청이 아닌 시행자가 환지 계획을 작성한 경우에는 특별자치도지사·시장·군수 또는 구청장의 인가를 받아야 한다.(o)²⁹회

14 행정청이 아닌 시행자가 인가받은 환지 계획의 내용 중 종전 토지의 합필 또는 분필로 환지명세가 변경되는 경우에는 변경인가를 받아야 한다.(x)³¹회

15 정청이 아닌 시행자가 환지 계획을 작성하여 인가를 신청하려는 경우 토지소유자와 임차권자 등에게 환지계획의 기준 및 내용 등을 알려야 한다.(o)³⁵회

5. 환지예정지

(1) 환지예정지 지정 대상
- 시행자는 도시개발사업의 시행을 위하여 필요하면 도시개발구역의 토지에 대하여 환지 예정지를 지정할 수 있다.
- 이 경우 종전의 토지에 대한 임차권자등이 있으면 해당 환지 예정지에 대하여 해당 권리의 목적인 토지 또는 그 부분을 아울러 지정하여야 한다.
- 환지 예정지를 지정하려면 관계 토지 소유자와 임차권자등에게 환지 예정지의 위치·면적과 환지 예정지 지정의 효력발생 시기를 알려야 한다.

(2) 환지예정지 지정 효과

사용·수익권의 이전	사용·수익 개시일의 지정	체비지의 사용·수익·처분
• 환지 예정지가 지정되면 종전의 토지의 소유자와 임차권자등은 환지 예정지 지정의 효력발생일부터 환지처분이 공고되는 날까지 환지 예정지나 해당 부분에 대하여 종전과 같은 내용의 권리(사용·수익)를 행사할 수 있다.(*처분은 불가) • 종전의 토지는 사용하거나 수익할 수 없다.	• 시행자는 환지 예정지를 지정한 경우에 해당 토지를 사용하거나 수익하는 데에 장애가 될 물건이 그 토지에 있거나 그 밖에 특별한 사유가 있으면 그 토지의 사용 또는 수익을 시작할 날을 따로 정할 수 있다.	• 시행자는 체비지의 용도로 환지 예정지가 지정된 경우에는 도시개발사업에 드는 비용을 충당하기 위하여 이를 사용 또는 수익하게 하거나 처분할 수 있다.

6. 환지처분

(1) 환지처분 절차

공사 완료의 공고 및 공람	• 시행자는 환지 방식으로 도시개발사업에 관한 공사를 끝낸 경우에는 지체 없이 공고하고 공사 관계 서류를 일반인에게 14일 이상 공람시켜야 한다.	
의견서 제출	• 도시개발구역의 토지 소유자나 이해관계인은 공람 기간에 시행자에게 의견서를 제출할 수 있으며, 의견서를 받은 시행자는 공사 결과와 실시계획 내용에 맞는지를 확인하여 필요한 조치를 하여야 한다.	
준공검사 (지정권자 ↓ 시행자)	준공 검사	• 시행자는 공람 기간에 의견서의 제출이 없거나 제출된 의견서에 따라 필요한 조치를 한 경우에는 지정권자에 의한 준공검사를 신청하거나 도시개발사업의 공사를 끝내야 한다. 시행자(지정권자가 시행자인 경우는 제외한다)가 도시개발사업의 공사를 끝낸 때에는 국토교통부령으로 정하는 바에 따라 공사완료 보고서를 작성하여 지정권자의 준공검사를 받아야 한다.
	검사 시기	• 지정권자는 공사완료 보고서를 받으면 지체 없이 준공검사를 하여야 한다. • 지정권자는 효율적인 준공검사를 위하여 필요하면 관계 행정기관·공공기관·연구기관, 그 밖의 전문기관 등에 의뢰하여 준공검사를 할 수 있다.
	부분 검사	• 시행자는 도시개발사업을 효율적으로 시행하기 위하여 필요하면 해당 도시개발사업에 관한 공사가 전부 끝나기 전이라도 공사가 끝난 부분에 관하여 준공검사(지정권자가 시행자인 경우에는 시행자에 의한 공사 완료 공고를 말한다)를 받을 수 있다.
	공사 완료 공고	• 지정권자는 준공검사를 한 결과 도시개발사업이 실시계획대로 끝났다고 인정되면 시행자에게 준공검사 증명서를 내어주고 공사 완료 공고를 하여야 하며, 실시계획대로 끝나지 아니하였으면 지체 없이 보완 시공 등 필요한 조치를 하도록 명하여야 한다. • 지정권자가 시행자인 경우 그 시행자는 도시개발사업의 공사를 완료한 때에는 공사 완료 공고를 하여야 한다.
	준공 전 사용	• 준공검사 전 또는 공사 완료 공고 전에는 조성토지등(체비지는 제외한다)을 사용할 수 없다. 다만, 사업 시행의 지장 여부를 확인받는 등 대통령령으로 정하는 바에 따라 지정권자로부터 사용허가를 받은 경우에는 그러하지 아니하다.
환지처분 및 공고	• 시행자는 지정권자에 의한 준공검사를 받은 경우(지정권자가 시행자인 경우에는 공사 완료 공고가 있는 때)에는 60일 이내에 환지처분을 하여야 한다. • 시행자는 환지처분을 하려는 경우에는 환지 계획에서 정한 사항을 토지 소유자에게 알리고 이를 공고하여야 한다.	
등기	• 시행자는 환지처분이 공고되면 공고 후 14일 이내에 관할 등기소에 이를 알리고 토지와 건축물에 관한 등기를 촉탁하거나 신청하여야 한다.	

(2) 환지처분 효과 (환지처분이 공고된 날의 다음 날)

권리의 이전	원칙	• 환지 계획에서 정하여진 환지는 그 환지처분이 공고된 날의 다음 날부터 종전의 토지로 보며, 환지 계획에서 환지를 정하지 아니한 종전의 토지에 있던 권리는 그 환지처분이 공고된 날이 끝나는 때에 소멸한다.
	예외	• 행정상 처분이나 재판상의 처분으로서 종전의 토지에 전속하는 것에 관하여는 영향을 미치지 아니한다. • 도시개발구역의 토지에 대한 지역권은 종전의 토지에 존속한다. 다만, 도시개발사업의 시행으로 행사할 이익이 없어진 지역권은 환지처분이 공고된 날이 끝나는 때에 소멸한다.
입체환지 처분		• 환지 계획에 따라 환지처분을 받은 자는 환지처분이 공고된 날의 다음 날에 환지 계획으로 정하는 바에 따라 건축물의 일부와 해당 건축물이 있는 토지의 공유지분을 취득한다. • 종전의 토지에 대한 저당권은 환지처분이 공고된 날의 다음 날부터 해당 건축물의 일부와 해당 건축물이 있는 토지의 공유지분에 존재하는 것으로 본다.
체비지·보류지의 취득 및 처분	취득	• 체비지는 시행자가, 보류지는 환지 계획에서 정한 자가 각각 환지처분이 공고된 날의 다음 날에 해당 소유권을 취득한다. • 이미 처분된 체비지는 그 체비지를 매입한 자가 소유권 이전 등기를 마친 때에 소유권을 취득한다.
	처분	• 시행자는 체비지나 보류지를 규약·정관·시행규정 또는 실시계획으로 정하는 목적 및 방법에 따라 합리적으로 처분하거나 관리하여야 한다. • 행정청인 시행자가 체비지 또는 보류지를 관리하거나 처분하는 경우에는 국가나 지방자치단체의 재산처분에 관한 법률을 적용하지 아니한다.

(3) 청산금

산정기준	• 환지를 정하거나 그 대상에서 제외한 경우 그 과부족분(過不足分)은 종전의 토지 및 환지의 위치·지목·면적·토질·수리·이용 상황·환경, 그 밖의 사항을 종합적으로 고려하여 금전으로 청산하여야 한다.	
절차	청산금의 결정	• 청산금은 환지처분을 하는 때에 결정하여야 한다. • 다만, 동의 등에 의한 환지 부지정이나 과소토지에 대한 환지 부지정에 따라 환지 대상에서 제외한 토지등에 대하여는 청산금을 교부하는 때에 청산금을 결정할 수 있다.
	청산금의 확정	• 청산금은 환지처분이 공고된 날의 다음 날에 확정된다.
청산금의 징수(부족) 및 교부(과도)	시기	• 시행자는 환지처분이 공고된 후에 확정된 청산금을 징수하거나 교부하여야 한다. • 다만, 환지를 정하지 아니하는 토지에 대하여는 환지처분 전이라도 청산금을 교부할 수 있다.
	분할	• 청산금은 일괄징수, 일괄교부가 원칙이다. • 다만, 청산금액에 규약·정관 또는 시행규정에서 정하는 이자율을 곱하여 산출된 이자를 붙여 분할징수하거나 분할교부할 수 있다.
	강제징수	• 행정청인 시행자는 청산금을 내야 할 자가 이를 내지 아니하면 국세 또는 지방세 체납처분의 예에 따라 징수할 수 있다. • 행정청이 아닌 시행자는 특별자치도지사·시장·군수 또는 구청장에게 청산금의 징수를 위탁할 수 있다. • 시행자는 특별자치도지사·시장·군수 또는 구청장이 징수한 금액의 100분의 4에 해당하는 금액을 해당 특별자치도·시·군 또는 구에 지급하여야 한다.
청산금의 소멸시효	• 청산금을 받을 권리나 징수할 권리를 5년간 행사하지 아니하면 시효로 소멸한다.	

7. 감가보상금

행정청인 시행자는 도시개발사업의 시행으로 사업 시행 후의 토지 가액의 총액이 사업 시행 전의 토지 가액의 총액보다 줄어든 경우에는 그 차액에 해당하는 감가보상금을 종전의 토지 소유자나 임차권자등에게 지급하여야 한다.

8. 임대료 등의 증감청구

도시개발사업으로 임차권등의 목적인 토지 또는 지역권에 관한 승역지의 이용이 증진되거나 방해를 받아 종전의 임대료·지료, 그 밖의 사용료 등이 불합리하게 되면 당사자는 계약 조건에도 불구하고 장래에 관하여 그 증감을 청구할 수 있다. 도시개발사업으로 건축물이 이전된 경우 그 임대료에 관하여도 또한 같다. 이 경우 당사자는 해당 권리를 포기하거나 계약을 해지하여 그 의무를 지지 아니할 수 있다. 이러한 청구는 환지처분이 공고된 날부터 60일이 지나면 임대료·지료, 그 밖의 사용료 등의 증감을 청구할 수 없다.

핵심 지문 기출 OX

01 환지 예정지가 지정되면 종전의 토지의 소유자는 환지예정지 지정의 효력발생일부터 환지처분이 공고되는 날까지 종전의 토지를 사용할 수 없다.(o)³⁵회

02 환지 예정지가 지정되어도 종전 토지의 임차권자는 환지처분 공고일까지 종전 토지를 사용·수익할 수 있다.(x)³⁰회

03 시행자는 환지 예정지를 지정한 경우에 해당 토지를 사용하거나 수익하는 데에 장애가 될 물건이 그 토지에 있으면 그 토지의 사용 또는 수익을 시작할 날을 따로 정할 수 있다.(o)³²회

04 시행자는 체비지의 용도로 환지 예정지가 지정된 경우에는 도시개발사업에 드는 비용을 충당하기 위하여 이를 처분할 수 있다.(o)³¹회

05 환지 방식으로 도시개발사업을 시행하는 경우 시행자는 도시개발사업에 관한 공사를 끝낸 경우에는 지체 없이 관보 또는 공보에 이를 공고하여야 한다.(o)²⁸회

06 행정청인 시행자가 환지 계획을 정하려고 하는 경우에 해당 토지의 임차권자는 공람기간에 시행자에게 의견서를 제출할 수 있다.(o)²⁹회

07 도시개발구역의 토지 소유자나 이해관계인은 환지 방식에 의한 도시개발사업 공사 관계 서류의 공람 기간에 시행자에게 의견서를 제출할 수 있다.(o)³³회

08 시행자는 지정권자에 의한 준공검사를 받은 경우에는 90일 이내에 환지처분을 하여야 한다.(x)³³회

09 시행자는 준공검사를 받은 후 60일 이내에 지정권자에게 환지처분을 신청하여야 한다.(x)³⁰회

10 환지 방식으로 도시개발사업을 시행하는 경우 지정권자가 시행자인 경우 법 제51조에 따른 공사 완료 공고가 있는 때에는 60일 이내에 환지처분을 하여야 한다.(o)²⁸회

11 시행자가 환지처분을 하려는 경우에는 환지 계획에서 정한 사항을 토지 소유자에게 알리고 관보 또는 공보에 의해 이를 공고하여야 한다.(o)³³회

12 환지 계획에서 정하여진 환지는 그 환지처분이 공고된 날의 다음 날부터 종전의 토지로 본다.(o)²⁹회, ³³회

13 도시개발사업의 시행으로 행사할 이익이 없어진 지역권은 환지처분이 공고된 날이 끝나는 때에 소멸한다.(o)³⁵회

14 도시개발구역의 토지에 대한 지역권은 도시개발사업의 시행으로 행사할 이익이 없어지면 환지처분이 공고된 날이 끝나는 때에 소멸한다.(o)³¹회

15 도시개발사업의 시행으로 행사할 이익이 없어진 지역권은 환지처분이 공고된 날의 다음날이 끝나는 때에 소멸한다.(x)²⁸회

16 환지 계획에 따라 입체환지처분을 받은 자는 환지처분이 공고된 날의 다음날에 환지 계획으로 정하는 바에 따라 건축물의 일부와 해당 건축물이 있는 토지의 공유지분을 취득한다.(o)²⁸회

17 체비지로 정해지지 않은 보류지는 환지 계획에서 정한 자가 환지처분이 공고된 날의 다음날에 해당 소유권을 취득한다.(o)²⁸회

18 환지를 정하거나 그 대상에서 제외한 경우 그 과부족분은 금전으로 청산하여야 한다.(o)³³회

19 토지 소유자의 신청에 따라 환지 대상에서 제외한 토지에 대하여는 청산금을 교부하는 때에 청산금을 결정할 수 없다.(x)[34회]

20 시행자는 토지 소유자의 동의에 따라 환지를 정하지 아니하는 토지에 대하여는 환지처분 전이라도 청산금을 교부할 수 있다.(o)[34회]

21 청산금은 대통령령으로 정하는 바에 따라 이자를 붙여 분할징수하거나 분할교부할 수 있다.(o)[34회]

22 행정청이 아닌 시행자가 군수에게 청산금의 징수를 위탁한 경우 그 시행자는 군수가 징수한 금액의 100분의 4에 해당하는 금액을 해당 군에 지급하여야 한다.(o)[34회]

23 청산금을 받을 권리나 징수할 권리를 5년간 행사하지 아니하면 시효로 소멸한다.(o)[34회]

24 도시개발사업으로 임차권의 목적인 토지의 이용이 방해를 받아 종전의 임대료가 불합리하게 된 경우라도, 환지처분이 공고된 날의 다음날부터는 임대료 감액을 청구할 수 없다.(x)[35회]

Unit 7 도시개발채권 등

Ⅰ. 도시개발채권의 발행

1. 발행주체 및 내용

발행권자	• 지방자치단체의 장(시·도지사)은 도시개발사업 또는 도시·군계획시설사업에 필요한 자금을 조달하기 위하여 도시개발채권을 발행할 수 있다.
승인권자	• 시·도지사는 도시개발채권의 발행하려는 경우에는 다음의 사항에 대하여 행정안전부장관의 승인을 받아야 한다. ① 채권의 발행총액 ② 채권의 발행방법 ③ 채권의 발행조건 ④ 상환방법 및 절차 • 시·도지사는 승인을 받은 후 도시개발채권을 발행하려는 경우에는 다음 각 호의 사항을 공고하여야 한다. ① 채권의 발행총액 ② 채권의 발행기간 ③ 채권의 이율 ④ 원금상환의 방법 및 시기 ⑤ 이자지급의 방법 및 시기
소멸시효	• 도시개발채권의 소멸시효는 상환일부터 기산하여 원금은 5년, 이자는 2년으로 한다.

2. 발행방법 등

발행방법	• 도시개발채권은 「주식·사채 등의 전자등록에 관한 법률」에 따라 전자등록하여 발행하거나 무기명으로 발행할 수 있으며, 발행방법에 필요한 세부적인 사항은 시·도의 조례로 정한다.
발행이율	• 도시개발채권의 이율은 채권의 발행 당시의 국채·공채 등의 금리와 특별회계의 상황 등을 고려하여 해당 시·도의 조례로 정한다.
상환기간	• 도시개발채권의 상환은 5년부터 10년까지의 범위에서 지방자치단체의 조례로 정한다.
사무취급 기관	• 사무취급기관은 해당 시·도지사가 지정하는 은행 또는 「자본시장과 금융투자업에 관한 법률」에 따라 설립된 한국예탁결제원으로 한다.
매입필증의 접수	• 매입필증을 제출받는 자는 매입자로부터 제출받은 매입필증을 5년간 따로 보관하여야 하며, 지방자치단체의 장이나 도시개발채권 사무취급기관 그 밖에 관계기관의 요구가 있는 때에는 이를 제시하여야 한다.

3. 도시개발채권의 매입 및 중도상환

(1) 도시개발채권의 매입
다음 어느 하나에 해당하는 자는 도시개발채권을 매입하여야 한다.
① 수용 또는 사용방식으로 시행하는 도시개발사업의 경우 공공사업시행자와 공사의 도급계약을 체결하는 자
② 공공사업시행자 외에 도시개발사업을 시행하는 자
③ 「국토의 계획 및 이용에 관한 법률」에 따른 허가를 받은 자 중 토지의 형질변경허가를 받은 자

(2) 도시개발채권의 중도상환
① 원칙 : 도시개발채권은 중도에 상환할 수 없다.
② 예외 : 다음 어느 하나에 해당하는 경우는 제외한다.
  ㉠ 도시개발채권의 매입사유가 된 허가 또는 인가가 매입자의 귀책사유 없이 취소된 경우
  ㉡ 수용 또는 사용방식으로 시행하는 도시개발사업의 공공사업시행자와 공사의 도급계약을 체결하는 자의 귀책사유 없이 해당 도급계약이 취소된 경우
  ㉢ 도시개발채권의 매입의무자가 아닌 자가 착오로 도시개발채권을 매입한 경우
  ㉣ 도시개발채권의 매입의무자가 매입하여야 할 금액을 초과하여 도시개발채권을 매입한 경우

Ⅱ. 비용부담 등

1. 도시개발구역의 시설 설치 및 비용부담

(1) 원칙
도시개발사업에 필요한 비용은 이 법이나 다른 법률에 특별한 규정이 있는 경우 외에는 시행자가 부담한다.

(2) 도시개발구역의 시설 설치 및 비용부담

구분	설치주체
도로, 상하수도시설	지방자치단체
전기시설, 가스공급시설 또는 지역 난방시설	해당 지역에 전기, 가스 또는 난방을 공급하는 자
통신시설	해당 지역에 통신서비스를 제공하는 자

- 시설의 설치비용은 그 설치의무자가 이를 부담한다.
- 시설 중 도시개발구역 안의 전기시설을 사업시행자가 지중선로로 설치할 것을 요청하는 경우에는 전기를 공급하는 자와 지중에 설치할 것을 요청하는 자가 각각 2분의 1의 비율로 그 설치비용을 부담한다.
- 전부 환지 방식으로 도시개발사업을 시행하는 경우에는 전기시설을 공급하는 자가 3분의 2, 지중에 설치할 것을 요청하는 자가 3분의 1의 비율로 부담한다.
- 시설의 설치는 특별한 사유가 없으면 준공검사 신청일(지정권자가 시행자인 경우에는 도시개발사업의 공사를 끝내는 날을 말한다)까지 끝내야 한다.

2. 비용부담 특례

(1) 지정권자가 시행자인 경우
- 지정권자가 시행자인 경우 그 시행자는 그가 시행한 도시개발사업으로 이익을 얻는 시·도 또는 시·군·구가 있으면 그 도시개발사업에 든 비용의 일부를 그 이익을 얻는 시·도 또는 시·군·구에 부담시킬 수 있다.
- 부담금의 총액은 해당 도시개발사업에 소요된 비용의 2분의 1을 넘지 못한다.

지정권자	협의 주체
국토교통부장관	행정안전부장관
시·도지사 또는 대도시 시장	• 관할 외 시군구 → 시군구 관할 시·도지사 • 시·도지사간 또는 대도시 시장과 시도지사 간 협의 불성립 시 → 행정안전부장관 결정

(2) 시(대도시 시장 제외)·군·구청장이 시행자인 경우
- 시장·군수 또는 구청장은 그가 시행한 도시개발사업으로 이익을 얻는 다른 지방자치단체가 있으면 그 도시개발사업에 든 비용의 일부를 그 이익을 얻는 다른 지방자치단체와 협의하여 그 지방자치단체에 부담시킬 수 있다.
- 부담금의 총액은 해당 도시개발사업에 소요된 비용의 2분의 1을 넘지 못한다.

시군구청장 – 이익 얻는 타 지자체 협의 불성립 시 → 관할 시·도지사의 결정	시군구 관할 시·도지사 서로 다른 경우 → 행정안전부장관 결정

(3) 공공시설 관리자의 비용 부담
시행자는 공동구를 설치하는 경우에는 다른 법률에 따라 그 공동구에 수용될 시설을 설치할 의무가 있는 자에게 공동구의 설치에 드는 비용을 부담시킬 수 있다.

(4) 보조 또는 융자
도시개발사업의 시행에 드는 비용은 대통령령으로 정하는 바에 따라 그 비용의 전부 또는 일부를 국고에서 보조하거나 융자할 수 있다. 다만, 시행자가 행정청이면 전부를 보조하거나 융자할 수 있다.

핵심 지문 기출 OX

01 도시개발사업을 공공기관이 시행하는 경우 해당 공공기관의 장은 시·도지사의 승인을 받아 도시개발채권을 발행할 수 있다.(x)³²회

02 시·도지사는 도시개발채권을 발행하려는 경우 채권의 발행총액에 대하여 국토교통부장관의 승인을 받아야 한다.(x)²⁹회

03 도시개발채권을 발행하려는 시·도지사는 기획재정부장관의 승인을 받은 후 채권의 발행총액 등을 공고하여야 한다.(x)³²회

04 도시개발채권의 소멸시효는 상환일부터 기산하여 원금은 5년, 이자는 2년으로 한다.(o)²⁸회

05 도시개발채권의 소멸시효는 상환일부터 기산하여 원금은 3년, 이자는 2년으로 한다.(x)²⁹회

06 도시개발채권은 무기명으로 발행할 수 있다.(o)²⁸회

07 도시개발채권의 이율은 기획재정부장관이 국채·공채 등의 금리와 특별회계의 상황 등을 고려하여 정한다.(x)³²회

08 도시개발채권의 상환기간은 5년보다 짧게 정할 수는 없다.(o)³²회

09 도시개발채권의 상환은 2년부터 10년까지의 범위에서 지방자치단체의 조례로 정한다.(x)²⁸회

10 도시개발채권의 상환은 3년부터 10년까지의 범위에서 지방자치단체의 조례로 정한다.(x)²⁹회

11 도시개발채권 매입필증을 제출받는 자는 매입필증을 3년간 보관하여야 한다.(x)²⁹회

12 수용 또는 사용방식으로 시행하는 도시개발사업의 경우 한국토지주택공사와 공사도급계약을 체결하는 자는 도시개발채권을 매입하여야 한다.(o)²⁸회

13 「국토의 계획 및 이용에 관한 법률」에 따른 공작물의 설치허가를 받은 자는 도시개발채권을 매입하여야 한다.(x)³²회

14 도시개발채권의 매입의무자가 아닌 자가 착오로 도시개발채권을 매입한 경우에는 도시개발채권을 중도에 상환할 수 있다.(o)²⁹회

15 도시개발채권의 매입의무자가 매입하여야 할 금액을 초과하여 도시개발채권을 매입한 경우 중도상환을 신청할 수 있다.(o)²⁸회

16 지정권자가 시행자가 아닌 경우 도시개발구역의 통신시설의 설치는 특별한 사유가 없으면 준공검사 신청일까지 끝내야 한다.(o)³¹회

17 전부 환지 방식으로 사업을 시행하는 경우 전기시설의 지중선로설치를 요청한 사업시행자와 전기공급자는 각각 2분의 1의 비율로 그 설치비용을 부담한다.(x)³¹회

18 지정권자인 시행자는 그가 시행한 사업으로 이익을 얻는 시·도에 비용의 전부 또는 일부를 부담시킬 수 있다.(x)³¹회

PART 3

도시정비법

2025 위패스 공인중개사 합격셀렉트
2차 부동산공법

Unit 1-7

Unit 1 체계도 및 용어정의
Unit 2 기본계획 수립 및 정비구역의 지정
Unit 3 정비사업의 시행방법 및 시행자
Unit 4 조합설립추진위원회 및 조합
Unit 5 사업시행계획 등
Unit 6 관리처분계획 등
Unit 7 비용의 부담 등

도시 및 주거환경정비법
[시행 2024. 7. 31.] [법률 제20174호, 2024. 1. 30. 일부개정]

도시 및 주거환경정비법 시행령<입법예고 사항 존재>
[시행 2024. 7. 31.] [대통령령 제34750호, 2024. 7. 23. 타법개정]

도시 및 주거환경정비법 시행규칙
[시행 2024. 6. 27.] [국토교통부령 제1348호, 2024. 6. 27. 일부개정]

Unit 1. 체계도 및 용어정의

2025 위패스 공인중개사 합격셀렉트

Ⅰ. 체계도

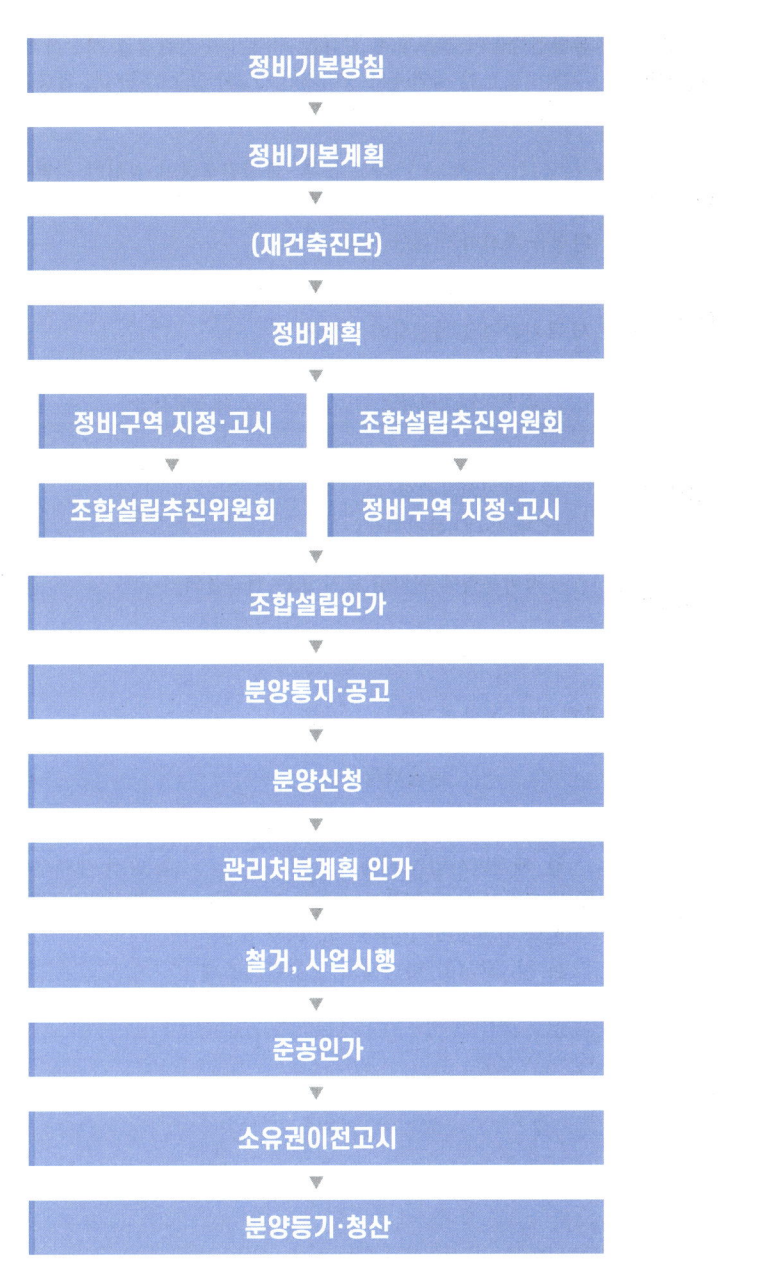

II. 용어정리

1. 정비구역
정비사업을 계획적으로 시행하기 위하여 지정·고시된 구역을 말한다.

2. 정비사업

종류	의의
주거환경 개선사업	• 도시저소득 주민이 집단거주하는 지역으로서 정비기반시설이 극히 열악하고 노후·불량건축물이 과도하게 밀집한 지역의 주거환경을 개선하거나 단독주택 및 다세대 주택이 밀집한 지역에서 정비기반시설과 공동이용시설 확충을 통하여 주거환경을 보전·정비·개량하기 위한 사업
재개발사업	• 정비기반시설이 열악하고 노후·불량건축물이 밀집한 지역에서 주거환경을 개선하거나 상업지역·공업지역 등에서 도시기능의 회복 및 상권활성화 등을 위하여 도시환경을 개선하기 위한 사업
재건축사업	• 정비기반시설은 양호하나 노후·불량건축물에 해당하는 공동주택이 밀집한 지역에서 주거환경을 개선하기 위한 사업

	주거환경개선사업	재개발사업	재건축사업
시행방법	스스로 개량, 수용방식, 환지, 관리처분계획 (주택, 부대·복리시설)	환지, 관리처분계획 (건축물 건설)	관리처분계획 (주택, 부대·복리, 오피스텔)
토지등소유자	정비구역에 위치한 토지 또는 건축물의 소유자 또는 그 지상권자 (임차권자X)		정비구역에 위치한 건축물 및 그 부속토지의 소유자

> **참고** 공공재개발, 공공재건축

	공공재개발	공공재건축
요건	① 시장, 군수 등, LH 등, 주거환경개선사업, 재개발사업의 시행자일 것 ② 토지등 소유자 분양분 제외하고 세대수 또는 연면적의 100분의 20 이상 100분의 50 이하의 범위에서 공공임대주택 등을 건설, 공급할 것	① 시장, 군수 등, LH 등 시행자일 것 ② 종전 세대수의 100분의 160 이상을 건설, 공급할 것

3. 정비사업의 내용

(1) 노후 · 불량건축물

① 건축물이 훼손되거나 일부가 멸실되어 붕괴, 그 밖의 안전사고의 우려가 있는 건축물
② 내진성능이 확보되지 아니한 건축물 중 중대한 기능적 결함 또는 부실 설계·시공으로 구조적 결함 등이 있는 건축물로서 대통령령으로 정하는 건축물
③ 다음의 요건을 모두 충족하는 건축물로서 대통령령으로 정하는 바에 따라 시·도조례로 정하는 건축물
　㉠ 주변 토지의 이용 상황 등에 비추어 주거환경이 불량한 곳에 위치할 것
　㉡ 건축물을 철거하고 새로운 건축물을 건설하는 경우 건설에 드는 비용과 비교하여 효용의 현저한 증가가 예상될 것
　㉢ 해당 건축물을 준공일 기준으로 40년 까지 사용하기 위하여 보수·보강하는데 드는 비용이 철거 후 새로운 건축물을 건설하는데 드는 비용보다 클 것으로 예상되는 건축물
④ 도시미관을 저해하거나 노후화된 건축물로서 준공된 후 20년 이상 30년 이하의 범위에서 시·도조례로 정하는 기간이 지난 건축물

(2) 정비기반시설, 공동이용시설

정비기반시설 ↔ (경찰서X)	공동이용시설 ↔ (유치원X)
• 도로·상하수도·구거·공원·공용주차장·공동구, 대통령령으로 정하는 시설(녹지, 하천, 공공공지, 광장, 소방용수시설, 비상대피시설, 가스공급시설, 지역난방시설)을 말한다.	• 놀이터·마을회관·공동작업장, 그 밖에 대통령령으로 정하는 시설(공동으로 사용하는 구판장, 세탁장, 화장실 및 수도, 탁아소, 어린이집, 경로당 등 노유자시설)을 말한다.

(3) 기타 정비사업의 내용

시장·군수등	• 특별자치시장, 특별자치도지사, 시장, 군수, 자치구의 구청장
토지주택공사등	• 한국토지주택공사 또는 「지방공기업법」에 따라 주택사업을 수행하기 위하여 설립된 지방공사
대지	• 정비사업으로 조성된 토지
주택단지	• 주택 및 부대시설·복리시설을 건설하거나 대지로 조성되는 일단의 토지 ① 「주택법」에 따른 사업계획승인을 받아 주택 및 부대시설·복리시설을 건설한 일단의 토지 ② 「건축법」에 따라 건축허가를 받아 아파트 또는 연립주택을 건설한 일단의 토지
정관 등	① 조합 → 정관 ② 토지등소유자 → 규약 ③ 시장·군수등, 토지주택공사등 또는 신탁업자 → 시행규정

핵심 지문 기출 OX

01 〈공공공지〉는 정비기반시설에 해당하지 않는다.(x)²⁸회, ³⁴회

02 〈공원〉은 정비기반시설에 해당하지 않는다.(x)²⁸회

03 〈공용주차장〉은 정비기반시설에 해당하지 않는다.(x)²⁸회, ³⁴회

04 〈녹지〉는 정비기반시설에 해당하지 않는다.(x)³⁴회

05 〈하천〉은 정비기반시설에 해당하지 않는다.(x)²⁸회

06 〈소방용수시설〉은 정비기반시설에 해당하지 않는다.(x)³⁴회

07 〈공동작업장〉은 정비기반시설에 해당하지 않는다. (o)²⁸회

08 〈공동으로 이용하는 구판장〉은 정비기반시설에 해당하지 않는다.(o)³⁴회

09 주민이 공동으로 이용하는 시설로서 〈탁아소〉는 공동이용시설에 해당하지 않는다.(x)²⁹회

10 주민이 공동으로 이용하는 시설로서 〈어린이집〉은 공동이용시설에 해당하지 않는다.(x)²⁹회

11 주민이 공동으로 이용하는 시설로서 〈놀이터〉는 공동이용시설에 해당하지 않는다.(x)²⁹회

12 주민이 공동으로 이용하는 시설로서 〈경로당〉은 공동이용시설에 해당하지 않는다.(x)²⁹회

13 주민이 공동으로 이용하는 시설로서 〈유치원〉은 공동이용시설에 해당하지 않는다. (o)²⁹회

14 도시저소득 주민이 집단거주하는 지역으로서 정비기반시설이 극히 열악하고 노후·불량건축물이 과도하게 밀집된 지역의 주거환경을 개선하거나 단독주택 및 다세대주택이 밀집한 지역에서 정비기반시설과 공동이용시설 확충을 통하여 주거환경을 보전·정비·개량하기 위한 사업은 〈주거환경개선사업〉이다. (o)³²회

15 〈주거환경개선사업 정비구역에 위치한 건축물의 소유자〉는 토지등소유자에 해당한다. (o)³⁵회

16 〈재개발사업 정비구역에 위치한 토지의 지상권자〉는 토지등소유자에 해당한다. (o)³⁵회

17 〈재개발사업 정비구역에 위치한 건축물의 소유자〉는 토지등소유자에 해당한다. (o)³⁵회

18 〈재건축사업 정비구역에 위치한 건축물 및 그 부속토지의 소유자〉는 토지등소유자에 해당한다. (o)³⁵회

19 〈재건축사업 정비구역에 위치한 건축물 부속토지의 지상권자〉는 토지등소유자에 해당한다.(x)³⁵회

Unit 2. 기본계획 수립 및 정비구역의 지정

2025 위패스 공인중개사 합격셀렉트

Ⅰ. 도시·주거환경정비기본방침

국토교통부장관은 10년마다 다음을 포함한 기본방침을 정하고, 5년마다 타당성을 검토하여 그 결과를 기본방침에 반영하여야 한다.
① 도시 및 주거환경 정비를 위한 국가 정책 방향
② 제4조제1항에 따른 도시·주거환경정비기본계획의 수립 방향
③ 노후·불량 주거지 조사 및 개선계획의 수립
④ 도시 및 주거환경 개선에 필요한 재정지원계획
⑤ 그 밖에 도시 및 주거환경 개선을 위하여 필요한 사항으로서 대통령령으로 정하는 사항

Ⅱ. 도시·주거환경정비기본계획

1. 기본계획의 수립

원칙(국토교통부장관, 군수×)	예외
• 특별시장·광역시장·특별자치시장·특별자치도지사 또는 시장은 관할 구역에 대하여 도시·주거환경정비기본계획을 10년 단위로 수립하여야 한다.	• 도지사가 대도시가 아닌 시로서 기본계획을 수립할 필요가 없다고 인정하는 시에 대하여는 기본계획을 수립하지 아니할 수 있다.
타당성 검토	• 기본계획의 수립권자는 5년마다 타당성을 검토하여 그 결과를 기본계획에 반영하여야 한다.

2. 기본계획의 내용

작성기준 및 방법	국토교통부장관이 정하여 고시한다.

기본계획의 내용 (Must)	생략사항

① 정비사업의 기본방향
② 정비사업의 계획기간
③ 인구·건축물·토지이용·정비기반시설·지형 및 환경 등의 현황
④ 주거지 관리계획
⑤ 토지이용계획·정비기반시설계획·공동이용시설설치계획 및 교통계획
⑥ 녹지·조경·에너지공급·폐기물처리 등에 관한 환경계획
⑦ 사회복지시설 및 주민문화시설 등의 설치계획
⑧ 도시의 광역적 재정비를 위한 기본방향
⑨ 정비예정구역의 개략적 범위
⑩ 단계별 정비사업 추진계획(정비예정구역별 정비계획의 수립시기가 포함되어야 한다)
⑪ 건폐율·용적률 등에 관한 건축물의 밀도계획
⑫ 세입자에 대한 주거안정대책
	• 다음 사항을 포함하는 경우 ⑨와 ⑩을 생략할 수 있다.
	  ㉠ 생활권의 설정, 생활권별 기반시설 설치계획 및 주택수급계획
	  ㉡ 생활권별 주거지의 정비·보전·관리의 방향

3. 기본계획의 수립절차 (의견청취 → 협의 → 심의 → 승인)

(1) 의견청취

	주민 의견청취(14일 이상)	지방의회 의견청취(60일 이내)
의견청취	• 기본계획의 수립권자는 기본계획을 수립하거나 변경하려는 경우에는 14일 이상 주민에게 공람하여 의견을 들어야 하며, 제시된 의견이 타당하다고 인정되면 이를 기본계획에 반영하여야 한다.	• 기본계획의 수립권자는 공람과 함께 지방의회의 의견을 들어야 한다. 이 경우 지방의회는 기본계획의 수립권자가 기본계획을 통지한 날부터 60일 이내에 의견을 제시하여야 하며, 의견제시 없이 60일이 지난 경우 이의가 없는 것으로 본다.
생략사유	• 대통령령으로 정하는 경미한 사항을 변경하는 경우에는 주민공람과 지방의회의 의견청취 절차를 거치지 아니할 수 있다. ① 정비기반시설의 규모를 확대하거나 그 면적을 10퍼센트 미만의 범위에서 축소하는 경우 ② 정비사업의 계획기간을 단축하는 경우 ③ 공동이용시설에 대한 설치계획을 변경하는 경우 ④ 사회복지시설 및 주민문화시설 등에 대한 설치계획을 변경하는 경우 ⑤ 구체적으로 면적이 명시된 정비예정구역의 면적을 20퍼센트 미만의 범위에서 변경하는 경우 ⑥ 단계별 정비사업 추진계획을 변경하는 경우 ⑦ 건폐율 및 용적률을 각 20퍼센트 미만의 범위에서 변경하는 경우 ⑧ 정비사업의 시행을 위하여 필요한 재원조달에 관한 사항을 변경하는 경우 ⑨ 「국토의 계획 및 이용에 관한 법률」상 도시·군기본계획의 변경에 따라 기본계획을 변경하는 경우	

(2) 협의 및 승인

	협의	심의	승인
기본계획 수립권자 (특별시장, 광역시장, 특별자치도지사 또는 시장)	관계 행정기관의 장	지방도시 계획위원회	• 대시시 시장 아닌 시장 → 도지사 승인 • 도지사는 관계 행정기관의 장과 협의 및 지방도시계획위원회의 심의
경미한 사항 변경 시	• 협의, 심의 거치지 아니하며, 승인을 받지 아니할 수 있다. (의견청취 생 략사유와 동일)		

(3) 기본계획의 고시 및 보고 (주체 : 기본계획의 수립권자)

고시(지방자치단체)	• 기본계획을 수립하거나 변경한 때에는 지체 없이 이를 해당 지방자치단 체의 공보에 고시하고 일반인이 열람할 수 있도록 하여야 한다.
보고(국토교통부장관)	• 기본계획을 고시한 때에는 국토교통부령으로 정하는 방법 및 절차에 따 라 국토교통부장관에게 보고하여야 한다.

Ⅲ. 재건축사업을 위한 재건축진단

1. 재건축진단의 실시

원칙	• 시장·군수등은 재건축사업 정비계획의 입안을 위하여 정비예정구역별 정비계획의 수립시기가 도래한 때부터 사업시행계획인가 전까지 재건축진단을 실시하여야 한다.
예외	• 시장·군수등은 원칙에도 불구하고 다음 어느 하나에 해당하는 경우에는 재건축진단 을 실시하여야 한다. 이 경우 시장·군수등은 재건축진단에 드는 비용을 해당 재건축 진단의 실시를 요청하는 자에게 부담하게 할 수 있다. ① 정비계획의 입안을 요청하려는 자가 입안을 요청하기 전에 해당 정비예정구역 또 는 사업예정구역에 위치한 건축물 및 그 부속토지의 소유자 10분의 1 이상의 동의 를 받아 재건축진단의 실시를 요청하는 경우 ② 정비계획의 입안을 제안하려는 자가 입안을 제안하기 전에 해당 정비예정구역에 위치한 건축물 및 그 부속토지의 소유자 10분의 1 이상의 동의를 받아 재건축진단 의 실시를 요청하는 경우 ③ 정비예정구역을 지정하지 아니한 지역에서 재건축사업을 하려는 자가 사업예정구 역에 있는 건축물 및 그 부속토지의 소유자 10분의 1 이상의 동의를 받아 재건축진 단의 실시를 요청하는 경우 ④ 노후불량건축물의 소유자로서 재건축사업을 시행하려는 자가 해당 사업예정구역 에 위치한 건축물 및 그 부속토지의 소유자 10분의 1 이상의 동의를 받아 재건축진 단의 실시를 요청하는 경우 ⑤ 정비계획을 입안하여 주민에게 공람한 지역 또는 정비구역으로 지정된 지역에서 재건축사업을 시행하려는 자가 해당 구역에 위치한 건축물 및 그 부속토지의 소유 자 10분의 1 이상의 동의를 받아 재건축진단의 실시를 요청하는 경우 ⑥ 시장·군수등의 승인을 받은 조합설립추진위원회 또는 사업시행자가 재건축진단 의 실시를 요청하는 경우

2. 재건축진단의 대상 및 절차

대상	원칙	• 재건축사업의 재건축진단은 주택단지(연접한 단지를 포함)의 건축물을 대상으로 한다.
	제외	〈재건축진단 대상에서 제외할 수 있다〉 ① 정비계획의 입안권자가 천재지변 등으로 주택이 붕괴되어 신속히 재건축을 추진할 필요가 있다고 인정하는 것 ② 주택의 구조안전상 사용금지가 필요하다고 정비계획의 입안권자가 인정하는 것 ③ 노후·불량건축물 수에 관한 기준을 충족한 경우 잔여 건축물 ④ 정비계획의 입안권자가 진입도로 등 기반시설 설치를 위하여 불가피하게 정비구역에 포함된 것으로 인정하는 건축물 ⑤ 「시설물의 안전 및 유지관리에 관한 특별법」의 시설물로서 지정받은 안전등급이 D (미흡) 또는 E (불량)인 건축물
절차	요청	• 정비계획의 입안권자는 안전진단의 요청이 있는 때에는 요청일부터 30일 이내에 국토교통부장관이 정하는 바에 따라 안전진단의 실시여부를 결정하여 요청인에게 통보하여야 한다.
	의뢰	• 시장·군수등은 다음의 재건축진단기관에 의뢰하여 주거환경 적합성, 해당 건축물의 구조안전성, 건축마감, 설비노후도 등에 관한 재건축진단을 실시하여야 한다. ① 「과학기술분야 정부출연연구기관 등의 설립·운영 및 육성에 관한 법률」에 따른 한국건설기술연구원 ② 「시설물의 안전 및 유지관리에 관한 특별법」에 따른 재건축진단전문기관 ③ 「국토안전관리원법」에 따른 국토안전관리원
	실시 및 제출	• 재건축진단을 의뢰받은 재건축진단기관은 재건축진단을 실시하여야 하며, 방법 및 절차에 따라 재건축진단 결과보고서를 작성하여 정비계획의 시장·군수등 및 재건축진단의 실시를 요청한 자에게 제출하여야 한다.
	입안 여부 결정	• 시장·군수등은 재건축진단의 결과와 도시계획 및 지역여건 등을 종합적으로 검토하여 사업시행계획인가 여부(제75조에 따른 시기 조정을 포함한다)를 결정하여야 한다.

3. 결과보고서 제출 및 적정성 검토

	주체	내용
보고서 제출	시장·군수등 (특별자치시장, 특별자치도지사 제외) ↓ 특별시장, 광역시장, 도지사	• 시장·군수등(특별자치시장 및 특별자치도지사는 제외한다. 이하 이 조에서 같다)은 재건축진단 결과보고서를 제출받은 경우에는 지체 없이 특별시장·광역시장·도지사에게 결정내용과 해당 재건축진단 결과보고서를 제출하여야 한다.
결과 적정 검토 의뢰	시도지사 (특별시장, 광역시장, 특별자치시장, 도지사, 특별자치도지사) ↓ 국토안전관리원, 한국건설기술연구원	• 특별시장·광역시장·특별자치시장·도지사·특별자치도지사(이하 "시·도지사"라 한다)는 필요한 경우 「국토안전관리원법」에 따른 국토안전관리원 또는 「과학기술분야 정부출연연구기관 등의 설립·운영 및 육성에 관한 법률」에 따른 한국건설기술연구원에 재건축진단 결과의 적정성에 대한 검토를 의뢰할 수 있다.
보고서 요청 등	국토교통부장관 ↓ 시·도지사	• 국토교통부장관은 시·도지사에게 재건축진단 결과보고서의 제출을 요청할 수 있으며, 필요한 경우 시·도지사에게 재건축진단 결과의 적정성에 대한 검토를 요청할 수 있다.
필요 조치 요청	특별시장·광역시장·도지사 ↓ 시장·군수 등	• 특별시장·광역시장·도지사는 검토결과에 따라 필요한 경우 시장·군수등에게 재건축진단에 대한 시정요구 등 대통령령으로 정하는 조치를 요청할 수 있으며, 시장·군수등은 특별한 사유가 없으면 그 요청에 따라야 한다.

VI. 정비계획의 입안

1. 정비계획 입안제안

주체	• 토지등소유자 또는 추진위원회 → 정비계획 입안권자
요건	① 단계별 정비사업 추진계획상 정비예정구역별 정비계획의 입안시기가 지났음에도 불구하고 정비계획이 입안되지 아니하거나 정비예정구역별 정비계획의 수립시기를 정하고 있지 아니한 경우 ② 토지등소유자가 토지주택공사등을 사업시행자로 지정 요청하려는 경우 ③ 대도시가 아닌 시 또는 군으로서 시·도조례로 정하는 경우 ④ 정비사업을 통하여 공공지원민간임대주택을 공급하거나 임대할 목적으로 주택을 주택임대관리업자에게 위탁하려는 경우로서 정비계획의 입안을 요청하려는 경우 ⑤ 천재지변, 사용제한, 사용금지 등에 따라 정비사업을 시행하려는 경우 ⑥ 토지등소유자가 3분의 2 이상의 동의로 정비계획의 변경을 요청하는 경우. 다만, 경미한 사항을 변경하는 경우에는 토지등소유자의 동의절차를 거치지 아니한다. ⑦ 토지등소유자가 공공재개발사업 또는 공공재건축사업을 추진하려는 경우

2. 정비구역의 지정을 위한 정비계획의 입안 요청 등

주체	• 토지등소유자 또는 추진위원회 → 정비계획 입안권자
요건	① 도지사가 대도시가 아닌 시로서 기본계획을 수립할 필요가 없다고 인정하여 기본계획을 수립하지 아니한 지역으로서 대통령령으로 정하는 경우 ② 단계별 정비사업 추진계획상 정비예정구역별 정비계획의 입안시기가 지났음에도 불구하고 정비계획이 입안되지 아니한 경우 ③ 기본계획에 일정한 사항을 포함하여, 정비구역으로 지정할 예정인 구역의 개략적 범위 및 단계별 정비사업 추진계획 사항을 생략한 경우 ④ 천재지변 등 대통령령으로 정하는 불가피한 사유로 긴급하게 정비사업을 시행할 필요가 있다고 판단되는 경우
정비계획 입안 여부의 결정	• 정비계획의 입안권자는 요청이 있는 경우에는 요청일부터 4개월 이내에 정비계획의 입안 여부를 결정하여 토지등소유자 및 정비구역의 지정권자에게 알려야 한다. 다만, 정비계획의 입안권자는 정비계획의 입안 여부의 결정 기한을 2개월의 범위에서 한 차례만 연장할 수 있다.
정비계획의 기본방향 제시	• 정비구역의 지정권자는 다음의 어느 하나에 해당하는 경우에는 토지이용, 주택건설 및 기반시설의 설치 등에 관한 기본방향을 작성하여 정비계획의 입안권자에게 제시하여야 한다. ① 정비계획의 입안권자가 토지등소유자에게 정비계획을 입안하기로 통지한 경우 ② 단계별 정비사업 추진계획에 따라 정비계획의 입안권자가 요청하는 경우 ③ 정비계획의 입안권자가 정비계획을 입안하기로 결정한 경우로서 대통령령으로 정하는 경우 ④ 정비계획을 변경하는 경우로서 대통령령으로 정하는 경우

3. 정비계획의 입안

작성기준 및 작성방법	국토교통부장관
입안권자	특별자치시장, 특별자치도지사, 시장, 군수 또는 구청장
정비계획 내용	① 정비사업의 명칭 ② 정비구역 및 그 면적 ③ 토지등소유자별 분담금 추산액 및 산출근거 ④ 도시·군계획시설의 설치에 관한 계획 ⑤ 공동이용시설 설치계획 ⑥ 건축물의 주용도·건폐율·용적률·높이에 관한 계획 ⑦ 환경보전 및 재난방지에 관한 계획 ⑧ 정비구역 주변의 교육환경 보호에 관한 계획 ⑨ 세입자 주거대책 ⑩ 정비사업시행 예정시기 ⑪ 「국토의 계획 및 이용에 관한 법률」상 지구단위계획에 관한 계획(필요한 경우로 한정한다) ⑫ 그 밖에 정비사업의 시행을 위하여 필요한 사항으로서 대통령령으로 정하는 사항
★ 임대주택 및 주택규모별 건설비율	• 정비계획의 입안권자는 주택수급의 안정과 저소득 주민의 입주기회 확대를 위하여 정비사업으로 건설하는 주택에 대하여 다음에 따른 범위에서 국토교통부장관이 정하여 고시하는 임대주택 및 주택규모별 건설비율 등을 정비계획에 반영하여야 한다. ① 국민주택규모 주택이 전체 세대수의 100분의 90 이하 ② 임대주택(공공임대주택 및 민간임대주택)이 전체 세대수 또는 전체 연면적의 100분의 30 이하
의견 청취	주민 (30일 이상)	• 정비계획의 입안권자는 정비계획을 입안하거나 변경하려면 주민에게 서면으로 통보한 후 주민설명회 및 30일 이상 주민에게 공람하여 의견을 들어야 하며, 제시된 의견이 타당하다고 인정되면 이를 정비계획에 반영하여야 한다.
	지방의회 (60일 이내)	• 정비계획의 입안권자는 주민공람과 함께 지방의회의 의견을 들어야 한다. 이 경우 지방의회는 정비계획의 입안권자가 정비계획을 통지한 날부터 60일 이내에 의견을 제시하여야 하며, 의견제시 없이 60일이 지난 경우 이의가 없는 것으로 본다.
	생략사유	〈대통령령으로 정하는 경미한 사항을 변경하는 경우 절차를 거치지 아니할 수 있다〉 ① 정비구역의 면적을 10퍼센트 미만의 범위에서 변경하는 경우 ② 정비기반시설의 위치를 변경하는 경우와 정비기반시설 규모를 10퍼센트 미만의 범위에서 변경하는 경우 ③ 공동이용시설 설치계획을 변경하는 경우 ④ 재난방지에 관한 계획을 변경하는 경우 ⑤ 정비사업시행 예정시기를 3년의 범위에서 조정하는 경우 ⑥ 용도범위에서 건축물의 주용도를 변경하는 경우 ⑦ 건축물의 건폐율 또는 용적률을 축소하거나 10퍼센트 미만의 범위에서 확대하는 경우 ⑧ 건축물의 최고 높이를 변경하는 경우 ⑨ 용적률을 완화하여 변경하는 경우

V. 정비구역의 지정

1. 정비구역 지정권자

특별시장·광역시장·특별자치시장·특별자치도지사·시장 또는 군수(광역시의 군수는 제외)	
원칙	• 특별시장·광역시장·특별자치시장·특별자치도지사·시장 또는 군수(광역시의 군수는 제외)는 기본계획에 적합한 범위에서 노후·불량건축물이 밀집하는 등 대통령령으로 정하는 요건에 해당하는 구역에 대하여 정비계획을 결정하여 정비구역을 지정(변경지정을 포함한다)할 수 있다. • 정비구역의 지정권자는 정비구역의 진입로 설치를 위하여 필요한 경우에는 진입로 지역과 그 인접지역을 포함하여 정비구역을 지정할 수 있다. • 정비구역의 지정권자는 정비구역 지정을 위하여 직접 정비계획을 입안할 수 있다. 이 경우 다음의 사항을 조사하여야 한다. ① 주민 또는 산업의 현황 ② 토지 및 건축물의 이용과 소유현황 ③ 도시·군계획시설 및 정비기반시설의 설치현황 ④ 정비구역 및 주변지역의 교통상황 ⑤ 토지 및 건축물의 가격과 임대차 현황 ⑥ 정비사업의 시행계획 및 시행방법 등에 대한 주민의 의견
천재지변등 정비구역 지정	• 천재지변 등에 따라 정비사업을 시행하려는 경우에는 기본계획을 수립하거나 변경하지 아니하고 정비구역을 지정할 수 있다.
진입로 지역등 정비구역 지정	• 정비구역의 지정권자는 정비구역의 진입로 설치를 위하여 필요한 경우에는 진입로 지역과 그 인접지역을 포함하여 정비구역을 지정할 수 있다.
정비계획 입안	• 정비구역의 지정권자는 정비구역 지정을 위하여 직접 정비계획을 입안할 수 있다.
지정신청	• 자치구의 구청장 또는 광역시의 군수(이하 '구청장등'이라 한다)는 정비계획을 입안하여 특별시장·광역시장에게 정비구역 지정을 신청하여야 한다. 이 경우 지방의회의 의견을 첨부하여야 한다.

2. 정비계획의 결정 및 지정·고시

심의 (지방도시계획위원회)	• 정비구역의 지정권자는 정비구역을 지정하거나 변경지정하려면 지방도시계획위원회의 심의를 거쳐야 한다. • 다만, 경미한 사항을 변경하는 경우에는 지방도시계획위원회의 심의를 거치지 아니할 수 있다.
고시 (지방자치단체)	• 정비구역의 지정권자는 정비구역을 지정(변경지정을 포함한다)하거나 정비계획을 결정(변경결정을 포함한다)한 때에는 정비계획을 포함한 정비구역 지정의 내용을 해당 지방자치단체의 공보에 고시하여야 한다.
보고(국토교통부장관) 및 열람(일반인)	• 정비구역의 지정권자는 정비계획을 포함한 정비구역을 지정·고시한 때에는 국토교통부령으로 정하는 방법 및 절차에 따라 국토교통부장관에게 그 지정의 내용을 보고하여야 하며, 관계 서류를 일반인이 열람할 수 있도록 하여야 한다.

3. 정비계획 지정·고시의 효력

정비구역의 지정·고시가 있는 경우 해당 정비구역 및 정비계획 중「국토의 계획 및 이용에 관한 법률」에 따른 지구단위계획의 내용에 해당하는 사항은 지구단위계획구역 및 지구단위계획으로 결정·고시된 것으로 본다.

4. 정비계획의 분할, 통합 및 결합

정비구역의 지정권자는 다음의 방법에 따라 정비구역을 지정할 수 있다.
① 하나의 정비구역을 둘 이상의 정비구역으로 분할
② 서로 연접한 정비구역을 하나의 정비구역으로 통합
③ 서로 연접하지 아니한 둘 이상의 구역 또는 정비구역을 하나의 정비구역으로 결합

VI. 정비구역 행위제한

1. 정비구역 행위제한

정비구역에서 다음 어느 하나에 해당하는 행위를 하려는 자는 시장·군수등의 허가를 받아야 한다. 허가받은 사항을 변경하려는 때에도 또한 같다.

허가를 요하는 행위	허가 제외
① 건축물의 건축 : 건축물의 건축(가설건축물 포함), 용도변경 ② 공작물의 설치 : 인공을 가하여 제작한 시설물(건축물 제외)의 설치 ③ 토지의 형질변경 : 절토, 성토, 정지, 포장 등 ④ 토석의 채취 ⑤ 토지분할 ⑥ 물건을 쌓아 놓는 행위 : 이동이 쉽지 아니한 물건을 1개월 이상 쌓아놓는 행위 ⑦ 죽목의 벌채 및 식재	① 재해복구 또는 재난수습에 필요한 응급조치를 위한 행위 ② 기존 건축물의 붕괴 등 안전사고의 우려가 있는 경우 해당 건축물에 대한 안전조치를 위한 행위 ③ 농림수산물의 생산에 직접 이용되는 것으로서 국토교통부령으로 정하는 간이공작물의 설치 ④ 경작을 위한 토지의 형질변경 ⑤ 정비구역의 개발에 지장을 주지 아니하고 자연경관을 손상하지 아니하는 범위에서의 토석의 채취 ⑥ 정비구역에 존치하기로 결정된 대지에 물건을 쌓아놓는 행위 ⑦ 관상용 죽목의 임시식재(경작지에서의 임시식재는 제외)

2. 기득권 보호 조치

허가를 받아야 하는 행위로서 정비구역의 지정 및 고시 당시 이미 관계 법령에 따라 행위허가를 받았거나 허가를 받을 필요가 없는 행위에 관하여 그 공사 또는 사업에 착수한 자는 정비구역이 지정·고시된 날부터 30일 이내에 그 공사 또는 사업의 진행상황과 시행계획을 첨부하여 관할 시장·군수등에게 신고한 후 이를 계속 시행할 수 있다.

3. 개발행위 제한

제한권자	• 국토교통부장관, 시·도지사, 시장, 군수 또는 구청장(자치구의 구청장을 말한다)
제한 사유 및 대상 지역	• 비경제적인 건축행위 및 투기 수요의 유입을 막기 위하여 기본계획을 공람 중인 정비예정구역 또는 정비계획을 수립 중인 지역
제한 기간	• 3년 이내의 기간(1년의 범위에서 한 차례연장 가능)
절차	① 제한하려는 지역을 관할하는 시장·군수등의 의견 청취 ② 국토교통부장관의 경우 중앙도시계획위원회, 시·도지사, 시장, 군수 또는 구청장인 경우에는 지방도시계획위원회의 심의 ③ 제한지역·제한사유·제한대상행위 및 제한기간을 미리 고시
제한행위	① 건축물의 건축 ② 토지의 분할 ③ 건축물대장 중 일반건축물대장을 집합건축물대장으로 전환 ④ 건축물대장 중 집합건축물대장의 전유부분 분할

4. 정비구역 안에서 지역주택조합의 조합원 모집 금지

정비예정구역 또는 정비구역(이하 "정비구역등")에서는 「주택법」에 따른 지역주택조합의 조합원을 모집해서는 아니 된다.

Ⅶ. 정비구역 해제

1. 정비구역등의 해제 의무

정비구역의 지정권자는 다음 각 호의 어느 하나에 해당하는 경우에는 정비구역등을 해제하여야 한다. 이 경우 구청장등은 특별시장·광역시장에게 정비구역등의 해제를 요청하여야 한다.

① 정비예정구역 : 기본계획에서 정한 정비구역 지정 예정일부터 3년이 되는 날까지 특별자치시장, 특별자치도지사, 시장 또는 군수가 정비구역을 지정하지 아니하거나 구청장등이 정비구역의 지정을 신청하지 아니하는 경우

② 재개발사업·재건축사업(조합이 시행하는 경우로 한정)이 다음 어느 하나에 해당하는 경우
  ㉠ 토지등소유자가 정비구역으로 지정·고시된 날부터 2년이 되는 날까지 추진위원회의 승인을 신청하지 아니하는 경우(추진위원회를 구성하는 경우로 한정한다)
  ㉡ 토지등소유자가 정비구역으로 지정·고시된 날부터 3년이 되는 날까지 조합설립인가를 신청하지 아니하는 경우(추진위원회를 구성하지 아니하는 경우로 한정한다)
  ㉢ 추진위원회가 추진위원회 승인일(정비구역으로 지정·고시되지 아니한 지역에서 추진위원회를 구성하는 경우에는 정비구역 지정·고시일로 본다)부터 2년이 되는 날까지 조합설립인가를 신청하지 아니하는 경우
  ㉣ 조합이 조합설립인가를 받은 날부터 3년이 되는 날까지 사업시행계획인가를 신청하지 아니하는 경우

③ 토지등소유자가 시행하는 재개발사업으로서 토지등소유자가 정비구역으로 지정·고시된 날부터 5년이 되는 날까지 사업시행계획인가를 신청하지 아니하는 경우

2. 해제 절차

특별자치시장, 특별자치도지사, 시장, 군수 또는 구청장등이 정비구역등을 해제하거나 해제를 요청하는 경우, 30일 이상 주민에게 공람하여 의견을 들어야 하며, 지방의회의 의견을 들어야 한다. 지방의회는 60일 이내에 의견을 제시해야 하며, 의견제시 없이 60일이 지난 경우 이의가 없는 것으로 본다.

3. 해제 의무 기간의 연장

정비구역의 지정권자는 다음 어느 하나에 해당하는 경우에는 정비구역등의 해제 의무 기간을 2년의 범위에서 연장하여 정비구역등을 해제하지 아니할 수 있다.
① 정비구역등의 토지등소유자(조합을 설립한 경우에는 조합원을 말한다)가 100분의 30 이상의 동의로 해당 기간이 도래하기 전까지 연장을 요청하는 경우
② 정비사업의 추진 상황으로 보아 주거환경의 계획적 정비 등을 위하여 정비구역등의 존치가 필요하다고 인정하는 경우

4. 직권해제

정비구역의 지정권자는 다음 어느 하나에 해당하는 경우 지방도시계획위원회의 심의를 거쳐 정비구역등을 해제할 수 있다.
① 정비사업의 시행으로 토지등소유자에게 과도한 부담이 발생할 것으로 예상되는 경우
② 정비구역등의 추진 상황으로 보아 지정 목적을 달성할 수 없다고 인정되는 경우
③ 토지등소유자의 100분의 30 이상이 정비구역등의 해제를 요청하는 경우
④ 스스로 개량방식으로 시행 중인 주거환경개선사업의 정비구역이 지정·고시된 날부터 10년 이상 지나고, 토지등소유자의 과반수가 정비구역의 해제에 동의하는 경우
⑤ 추진위원회 구성 또는 조합 설립에 동의한 토지등소유자의 2분의 1 이상 3분의 2 이하의 범위에서 정비구역의 해제를 요청하는 경우(사업시행계획인가를 신청하지 아니한 경우로 한정)
⑥ 추진위원회가 구성되거나 조합이 설립된 정비구역에서 토지등소유자 과반수의 동의로 정비구역의 해제를 요청하는 경우(사업시행계획인가를 신청하지 아니한 경우로 한정)

5. 해제효력

① 정비구역 등이 해제된 경우에는 〈정비구역 지정 이전의 상태〉로 환원된 것으로 본다.
② 재개발, 재건축사업 구역에서 해제된 경우 주거환경개선구역으로 지정할 수 있다.
③ 정비구역등이 해제된 경우 추진위원회 구성승인 또는 조합설립인가는 취소된 것으로 본다.

핵심 지문 기출 OX

01 국토교통부장관은 기본계획에 대하여 5년마다 타당성 여부를 검토하여 그 결과를 기본계획에 반영하여야 한다.(x)29회

02 도지사가 대도시가 아닌 시로서 기본계획을 수립할 필요가 없다고 인정하는 시에 대하여는 기본계획을 수립하지 아니할 수 있다.(o)29회

03 기본계획에는 사회복지시설 및 주민문화시설 등의 설치계획이 포함되어야 한다.(o)29회

04 기본계획의 수립권자는 기본계획을 수립하려는 경우 14일 이상 주민에게 공람하여 의견을 들어야 한다.(o)29회, 30회

05 대도시의 시장이 아닌 시장은 기본계획의 내용 중 정비사업의 계획기간을 단축하는 경우 도지사의 변경승인을 받지 아니할 수 있다.(o)29회

06 도시·주거환경정비기본계획을 변경할 때 지방의회의 의견청취를 생략할 수 있는 경우로 〈정비사업의 계획기간을 단축하는 경우〉가 있다.(o)30회

07 도시·주거환경정비기본계획을 변경할 때 지방의회의 의견청취를 생략할 수 있는 경우로 〈공동이용시설에 대한 설치계획을 변경하는 경우〉가 있다.(o)30회

08 도시·주거환경정비기본계획을 변경할 때 지방의회의 의견청취를 생략할 수 있는 경우로 〈사회복지시설 및 주민문화시설 등에 대한 설치계획을 변경하는 경우〉가 있다.(o)30회

09 도시·주거환경정비기본계획을 변경할 때 지방의회의 의견청취를 생략할 수 있는 경우로 〈구체적으로 명시된 정비예정구역 면적의 25%를 변경하는 경우〉가 있다.(x)30회

10 도시·주거환경정비기본계획을 변경할 때 지방의회의 의견청취를 생략할 수 있는 경우로 〈정비사업의 시행을 위하여 필요한 재원조달에 관한 사항을 변경하는 경우〉가 있다.(o)30회

11 기본계획의 수립권자는 기본계획을 수립한 때에는 지체없이 이를 해당 지방자치단체의 공보에 고시하고 일반인이 열람할 수 있도록 하여야 한다.(o)30회

12 시장·군수는 단계별 정비사업추진계획에 따른 주택재건축사업의 정비예정구역별 정비계획의 수립시기가 도래한 때부터 사업시행계획인가 전까지 재건축진단을 실시하여야 한다.(o)28회 변형

13 진입도로 등 기반시설 설치를 위하여 불가피하게 정비구역에 포함된 것으로 입안권자가 인정하는 주택단지 내의 건축물은 재건축진단 대상에서 제외할 수 있다.(o)28회 변형

14 시장·군수는 주택재건축사업의 시행을 결정한 경우에는 지체 없이 국토교통부장관에게 안전진단결과보고서를 제출하여야 한다.(x)28회

15 시장·군수는 재건축진단기관에 의뢰하여 주거환경 적합성, 해당 건축물의 구조안전성, 건축마감, 설비노후도 등에 관한 재건축진단을 실시하여야 한다.(o)28회 변형

16 시·도지사는 필요한 경우 한국시설안전공단에 재건축진단결과의 적정성 여부에 대한 검토를 의뢰할 수 있다.(o)28회

17 국민주택규모의 주택이 전체 세대수의 100분의 〈90〉 이하에서 대통령령으로 정하는 범위에서 국토교통부장관이 정하여 고시하는 임대주택 및 주택규모별 건설비율 등을 정비계획에 반영하여야 한다.(o)35회

18 공공임대주택 및 민간임대주택이 전체 세대수 또는 전체 연면적의 100분의 〈30〉 이하에서 대통령령으로 정하는 범위에서 국토교통부장관이 정하여 고시하는 임대주택 및 주택규모별 건설비율 등을 정비계획에 반영하여야 한다.(o)[35회]

19 정비구역의 지정권자는 정비구역의 진입로 설치를 위하여 필요한 경우에는 진입로 지역과 그 인접지역을 포함하여 정비구역을 지정할 수 있다.(o)[30회]

20 시장·군수가 정비구역 지정을 위하여 직접 정비계획을 입안하는 경우 조사·확인하여야 하는 사항으로 〈주민 또는 산업의 현황, 건축물의 소유현황, 정비구역 및 주변지역의 교통상황, 토지 및 건축물의 가격, 관계 중앙행정기관의 장의 의견〉이 해당한다.(x)[31회]

21 정비구역에서 이동이 쉽지 아니한 물건을 14일 동안 쌓아두기 위해서는 시장·군수등의 허가를 받아야 한다.(x)[30회]

22 정비구역에서는 「주택법」에 따른 지역주택조합의 조합원을 모집해서는 아니 된다.(o)[30회]

Unit 3. 정비사업의 시행방법 및 시행자

Ⅰ. 정비사업의 시행방법

정비사업	시행방법	
주거환경 개선사업		• 주거환경개선사업은 다음 어느 하나에 해당하는 방법 또는 이를 혼용하는 방법으로 한다.
	스스로 개량방식	• 사업시행자가 정비구역에서 정비기반시설 및 공동이용시설을 새로 설치하거나 확대하고 토지등소유자가 스스로 주택을 보전·정비하거나 개량하는 방법
	수용방식	• 사업시행자가 정비구역의 전부 또는 일부를 수용하여 주택을 건설한 후 토지등소유자에게 우선 공급하거나 대지를 토지등소유자 또는 토지등소유자 외의 자에게 공급하는 방법
	환지방식	• 사업시행자가 환지로 공급하는 방법
	관리처분 방식	• 사업시행자가 정비구역에서 인가받은 관리처분계획에 따라 주택 및 부대시설·복리시설을 건설하여 공급하는 방법
재개발사업	관리처분, 환지방식	• 정비구역에서 인가받은 관리처분계획에 따라 건축물을 건설하여 공급하거나 환지로 공급하는 방법으로 한다.
재건축사업	관리처분 방식	• 정비구역에서 인가받은 관리처분계획에 따라 주택, 부대시설·복리시설 및 오피스텔을 건설하여 공급하는 방법으로 한다. 다만, 주택단지에 있지 아니하는 건축물의 경우에는 지형여건·주변의 환경으로 보아 사업 시행상 불가피한 경우로서 정비구역으로 보는 사업에 한정한다. • 오피스텔을 건설하여 공급하는 경우에는 「국토의 계획 및 이용에 관한 법률」에 따른 준주거지역 및 상업지역에서만 건설할 수 있다. 이 경우 오피스텔의 연면적은 전체 건축물 연면적의 100분의 30 이하이어야 한다.

Ⅱ. 정비사업의 시행자 및 시공자

1. 주거환경개선사업 시행자 : 시장·군수등, 토지주택공사등, 공익법인

<u>스스로</u> 개량방식	원칙 (시장·군수등)	• 예외 (토지주택공사등) • 토지주택공사등을 사업시행자로 지정하여 시행하게 하려는 경우 공람공고일 현재 토지등소유자의 과반수의 동의를 받아야 한다.
수용, 환지, 관리처분방식	직접 시행	• 시장·군수등
	사업시행자가 지정한 〈지정 사업시행자〉	• 시장·군수등이 지정하여 시행하게 할 수 있다. ① 토지주택공사등 ② 국가, 지방자치단체, 토지주택공사등 또는 공공기관이 총지분의 100분의 50을 초과하는 출자로 설립한 법인
	공동시행자 지정	• 시장·군수등이 〈지정 사업시행자〉와 다음에 해당하는 자를 공동시행자로 지정할 수 있다. ①「건설산업기본법」에 따른 건설업자 ②「주택법」에 따라 건설업자로 보는 등록사업자
지정 사업시행자, 공동시행자 지정 시 동의요건		

- 공람공고일 현재 해당 정비예정구역의 토지 또는 건축물의 소유자 또는 지상권자의 3분의 2 이상의 동의와 세입자(공람공고일 3개월 전부터 해당 정비예정구역에 3개월 이상 거주하고 있는 자) 세대수의 과반수의 동의를 각각 받아야 한다.
- 세입자의 세대수가 토지등소유자의 2분의 1 이하인 경우에는 세입자의 동의절차를 거치지 아니할 수 있다.
- 시장·군수등은 천재지변, 그 밖의 불가피한 사유로 건축물이 붕괴할 우려가 있어 긴급히 정비사업을 시행할 필요가 있다고 인정하는 경우에는 토지등소유자 및 세입자의 동의 없이 자신이 직접 시행하거나 토지주택공사등을 사업시행자로 지정하여 시행하게 할 수 있다.

2. 재개발, 재건축사업 시행자

(1) 재개발, 재건축사업 시행자

재개발사업		재건축사업
조합	토지등소유자 (20인 미만)	조합
① 조합이 시행 ② 조합이 조합원의 과반수의 동의를 받아 시장·군수등, 토지주택공사등, 건설업자, 등록사업자 또는 신탁업자, 한국부동산원과 공동으로 시행하는 방법	① 토지등소유자가 시행 ② 토지등소유자가 토지등소유자의 과반수의 동의를 받아 시장·군수등, 토지주택공사등, 건설업자, 등록사업자 또는 신탁업자, 한국부동산원과 공동으로 시행하는 방법	① 조합이 시행 ② 조합이 조합원의 과반수의 동의를 받아 시장·군수등, 토지주택공사등, 건설업자 또는 등록사업자와 공동으로 시행할 수 있다.

(2) 재개발, 재건축사업 공공시행자

시장·군수등은 다음 어느 하나에 해당하는 때에는 〈직접 정비사업을 시행〉하거나 〈토지주택공사등을 사업시행자로 지정〉하여 정비사업을 시행하게 할 수 있다. 토지주택공사등과 재개발사업 또는 재건축사업의 준비·추진에 필요한 사항에 대하여 협약 또는 계약 등을 체결하려는 자(토지등소유자로 구성된 자를 말한다)는 대통령령으로 정하는 절차를 거친 사실을 시장·군수등에게 확인받은 후 대통령령으로 정하는 비율 이상의 토지등소유자의 동의를 받아 사업시행자 지정 이전에 협약등을 체결할 수 있다.

① 천재지변, 「재난 및 안전관리 기본법」 또는 「시설물의 안전 및 유지관리에 관한 특별법」에 따른 사용제한·사용금지, 그 밖의 불가피한 사유로 긴급하게 정비사업을 시행할 필요가 있다고 인정하는 때
② 고시된 정비계획에서 정한 정비사업시행 예정일부터 2년 이내에 사업시행계획인가를 신청하지 아니하거나 사업시행계획인가를 신청한 내용이 위법 또는 부당하다고 인정하는 때(재건축사업의 경우는 제외한다)
③ 추진위원회가 시장·군수등의 구성승인을 받은 날부터 3년 이내에 조합설립인가를 신청하지 아니하거나 조합이 조합설립인가를 받은 날부터 3년 이내에 사업시행계획인가를 신청하지 아니한 때
④ 지방자치단체의 장이 시행하는 「국토의 계획 및 이용에 관한 법률」에 따른 도시·군계획사업과 병행하여 정비사업을 시행할 필요가 있다고 인정하는 때
⑤ 순환정비방식으로 정비사업을 시행할 필요가 있다고 인정하는 때
⑥ 사업시행계획인가가 취소된 때
⑦ 해당 정비구역의 국·공유지 면적 또는 국·공유지와 토지주택공사등이 소유한 토지를 합한 면적이 전체 토지면적의 2분의 1 이상으로서 토지등소유자의 과반수가 시장·군수등 또는 토지주택공사등을 사업시행자로 지정하는 것에 동의하는 때
⑧ 해당 정비구역의 토지면적 2분의 1 이상의 토지소유자와 토지등소유자의 3분의 2 이상에 해당하는 자가 시장·군수등 또는 토지주택공사등을 사업시행자로 지정할 것을 요청하는 때

고시 등	취소간주
• 시장·군수등은 직접 정비사업을 시행하거나 토지주택공사등을 사업시행자로 지정하는 때에는 정비사업 시행구역 등 토지등소유자에게 알릴 필요가 있는 사항을 해당 지방자치단체의 공보에 고시하여야 한다. • 다만, ①의 경우에는 토지등소유자에게 지체 없이 정비사업의 시행 사유·시기 및 방법 등을 통보하여야 한다.	• 시장·군수등이 직접 정비사업을 시행하거나 토지주택공사등을 사업시행자로 지정·고시한 때에는 그 고시일 다음 날에 추진위원회의 구성승인 또는 조합설립인가가 취소된 것으로 본다. 이 경우 시장·군수등은 해당 지방자치단체의 공보에 해당 내용을 고시하여야 한다.

(3) 재개발, 재건축사업 지정개발자

시장·군수등은 재개발사업 및 재건축사업이 다음 어느 하나에 해당하는 때에는 토지등소유자, 「사회기반시설에 대한 민간투자법」에 따른 민관합동법인 또는 신탁업자로서 대통령령으로 정하는 요건을 갖춘 자(이하 "지정개발자"라 한다)를 사업시행자로 지정하여 정비사업을 시행하게 할 수 있다. 상기의 재개발, 재건축사업 공공시행자 〈협약 체결에 관한 사항〉, 〈고시 등〉, 〈취소간주〉 내용은 동일하다.

> ① 천재지변, 「재난 및 안전관리 기본법」 또는 「시설물의 안전 및 유지관리에 관한 특별법」에 따른 사용제한·사용금지, 그 밖의 불가피한 사유로 긴급하게 정비사업을 시행할 필요가 있다고 인정하는 때
> ② 고시된 정비계획에서 정한 정비사업시행 예정일부터 2년 이내에 사업시행계획인가를 신청하지 아니하거나 사업시행계획인가를 신청한 내용이 위법 또는 부당하다고 인정하는 때(재건축사업의 경우는 제외)
> ③ 재개발사업 및 재건축사업의 조합설립을 위한 동의요건 이상에 해당하는 자가 신탁업자를 사업시행자로 지정하는 것에 동의하는 때

(4) 재개발, 재건축사업 사업대행자 : 시장·군수등

① 시장·군수등은 다음 어느 하나에 해당하는 경우에는 해당 조합 또는 토지등소유자를 대신하여 직접 정비사업을 시행하거나 토지주택공사등 또는 지정개발자에게 해당 조합 또는 토지등소유자를 대신하여 정비사업을 시행하게 할 수 있다.
  ㉠ 장기간 정비사업이 지연되거나 권리관계에 관한 분쟁 등으로 해당 조합 또는 토지등소유자가 시행하는 정비사업을 계속 추진하기 어렵다고 인정하는 경우
  ㉡ 토지등소유자(조합을 설립한 경우에는 조합원을 말한다)의 과반수 동의로 요청하는 경우
② 사업대행자는 사업시행자에게 청구할 수 있는 보수 또는 비용의 상환에 대한 권리로써 사업시행자에게 귀속될 대지 또는 건축물을 압류할 수 있다.

3. 시행규정의 작성

시장·군수등, 토지주택공사등 또는 신탁업자가 단독으로 정비사업을 시행하는 경우 다음 사항을 포함하는 시행규정을 작성하여야 한다.

> ① 정비사업의 종류 및 명칭
> ② 정비사업의 시행연도 및 시행방법
> ③ 비용부담 및 회계
> ④ 토지등소유자의 권리·의무
> ⑤ 정비기반시설 및 공동이용시설의 부담
> ⑥ 공고·공람 및 통지의 방법
> ⑦ 토지 및 건축물에 관한 권리의 평가방법
> ⑧ 관리처분계획 및 청산(분할징수 또는 납입에 관한 사항을 포함한다). 다만, 수용의 방법으로 시행하는 경우는 제외한다.
> ⑨ 시행규정의 변경
> ⑩ 사업시행계획서의 변경
> ⑪ 토지등소유자 전체회의(신탁업자가 사업시행자인 경우로 한정한다)
> ⑫ 그 밖에 시·도조례로 정하는 사항

4. 시공자(건설업자 또는 등록사업자) 선정 등

시행자	시기	방법
조합 〈합동설명회 2회 이상 개최〉	조합설립인가 후	• 경쟁입찰 • 수의계약(2회 이상 경쟁입찰 유찰된 경우) • 조합총회에서 정관으로 정하는 바에 따라 선정(조합원이 100인 이하인 정비사업의 경우)
토지등소유자(재개발)	사업시행계획인가 후	• 규약(경쟁입찰X)
시장·군수등, 토지주택공사등 또는 지정개발자를 사업시행자로 지정한 경우	사업시행자 지정·고시 후	• 경쟁입찰 또는 수의계약

핵심 지문 기출 OX

01 주거환경개선사업에서 사업시행자는 '정비구역 안에서 정비기반시설을 새로이 설치하거나 확대하고 토지등소유자가 스스로 주택을 개량하는 방법' 및 '환지로 공급하는 방법'을 혼용할 수 있다.(o)[28회]

02 환지로 공급하는 방법은 주거환경개선사업의 시행방법에 해당한다.(o)[35회]

03 〈주거환경개선사업〉은 사업시행자가 환지로 공급하는 방법으로 시행할 수 있다.(o)[29회]

04 인가받은 관리처분계획에 따라 주택 및 부대시설·복리시설을 건설하여 공급하는 방법은 주거환경개선사업의 시행방법에 해당한다.(o)[35회]

05 〈주거환경개선사업〉은 사업시행자가 정비구역에서 인가받은 관리처분계획에 따라 주택, 부대시설·복리시설 및 오피스텔을 건설하여 공급하는 방법으로 시행할 수 있다.(x)[29회]

06 환지로 공급하는 방법은 재개발사업의 시행방법에 해당한다.(o)[35회]

07 인가받은 관리처분계획에 따라 건축물을 건설하여 공급하는 방법은 재개발사업의 시행방법에 해당한다.(o)[35회]

08 〈재개발사업〉은 정비구역에서 인가받은 관리처분계획에 따라 건축물을 건설하여 공급하는 방법으로 시행할 수 있다.(o)[29회]

09 「국토의 계획 및 이용에 관한 법률」에 따른 일반주거지역인 정비구역에서 인가받은 관리처분계획에 따라 「건축법」에 따른 오피스텔을 건설하여 공급하는 방법은 재건축사업의 시행방법에 해당한다.(x)[35회]

10 재건축사업을 하는 정비구역에서 오피스텔을 건설하여 공급하는 경우에는 「국토의 계획 및 이용에 관한 법률」에 따른 준주거지역 및 상업지역 이외의 지역에서 오피스텔을 건설할 수 있다.(x)[30회]

11 주거환경개선사업에서 시장·군수는 세입자의 세대수가 토지등소유자의 2분의 1인 경우 세입자의 동의 절차 없이 주택공사등을 사업시행자로 지정할 수 있다.(o)[28회]

12 재개발사업은 토지등소유자가 30인인 경우에는 토지등소유자가 직접 시행할 수 있다.(x)[32회]

13 재개발조합이 조합설립인가를 받은 날부터 3년 이내에 사업시행계획인가를 신청하지 아니한 때에는 시장·군수등은 직접 정비사업을 시행할 수 있다.(o)[35회]

14 재건축사업 조합설립추진위원회가 구성승인을 받은 날부터 2년이 되었음에도 조합설립인가를 신청하지 아니한 경우 시장·군수 등이 직접 시행할 수 있다.(x)[32회]

15 조합설립인가 후 시장·군수 등이 토지주택공사등을 사업시행자로 지정·고시한 때에는 그 고시일에 조합설립인가가 취소된 것으로 본다.(x)[30회]

16 한국토지주택공사가 단독으로 정비사업을 시행하는 경우에 작성하는 시행규정에 포함하여야 하는 사항으로 〈정비사업의 시행연도 및 시행방법, 토지등소유자의 권리·의무, 공고·공람 및 통지의 방법, 토지 및 건축물에 관한 권리의 평가방법, 토지등소유자 전체회의〉이 있다.(o)[33회]

Unit 4. 조합설립추진위원회 및 조합

Ⅰ. 조합설립추진위원회

구성 및 승인	• 조합을 설립하려는 정비구역 지정·고시 후 경우에는 다음의 사항에 대하여 토지등소유자 과반수의 동의를 받아 조합설립을 위한 추진위원회를 구성하여 국토교통부령으로 정하는 방법과 절차에 따라 시장·군수등의 승인을 받아야 한다. 이 경우 시장·군수등은 승인 이후 구역경계, 토지등소유자의 수 등 국토교통부령으로 정하는 사항을 해당 지방자치단체 공보에 고시하여야 한다. ① 추진위원회 위원장을 포함한 5명 이상의 추진위원회 위원 ② 운영규정

추진위원회 대상 지역	• 추진위원회는 다음의 어느 하나에 해당하는 지역을 대상으로 구성한다.
	① 정비구역으로 지정·고시된 지역
	② 정비구역으로 지정·고시되지 아니한 지역으로서 다음 어느 하나에 해당하는 지역
	  ㉠ 기본계획을 수립하지 아니한 지역 또는 기본계획에 정비예정구역의 개략적 범위, 단계별 정비사업 추진계획을 생략한 지역으로서 대통령령으로 정하는 지역
	  ㉡ 기본계획에 정비예정구역이 설정된 지역
	  ㉢ 입안 요청 및 입안 제안에 따라 정비계획의 입안을 결정한 지역
	  ㉣ 정비계획의 입안을 위하여 주민에게 공람한 지역

동의 간주	• 추진위원회의 구성에 동의한 토지등소유자는 조합의 설립에 동의한 것으로 본다. 다만, 조합설립인가를 신청하기 전에 시장·군수등 및 추진위원회에 조합설립에 대한 반대의 의사표시를 한 추진위원회 동의자의 경우에는 그러하지 아니하다.
업무	① 정비사업전문관리업자의 선정 및 변경 ② 설계자의 선정 및 변경 ③ 개략적인 정비사업 시행계획서의 작성 ④ 조합설립인가를 받기 위한 준비업무 ⑤ 그 밖에 조합설립을 추진하기 위하여 대통령령으로 정하는 업무 〈운영규정의 작성 / 동의서 접수 / 창립총회 개최 / 정관초안 작성 등〉
조직	• 추진위원회는 추진위원회를 대표하는 추진위원장 1명과 감사를 두어야 한다. (이사X)

운영	• 추진위원회는 다음의 사항을 토지등소유자가 쉽게 접할 수 있는 일정한 장소에 게시하거나 인터넷 등을 통하여 공개하고, 필요한 경우에는 토지등소유자에게 서면통지를 하는 등 토지등소유자가 그 내용을 충분히 알 수 있도록 하여야 한다. 다만, ⑧ 및 ⑨는 조합설립인가 신청일 60일 전까지 추진위원회 구성에 동의한 토지등소유자에게 등기우편으로 통지하여야 한다. ① 안전진단의 결과 ② 정비사업전문관리업자의 선정에 관한 사항 ③ 토지등소유자의 부담액 범위를 포함한 개략적인 사업시행계획서 ④ 추진위원회 위원의 선정에 관한 사항 ⑤ 토지등소유자의 비용부담을 수반하거나 권리·의무에 변동을 일으킬 수 있는 사항 ⑥ 추진위원회의 업무에 관한 사항 ⑦ 창립총회 개최의 방법 및 절차 ⑧ 조합설립에 대한 동의철회(반대의 의사표시를 포함) 및 방법 ⑨ 조합설립 동의서에 포함되는 사항

Ⅱ. 조합

1. 조합설립의무

① 시장·군수등, 토지주택공사등 또는 지정개발자가 아닌 자가 정비사업을 시행하려는 경우에는 토지등소유자로 구성된 조합을 설립하여야 한다.

② 토지등소유자가 20인 미만인 경우에 토지등소유자가 재개발사업을 시행하려는 경우에는 조합을 설립하지 아니할 수 있다.

2. 조합설립인가

(1) 조합설립인가

추진위원회(추진위원회를 구성하지 아니하는 경우에는 토지등소유자)가 조합을 설립하려면 일정한 수의 동의를 받아 정관, 정비사업비와 관련된 자료 등 국토교통부령으로 정하는 서류, 그 밖에 시·도조례로 정하는 서류를 첨부하여 시장·군수등의 인가를 받아야 한다. 조합은 조합설립인가를 받은 때에는 정관으로 정하는 바에 따라 토지등소유자에게 그 내용을 통지하고, 이해관계인이 열람할 수 있도록 하여야 한다.

(2) 조합설립인가 시 동의요건

추진위원회는 조합설립에 필요한 동의를 받기 전에 추정분담금 등 **토지등소유자별 분담금 추산액 및 산출근거**, 그 밖에 추정 분담금의 산출 등과 관련하여 시·도조례로 정하는 정보를 토지등소유자에게 제공하여야 한다.

재개발 사업		• 추진위원회(추진위원회를 구성하지 아니하는 경우에는 토지등소유자)가 조합을 설립하려면 **토지등소유자의 4분의 3 이상 및 토지면적의 2분의 1 이상**의 토지소유자의 동의를 받아 **정비구역 지정·고시 후 시장·군수등의 인가**를 받아야 한다.
재건축 사업	주택단지인 경우	• 주택단지이 공동주택의 각 동별(복리시설의 경우 주택단지의 복리시설 전체를 하나의 동으로 본다) 구분소유자의 과반수 동의(공동주택의 각 동별 구분소유자가 5 이하인 경우는 제외)와 주택단지의 전체 구분소유자의 4분의 3 이상 및 토지면적의 4분의 3 이상의 토지소유자의 동의를 받아 **정비구역 지정·고시 후 시장·군수등의 인가**를 받아야 한다.
	주택단지가 아닌 경우	• 주택단지가 아닌 지역이 정비구역에 포함된 때에는 **주택단지가 아닌 지역의 토지 또는 건축물 소유자의 4분의 3 이상 및 토지면적의 3분의 2 이상**의 토지소유자의 동의를 받아야 한다.
인가사항 변경	원칙	• 총회에서 조합원의 3분의 2 이상의 찬성으로 의결하여 시장·군수등 인가
	예외	경미한 사항 변경 시 시장·군수등에게 신고 (시장·군수등은 신고를 받은 날부터 20일 이내에 신고수리 여부를 신고인에게 통지하여야 한다.) ① 착오·오기 또는 누락임이 명백한 사항 ② 조합의 명칭 및 주된 사무소의 소재지와 조합장의 성명 및 주소(조합장의 변경이 없는 경우로 한정한다) ③ 토지 또는 건축물의 매매 등으로 조합원의 권리가 이전된 경우의 조합원의 교체 또는 신규가입 ④ **조합임원 또는 대의원의 변경**(의결을 거친 경우로 한정한다) ⑤ 건설되는 건축물의 **설계 개요의 변경** ⑥ **정비사업비의 변경** ⑦ 현금청산으로 인하여 정관에서 정하는 바에 따라 조합원이 변경되는 경우 ⑧ 정비구역 또는 정비계획의 변경에 따라 변경되어야 하는 사항. 다만, 정비구역 면적이 10퍼센트 이상의 범위에서 변경되는 경우는 제외한다.

(3) 토지등소유자 동의방법

1) 동의방법

다음의 사항을 동의서에 포함하여 서면동의서 또는 전자서명동의서(전자문서에 전자서명을 한 동의서를 말함)를 제출하는 방법으로 한다. 이 경우 서면동의서는 토지등소유자가 성명을 적고 지장을 날인하는 방법으로 하며, 주민등록증, 여권 등 신원을 확인할 수 있는 신분증명서의 사본을 첨부하여야 한다.

① 건설되는 건축물의 설계의 개요
② 공사비 등 정비사업비용에 드는 비용(이하 "정비사업비"라 한다)
③ 정비사업비의 분담기준
④ 사업 완료 후 소유권의 귀속에 관한 사항
⑤ 조합 정관

2) 동의자 수의 산정방법

주거환경 개선사업, 재개발사업	① 1필지의 토지 또는 하나의 건축물을 여럿이서 공유하는 경우에는 해당 토지 또는 건축물의 토지등소유자의 4분의 3 이상의 동의를 받아 이를 대표하는 1인을 토지등소유자로 산정할 것 ② 토지에 지상권이 설정되어 있는 경우 토지의 소유자와 해당 토지의 지상권자를 대표하는 1인을 토지등소유자로 산정할 것 ③ 1인이 다수 필지의 토지 또는 다수의 건축물을 소유하고 있는 경우에는 필지나 건축물의 수에 관계없이 토지등소유자를 1인으로 산정할 것 ④ 둘 이상의 토지 또는 건축물을 소유한 공유자가 동일한 경우에는 그 공유자 여럿을 대표하는 1인을 토지등소유자로 산정할 것
재건축사업	① 소유권 또는 구분소유권을 여럿이서 공유하는 경우에는 그 여럿을 대표하는 1인을 토지등소유자로 산정할 것 ② 1인이 둘 이상의 소유권 또는 구분소유권을 소유하고 있는 경우에는 소유권 또는 구분소유권의 수에 관계없이 토지등소유자를 1인으로 산정할 것 ③ 둘 이상의 소유권 또는 구분소유권을 소유한 공유자가 동일한 경우에는 그 공유자 여럿을 대표하는 1인을 토지등소유자로 할 것

3) 동의철회 또는 반대의사 표시

의사표시 기한	효력발생시기
• 동의의 철회 또는 반대의사의 표시는 해당 동의에 따른 인·허가 등을 신청하기 전까지 할 수 있다.	• 동의의 철회나 반대의 의사표시는 철회서가 동의의 상대방에게 도달한 때 또는 시장·군수등이 동의의 상대방에게 철회서가 접수된 사실을 통지한 때 중 빠른 때에 효력이 발생한다.

4) 토지등소유자 동의서 검인

서면동의서 또는 전자서명동의서를 작성하는 경우 조합설립추진위원회의 승인 및 조합설립인가에 해당하는 때에는 시장·군수등이 대통령령으로 정하는 방법에 따라 검인 또는 확인한 동의서를 사용하여야 하며, 검인 또는 확인을 받지 아니한 동의서는 그 효력이 발생하지 아니한다. 검인 또는 확인의 신청을 받은 시장·군수등은 동의서 기재사항의 기재 여부 등 형식적인 사항을 확인하고 해당 동의서에 연번을 부여한 후 검인을 하여야 한다. 시장·군수등은 신청을 받은 날부터 20일 이내에 신청인에게 검인한 동의서를 내주어야 한다.

5) 정관의 작성 및 변경

기재사항	① 조합의 명칭 및 사무소의 소재지 ② 조합원의 자격 ③ 조합원의 제명·탈퇴 및 교체 ④ 정비구역의 위치 및 면적 ⑤ 조합의 임원의 수 및 업무의 범위 ⑥ 조합임원의 권리·의무·보수·선임방법·변경 및 해임 ⑦ 대의원의 수, 선임방법, 선임절차 및 대의원회의 의결방법 ⑧ 조합의 비용부담 및 조합의 회계 ⑨ 정비사업의 시행연도 및 시행방법 ⑩ 총회의 소집 절차·시기 및 의결방법 ⑪ 총회의 개최 및 조합원의 총회소집 요구 ⑫ 이자 지급 ⑬ 정비사업비의 부담 시기 및 절차 ⑭ 정비사업이 종결된 때의 청산절차 ⑮ 청산금의 징수·지급의 방법 및 절차 ⑯ 시공자·설계자의 선정 및 계약서에 포함될 내용 ⑰ 정관의 변경절차	
정관의 변경	• 조합이 정관을 변경하려는 경우에는 총회를 개최하여 조합원 과반수의 찬성으로 시장·군수등의 인가를 받아야 한다.	
	예외 (조합원 3분의 2 이상의 찬성)	① 조합원의 자격 ② 조합원의 제명·탈퇴 및 교체 ③ 정비구역의 위치 및 면적 ④ 조합의 비용부담 및 조합의 회계 ⑤ 정비사업비의 부담 시기 및 절차 ⑥ 시공자·설계자의 선정 및 계약서에 포함될 내용

3. 조합의 법인격 등

법인격	• 조합은 법인으로 한다.
설립 시기	• 조합은 조합설립인가를 받은 날부터 30일 이내에 주된 사무소의 소재지에서 대통령령으로 정하는 사항을 등기하는 때에 성립한다.
조합 명칭	• 조합은 명칭에 '정비사업조합'이라는 문자를 사용하여야 한다.

4. 조합원의 자격

조합원의 자격	• 정비사업의 조합원은 토지등소유자(재건축사업의 경우에는 동의한 자만 해당)로 한다. 다음 어느 하나에 해당하는 때 〈대표하는 1명〉을 조합원으로 본다. ① 토지 또는 건축물의 소유권과 지상권이 여러 명의 공유에 속하는 때 ② 여러 명의 토지등소유자가 1세대에 속하는 때 ③ 조합설립인가 후 1명의 토지등소유자로부터 토지 또는 건축물의 소유권이나 지상권을 양수하여 여러 명이 소유하게 된 때
조합원이 될 수 없는 경우	재개발 관리처분계획인가 후 / 재건축 조합설립인가 후 • 투기과열지구에서 해당 정비사업의 건축물 또는 토지를 양수(매매·증여, 그 밖의 권리의 변동을 수반하는 모든 행위를 포함하되, 상속·이혼으로 인한 양도·양수의 경우는 제외한다)한 자는 조합원이 될 수 없다.

5. 조합 임원

(1) 구성 및 직무

구성	• 조합장 1명과 이사, 감사를 임원으로 둔다.
요건	① 정비구역에 위치한 건축물 또는 토지를 5년 이상 소유할 것 ② 정비구역에서 거주하고 있는 자로서 선임일 직전 3년 동안 정비구역에서 1년 이상 거주할 것
임원의 수	• 조합에 두는 이사의 수는 3명 이상으로 하고, 감사의 수는 1명 이상 3명 이하로 한다. 다만, 토지등소유자의 수가 100인을 초과하는 경우에는 이사의 수를 5명 이상으로 한다.
임기	• 조합임원의 임기는 3년 이하의 범위에서 정관으로 정하되, 연임할 수 있다.
선출방법 등	• 조합임원의 선출방법 등은 정관으로 정한다. 다만, 시장·군수등은 다음 어느 하나에 해당하는 경우 시·도조례로 정하는 바에 따라 변호사·회계사·기술사 등으로서 대통령령으로 정하는 요건을 갖춘 자를 전문조합관리인으로 선정하여 조합임원의 업무를 대행하게 할 수 있다. ① 조합임원이 사임, 해임, 임기만료, 그 밖에 불가피한 사유 등으로 직무를 수행할 수 없는 때부터 6개월 이상 선임되지 아니한 경우 ② 총회에서 조합원 과반수의 출석과 출석 조합원 과반수의 동의로 전문조합관리인의 선정을 요청하는 경우
조합임원의 직무	① 조합장은 조합을 대표하고, 그 사무를 총괄하며, 총회 또는 대의원회의 의장이 된다. ② 조합장이 대의원회의 의장이 되는 경우에는 대의원으로 본다. ③ 조합장 또는 이사가 자기를 위하여 조합과 계약이나 소송을 할 때에는 감사가 조합을 대표한다. ④ 조합임원은 같은 목적의 정비사업을 하는 다른 조합의 임원 또는 직원을 겸할 수 없다.

(2) 결격사유 및 퇴임

결격사유		• 다음 어느 하나에 해당하는 자는 조합임원 또는 전문조합관리인이 될 수 없다. ① 미성년자·피성년후견인 또는 피한정후견인 ② 파산선고를 받고 복권되지 아니한 자 ③ 금고 이상의 실형을 선고받고 그 집행이 종료되거나 집행이 면제된 날부터 2년이 지나지 아니한 자 ④ 금고 이상의 형의 집행유예를 받고 그 유예기간 중에 있는 자 ⑤ 이 법을 위반하여 벌금 100만원 이상의 형을 선고받고 10년이 지나지 아니한 자 ⑥ 조합설립 인가권자에 해당하는 지방자치단체의 장, 지방의회의원 또는 그 배우자·직계존속·직계비속
퇴임	당연퇴임	① 조합임원이 결격사유에 해당하게 되거나 선임 당시 그에 해당하는 자였음이 밝혀진 경우 ② 조합임원이 자격요건을 갖추지 못한 경우
	퇴임 전 행위 효력	• 퇴임된 임원이 퇴임 전에 관여한 행위는 그 효력을 잃지 아니한다.
	전문조합 관리인 선정	• 시장·군수등이 전문조합관리인을 선정한 경우 전문조합관리인이 업무를 대행할 임원은 당연 퇴임한다.
해임		• 조합원 10분의 1 이상의 요구로 소집된 총회에서 조합원 과반수의 출석과 출석 조합원 과반수의 동의를 받아 해임할 수 있다. • 이 경우 요구자 대표로 선출된 자가 해임 총회의 소집 및 진행을 할 때에는 조합장의 권한을 대행한다.

6. 총회(최고의사결정기관, 필수기관)

총회의 소집	원칙	• 조합에는 조합원으로 구성되는 총회를 둔다. • 총회를 소집하려는 자는 총회가 개최되기 7일 전까지 회의 목적·안건·일시 및 장소와 의결권의 행사기간 및 장소 등 의결권행사에 필요한 사항을 정하여 조합원에게 통지하여야 한다.		
	소집요건 (조합장)	① 조합장 직권으로 소집 ② 조합원 5분의 1 이상(정관의 기재사항 중 조합임원의 권리·의무·보수·선임방법·변경 및 해임에 관한 사항을 변경하기 위한 총회의 경우는 10분의 1 이상) 또는 대의원 3분의 2 이상 요구로 조합장이 소집		
	시장·군수 등 소집	• 조합임원의 사임, 해임 또는 임기만료 후 6개월 이상 조합임원이 선임되지 아니한 경우에는 시장·군수등이 조합임원 선출을 위한 총회를 소집할 수 있다.		
	총회의 의결을 위한 직접출석	원칙	과반수 출석	100분의 20 이상
		조합원의 100분의 10 이상 직접 출석	시공자의 선정	• 창립총회, 시공자 선정 취소를 위한 총회, 사업시행계획서의 작성 및 변경, 관리처분계획의 수립 및 변경
의결사항 및 방법	의결사항	① 정관의 변경(경미한 사항의 변경은 이 법 또는 정관에서 총회의결사항으로 정한 경우로 한정) ② 자금의 차입과 그 방법·이자율 및 상환방법 ③ 정비사업비의 세부 항목별 사용계획이 포함된 예산안 및 예산의 사용내역 ④ 예산으로 정한 사항 외에 조합원에게 부담이 되는 계약 ⑤ 시공자·설계자 및 감정평가법인등(시장·군수등이 선정·계약하는 감정평가법인등은 제외)의 선정 및 변경. 다만, 감정평가법인등 선정 및 변경은 총회의 의결을 거쳐 시장·군수등에게 위탁할 수 있다. ⑥ 정비사업전문관리업자의 선정 및 변경 ⑦ 조합임원의 선임 및 해임 ⑧ 정비사업비의 조합원별 분담내역 ⑨ 사업시행계획서의 작성 및 변경(정비사업의 중지 또는 폐지 포함, 경미한 변경은 제외) ⑩ 관리처분계획의 수립 및 변경(경미한 변경은 제외) ⑪ 조합의 해산과 조합 해산 시의 회계보고 ⑫ 청산금의 징수·지급(분할징수·분할지급을 포함한다) ⑬ 비용의 금액 및 징수방법 ⑭ 조합의 합병 또는 해산에 관한 사항 ⑮ 대의원의 선임 및 해임에 관한 사항 ⑯ 건설되는 건축물의 설계 개요의 변경 ⑰ 정비사업비의 변경		
	의결방법	원칙	• 이 법 또는 정관에 다른 규정이 없으면 조합원 과반수의 출석과 출석 조합원의 과반수 찬성으로 한다.	
		조합원 과반수 찬성	• 사업시행계획서의 작성 및 변경 • 관리처분계획의 수립 및 변경	
		조합원 3분의 2 이상의 찬성	• 정비사업비가 100분의 10 이상 늘어나는 경우	

7. 대의원회(필수기관)

구성	① 조합원의 수가 100명 이상인 조합은 대의원회를 두어야 한다. ② 대의원회는 조합원의 10분의 1 이상으로 구성한다. 다만, 조합원의 10분의 1이 100명을 넘는 경우에는 조합원의 10분의 1의 범위에서 100명 이상으로 구성할 수 있다.
자격 및 권한	① 대의원은 조합원 중에서 선출한다. ② 조합장이 아닌 조합임원은 대의원이 될 수 없다. ③ 대의원회는 총회의 의결사항 중 대통령령으로 정하는 사항 외에는 총회의 권한을 대행할 수 있다.
총회의 권한을 대행할 수 없는 사항	① 정관의 변경에 관한 사항(경미한 사항의 변경은 법 또는 정관에서 총회의결사항으로 정한 경우로 한정) ② 자금의 차입과 그 방법·이자율 및 상환방법에 관한 사항 ③ 예산으로 정한 사항 외에 조합원에게 부담이 되는 계약에 관한 사항 ④ 시공자·설계자 또는 감정평가법인등(시장·군수등이 선정·계약하는 감정평가법인등은 제외)의 선정 및 변경에 관한 사항 ⑤ 정비사업전문관리업자의 선정 및 변경에 관한 사항 ⑥ 조합임원의 선임 및 해임과 대의원의 선임 및 해임에 관한 사항. 다만 임기 중 궐위된 자(조합장은 제외)를 보궐선임하는 경우 제외 ⑦ 사업시행계획서의 작성 및 변경에 관한 사항(정비사업의 중지 또는 폐지에 관한 사항을 포함, 경미한 변경은 제외) ⑧ 관리처분계획의 수립 및 변경에 관한 사항(경미한 변경은 제외) ⑨ 총회에 상정하여야 하는 사항 ⑩ 조합의 합병 또는 해산에 관한 사항. 다만, 사업완료로 인한 해산의 경우는 제외한다. ⑪ 건설되는 건축물의 설계 개요의 변경에 관한 사항 ⑫ 정비사업비의 변경에 관한 사항

Ⅲ. 주민대표회의

주민대표회의의 구성	• 토지등소유자가 시장·군수등 또는 토지주택공사등의 사업시행을 원하는 경우에는 정비구역 지정·고시 후 주민대표회의를 구성하여야 한다. 다만, 토지주택공사등과 재개발사업 또는 재건축사업의 준비·추진에 필요한 사항에 대하여 협약등을 체결한 경우에는 정비구역 지정·고시 이전에 주민대표회의를 구성할 수 있다.
구성원	① 주민대표회의는 위원장을 포함하여 5명 이상 25명 이하로 구성한다. ② 주민대표회의에는 위원장과 부위원장 각 1명과 1명 이상 3명 이하의 감사를 둔다
동의	• 주민대표회의는 토지등소유자의 과반수의 동의를 받아 구성하며, 국토교통부령으로 정하는 방법 및 절차에 따라 시장·군수등의 승인을 받아야 한다.
의견제시	• 주민대표회의 또는 세입자(상가세입자를 포함)는 사업시행자가 다음의 사항에 관하여 시행규정을 정하는 때에 의견을 제시할 수 있다. ① 건축물의 철거 ② 주민의 이주(세입자의 퇴거에 관한 사항을 포함) ③ 토지 및 건축물의 보상(세입자에 대한 주거이전비 등 보상에 관한 사항을 포함) ④ 정비사업비의 부담 ⑤ 세입자에 대한 임대주택의 공급 및 입주자격 ⑥ 그 밖에 정비사업의 시행을 위하여 필요한 사항

핵심 지문 기출 OX

01 조합설립추진위원회는 토지등소유자의 수가 200인인 경우 5명 이상의 이사를 두어야 한다.(x)32회

02 조합설립추진위원회가 운영에 필요한 사항 중 추진위원회 구성에 동의한 토지등소유자에게 등기우편으로 통지하여야 하는 사항으로 〈조합설립 동의서에 포함되는 사항으로서 정비사업비의 분담기준, 재건축사업 정비계획 입안을 위한 안전진단의 결과, 토지등소유자의 부담액 범위를 포함한 개략적인 사업시행계획서, 정비사업전문관리업자의 선정에 관한 사항, 추진위원회 위원의 선정에 관한 사항〉이 해당한다.(o)33회

03 토지등소유자가 30인 미만인 경우 토지등소유자는 조합을 설립하지 아니하고 재개발사업을 시행할 수 있다.(x)35회

04 재개발사업의 추진위원회가 조합을 설립하려면 토지등소유자의 〈3/4〉 이상 및 토지면적의 〈1/2〉 이상의 토지소유자의 동의를 받아 시장·군수등의 인가를 받아야 한다.(o)29회

05 재개발사업의 추진위원회가 조합을 설립하려면 토지등소유자의 〈4분의 3〉 이상 및 토지면적의 〈2분의 1〉 이상의 토지소유자의 동의를 받아야 한다.(o)31회

06 재개발사업의 추진위원회가 조합을 설립하려면 토지등소유자의 3분의 2 이상 및 토지면적의 2분의 1 이상의 토지소유자의 동의를 받아야 한다.(x)35회

07 재건축사업의 추진위원회가 조합을 설립하려는 경우 주택단지가 아닌 지역이 정비구역에 포함된 때에는 주택단지가 아닌 지역의 토지 또는 건축물 소유자의 〈4분의 3〉 이상 및 토지면적의 〈3분의 2〉 이상의 토지소유자의 동의를 받아야 한다.(o)31회

08 조합은 재개발조합설립인가를 받은 때에도 토지등소유자에게 그 내용을 통지하지 아니한다.(x)35회

09 추진위원회는 조합설립인가 후 지체 없이 추정분담금에 관한 정보를 토지등소유자에게 제공하여야 한다.(x)35회

10 조합의 정관에는 정비구역의 위치 및 면적이 포함되어야 한다.(o)30회

11 〈조합 상근임원 보수에 관한 사항, 대의원 수, 대의원 선임방법, 청산금 분할징수 여부의 결정, 대의원회 법정 의결정족수의 완화〉는 조합의 정관으로 정할 수 없다.(x)28회

12 조합이 정관의 기재사항 중 조합원의 자격에 관한 사항을 변경하려는 경우에는 총회를 개최하여 조합원 〈2/3〉 (이상)의 찬성으로 시장·군수등의 인가를 받아야 한다.(o)29회

13 〈정비구역의 위치 및 면적, 조합의 비용부담 및 조합의 회계, 정비사업비의 부담 시기 및 절차, 시공자·설계자의 선정 및 계약서에 포함될 내용, 청산금의 징수·지급의 방법 및 절차〉는 조합의 정관을 변경하기 위하여 총회에서 조합원 3분의 2 이상의 찬성을 요하는 사항이다.(x)34회

14 조합은 명칭에 "정비사업조합"이라는 문자를 사용하지 않아도 된다.(x)30회

15 토지등소유자의 수가 100인을 초과하는 경우 조합에 두는 이사의 수는 5명 이상으로 한다.(o)33회

16 조합임원의 임기는 3년 이하의 범위에서 정관으로 정하되, 연임할 수 있다.(o)33회

17 조합장이 자기를 위하여 조합과 소송을 할 때에는 이사가 조합을 대표한다.(x)30회

18 조합임원은 같은 목적의 정비사업을 하는 다른 조합의 임원 또는 직원을 겸할 수 없다.(o)33회

19 시장·군수 등이 전문조합관리인을 선정한 경우 전문조합관리인이 업무를 대행할 임원은 당연 퇴임한다.(o)³³회

20 총회에서 요청하여 시장·군수 등이 전문조합관리인을 선정한 경우 전문조합관리인이 업무를 대행할 임원은 당연 퇴임한다.(o)³⁴회

21 조합임원이 결격사유에 해당하게 되어 당연 퇴임한 경우가 그가 퇴임 전에 관여한 행위는 그 효력을 잃는다.(x)³⁴회

22 총회를 소집하려는 자는 총회가 개최되기 ⟨7⟩일 전까지 회의 목적·안건·일시 및 장소를 정하여 조합원에게 통지하여야 한다.(o)³⁰회

23 정관의 기재사항 중 조합임원의 권리·의무·보수·선임방법·변경 및 해임에 관한 사항을 변경하기 위한 총회의 경우는 조합원 ⟨10분의 1 이상⟩의 요구로 조합장이 소집한다.(o)³⁰회

24 조합임원의 임기만료 후 6개월 이상 조합임원이 선임되지 아니한 경우에는 시장·군수 등이 조합임원 선출을 위한 총회를 소집할 수 있다.(o)³⁴회

25 조합장이 아닌 조합임원은 대의원이 될 수 없다.(o)³⁴회

26 조합장이 아닌 조합임원은 대의원이 될 수 있다.(x)³³회

27 ⟨조합임원의 해임⟩은 조합총회의 의결사항 중 대의원회가 대행할 수 없다.(o)³²회

28 대의원회는 임기중 궐위된 조합장을 보궐선임할 수 없다.(o)³⁴회

29 ⟨정비사업전문관리업자의 선정 및 변경⟩은 조합총회의 의결사항 중 대의원회가 대행할 수 없다.(o)³²회

30 ⟨사업완료로 인한 조합의 해산⟩은 조합총회의 의결사항 중 대의원회가 대행할 수 없다.(x)³²회

31 ⟨정비사업비의 변경⟩은 조합총회의 의결사항 중 대의원회가 대행할 수 없다.(o)³²회

32 토지등소유자가 시장·군수등 또는 토지주택공사등의 사업시행을 원하는 경우에는 정비구역 지정·고시 후 주민대표회의를 구성하여야 한다.(o)³¹회

33 주민대표회의는 위원장을 포함하여 5명 이상 25명 이하로 구성한다.(o)³¹회

34 주민대표회의에는 위원장과 부위원장 각 1명과 1명 이상 3명 이하의 감사를 둔다.(o)³¹회

35 주민대표회의는 토지등소유자의 과반수의 동의를 받아 구성한다.(o)³¹회

36 주민대표회의는 토지등소유자의 과반수의 동의를 받아 구성하며, 위원장과 부위원장 각 1명과 1명 이상 3명 이하의 감사를 둔다.(o)³²회

37 상가세입자는 사업시행자가 건축물의 철거의 사항에 관하여 시행규정을 정하는 때에 의견을 제시할 수 없다.(x)³¹회

Unit 5. 사업시행계획 등

Ⅰ. 사업시행계획서의 작성 및 동의

1. 사업시행계획서의 작성

- 사업시행자는 정비계획에 따라 다음 사항을 포함하는 사업시행계획서를 작성하여야 한다.
- 시장·군수등은 사업시행계획서를 작성하려는 경우에는 대통령령으로 정하는 방법 및 절차에 따라 관계 서류의 사본을 14일 이상 일반인이 공람할 수 있게 하여야 한다. 다만, 경미한 사항을 변경하려는 경우에는 그러하지 아니하다.

> ① 토지이용계획(건축물배치계획을 포함)
> ② 정비기반시설 및 공동이용시설의 설치계획
> ③ 임시거주시설을 포함한 주민이주대책
> ④ 세입자의 주거 및 이주 대책
> ⑤ 사업시행기간 동안 정비구역 내 가로등 설치, 폐쇄회로 텔레비전 설치 등 범죄예방대책
> ⑥ 임대주택의 건설계획(재건축사업의 경우는 제외)
> ⑦ 국민주택규모 주택의 건설계획(주거환경개선사업의 경우는 제외)
> ⑧ 공공지원민간임대주택 또는 임대관리 위탁주택의 건설계획
> ⑨ 건축물의 높이 및 용적률 등에 관한 건축계획
> ⑩ 정비사업의 시행과정에서 발생하는 폐기물의 처리계획
> ⑪ 교육시설의 교육환경 보호에 관한 계획(정비구역부터 200미터 이내에 교육시설이 설치되어 있는 경우로 한정한다)
> ⑫ 정비사업비
> ⑬ 그 밖에 사업시행을 위한 사항으로서 대통령령으로 정하는 바에 따라 시·도조례로 정하는 사항

2. 사업시행계획의 동의

(1) 동의요건

사업시행자	동의요건	
조합	• 사업시행자(시장·군수등 또는 토지주택공사등은 제외한다)는 사업시행계획인가를 신청하기 전에 미리 **총회의 의결**을 거쳐야 하며, 인가받은 사항을 변경하거나 정비사업을 중지 또는 폐지하려는 경우에도 또한 같다. 다만, 경미한 사항의 변경은 총회의 의결을 필요로 하지 아니한다.	
토지등소유자	동의요건	• **토지등소유자의 4분의 3 이상 및 토지면적의 2분의 1 이상**의 토지소유자의 동의를 받아야 한다.
	변경 시 요건	• 인가받은 사항을 변경하려는 경우에는 규약으로 정하는 바에 따라 토지등소유자의 과반수의 동의를 받아야 한다.
	경미한 사항 변경	• 경미한 사항의 변경인 경우에는 토지등소유자의 동의를 필요로 하지 아니한다.
지정개발자	• 지정개발자가 정비사업을 시행하려는 경우에는 사업시행계획인가를 신청하기 전에 **토지등소유자의 과반수의 동의 및 토지면적의 2분의 1 이상**의 토지소유자의 동의를 받아야 한다. • 다만, 경미한 사항의 변경인 경우에는 토지등소유자의 동의를 필요로 하지 아니한다	

(2) 경미한 사항의 변경

① **정비사업비를 10퍼센트의 범위에서 변경**하거나 관리처분계획의 인가에 따라 변경하는 때. 다만, 「주택법」에 따른 국민주택을 건설하는 사업인 경우에는 「주택도시기금법」에 따른 주택도시기금의 지원금액이 증가되지 아니하는 경우만 해당한다.
② 건축물이 아닌 **부대시설·복리시설의 설치규모를 확대**하는 때(위치가 변경되는 경우는 제외한다)
③ 대지면적을 10퍼센트의 범위에서 변경하는 때
④ 세대수와 세대당 주거전용면적을 변경하지 않고 **세대당 주거전용면적의 10퍼센트의 범위**에서 세대 내부구조의 **위치 또는 면적을 변경**하는 때
⑤ 내장재료 또는 외장재료를 변경하는 때
⑥ 사업시행계획인가의 조건으로 부과된 사항의 이행에 따라 변경하는 때
⑦ 건축물의 설계와 용도별 위치를 변경하지 아니하는 범위에서 건축물의 배치 및 주택단지 안의 도로선형을 변경하는 때
⑧ 사업시행자의 명칭 또는 사무소 소재지를 변경하는 때
⑨ 정비구역 또는 정비계획의 변경에 따라 사업시행계획서를 변경하는 때
⑩ 조합설립변경 인가에 따라 사업시행계획서를 변경하는 때

3. 사업시행계획의 통합심의★ (기출35)

내용	• 정비구역의 지정권자는 다음 중 둘 이상의 심의가 필요한 경우 〈통합심의〉하여야 한다. ① 「건축법」에 따른 건축물의 건축 및 특별건축구역의 지정 등에 관한 사항 ② 「경관법」에 따른 경관 심의에 관한 사항 ③ 「교육환경 보호에 관한 법률」에 따른 교육환경평가 ④ 「국토의 계획 및 이용에 관한 법률」에 따른 도시·군관리계획에 관한 사항 ⑤ 「도시교통정비 촉진법」에 따른 교통영향평가에 관한 사항 ⑥ 「환경영향평가법」에 따른 환경영향평가 등에 관한 사항 ⑦ 그 밖에 국토교통부장관, 시·도지사 또는 시장·군수등이 필요하다고 인정하여 통합심의에 부치는 사항
통합심의 위원회	• 정비구역의 지정권자가 통합심의를 하는 경우에는 다음의 어느 하나에 해당하는 위원회에 속하고 위원장의 추천을 받은 위원, 지정권자 및 사업시행계획 인가권자가 속한 지방자치단체 소속 공무원으로 소집된 통합심의위원회를 구성하여 통합심의하여야 한다. ① 「건축법」에 따른 건축위원회 ② 「경관법」에 따른 경관위원회 ③ 「교육환경 보호에 관한 법률」에 따른 교육환경보호위원회 ④ 지방도시계획위원회 ⑤ 「도시교통정비 촉진법」에 따른 교통영향평가심의위원회 ⑥ 도시재정비위원회(정비구역이 재정비촉진지구 내에 있는 경우에 한정한다) ⑦ 「환경영향평가법」에 따른 환경영향평가협의회 ⑧ 환경영향평가에 대하여 심의권한을 가진 관련 위원회 • 통합심의위원회는 위원장 1명과 부위원장 1명을 포함하여 20명 이상100명 이하의 위원으로 성별을 고려하여 구성한다. • 위원장과 부위원장은 통합심의위원회의 위원 중에서 정비구역지정권자가 임명하거나 위촉한다.
신청 및 효과	신청	• 사업시행자가 통합심의를 신청하는 경우에는 관련된 서류를 첨부하여야 한다.
	효과	• 시장·군수등은 특별한 사유가 없으면 통합심의 결과를 반영하여 사업시행계획을 인가하여야 한다. • 통합심의를 거친 경우에는 해당 사항에 대한 검토·심의·조사·협의·조정 또는 재정을 거친 것으로 본다.

Ⅱ. 사업시행계획인가

1. 인가절차

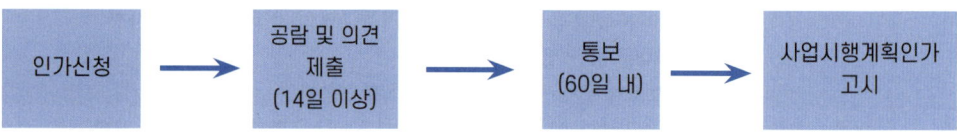

인가신청	원칙	• 사업시행자(공동시행의 경우를 포함, 사업시행자가 시장·군수등인 경우는 제외)는 정비사업을 시행하려는 경우에는 사업시행계획서에 정관등과 그 밖에 국토교통부령으로 정하는 서류를 첨부하여 시장·군수등에게 제출하고 사업시행계획인가를 받아야 하고, 인가받은 사항을 변경하거나 정비사업을 중지 또는 폐지하려는 경우에도 또한 같다.
	예외	• 다만, 대통령령으로 정하는 경미한 사항을 변경하려는 때에는 시장·군수등에게 신고하여야 한다. • 시장·군수등은 신고를 받은 날부터 20일 이내에 신고수리 여부를 신고인에게 통지하여야 한다. 미통지 시 기간이 끝난 날의 다음 날에 수리한 것으로 본다.
공람 및 의견제출	공람	• 시장·군수등은 사업시행계획인가를 하거나 사업시행계획서를 작성하려는 경우에는 대통령령으로 정하는 방법 및 절차에 따라 관계 서류의 사본을 14일 이상 일반인이 공람할 수 있게 하여야 한다. 다만, 경미한 사항을 변경하려는 경우에는 그러하지 아니하다.
	의견 제출	• 토지등소유자 또는 조합원, 그 밖에 정비사업과 관련하여 이해관계를 가지는 자는 공람기간 이내에 시장·군수등에게 서면으로 의견을 제출할 수 있다. • 시장·군수등은 제출된 의견을 심사하여 채택할 필요가 있다고 인정하는 때에는 이를 채택하고, 그러하지 아니한 경우에는 의견을 제출한 자에게 그 사유를 알려주어야 한다.
통보		• 시장·군수등은 특별한 사유가 없으면 사업시행계획서의 제출이 있은 날부터 60일 이내에 인가 여부를 결정하여 사업시행자에게 통보하여야 한다.
인가고시		• 시장·군수등은 사업시행계획인가(시장·군수등이 사업시행계획서를 작성한 경우를 포함)를 하거나 정비사업을 변경·중지 또는 폐지하는 경우에는 국토교통부령으로 정하는 방법 및 절차에 따라 그 내용을 해당 지방자치단체의 공보에 고시하여야 한다. • 다만, 경미한 사항을 변경하려는 경우에는 그러하지 아니하다.

2. 사업시행계획인가의 특례

사업시행자는 일부 건축물의 존치 또는 리모델링에 관한 내용이 포함된 사업시행계획서를 작성하여 사업시행계획인가를 신청할 수 있다.

내용	• 시장·군수등은 존치 또는 리모델링하는 건축물 및 건축물이 있는 토지가 「주택법」 및 「건축법」에 따른 다음의 건축 관련 기준에 적합하지 아니하더라도 대통령령으로 정하는 기준에 따라 사업시행계획인가를 할 수 있다. ① 「주택법」에 따른 주택단지의 범위 ② 「주택법」에 따른 부대시설 및 복리시설의 설치기준 ③ 「건축법」에 따른 대지와 도로의 관계 ④ 「건축법」에 따른 건축선의 지정 ⑤ 「건축법」에 따른 일조 등의 확보를 위한 건축물의 높이 제한
동의요건	• 사업시행자가 사업시행계획서를 작성하려는 경우에는 존치 또는 리모델링하는 건축물 소유자의 동의(「집합건물의 소유 및 관리에 관한 법률」에 따른 구분소유자가 있는 경우에는 구분소유자의 3분의 2 이상의 동의와 해당 건축물 연면적의 3분의 2 이상의 구분소유자의 동의로 한다)를 받아야 한다.

III. 정비사업 시행을 위한 조치

1. 임시거주시설·임시상가의 설치 등

의무	• 사업시행자는 주거환경개선사업 및 재개발사업의 시행으로 철거되는 주택의 소유자 또는 세입자에게 해당 정비구역 안과 밖에 위치한 임대주택 등의 시설에 임시로 거주하게 하거나 주택자금의 융자를 알선하는 등 임시거주에 상응하는 조치를 하여야 한다.
일시사용	① 사업시행자는 임시거주시설의 설치 등을 위하여 필요한 때에는 국가·지방자치단체, 그 밖의 공공단체 또는 개인의 시설이나 토지를 일시 사용할 수 있다. ② 국가 또는 지방자치단체는 사업시행자로부터 임시거주시설에 필요한 건축물이나 토지의 사용신청을 받은 때에는 〈다음의 사유〉가 없으면 이를 거절하지 못한다. 이 경우 사용료 또는 대부료는 면제한다. ㉠ 임시거주시설의 설치를 위하여 필요한 건축물이나 토지에 대하여 제3자와 이미 매매계약을 체결한 경우 ㉡ 사용신청 이전에 임시거주시설의 설치를 위하여 필요한 건축물이나 토지에 대한 사용계획이 확정된 경우 ㉢ 제3자에게 이미 임시거주시설의 설치를 위하여 필요한 건축물이나 토지에 대한 사용허가를 한 경우
철거 및 원상회복	• 사업시행자는 정비사업의 공사를 완료한 때에는 완료한 날부터 30일 이내에 임시거주시설을 철거하고, 사용한 건축물이나 토지를 원상회복하여야 한다.
임시상가의 설치	• 재개발사업의 사업시행자는 사업시행으로 이주하는 상가세입자가 사용할 수 있도록 정비구역 또는 정비구역 인근에 임시상가를 설치할 수 있다.

2. 주거환경개선사업의 특례

국민주택 채권의 매입배제	• 주거환경개선사업에 따른 건축허가를 받은 때와 부동산등기(소유권 보존등기 또는 이전등기로 한정한다)를 하는 때에는 「주택도시기금법」의 국민주택채권의 매입에 관한 규정을 적용하지 아니한다.
별도 기준 결정	• 사업시행자는 주거환경개선구역에서 다음의 어느 하나에 해당하는 사항은 시·도조례로 정하는 바에 따라 기준을 따로 정할 수 있다. ① 「건축법」에 따른 대지와 도로의 관계(소방활동에 지장이 없는 경우로 한정) ② 「건축법」에 따른 건축물의 높이 제한(사업시행자가 공동주택을 건설·공급하는 경우로 한정한다)
주거지역 간주	• 주거환경개선구역은 해당 정비구역의 지정·고시가 있는 날부터 「국토의 계획 및 이용에 관한 법률」에 따라 주거지역으로 결정·고시된 것으로 본다. 다만, 개발제한구역 등은 제외한다 ① 스스로 개량, 환지방식 = 2종 일반주거지역 ② 수용, 관리처분계획방식 = 3종 일반주거지역

3. 재건축사업 매도청구

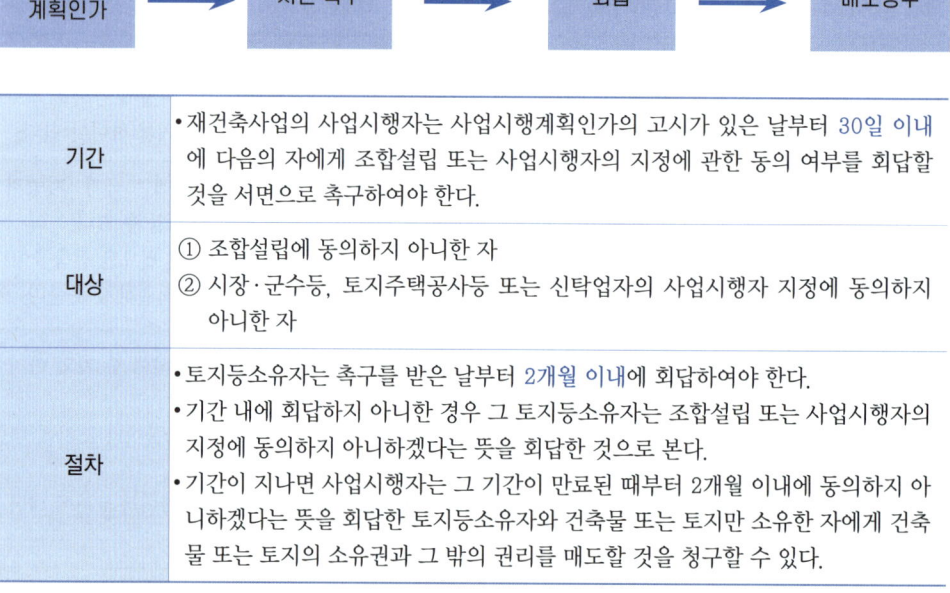

기간	• 재건축사업의 사업시행자는 사업시행계획인가의 고시가 있는 날부터 30일 이내에 다음의 자에게 조합설립 또는 사업시행자의 지정에 관한 동의 여부를 회답할 것을 서면으로 촉구하여야 한다.
대상	① 조합설립에 동의하지 아니한 자 ② 시장·군수등, 토지주택공사등 또는 신탁업자의 사업시행자 지정에 동의하지 아니한 자
절차	• 토지등소유자는 촉구를 받은 날부터 2개월 이내에 회답하여야 한다. • 기간 내에 회답하지 아니한 경우 그 토지등소유자는 조합설립 또는 사업시행자의 지정에 동의하지 아니하겠다는 뜻을 회답한 것으로 본다. • 기간이 지나면 사업시행자는 그 기간이 만료된 때부터 2개월 이내에 동의하지 아니하겠다는 뜻을 회답한 토지등소유자와 건축물 또는 토지만 소유한 자에게 건축물 또는 토지의 소유권과 그 밖의 권리를 매도할 것을 청구할 수 있다.

4. 재건축사업 등의 용적률 완화 및 국민주택규모 주택 건설 비율

법적상한 용적률까지 건축 허용	• 사업시행자는 다음 어느 하나에 해당하는 정비사업(재정비촉진지구에서 시행되는 재개발사업 및 재건축사업은 제외)을 시행하는 경우 정비계획(이 법에 따라 정비계획으로 의제되는 계획을 포함)으로 정하여진 용적률에도 불구하고 지방도시계획위원회의 심의를 거쳐 『국토의 계획 및 이용에 관한 법률』 및 관계 법률에 따른 용적률의 상한(이하 이 조에서 '법적상한용적률'이라 한다)까지 건축할 수 있다. ① 과밀억제권역에서 시행하는 재개발사업 및 재건축사업(주거지역 및 준공업지역에 한정) ② 시·도조례로 정하는 지역에서 시행하는 재개발사업 및 재건축사업
국민주택규모 주택 건설 의무	• 사업시행자는 법적상한용적률에서 정비계획으로 정하여진 용적률을 뺀 용적률(이하 '초과용적률'이라 한다)의 다음 각 호에 따른 비율에 해당하는 면적에 국민주택규모 주택을 건설하여야 한다. ① 과밀억제권역에서 시행하는 재건축사업은 초과용적률의 100분의 30 이상 100분의 50 이하로서 시·도조례로 정하는 비율 ② 과밀억제권역에서 시행하는 재개발사업은 초과용적률의 100분의 50 이상 100분의 75 이하로서 시·도조례로 정하는 비율 ③ 과밀억제권역 외의 지역에서 시행하는 재건축사업은 초과용적률의 100분의 50 이하로서 시·도조례로 정하는 비율 ④ 과밀억제권역 외의 지역에서 시행하는 재개발사업은 초과용적률의 100분의 75 이하로서 시·도조례로 정하는 비율
국민주택규모 주택의 공급 및 인수	• 사업시행자는 건설한 국민주택규모 주택을 국토교통부장관, 시·도지사, 시장, 군수, 구청장 또는 토지주택공사등(이하 '인수자'라 한다)에 공급하여야 한다. • 공급가격은 국토교통부장관이 고시하는 공공건설임대주택의 표준건축비로 하며, 부속 토지는 인수자에게 기부채납한 것으로 본다. • 인수자에 공급해야 하는 국민주택규모 주택을 공개추첨의 방법으로 선정해야 하며, 그 선정결과를 지체 없이 같은 항에 따른 인수자에게 통보해야 한다. • 선정된 국민주택규모 주택을 공급하는 경우에는 시·도지사, 시장·군수·구청장 순으로 우선하여 인수할 수 있다. 다만, 시·도지사 및 시장·군수·구청장이 국민주택규모 주택을 인수할 수 없는 경우에는 시·도지사는 국토교통부장관에게 인수자 지정을 요청해야 한다.

핵심 지문 기출 OX

01 〈토지이용계획(건축물배치계획을 포함)〉은 재건축사업의 사업시행자가 작성하여야 하는 사업시행계획서에 포함되어야 하는 사항이다.(o)³¹회

02 〈정비기반시설 및 공동이용시설의 설치계획〉은 재건축사업의 사업시행자가 작성하여야 하는 사업시행계획서에 포함되어야 하는 사항이다.(o)³¹회

03 〈임시거주시설을 포함한 주민이주대책〉은 재건축사업의 사업시행자가 작성하여야 하는 사업시행계획서에 포함되어야 하는 사항이다.(o)³¹회

04 〈세입자의 주거 및 이주대책〉은 재건축사업의 사업시행자가 작성하여야 하는 사업시행계획서에 포함되어야 하는 사항이다.(o)³¹회

05 〈임대주택의 건설계획〉은 재건축사업의 사업시행자가 작성하여야 하는 사업시행계획서에 포함되어야 하는 사항이다.(x)³¹회

06 「경관법」에 따른 경관 심의는 통합심의 대상이 아니다.(x)³⁵회

07 통합심의위원회 위원장은 위원 중에서 호선한다.(x)³⁵회

08 사업시행자는 통합심의를 신청할 수 없다.(x)³⁵회

09 시장·군수등은 특별한 사유가 없으면 통합심의 결과를 반영하여 사업시행계획을 인가하여야 한다.(o)³⁵회

10 통합심의를 거친 경우 해당 사항에 대한 조정 또는 재정을 거친 것으로 보지 아니한다.(x)³⁵회

11 주거환경개선사업에서 사업시행자는 사업의 시행으로 철거되는 주택의 소유자 또는 세입자에 대하여 당해 정비구역 내·외에 소재한 임대주택 등의 시설에 임시로 거주하게 하거나 주택자금의 융자알선 등 임시수용에 상응하는 조치를 하여야 한다.(o)²⁸회

12 사업시행자는 건설한 국민주택규모 주택을 국토교통부장관, 시·도지사, 시장, 군수, 구청장 또는 토지주택공사등에 공급하여야 한다.(o)³³회

13 인수자에게 공급하는 국민주택규모 주택의 부속 토지는 인수자에게 기부채납한 것으로 본다.(o)³³회

14 사업시행자는 인수자에게 공급해야 하는 국민주택규모주택을 공개추첨의 방법으로 선정해야 한다.(o)³³회

15 선정된 국민주택규모 주택을 공급하는 경우에는 시·도지사, 시장, 군수, 구청장 순으로 우선하여 인수할 수 있다.(o)³³회

16 시·도지사 및 시장, 군수, 구청장이 국민주택규모 주택을 인수할 수 없는 경우 한국토지주택공사가 인수하여야 한다.(x)³³회

Unit 6. 관리처분계획 등

I. 분양통지 및 공고

	분양통지	분양공고
시기	• 사업시행자는 사업시행계획인가의 고시가 있은 날(사업시행계획인가 이후 시공자를 선정한 경우에는 시공자와 계약을 체결한 날)부터 120일 이내에 토지등소유자에게 통지한다.	• 분양통지 후 분양의 대상이 되는 대지 또는 건축물의 내역 등을 해당 지역에서 발간되는 일간신문에 공고하여야 한다. • 다만, 토지등소유자 1인이 시행하는 재개발사업의 경우에는 그러하지 아니하다.
내용	① 분양대상자별 종전의 토지 또는 건축물의 명세 및 사업시행계획인가의 고시가 있은 날을 기준으로 한 가격(사업시행계획인가 전에 철거된 건축물은 시장·군수등에게 허가를 받은 날을 기준으로 한 가격) ② 분양대상자별 분담금의 추산액 ③ 분양신청기간 ④ 〈분양공고 사항〉 및 분양신청서 (토지등소유자외의 권리자의 권리신고방법 제외)	① 사업시행인가의 내용 ② 정비사업의 종류·명칭 및 정비구역의 위치·면적 ③ 분양신청기간 및 장소 ④ 분양대상 대지 또는 건축물의 내역 ⑤ 분양신청자격 ⑥ 분양신청방법 ⑦ 지등소유자외의 권리자의 권리신고방법 ⑧ 분양을 신청하지 아니한 자에 대한 조치 ⑨ 그 밖에 시·도조례로 정하는 사항

II. 분양신청

	분양신청기간	분양신청을 하지 아니한 자 등에 대한 조치
원칙	• 분양신청기간은 통지한 날부터 30일 이상 60일 이내로 하여야 한다. 다만, 사업시행자는 관리처분계획의 수립에 지장이 없다고 판단하는 경우에는 분양신청기간을 20일의 범위에서 한 차례만 연장할 수 있다.	• 사업시행자는 관리처분계획이 인가·고시된 다음 날부터 90일 이내에 〈다음에서 정하는 자〉와 토지, 건축물 또는 그 밖의 권리의 손실보상에 관한 협의를 하여야 한다. 다만, 사업시행자는 분양신청기간 종료일의 다음 날부터 협의를 시작할 수 있다. ① 분양신청을 하지 아니한 자 ② 분양신청기간 종료 이전에 분양신청을 철회한 자 ③ 분양신청을 할 수 없는 자 ④ 인가된 관리처분계획에 따라 분양대상에서 제외된 자
예외	• 투기과열지구의 정비사업에서 관리처분계획에 따라 분양대상자 및 그 세대에 속한 자는 분양대상자 선정일(조합원 분양분의 분양대상자는 최초 관리처분계획 인가일을 말한다)부터 5년 이내에는 투기과열지구에서 분양신청을 할 수 없다.	• 사업시행자는 협의가 성립되지 아니하면 그 기간의 만료일 다음 날부터 60일 이내에 수용재결을 신청하거나 매도청구소송을 제기하여야 한다.

Ⅲ. 관리처분계획의 수립

1. 관리처분계획의 수립내용

사업시행자는 〈분양신청기간이 종료된 때〉에는 분양신청의 현황을 기초로 다음의 사항이 포함된 관리처분계획을 수립하여 시장·군수등의 인가를 받아야 하며, 관리처분계획을 변경·중지 또는 폐지하려는 경우에도 또한 같다. 다만, 대통령령으로 정하는 경미한 사항을 변경하려는 경우에는 시장·군수등에게 신고 (20일 이내 신고수리여부 통지) 하여야 한다.

관리처분계획의 내용 (인가)

① 분양설계
② 분양대상자의 주소 및 성명
③ 분양대상자별 분양예정인 대지 또는 건축물의 추산액(임대관리 위탁주택에 관한 내용을 포함한다)
④ 다음에 해당하는 보류지 등의 명세와 추산액 및 처분방법.
　다만, ㉡의 경우에는 선정된 임대사업자의 성명 및 주소(법인인 경우에는 법인의 명칭 및 소재지와 대표자의 성명 및 주소)를 포함한다.
　㉠ 일반 분양분
　㉡ 공공지원민간임대주택
　㉢ 임대주택
　㉣ 그 밖에 부대시설·복리시설 등
⑤ 분양대상자별 종전의 토지 또는 건축물 명세 및 사업시행계획인가 고시가 있는 날을 기준으로 한 가격(사업시행계획인가 전에 철거된 건축물은 시장·군수등에게 허가를 받은 날을 기준으로 한 가격)
⑥ 정비사업비의 추산액(재건축사업의 경우에는 재건축부담금에 관한 사항을 포함) 및 그에 따른 조합원 분담규모 및 분담시기
⑦ 분양대상자의 종전 토지 또는 건축물에 관한 소유권 외의 권리명세
⑧ 세입자별 손실보상을 위한 권리명세 및 그 평가액
⑨ 그 밖에 정비사업과 관련한 권리 등에 관하여 대통령령으로 정하는 사항

경미한 사항의 변경 (신고)

① 계산착오·오기·누락 등에 따른 조서의 단순정정인 경우(불이익을 받는 자가 없는 경우에만 해당)
② 정관 및 사업시행계획인가의 변경에 따라 관리처분계획을 변경하는 경우
③ 매도청구에 대한 판결에 따라 관리처분계획을 변경하는 경우
④ 권리·의무의 변동이 있는 경우로서 분양설계의 변경을 수반하지 아니하는 경우
⑤ 주택분양에 관한 권리를 포기하는 토지등소유자에 대한 임대주택의 공급에 따라 관리처분계획을 변경하는 경우
⑥ 「민간임대주택에 관한 특별법」에 따른 임대사업자의 주소(법인인 경우에는 법인의 소재지와 대표자의 성명 및 주소)를 변경하는 경우

2. 관리처분계획 수립기준

(1) 작성기준

① 종전의 토지 또는 건축물의 면적·이용 상황·환경, 그 밖의 사항을 종합적으로 고려하여 대지 또는 건축물이 균형 있게 분양신청자에게 배분되고 합리적으로 이용되도록 한다.
② 지나치게 좁거나 넓은 토지 또는 건축물은 넓히거나 좁혀 대지 또는 건축물이 적정 규모가 되도록 한다.
③ 너무 좁은 토지 또는 건축물을 취득한 자나 정비구역 지정 후 분할된 토지 또는 집합건물의 구분소유권을 취득한 자에게는 현금으로 청산할 수 있다.
④ 재해 또는 위생상의 위해를 방지하기 위하여 토지의 규모를 조정할 특별한 필요가 있는 때에는 너무 좁은 토지를 넓혀 토지를 갈음하여 보상을 하거나 건축물의 일부와 그 건축물이 있는 대지의 공유지분을 교부할 수 있다.
⑤ 분양설계에 관한 계획은 〈분양신청기간이 만료하는 날〉을 기준으로 하여 수립한다.

(2) 주택공급기준

1세대 또는 1명이 하나 이상의 주택 또는 토지를 소유한 경우 1주택을 공급하고, 같은 세대에 속하지 아니하는 2명 이상이 1주택 또는 1토지를 공유한 경우에는 1주택만 공급한다. 다만, 다음의 경우에는 다음의 방법에 따라 주택을 공급할 수 있다.

조례로 주택공급	• 2명 이상이 1토지를 공유한 경우로서 시·도조례로 주택공급을 따로 정하고 있는 경우에는 시·도조례로 정하는 바에 따라 주택을 공급할 수 있다.
소유한 주택 수 만큼 공급	① 과밀억제권역에 위치하지 아니한 재건축사업의 토지등소유자. 다만, 투기과열지구 또는 조정대상지역에서 사업시행계획인가를 신청하는 재건축사업의 토지등소유자는 제외한다. 다만, 조정대상지역 또는 투기과열지구에서 조정대상지역 또는 투기과열지구로 지정되기 전에 1명의 토지등소유자로부터 토지 또는 건축물의 소유권을 양수하여 여러 명이 소유하게 된 경우에는 양도인과 양수인에게 각각 1주택을 공급할 수 있다. ② 근로자(공무원인 근로자를 포함) 숙소, 기숙사 용도로 주택을 소유하고 있는 토지등소유자 ③ 국가, 지방자치단체 및 토지주택공사등 ④ 「지방자치분권 및 지역균형발전에 관한 특별법」에 따른 공공기관지방이전 및 혁신도시 활성화를 위한 시책 등에 따라 이전하는 공공기관이 소유한 주택을 양수한 자 〈2018. 1. 26. 까지 유효〉
2주택 공급	• 분양대상자별 종전의 토지 또는 건축물 명세 및 사업시행계획인가 고시가 있은 날을 기준으로 한 가격에 따른 가격의 범위 또는 종전 주택의 주거전용면적의 범위에서 2주택을 공급할 수 있고, 이 중 1주택은 주거전용면적을 60제곱미터 이하로 한다. • 60제곱미터 이하로 공급받은 1주택은 이전고시일 다음 날부터 3년이 지나기 전에는 주택을 전매(상속의 경우는 제외)하거나 전매를 알선할 수 없다.
3주택 공급	• 과밀억제권역에 위치한 재건축사업의 경우에는 토지등소유자가 소유한 주택수의 범위에서 3주택까지 공급할 수 있다. • 다만, 투기과열지구 또는 조정대상지역에서 사업시행계획인가를 신청하는 재건축사업의 경우에는 그러하지 아니하다.

(3) 주택 등 건축물을 분양받을 권리의 산정 기준일

① 정비사업을 통하여 분양받을 건축물이 다음 어느 하나에 해당하는 경우에는 〈정비구역 지정·고시가 있는 날〉 또는 시·도지사가 투기를 억제하기 위하여 기본계획 수립을 위한 주민공람의 공고일 후 정비구역 지정·고시 전에 따로 정하는 날(이하 "기준일")의 다음 날을 기준으로 건축물을 분양받을 권리를 산정한다.

② 시·도지사는 기준일을 따로 정하는 경우 기준일·지정사유·건축물을 분양받을 권리의 산정 기준 등을 해당 지방자치단체의 공보에 고시하여야 한다.
  ㉠ 1필지의 토지가 여러 개의 필지로 분할되는 경우
  ㉡ 「집합건물의 소유 및 관리에 관한 법률」에 따른 집합건물이 아닌 건축물이 같은 법에 따른 집합건물로 전환되는 경우
  ㉢ 하나의 대지 범위에 속하는 동일인 소유의 토지와 주택 등 건축물을 토지와 주택 등 건축물로 각각 분리하여 소유하는 경우
  ㉣ 나대지에 건축물을 새로 건축하거나 기존 건축물을 철거하고 다세대주택, 그 밖의 공동주택을 건축하여 토지등소유자의 수가 증가하는 경우
  ㉤ 「집합건물의 소유 및 관리에 관한 법률」에 따른 전유부분의 분할로 토지등소유자의 수가 증가하는 경우

VI. 관리처분계획의 인가

공람 및 의견청취	• 사업시행자는 관리처분계획인가를 신청하기 전에 관계 서류의 사본을 30일 이상 토지등소유자에게 공람하게 하고 의견을 들어야 한다. • 다만, 대통령령으로 정하는 경미한 사항을 변경하려는 경우에는 토지등소유자의 공람 및 의견청취 절차를 거치지 아니할 수 있다.
인가 여부 통보	• 시장·군수등은 사업시행자의 관리처분계획인가의 신청이 있는 날부터 30일 이내에 인가 여부를 결정하여 사업시행자에게 통보하여야 한다.

타당성 검증 요청	① 시장·군수등은 다음 어느 하나에 해당하는 경우에는 대통령령으로 정하는 공공기관에 관리처분계획의 타당성 검증을 요청하여야 한다. 이 경우 시장·군수등은 타당성 검증 비용을 사업시행자에게 부담하게 할 수 있다.
	  ㉠ 정비사업비가 정비사업비 기준으로 100분의 10 이상 늘어나는 경우
	  ㉡ 조합원 분담규모가 분양대상자별 분담금의 추산액 총액 기준으로 100분의 20 이상으로 늘어나는 경우
	  ㉢ 조합원 5분의 1 이상이 관리처분계획인가 신청이 있는 날부터 15일 이내에 시장·군수등에게 타당성 검증을 요청한 경우
	② 시장·군수등은 관리처분계획의 타당성 검증을 요청하는 경우에는 관리처분계획인가의 신청을 받은 날부터 60일 이내에 인가 여부를 결정하여 사업시행자에게 통지하여야 한다.

고시	• 시장·군수등이 관리처분계획을 인가하는 때에는 그 내용을 해당 지방자치단체의 공보에 고시하여야 한다.
통지	• 사업시행자는 공람을 실시하려거나 시장·군수등의 고시가 있은 때에는 대통령령으로 정하는 방법과 절차에 따라 토지등소유자에게는 공람계획을 통지하고, 분양신청을 한 자에게는 관리처분계획인가의 내용 등을 통지하여야 한다.

V. 관리처분계획에 따른 처분

1. 관리처분의 방법 및 기준

주거환경 개선사업, 재개발사업	① 시·도조례로 분양주택의 규모를 제한하는 경우에는 그 규모 이하로 주택을 공급할 것 ② 1개의 건축물의 대지는 1필지의 토지가 되도록 정할 것. 다만, 주택단지의 경우에는 그러하지 아니하다. ③ 정비구역의 토지등소유자(지상권자는 제외)에게 분양할 것. 다만, 공동주택을 분양하는 경우 시·도조례로 정하는 금액·규모·취득 시기 또는 유형에 대한 기준에 부합하지 아니하는 토지등소유자는 시·도조례로 정하는 바에 따라 분양대상에서 제외할 수 있다. ④ 1필지의 대지 및 그 대지에 건축된 건축물을 2인 이상에게 분양하는 때에는 기존의 토지 및 건축물의 가격과 토지등소유자가 부담하는 비용(재개발사업의 경우에만 해당)의 비율에 따라 분양할 것 ⑤ 분양대상자가 공동으로 취득하게 되는 건축물의 공용부분은 각 권리자의 공유로 하되, 해당 공용부분에 대한 각 권리자의 지분비율은 그가 취득하게 되는 부분의 위치 및 바닥면적 등의 사항을 고려하여 정할 것 ⑥ 1필지의 대지 위에 2인 이상에게 분양될 건축물이 설치된 경우에는 건축물의 분양면적의 비율에 따라 그 대지소유권이 주어지도록 할 것. 이 경우 토지의 소유관계는 공유로 한다. ⑦ 주택 및 부대시설·복리시설의 공급순위는 기존의 토지 또는 건축물의 가격을 고려하여 정할 것. 이 경우 그 구체적인 기준은 시·도조례로 정할 수 있다.
재건축사업 (조합이 조합원 전원의 동의를 받아 그 기준을 따로 정하는 경우 그에 따른다.)	① 분양대상자가 공동으로 취득하게 되는 건축물의 공용부분은 각 권리자의 공유로 하되, 해당 공용부분에 대한 각 권리자의 지분비율은 그가 취득하게 되는 부분의 위치 및 바닥면적 등의 사항을 고려하여 정할 것 ② 1필지의 대지 위에 2인 이상에게 분양될 건축물이 설치된 경우에는 건축물의 분양면적의 비율에 따라 그 대지소유권이 주어지도록 할 것. 이 경우 토지의 소유관계는 공유로 한다. ③ 부대시설·복리시설(부속토지를 포함)의 소유자에게는 부대시설·복리시설을 공급할 것.

2. 조성된 대지 등 및 잔여분에 대한 처리

조성된 대지 등의 처분	① 정비사업의 시행으로 조성된 대지 및 건축물은 관리처분계획에 따라 처분 또는 관리하여야 한다. ② 사업시행자는 정비사업의 시행으로 건설된 건축물을 인가받은 관리처분계획에 따라 토지등소유자에게 공급하여야 한다. ③ 사업시행자는 정비구역에 주택을 건설하는 경우에는 입주자 모집 조건·방법·절차, 입주금(계약금·중도금 및 잔금을 말한다)의 납부 방법·시기·절차, 주택공급 방법·절차 등에 관하여 「주택법」에도 불구하고 대통령령으로 정하는 범위에서 시장·군수등의 승인을 받아 따로 정할 수 있다.
잔여분에 대한 처리	① 사업시행자는 분양신청을 받은 후 잔여분이 있는 경우에는 정관등 또는 사업시행계획으로 정하는 목적을 위하여 그 잔여분을 보류지(건축물을 포함한다)로 정하거나 조합원 또는 토지등소유자 이외의 자에게 분양할 수 있다. 이 경우 분양공고와 분양신청절차 등에 필요한 사항은 대통령령으로 정한다. ② 사업시행자는 공급대상자에게 주택을 공급하고 남은 주택을 공급대상자 외의 자에게 공급할 수 있다.

3. 임대주택 인수의무 및 지분형주택 등의 공급 ★

임대주택 인수의무	① 국토교통부장관, 시·도지사, 시장, 군수, 구청장 또는 토지주택공사등은 조합이 요청하는 경우 재개발사업의 시행으로 건설된 임대주택을 인수하여야 한다. ② 조합이 재개발임대주택의 인수를 요청하는 경우 시·도지사 또는 시장, 군수, 구청장이 우선하여 인수하여야 하며, 시·도지사 또는 시장, 군수, 구청장이 예산·관리인력의 부족 등 부득이한 사정으로 인수하기 어려운 경우에는 국토교통부장관에게 토지주택공사등을 인수자로 지정할 것을 요청할 수 있다. ③ 국토교통부장관, 시·도지사, 시장, 군수, 구청장 또는 토지주택공사등은 정비구역에 세입자와 대통령령으로 정하는 면적 이하의 토지 또는 주택을 소유한 자의 요청이 있는 경우에는 인수한 임대주택의 일부를 「주택법」에 따른 토지임대부 분양주택으로 전환하여 공급하여야 한다. ④ 국가 또는 지방자치단체는 토지임대부 분양주택을 공급받는 자에게 해당 공급비용의 전부 또는 일부를 보조 또는 융자할 수 있다.	
	인수자 순위	① 시·도지사 또는 시장, 군수, 구청장 ② 토지주택공사등(국토교통부장관에 요청)
	대통령령으로 정하는 면적 이하의 토지 또는 주택을 소유한 자	① 면적이 90제곱미터 미만의 토지를 소유한 자로서 건축물을 소유하지 아니한 자 ② 바닥면적이 40제곱미터 미만의 사실상 주거를 위하여 사용하는 건축물을 소유한 자로서 토지를 소유하지 아니한 자
지분형주택 등의 공급	• 사업시행자가 토지주택공사등인 경우에는 분양대상자와 사업시행자가 공동 소유하는 방식으로 지분형주택을 공급할 수 있다.	
	규모 및 기간	① 지분형주택의 규모는 주거전용면적 60제곱미터 이하인 주택으로 한정한다. ② 지분형주택의 공동 소유기간은 소유권을 취득한 날부터 10년의 범위에서 사업시행자가 정하는 기간으로 한다.
	분양대상자	① 종전에 소유하였던 토지 또는 건축물의 가격이 제1호에 따른 주택의 분양가격 이하에 해당하는 사람 ② 세대주로서 정비계획의 공람 공고일 당시 해당 정비구역에 2년 이상 실제 거주한 사람 ③ 정비사업의 시행으로 철거되는 주택 외 다른 주택을 소유하지 아니한 사람

VI. 관리처분계획 고시의 효과

1. 건축물 등의 사용 · 수익의 중지

원칙	• 종전의 토지 또는 건축물의 소유자 · 지상권자 · 전세권자 · 임차권자 등 권리자는 관리처분계획인가의 고시가 있은 때에는 이전고시가 있는 날까지 종전의 토지 또는 건축물을 사용하거나 수익할 수 없다.
예외	• 다음 어느 하나에 해당하는 경우에는 사용하거나 수익할 수 있다. ① 사업시행자의 동의를 받은 경우 ② 「공익사업을 위한 토지 등의 취득 및 보상에 관한 법률」에 따른 손실보상이 완료되지 아니한 경우

2. 건축물의 철거

원칙	• 사업시행자는 관리처분계획인가를 받은 후 기존의 건축물을 철거하여야 한다.
예외	• 사업시행자는 다음 어느 하나에 해당하는 경우에는 기존 건축물 소유자의 동의 및 시장 · 군수등의 허가를 받아 해당 건축물을 철거할 수 있다. 이 경우 건축물의 철거는 토지등소유자로서의 권리 · 의무에 영향을 주지 아니한다. ① 「재난 및 안전관리 기본법」· 「주택법」· 「건축법」 등 관계 법령에서 정하는 기존 건축물의 붕괴 등 안전사고의 우려가 있는 경우 ② 폐공가의 밀집으로 범죄발생의 우려가 있는 경우

3. 지상권 등 계약해지

해지	• 정비사업의 시행으로 지상권 · 전세권 또는 임차권의 설정 목적을 달성할 수 없는 때에는 그 권리자는 계약을 해지할 수 있다.
금전반환 청구권	• 계약을 해지할 수 있는 자가 가지는 전세금 · 보증금, 그 밖의 계약상의 금전의 반환청구권은 사업시행자에게 행사할 수 있다.
구상청구	• 금전의 반환청구권의 행사로 해당 금전을 지급한 사업시행자는 해당 토지등소유자에게 구상할 수 있다.
압류	• 구상이 되지 아니하는 때에는 해당 토지등소유자에게 귀속될 대지 또는 건축물을 압류할 수 있다. 이 경우 압류한 권리는 저당권과 동일한 효력을 가진다.
민법 등 계약기간 보호규정 배제	• 관리처분계획의 인가를 받은 경우 지상권 · 전세권설정계약 또는 임대차계약의 계약기간은 「민법」, 「주택임대차보호법」, 「상가건물 임대차보호법」을 적용하지 아니한다.

Ⅶ. 공사완료에 따른 조치

1. 정비사업의 준공인가

(1) 절차

준공인가 신청	① 시장·군수등이 아닌 사업시행자가 정비사업 공사를 완료한 때에는 대통령으로 정하는 방법 및 절차에 따라 시장·군수등의 준공인가를 받아야 한다. ② 시장·군수등이 아닌 사업시행자는 준공인가를 받으려는 때에는 국토교통부령으로 정하는 준공인가신청서를 시장·군수등에게 제출하여야 한다. ③ 다만, 사업시행자(공동시행자인 경우를 포함)가 토지주택공사인 경우로서 준공인가 처리결과를 시장·군수등에게 통보한 경우에는 그러하지 아니하다.
	준공인가신청서 기재사항 ① 정비사업의 종류 및 명칭 ② 정비사업 시행구역의 위치 및 명칭 ③ 사업시행자의 성명 및 주소 ④ 준공인가의 내역
준공검사	• 준공인가신청을 받은 시장·군수 등은 지체 없이 준공검사를 실시하여야 한다. 이 경우 시장·군수등은 효율적인 준공검사를 위하여 필요한 때에는 관계 행정기관·공공기관·연구기관, 그 밖의 전문기관 또는 단체에게 준공검사의 실시를 의뢰할 수 있다.
준공인가	• 시장·군수 등은 준공검사를 실시한 결과 정비사업이 인가받은 사업시행계획대로 완료되었다고 인정되는 때에는 준공인가를 하여야 한다.
공사완료 고시	① 시장·군수 등은 준공검사를 실시한 결과 정비사업이 인가받은 사업시행계획대로 완료되었다고 인정되는 때에는 공사의 완료를 해당 지방자치단체의 공보에 고시 하여야 한다. ② 시장·군수등은 직접 시행하는 정비사업에 관한 공사가 완료된 때에는 그 완료를 해당 지방자치단체의 공보에 고시하여야 한다.

(2) 준공인가 전 사용허가

내용	① 시장·군수등은 준공인가를 하기 전이라도 완공된 건축물이 사용에 지장이 없는 등 대통령령으로 정하는 기준에 적합한 경우에는 입주예정자가 완공된 건축물을 사용할 수 있도록 사업시행자에게 허가할 수 있다. 다만, 시장·군수등이 사업시행자인 경우에는 허가를 받지 아니하고 입주예정자가 완공된 건축물을 사용하게 할 수 있다. ② 시장·군수등은 사용허가를 하는 때에는 동별·세대별 또는 구획별로 사용허가를 할 수 있다.
대통령령으로 정하는 기준	① 완공된 건축물에 전기·수도·난방 및 상·하수도 시설 등이 갖추어져 있어 해당 건축물을 사용하는 데 지장이 없을 것 ② 완공된 건축물이 관리처분계획에 적합할 것 ③ 입주자가 공사에 따른 차량통행·소음·분진 등의 위해로부터 안전할 것

(3) 준공인가 등에 따른 정비구역의 해제

해제시점	• 정비구역의 지정은 **준공인가의 고시가 있은 날**(관리처분계획을 수립하는 경우에는 **이전고시가 있은 때**)의 **다음 날**에 해제된 것으로 본다.
해제의 효력	① 지방자치단체는 해당 지역을 「국토의 계획 및 이용에 관한 법률」에 따른 지구단위계획으로 관리하여야 한다. ② 정비구역의 해제는 조합의 존속에 영향을 주지 아니한다.

2. 소유권 이전고시 등 ★

소유권 이전절차	①대지확정측량 → ②토지분할(시행자) → ③분양받을 자 통지 → ④소유권 이전	
	예외	• 정비사업의 효율적인 추진을 위하여 필요한 경우에는 해당 정비사업에 관한 **공사가 전부 완료되기 전이라도 완공된 부분**은 **준공인가를 받아** 대지 또는 건축물별로 분양받을 자에게 **소유권을 이전**할 수 있다.
소유권 이전고시와 소유권 취득	• 사업시행자는 대지 및 건축물의 소유권을 이전하려는 때에는 그 내용을 해당 지방자치단체의 공보에 고시한 후 시장·군수등에게 보고하여야 한다. 이 경우 대지 또는 건축물을 분양받을 자는 **고시가 있은 날의 다음 날**에 그 대지 또는 건축물의 **소유권을 취득**한다.	
지상권 등의 권리이전	• 대지 또는 건축물을 분양받을 자에게 소유권을 이전한 경우 종전의 토지 또는 건축물에 설정된 **지상권·전세권·저당권·임차권·가등기담보권·가압류 등 등기된 권리 및 「주택임대차보호법」의 요건을 갖춘 임차권**은 소유권을 이전받은 대지 또는 건축물에 설정된 것으로 본다.	
등기절차 및 권리변동의 제한	① 사업시행자는 이전고시가 있은 때에는 지체 없이 대지 및 건축물에 관한 등기를 지방법원지원 또는 등기소에 촉탁 또는 신청하여야 한다. ② 정비사업에 관하여 **이전고시가 있은 날부터 등기가 있을 때까지**는 저당권 등의 다른 등기를 하지 못한다.	
조합의 해산	① 조합장은 **이전고시가 있은 날부터 1년 이내**에 조합 해산을 위한 총회를 소집하여야 한다. ② 조합장이 기간 내에 총회를 소집하지 아니한 경우 **조합원 5분의 1 이상의 요구**로 소집된 총회에서 **조합원 과반수의 출석과 출석 조합원 과반수의 동의**를 받아 **해산을 의결**할 수 있다. 이 경우 요구자 대표로 선출된 자가 조합 해산을 위한 총회의 소집 및 진행을 할 때에는 조합장의 권한을 대행한다. ③ 시장·군수등은 조합이 정당한 사유 없이 해산을 의결하지 아니하는 경우에는 조합설립인가를 취소할 수 있다.	

Ⅷ. 청산금

1. 청산금의 대상 및 지급방법 등

대상자	원칙	• 대지 또는 건축물을 분양받은 자가 종전에 소유하고 있던 토지 또는 건축물의 가격과 분양받은 대지 또는 건축물의 가격 사이에 차이가 있는 경우 사업시행자는 이전고시가 있은 후에 그 차액에 상당하는 금액을 분양받은 자로부터 징수하거나 분양받은 자에게 지급하여야 한다.
	예외	• 사업시행자는 정관등에서 분할징수 및 분할지급을 정하고 있거나 총회의 의결을 거쳐 따로 정한 경우에는 관리처분계획인가 후부터 따른 이전고시가 있은 날까지 일정 기간별로 분할징수하거나 분할지급할 수 있다.
산정기준		• 사업시행자는 소유하고 있던 토지 또는 건축물의 가격과 분양받은 대지 또는 건축물의 가격을 평가하는 경우 그 토지 또는 건축물의 규모·위치·용도·이용 상황·정비사업비 등을 참작하여 평가하여야 한다.
강제징수 및 위탁		① 시장·군수등인 사업시행자는 청산금을 납부할 자가 이를 납부하지 아니하는 경우 지방세 체납처분의 예에 따라 징수(분할징수를 포함)할 수 있으며, 시장·군수등이 아닌 사업시행자는 시장·군수등에게 청산금의 징수를 위탁할 수 있다. ② 사업시행자는 징수한 금액의 100분의 4에 해당하는 금액을 해당 시장·군수등에게 교부하여야 한다.
공탁		• 청산금을 지급받을 자가 받을 수 없거나 받기를 거부한 때에는 사업시행자는 그 청산금을 공탁할 수 있다.
소멸시효		• 청산금을 지급(분할지급을 포함한다)받을 권리 또는 이를 징수할 권리는 이전고시일의 다음 날부터 5년간 행사하지 아니하면 소멸한다.

2. 저당권의 물상대위

정비구역에 있는 토지 또는 건축물에 저당권을 설정한 권리자는 사업시행자가 저당권이 설정된 토지 또는 건축물의 소유자에게 청산금을 지급하기 전에 압류절차를 거쳐 저당권을 행사할 수 있다.

핵심 지문 기출 OX

01 〈분양을 신청하지 아니한 자에 대한 조치, 토지등소유자외의 권리자의 권리신고방법, 분양대상자별 분담금의 추산액, 분양신청서〉는 분양신청의 통지 및 분양공고 양자에 공통으로 포함되어야 할 사항이다.(x)³⁴회

02 〈분양신청기간 및 장소, 분양신청자격, 분양신청방법, 분양대상 대지 또는 건축물의 내역, 분양대상자별 분담금의 추산액〉는 분양공고에 포함되어야 할 사항으로 명시되어 있다.(x)³⁰회

03 분양신청기간의 연장은 30일의 범위에서 한 차례만 할 수 있다.(x)³²회

04 〈분양신청기간 내에 분양신청을 하지 아니한 자〉는 사업시행자가 관리처분계획이 인가·고시된 다음 날부터 90일 이내에 손실보상 협의를 하여야 하는 토지소유자에 해당한다.(o)³⁵회

05 분양신청을 하지 아니한 토지소유자가 있는 경우 사업시행자는 관리처분계획이 인가·고시된 다음 날부터 〈90〉일 이내에 그 자와 토지, 건축물 또는 그 밖의 권리의 손실보상에 관한 협의를 하여야 한다.(o)³³회

06 〈분양신청기간 종료 후에 분양신청을 철회한 자〉는 사업시행자가 관리처분계획이 인가·고시된 다음 날부터 90일 이내에 손실보상 협의를 하여야 하는 토지소유자에 해당한다.(x)³⁵회

07 〈인가된 관리처분계획에 따라 분양대상에서 제외된 자〉는 사업시행자가 관리처분계획이 인가·고시된 다음 날부터 90일 이내에 손실보상 협의를 하여야 하는 토지소유자에 해당한다.(o)³⁵회

08 분양신청을 하지 아니한 토지등소유자에 대한 손실보상에 관한 협의가 성립되지 아니하면 사업시행자는 그 기간의 만료일 다음 날부터 〈60〉일 이내에 수용재결을 신청하거나 매도청구소송을 제기하여야 한다.(o)³³회

09 〈계산착오·오기·누락 등에 따른 조서의 단순정정인 경우로서 불이익을 받는 자가 있는 경우〉 사업시행자가 인가받은 관리처분계획을 변경하고자 할 때 시장·군수등에게 신고하여야 한다.(x)²⁹회

10 〈정관 및 사업시행계획인가의 변경에 따라 관리처분계획을 변경하는 경우〉 사업시행자가 인가받은 관리처분계획을 변경하고자 할 때 시장·군수등에게 신고하여야 한다.(o)²⁹회

11 〈재건축사업에서의 매도청구에 대한 판결에 따라 관리처분계획을 변경하는 경우〉 사업시행자가 인가받은 관리처분계획을 변경하고자 할 때 시장·군수등에게 신고하여야 한다.(o)²⁹회

12 〈사업시행자의 변동에 따른 권리·의무의 변동이 있는 경우로서 분양설계의 변경을 수반하지 아니하는 경우〉 사업시행자가 인가받은 관리처분계획을 변경하고자 할 때 시장·군수등에게 신고하여야 한다.(o)²⁹회

13 〈주택분양에 관한 권리를 포기하는 토지등소유자에 대한 임대주택의 공급에 따라 관리처분계획을 변경하는 경우〉 사업시행자가 인가받은 관리처분계획을 변경하고자 할 때 시장·군수등에게 신고하여야 한다.(o)²⁹회

14 같은 세대에 속하지 아니하는 3명이 1토지를 공유한 경우에는 3주택을 공급하여야 한다.(x)³²회

15 관리처분계획상 분양대상자별 종전의 토지 또는 건축물의 명세에서 종전 주택의 주거전용면적이 60㎡를 넘지 않는 경우 2주택을 공급할 수 있다.(x)²⁸회

16 조합원 10분의 1 이상이 관리처분계획인가 신청이 있은 날부터 30일 이내에 관리처분계획의 타당성 검증을 요청한 경우 시장·군수는 이에 따라야 한다.(x)³²회

17 정비사업의 시행으로 조성된 대지 및 건축물은 관리처분계획에 따라 처분 또는 관리하여야 한다.(o)³¹회

18 사업시행자는 정비사업의 시행으로 건설된 건축물을 관리처분계획에 따라 토지등소유자에게 공급하여야 한다.(o)³¹회

19 주거환경개선사업의 사업시행자는 정비사업의 시행으로 건설된 건축물을 인가된 사업시행계획에 따라 토지등소유자에게 공급하여야 한다.(x)²⁸회

20 환지를 공급하는 방법으로 시행하는 주거환경개선사업의 사업시행자가 정비구역에 주택을 건설하는 경우 주택의 공급 방법에 관하여 「주택법」에도 불구하고 시장·군수등의 승인을 받아 따로 정할 수 있다.(o)³¹회

21 사업시행자는 분양신청을 받은 후 잔여분이 있는 경우에는 사업시행계획으로 정하는 목적을 위하여 그 잔여분을 조합원 또는 토지등소유자 이외의 자에게 분양할 수 있다.(o)³¹회

22 사업시행자는 정비사업의 시행으로 임대주택을 건설하는 경우 공급대상자에게 주택을 공급하고 남은 주택에 대하여 공급대상자외의 자에게 공급할 수 있다.(o)²⁸회

23 조합이 재개발임대주택의 인수를 요청하는 경우 국토교통부장관이 우선하여 인수하여야 한다.(x)³¹회

24 국토교통부장관은 조합이 요청하는 경우 주택재건축사업의 시행으로 건설된 임대주택을 인수하여야 한다.(x)²⁸회

25 시·도지사의 요청이 있는 경우 국토교통부장관은 인수한 임대주택의 일부를 「주택법」에 따른 토지임대부 분양주택으로 전환하여 공급하여야 한다.(x)²⁸회

26 국토교통부장관, 시·도지사, 시장, 군수, 구청장 또는 토지주택공사등은 정비구역에 세입자와 〈면적이 90제곱미터 미만의 토지를 소유한 자로서 건축물을 소유하지 아니한 자〉의 요청이 있는 경우에는 인수한 재개발임대주택의 일부를 「주택법」에 따른 토지임대부 분양주택으로 전환하여 공급하여야 한다.(o)³⁴회

27 시장·군수는 정비구역에서 면적이 100제곱미터의 토지를 소유한 자로서 건축물을 소유하지 아니한 자의 요청이 있는 경우에는 인수한 임대주택의 일부를 「주택법」에 따른 토지임대부 분양주택으로 전환하여 공급하여야 한다.(x)³²회

28 국토교통부장관, 시·도지사, 시장, 군수, 구청장 또는 토지주택공사등은 정비구역에 세입자와 〈바닥면적이 40제곱미터 미만의 사실상 주거를 위하여 사용하는 건축물을 소유한 자로서 토지를 소유하지 아니한 자〉의 요청이 있는 경우에는 인수한 재개발임대주택의 일부를 「주택법」에 따른 토지임대부 분양주택으로 전환하여 공급하여야 한다.(o)³⁴회

29 국가 또는 지방자치단체는 토지임대부 분양주택을 공급받는 자에게 해당 공급비용의 전부를 융자할 수는 없다.(x)³²회

30 지분형주택의 규모는 주거전용면적 60제곱미터 이하인 주택으로 한정한다.(o)³²회

31 사업시행자인 지방공사가 정비사업 공사를 완료한 때에는 시장·군수등의 준공인가를 받아야 한다.(o)²⁹회

32 시장·군수등은 준공인가 전 사용허가를 하는 때에는 동별·세대별 또는 구획별로 사용허가를 할 수 있다.(o)²⁹회

33 관리처분계획을 수립하는 경우 정비구역의 지정은 이전고시가 있은 날의 다음 날에 해제된 것으로 본다.(o)²⁹회

34 준공인가에 따른 정비구역의 해제가 있으면 조합은 해산된 것으로 본다.(x)²⁹회

35 준공인가에 따라 정비구역의 지정이 해제되면 조합도 해산된 것으로 본다.(x)³¹회

36 관리처분계획에 따라 소유권을 이전하는 경우 건축물을 분양받을 자는 이전고시가 있은 날의 다음 날에 그 건축물의 소유권을 취득한다.(o)[29회]

37 정비사업의 효율적인 추진을 위하여 필요한 경우에는 해당 정비사업에 관한 공사가 전부 완료되기 전이라도 완공된 부분은 준공인가를 받아 대지 또는 건축물별로 분양받을 자에게 소유권을 이전할 수 있다.(o)[31회]

38 정비사업에 관하여 소유권의 이전고시가 있는 날부터는 대지 및 건축물에 관한 등기가 없더라도 저당권 등의 다른 등기를 할 수 있다.(x)[31회]

39 청산금을 지급받을 자가 받기를 거부하더라도 사업시행자는 그 청산금을 공탁할 수는 없다.(x)[32회]

40 청산금을 징수할 권리는 소유권 이전고시일부터 3년간 행사하지 아니하면 소멸한다.(x)[32회]

Unit 7. 비용의 부담 등

비용부담의 원칙	원칙	• 정비사업비는 이 법 또는 다른 법령에 특별한 규정이 있는 경우를 제외하고는 사업시행자가 부담한다.
	예외	• 시장·군수등은 시장·군수등이 아닌 사업시행자가 시행하는 정비사업의 정비계획에 따라 설치되는 다음의 시설에 대하여는 그 건설에 드는 비용의 전부 또는 일부를 부담할 수 있다. ① 도시·군계획시설 중 대통령령으로 정하는 주요 정비기반시설 및 공동이용시설 (공공공지, 공원, 공용주차장, 녹지, 광장, 도로, 상하수도, 하천, 공동구) ② 임시거주시설
비용의 조달		① 사업시행자는 토지등소유자로부터 비용과 정비사업의 시행과정에서 발생한 수입의 차액을 부과금으로 부과·징수할 수 있다. ② 사업시행자는 토지등소유자가 부과금의 납부를 게을리한 때에는 연체료를 부과·징수할 수 있다. ③ 시장·군수등이 아닌 사업시행자는 부과금 또는 연체료를 체납하는 자가 있는 때에는 시장·군수등에게 그 부과·징수를 위탁할 수 있다. (징수한 금액의 100분의 4를 시장·군수등에게 교부)
정비기반시설 관리자의 비용부담	원칙	• 시장·군수등은 자신이 시행하는 정비사업으로 현저한 이익을 받는 정비기반시설의 관리자가 있는 경우에는 대통령령으로 정하는 방법 및 절차에 따라 해당 정비사업비의 일부를 그 정비기반시설의 관리자와 협의하여 그 관리자에게 부담시킬 수 있다.
	공동구 비용부담	① 사업시행자는 정비사업을 시행하는 지역에 공동구를 설치하는 경우에는 그 공동구에 수용될 시설을 설치할 의무가 있는 자에게 공동구의 설치에 드는 비용(㉠설치공사의 비용, ㉡내부공사의 비용, ㉢설치를 위한 측량·설계 비용, ㉣공동구의 설치로 인한 보상의 필요가 있는 경우에는 그 보상비용, ㉤공동구 부대시설의 설치비용, ㉥융자금이 있는 경우 그 이자에 해당하는 금액)을 부담시킬 수 있다. ② 공동구에 수용될 전기·가스·수도의 공급시설과 전기통신시설 등의 공동구점용예정자가 부담할 공동구의 설치에 드는 비용의 부담비율은 공동구의 점용예정면적비율에 따른다. ③ 사업시행자는 사업시행계획인가의 고시가 있은 후 지체 없이 공동구점용예정자에게 산정된 부담금의 납부를 통지하여야 한다. ④ 부담금의 납부통지를 받은 공동구점용예정자는 공동구의 설치공사가 착수되기 전에 부담금액의 3분의 1 이상을 납부하여야 하며, 그 잔액은 공사완료 고시일전까지 납부하여야 한다. ⑤ 공동구 관리비용은 연도별로 산출하여 부과한다. 공동구 관리비용의 납입기한은 매년 3월 31일까지로 하며, 시장·군수등은 납입기한 1개월 전까지 납입통지서를 발부하여야 한다. 다만, 필요한 경우에는 2회로 분할하여 납부하게 할 수 있으며 이 경우 분할금의 납입기한은 3월 31일과 9월 30일로 한다.

보조 및 융자	국가 또는 시·도 (시행자 : 시군구청장 또는 토지주택공사등)	① 국가 또는 시·도는 시장, 군수, 구청장 또는 토지주택공사등이 시행하는 정비사업에 관한 기초조사 및 정비사업의 시행에 필요한 시설로서 대통령령으로 정하는 정비기반시설, 임시거주시설 및 주거환경개선사업에 따른 공동이용시설의 건설에 드는 비용의 일부를 보조하거나 융자할 수 있다. ② 다음 어느 하나에 해당하는 사업에 우선적으로 보조하거나 융자할 수 있다. 　㉠ 시장·군수등 또는 토지주택공사등이 해제된 정비구역등에서 시행하는 주거환경개선사업 　㉡ 국가 또는 지방자치단체가 도시영세민을 이주시켜 형성된 낙후지역으로서 대통령령으로 정하는 지역에서 시장·군수등 또는 토지주택공사등이 단독으로 시행하는 재개발사업
	시장·군수등 (시행자 : 토지주택공사등)	• 시장·군수등은 사업시행자가 토지주택공사인 주거환경개선사업과 관련하여 정비기반시설 및 공동이용시설, 임시거주시설을 건설하는 경우 건설에 드는 비용의 전부 또는 일부를 토지주택공사등에게 보조하여야 한다.
	국가 또는 지방자치단체 (시행자 : 시장·군수등이 아닌 사업시행자)	• 국가 또는 지방자치단체는 시장·군수등이 아닌 사업시행자가 시행하는 정비사업에 드는 비용의 일부를 보조 또는 융자하거나 융자를 알선할 수 있다.
국유·공유 재산	처분	① 시장·군수등은 인가하려는 사업시행계획 또는 직접 작성하는 사업시행계획서에 국유·공유재산의 처분에 관한 내용이 포함되어 있는 때에는 미리 관리청과 협의하여야 한다. 이 경우 관리청이 불분명한 재산 중 도로·구거(도랑) 등은 국토교통부장관을, 하천은 환경부장관을, 그 외의 재산은 기획재정부장관을 관리청으로 본다. ② 협의를 받은 관리청은 20일 이내에 의견을 제시하여야 한다. ③ 정비구역의 국유·공유재산은 정비사업 외의 목적으로 매각되거나 양도될 수 없다. ④ 정비구역의 국유·공유재산은 국유재산종합계획 또는 공유재산관리계획과 「국유재산법」 및 「공유재산 및 물품 관리법」에 따른 계약의 방법에도 불구하고 사업시행자 또는 점유자 및 사용자에게 다른 사람에 우선하여 수의계약으로 매각 또는 임대될 수 있다. 다른 사람에 우선하여 매각 또는 임대될 수 있는 국유·공유재산은 국·공유지의 관리와 처분에 관한 관계 법령에도 불구하고 사업시행계획인가의 고시가 있은 날부터 종전의 용도가 폐지된 것으로 본다. 매각하는 국·공유지는 사업시행계획인가의 고시가 있은 날을 기준으로 평가하며, 주거환경개선사업의 경우 매각가격은 평가금액의 100분의 80으로 한다. 다만, 사업시행계획인가의 고시가 있은 날부터 3년 이내에 매매계약을 체결하지 아니한 국·공유지는 「국유재산법」 또는 「공유재산 및 물품 관리법」에서 정한다.
	임대	① 지방자치단체 또는 토지주택공사등은 주거환경개선구역 및 재개발구역(재개발사업을 시행하는 정비구역을 말한다)에서 임대주택을 건설하는 경우에는 「국유재산법」 또는 「공유재산 및 물품 관리법」에도 불구하고 국·공유지 관리청과 협의하여 정한 기간 동안 국·공유지를 임대할 수 있다. ② 시장·군수등은 「국유재산법」 또는 「공유재산 및 물품 관리법」에도 불구하고 임대하는 국·공유지 위에 공동주택, 그 밖의 영구시설물을 축조하게 할 수 있다. 이 경우 해당 시설물의 임대기간이 종료되는 때에는 임대한 국·공유지 관리청에 기부 또는 원상으로 회복하여 반환하거나 국·공유지 관리청으로부터 매입하여야 한다.

핵심 지문 기출 OX

01 정비사업비는 「도시 및 주거환경정비법」 또는 다른 법령에 특별한 규정이 있는 경우를 제외하고는 사업시행자가 부담한다.(o)³⁰회

02 〈공공공지, 공용주차장, 공원, 공동구〉는 시장·군수 등이 아닌 사업시행자가 시행하는 정비사업의 정비계획에 다라 설치되는 도시·군계획시설 중 그 건설에 드는 비용을 시장·군수 등이 부담할 수 있는 시설이다.(o)³³회

03 시장·군수 등이 아닌 사업시행자는 부과금을 체납하는 자가 있는 때에는 지방세 체납처분의 예에 따라 부과·징수할 수 있다.(x)³²회

04 시장·군수 등이 아닌 사업시행자는 부과금 또는 연체료를 체납하는 자가 있는 때에는 시장·군수등에게 그 부과·징수를 위탁할 수 있다.(o)³⁰회

05 사업시행자는 정비사업을 시행하는 지역에 전기·가스등의 공급시설을 설치하기 위하여 공동구를 설치하는 경우에는 다른 법령에 따라 그 공동구에 수용될 시설을 설치할 의무가 있는 자에게 공동구의 설치에 드는 비용을 부담시킬 수 있다.(o)³⁰회

06 공동구의 설치로 인한 보상비용은 공동구의 설치비용에 포함되지 않는다.(x)³⁴회

07 공동구점용예정자가 부담할 공동구에 설치에 드는 비용의 부담비율은 공동구의 권리지분비율을 고려하여 시장·군수 등이 정한다.(x)³⁴회

08 사업시행자로부터 공동구의 설치비용 부담금의 납부통지를 받은 공동구점용예정자는 공동구의 설치공사가 착수 되기 전에 부담금액의 3분의 1 이상을 납부하여야 한다.(o)³⁴회

09 공동구 관리비용은 반기별로 산출하여 부과한다.(x)³⁴회

10 시장·군수등은 필요한 경우 공동구 관리비용을 분할하여 분기별로 납부하게 할 수 있다.(x)³⁴회

11 지방자치단체는 시장·군수 등이 아닌 사업시행자가 시행하는 정비사업에 드는 비용에 대해 융자를 알선할 수는 있으나 직접적으로 보조할 수는 없다.(x)³⁰회

12 정비구역의 국유·공유재산은 정비사업 외의 목적으로 매각되거나 양도될 수 없다.(o)³²회

13 정비구역의 국유·공유재산은 사업시행자 또는 점유자 및 사용자에게 다른 사람에 우선하여 수의계약으로 매각될 수 있다.(o)³⁰회

PART 4 건축법

Unit 1-12

Unit 1 용어정의
Unit 2 건축법 적용 제외
Unit 3 건축용도별 건축물의 종류 및 용도변경
Unit 4 건축허가 및 건축신고
Unit 5 사용승인 및 건물의 유지·관리
Unit 6 건축물의 설계, 건축시공 및 공사감리
Unit 7 공용건축물에 대한 특례
Unit 8 건축물의 대지와 도로
Unit 9 건축물의 구조 및 재료
Unit 10 건축물의 대지, 면적 및 높이
Unit 11 건축법 적용의 완화
Unit 12 특별건축구역 등

건축법

[시행 2024. 6. 27.] [법률 제20424호, 2024. 3. 26. 일부개정]

건축법 시행령 <입법예고 사항 존재>

[시행 2024. 7. 30.] [대통령령 제34785호, 2024. 7. 30. 타법개정]

건축법 시행규칙

[시행 2024. 7. 1.] [국토교통부령 제1344호, 2024. 7. 1. 일부개정]

Unit 1 용어정의

2025 위패스 공인중개사 합격셀렉트

Ⅰ. 건축물에 관한 용어

주요 구조부	정의	• 내력벽, 기둥, 바닥, 보, 지붕틀 및 주계단을 말한다.
	제외	• 사이 기둥, 최하층 바닥, 작은 보, 차양, 옥외 계단, 그 밖에 이와 유사한 것으로 건축물의 구조상 중요하지 아니한 부분은 제외한다.
건축물		• 토지에 정착하는 공작물 중 지붕과 기둥 또는 벽이 있는 것과 이에 딸린 시설물, 지하나 고가의 공작물에 설치하는 사무소·공연장·점포·차고·창고, 그 밖에 대통령령으로 정하는 것을 말한다.
고층 건축물		• 층수가 30층 이상이거나 높이가 120미터 이상인 건축물을 말한다.
준초고층 건축물		• 고층건축물 중 초고층 건축물이 아닌 것을 말한다.
초고층 건축물		• 층수가 50층 이상이거나 높이가 200미터 이상인 건축물을 말한다.
다중이용 건축물		① 다음의 어느 하나에 해당하는 용도로 쓰는 바닥면적의 합계가 5천㎡ 이상인 건축물 ㉠ 문화 및 집회시설(동물원 및 식물원은 제외한다) ㉡ 종교시설 ㉢ 판매시설 ㉣ 운수시설 중 여객용 시설 ㉤ 의료시설 중 종합병원 ㉥ 숙박시설 중 관광숙박시설 ② 16층 이상인 건축물
준다중 이용건축물		• 준다중이용 건축물이란 다중이용 건축물 외의 건축물로서 다음 어느 하나에 해당하는 용도로 쓰는 바닥면적의 합계가 1천㎡ 이상인 건축물을 말한다. ① 문화 및 집회시설(동물원 및 식물원은 제외한다) ② 종교시설 ③ 판매시설 ④ 운수시설 중 여객용 시설 ⑤ 의료시설 중 종합병원 ⑥ 교육연구시설 ⑦ 노유자시설 ⑧ 운동시설 ⑨ 숙박시설 중 관광숙박시설 ⑩ 위락시설 ⑪ 관광 휴게시설 ⑫ 장례시설
특수 구조건축물		① 한쪽 끝은 고정되고 다른 끝은 지지되지 아니한 구조로 된 보·차양 등이 외벽(외벽이 없는 경우에는 외곽 기둥을 말한다)의 중심선으로부터 3미터 이상 돌출된 건축물 ② 기둥과 기둥 사이의 거리(기둥의 중심선 사이의 거리를 말하며, 기둥이 없는 경우에는 내력벽과 내력벽의 중심선 사이의 거리를 말한다)가 20미터 이상인 건축물 ③ 무량판 구조(보가 없이 바닥판·기둥으로 구성된 구조를 말한다)를 가진 건축물로서 무량판 구조인 어느 하나의 층에 수직으로 배치된 주요구조부의 전체 단면적에서 보가 없이 배치된 기둥의 전체 단면적이 차지하는 비율이 4분의 1 이상인 건축물 ④ 특수한 설계·시공·공법 등이 필요한 건축물로서 국토교통부장관이 정하여 고시하는 구조로 된 건축물
지하층		• 건축물의 바닥이 지표면 아래에 있는 층으로서 바닥에서 지표면까지 평균높이가 해당 층 높이의 2분의 1 이상인 것을 말한다.
층고		• 방의 바닥구조체 윗면으로부터 위층 바닥구조체의 윗면까지의 높이로 한다. 다만, 한 방에서 층의 높이가 다른 부분이 있는 경우에는 그 각 부분 높이에 따른 면적에 따라 가중평균한 높이로 한다.
설계도서		• 건축물의 건축등에 관한 공사용 도면, 구조 계산서, 시방서, 건축설비계산 관계서류, 토질 및 지질 관계서류, 기타 공사에 필요한 서류를 말한다.

Ⅱ. 건축 및 대수선 등

1. 건축
건축이란 건축물을 신축·증축·개축·재축하거나 건축물을 이전하는 것을 말한다.

신축	① 건축물이 없는 대지(기존 건축물이 해체되거나 멸실된 대지를 포함한다)에 새로 건축물을 축조하는 것 ② 부속건축물만 있는 대지에 새로 주된 건축물을 축조하는 것을 포함하되, 개축 또는 재축하는 것은 제외
증축	• 기존 건축물이 있는 대지에서 건축물의 건축면적, 연면적, 층수 또는 높이를 늘리는 것을 말한다.
개축	• 기존 건축물의 전부 또는 일부[내력벽·기둥·보·지붕틀(한옥의 경우에는 지붕틀의 범위에서 서까래는 제외) 중 셋 이상이 포함되는 경우를 말한다]를 해체하고 그 대지에 종전과 같은 규모의 범위에서 건축물을 다시 축조하는 것을 말한다.
재축	• 건축물이 천재지변이나 그 밖의 재해로 멸실된 경우 그 대지에 다음의 요건을 모두 갖추어 다시 축조하는 것을 말한다. ① 연면적 합계는 종전 규모 이하로 할 것 ② 동수, 층수 및 높이는 다음의 어느 하나에 해당할 것 　㉠ 동수, 층수 및 높이가 모두 종전 규모 이하일 것 　㉡ 동수, 층수 또는 높이의 어느 하나가 종전 규모를 초과하는 경우에는 해당 동수, 층수 및 높이가 「건축법」 등에 모두 적합할 것
이전	• 건축물의 주요구조부를 해체하지 아니하고 같은 대지의 다른 위치로 옮기는 것을 말한다.

2. 대수선

정의	• 건축물의 기둥, 보, 내력벽, 주계단 등의 구조나 외부 형태를 수선·변경하거나 증설하는 것으로서 대통령령으로 정하는 것을 말한다.
범위	① 내력벽을 증설 또는 해체하거나 그 벽면적을 30㎡ 이상 수선 또는 변경하는 것 ② 기둥을 증설 또는 해체하거나 세 개 이상 수선 또는 변경하는 것 ③ 보를 증설 또는 해체하거나 세 개 이상 수선 또는 변경하는 것 ④ 지붕틀을 증설 또는 해체하거나 세 개 이상 수선 또는 변경하는 것 ⑤ 방화벽 또는 방화구획을 위한 바닥 또는 벽을 증설 또는 해체하거나 수선 또는 변경하는 것 ⑥ 주계단·피난계단 또는 특별피난계단을 증설 또는 해체하거나 수선 또는 변경하는 것 ⑦ 다가구주택의 가구 간 경계벽 또는 다세대주택의 세대 간 경계벽을 증설 또는 해체하거나 수선 또는 변경하는 것 ⑧ 건축물의 외벽에 사용하는 마감재료를 증설 또는 해체하거나 벽면적 30㎡ 이상 수선 또는 변경하는 것

3. 리모델링
건축물의 노후화를 억제하거나 기능 향상 등을 위하여 대수선하거나 건축물의 일부를 증축 또는 개축하는 행위를 말한다.

핵심 지문 기출 OX

01 지하의 공작물에 설치하는 점포는 "건축물"에 해당하지 않는다.(x)²⁸회

02 "고층건축물"이란 층수가 30층 이상이거나 높이가 120m 이상인 건축물을 말한다.(o)²⁸회

03 "고층건축물"에 해당하려면 건축물의 층수가 30층 이상이고 높이가 120미터 이상이어야 한다.(x)³¹회

04 〈종교시설〉은 다중이용 건축물에 해당하는 용도이다.(o)²⁹회

05 〈판매시설〉은 다중이용 건축물에 해당하는 용도이다.(o)²⁹회

06 〈운수시설 중 여객용 시설〉은 다중이용 건축물에 해당하는 용도이다.(o)²⁹회

07 〈의료시설 중 종합병원〉은 다중이용 건축물에 해당하는 용도이다.(o)²⁹회

08 〈관광 휴게시설〉은 다중이용 건축물에 해당하는 용도이다.(x)²⁹회

09 한쪽 끝은 고정되고 다른 끝은 지지되지 아니한 구조로 된 차양이 외벽(외벽이 없는 경우 외곽 기둥을 말함)의 중심선으로부터 3미터 이상 돌출된 건축물은 특수구조 건축물에 해당한다.(o)³²회

10 기둥과 기둥 사이의 거리(기둥 중심선 사이의 거리를 말함)가 15미터인 건축물은 특수구조 건축물로서 건축물 내 내진등급의 설정에 관한 규정을 강화하여 적용할 수 있다.(x)³²회

11 구조 계산서와 시방서는 "설계도서"에 해당한다.(o)²⁸회

12 건축물을 이전하는 것은 "건축"에 해당한다.(o)³¹회

13 건축물이 천재지변으로 멸실된 경우 그 대지에 종전 규모보다 연면적의 합계를 늘려 건축물을 다시 축조하는 것은 "재축"에 해당한다.(x)³¹회

14 건축물의 내력벽을 해체하여 같은 대지의 다른 위치로 옮기는 것은 "이전"에 해당한다.(x)³¹회

15 내력벽을 수선하더라도 수선되는 벽면적의 합계가 30㎡ 미만인 경우는 "대수선"에 포함되지 않는다.(o)²⁸회

16 내력벽의 벽면적을 30㎡ 수선하는 것은 〈대수선〉에 해당한다.(o)³⁵회

17 기존 건축물이 있는 대지에서 건축물의 내력벽을 증설하여 건축면적을 늘리는 것은 "대수선"에 해당한다.(x)³¹회

18 기둥을 세 개 수선하는 것은 〈대수선〉에 해당한다.(o)³⁵회

19 보를 두 개 변경하는 것은 〈대수선〉에 해당한다.(x)³⁵회

20 특별피난계단을 변경하는 것은 〈대수선〉에 해당한다.(o)³⁵회

21 다세대주택의 세대 간 경계벽을 증설하는 것은 〈대수선〉에 해당한다.(o)³⁵회

Unit 2. 건축법 적용 제외

적용 제외 건축물	① 「문화유산의 보존 및 활용에 관한 법률」에 따른 지정문화유산이나 임시지정문화유산 또는 「자연유산의 보존 및 활용에 관한 법률」에 따라 지정된 천연기념물등이나 임시지정천연기념물, 임시지정명승, 임시지정시·도자연유산, 임시자연유산자료
	② 철도나 궤도의 선로 부지에 있는 다음의 시설
	  ㉠ 운전보안시설
	  ㉡ 철도 선로의 위나 아래를 가로지르는 보행시설
	  ㉢ 플랫폼
	  ㉣ 해당 철도 또는 궤도사업용 급수·급탄 및 급유 시설
	③ 고속도로 통행료 징수시설
	④ 컨테이너를 이용한 간이창고(「산업집적활성화 및 공장설립에 관한 법률」에 따른 공장의 용도로만 사용되는 건축물의 대지에 설치하는 것으로서 이동이 쉬운 것만 해당된다)
	⑤ 「하천법」에 따른 하천구역 내의 수문조작실

적용 제외 지역	• 도시지역 및 지구단위계획구역 외의 지역으로서 동이나 읍(동이나 읍에 속하는 섬의 경우에는 인구가 500명 이상인 경우만 해당된다)이 아닌 지역은 「건축법」 일부규정을 적용하지 아니한다. ① 대지와 도로의 관계 ② 도로의 지정·폐지 또는 변경 ③ 건축선의 지정 ④ 건축선에 따른 건축제한 ⑤ 방화지구 안의 건축물 ⑥ 대지의 분할제한

핵심 지문 기출 OX

01 「문화재보호법」에 따른 가지정 문화재는 「건축법」의 적용을 받는다.(x)[28회]

02 〈운전보안시설〉은 철도의 선로 부지에 있는 시설로서 「건축법」의 적용을 받지 않는 건축물이다.(o)[30회]

03 철도의 선로 부지에 있는 운전보안시설은 「건축법」의 적용을 받는다.(x)[28회]

04 〈철도 선로의 아래를 가로지르는 보행시설〉은 철도의 선로 부지에 있는 시설로서 「건축법」의 적용을 받지 않는 건축물이다.(o)[30회]

05 〈플랫폼〉은 철도의 선로 부지에 있는 시설로서 「건축법」의 적용을 받지 않는 건축물이다.(o)[30회]

06 〈해당 철도사업용 급수, 급탄 및 급유시설〉은 철도의 선로 부지에 있는 시설로서 「건축법」의 적용을 받지 않는 건축물이다.(o)[30회]

07 고속도로 통행료 징수시설은 「건축법」의 적용을 받는다.(x)[28회]

08 대지에 정착된 컨테이너를 이용한 주택은 「건축법」의 적용을 받는다.(o)[28회]

09 「하천법」에 따른 하천구역 내의 수문조작실은 「건축법」의 적용을 받는다.(x)[28회]

Unit 3 건축용도별 건축물의 종류 및 용도변경

2025 위패스 공인중개사 합격셀렉트

I. 용도별 건축물의 종류

용도		건축물의 종류
단독주택		단독주택
	다중주택	• 다음의 요건을 모두 갖춘 주택을 말한다. ① 학생 또는 직장인 등 여러 사람이 장기간 거주할 수 있는 구조로 되어 있는 것 ② 독립된 주거의 형태를 갖추지 않은 것(각 실별로 욕실은 설치할 수 있으나, 취사시설은 설치하지 않은 것을 말한다) ③ 1개 동의 주택으로 쓰이는 바닥면적(부설 주차장 면적은 제외)의 합계가 660㎡ 이하이고 주택으로 쓰는 층수(지하층은 제외)가 3개 층 이하일 것. 다만 1층의 전부 또는 일부를 필로티 구조로 하여 주차장으로 사용하고 나머지 부분을 주택 외의 용도로 쓰는 경우에는 해당 층을 주택의 층수에서 제외. ④ 적정한 주거환경을 조성하기 위하여 건축조례로 정하는 실별 최소 면적, 창문의 설치 및 크기 등의 기준에 적합할 것.
	다가구 주택	• 다음의 요건을 모두 갖춘 주택으로 공동주택에 해당하지 아니하는 것 ① 주택으로 쓰는 층수(지하층은 제외)가 3개 층 이하일 것. 다만 1층의 전부 또는 일부를 필로티 구조로 하여 주차장으로 사용하고 나머지 부분을 주택 외의 용도로 쓰는 경우에는 해당 층을 주택에서 제외. ② 1개 동의 주택으로 쓰이는 바닥면적의 합계가 660㎡ 이하일 것 ③ 19세대(대지 내 동별 세대수를 합한 세대) 이하가 거주할 수 있을 것
		공관
공동주택	아파트	• 주택으로 쓰는 층수가 5개 층 이상인 주택
	연립주택	• 주택으로 쓰는 1개 동의 바닥면적(2개 이상의 동을 지하주차장으로 연결하는 경우에는 각각의 동으로 본다) 합계가 660㎡를 초과하고, 층수가 4개 층 이하인 주택
	다세대 주택	• 주택으로 쓰는 1개 동의 바닥면적 합계가 660㎡ 이하이고, 층수가 4개 층 이하인 주택(2개 이상의 동을 지하주차장으로 연결하는 경우에는 각각의 동으로 본다)
		기숙사
제1종 근린생활 시설	30㎡ 미만	• 금융업소, 사무소, 부동산중개사무소, 출판사 등
	300㎡ 미만	• 휴게음식점, 동물병원, 동물미용실 및 동물위탁관리업을 위한 시설
	500㎡ 미만	• 탁구장, 체육도장
	1000㎡ 미만	• 일용품을 판매하는 소매점 (서적,식품,잡화,의류), 주민의 편의를 위하여 공공업무를 수행하는 시설(지역자치센터, 파출소, 소방서, 우체국, 방송국, 보건소, 공공도서관 등) • 전기자동차 충전소
	-	• 위생관리(이용원, 미용원, 목욕장, 세탁소 등)나 의류 등을 세탁·수선하는 시설(세탁소의 경우 공자에 부설되는 것이나 배출시설의 설치 허가 또는 신고의 대상은 제외 • 주민의 진료·치료 등을 위한 시설(의원, 치과의원, 한의원, 안마원, 산후조리원 등) • 주민이 공동으로 이용하는 시설(마을회관, 마을공동작업소, 공중화장실, 대피소, 지역아동센터(단독주택과 공동주택에 해당하는 것은 제외) 등) • 변전소, 도시가스배관시설, 통신용시설(1천㎡ 미만), 정수장, 양수장 등
제2종 근린 생활시설	150㎡ 미만	• 단란주점
	300㎡ 이상	• 휴게음식점
	500㎡ 미만	• 공연장, 종교집회장, 청소년게임제공업소 등 게임 및 체험 관련 시설, 학원, 교습소, 직업훈련소, 체육시설(테니스장, 체력단련장, 에어로빅장, 볼링장, 당구장, 실내낚시터, 골프연습장, 놀이형시설 등), 금융업소, 부동산중개사무소, 다중생활시설, 제조업소, 수리점 등
	1000㎡ 미만	• 자동차 영업소
	-	• 총포판매소, 사진관, 표구점, 일반음식점, 독서실, 기원, 일반음식점, 장의사, 동물병원, 동물미용실 및 동물위탁관리업을 위한 시설, 안마시술소, 노래연습장 등

용도		건축물의 종류
문화 및 집회시설	500㎡ 이상	•공연장(극장, 영화관, 연예장, 음악당, 서커스장, 비디오감상실 등)
	1000㎡ 이상	•관람장(경마장, 경륜장, 경정장, 자동차 경기장 등, 체육관, 운동장으로서 관람석의 바닥면적의 합계가 1천㎡ 이상인 것)
	–	•집회장(예식장, 공회당, 회의장, 마권 장외 발매소 등) •전시장(박물관, 미술관, 과학관, 박람회장 등), 동·식물원
종교시설		•종교집회장으로 제2종 근린생활시설에 해당하지 않는 것, 종교집회장에 설치하는 봉안당
판매시설		•도매시장, 소매시장, 제1종 근린생활시설에 해당하지 아니하는 상점
운수시설		•여객자동차터미널, 철도시설, 공항시설(공항 등), 항만시설
의료시설		•병원(종합병원, 치과병원, 한방병원, 정신병원, 요양병원 등), 격리병원
연구교육 시설	500㎡ 이상	•학원, 교습소, 직업훈련소
	–	•학교(유치원, 초등학교, 중학교, 고등학교, 전문대학, 대학, 대학교 등), 교육원(연수원 등), 연구소, 도서관 등
노유자 시설		•아동관련시설(어린이집, 아동복지시설 등 제1종 근린생활시설에 해당하지 아니하는 것), 노인복지시설 등 사회복지시설 및 근로복지시설
수련시설		•생활권 수련시설, 자연권 수련시설, 유스호스텔, 300㎡ 이상 야영장
운동시설		•탁구장, 체육도장, 테니스장, 체력단련장 등 체육시설로 제1종, 제2종 근린생활시설이 아닌 것, 체육관 또는 운동장으로 관람석이 없거나 관람석의 바닥면적이 1천㎡ 미만인 것
업무시설		•공공업무시설(국가 또는 지자체 청사와 외국공간으로 제1종 근린생활시설에 해당하지 아니하는 것), 일반업무시설(제1종, 제2종 근린생활시설이 아닌 사무소 및 오피스텔)
숙박시설		•일반숙박시설,생활숙박시설,관광숙박시설,다중생활시설(제2종 근린생활시설에 해당하지 아니하는 것)
위락시설	150㎡ 이상	•단란주점
	–	•유흥주점, 무도장, 무도학원, 카지노영업소 •유원시설업의 시설(제2종 근린생활시설과 운동시설 제외)
공장		
창고시설		•상고, 하역장, 물류터미널, 집배송 시설
위험물 저장 및 처리시설		•주유소, 액화석유가스 충전소·판매소·저장소, 위험물 제조소·저장소·취급소, 액화가스 취급소·판매소, 유독물 보관·저장·판매시설, 고압가스 충전소·판매소·저장소, 도료류 판매소, 도시가스 제조시설, 화약류 저장소 등
자동차 관련 시설		•주차장, 세차장, 폐차장, 검사장, 매매장, 정비공장, 운전학원 및 정비학원, 차고 및 주기장, 전기자동차 충전소 (제1종 근린생활시설 미해당)
동물 및 식물 관련 시설		•축사, 가축시설, 도축장, 도계장, 작물 재배사, 종묘배양시설, 화초 및 분재 등의 온실, 동물 또는 식물과 관련된 시설(동·식물원은 제외)
자원순환 관련 시설		•하수 등 처리시설, 고물상, 폐기물재활용시설, 폐기물 처분시설, 폐기물감량화시설
교정시설		•교정시설, 갱생보호시설, 소년원 및 소년분류심사원	제1종 근린생활시설에 해당하는 것 제외
국방·군사시설		•국방·군사시설	
방송통신시설		•방송국, 전신전화국, 촬영소, 통신용 시설, 데이터센터 등	
발전시설		•발전소	
묘지 관련 시설		•화장시설, 봉안당(종교시설에 해당하는 것 제외), 묘지와 자연장지에 부수되는 건축물, 동물화장시설, 동물건조장 시설 및 동물 전용의 납골시설
관광휴게시설		•야외음악당, 야외극장, 어린이회관, 관망탑, 휴게소, 공원·유원지 또는 관광지에 부수되는 시설
장례시설		•장례식장, 동물전용의 장례식장
야영장 시설		•300㎡ 미만 야영장

Ⅱ. 혼동하기 쉬운 건축물의 용도

용도	내용
휴게음식점	• 300㎡ 미만인 것은 〈제1종 근린생활시설〉, 그 이외의 것은 〈제2종 근린생활시설〉
일반음식점	• 제2종 근린생활시설
일용품 판매 소매점	• 1000㎡ 미만인 것은 〈제1종 근린생활시설〉, 그 이외의 것은 〈판매시설〉
서점	• 1000㎡ 미만인 것은 〈제1종 근린생활시설〉, 그 이외의 것은 〈제2종 근린생활시설〉
공인중개사무소	• 30㎡ 미만인 것은 〈제1종 근린생활시설〉, 500㎡ 미만인 것은 〈제2종 근린생활시설〉, 그 이상은 〈업무시설〉
학원, 교습소, 직업훈련소	• 500㎡ 미만의 것은 〈제2종 근린생활시설〉, 500㎡ 이상의 것은 〈교육연구시설〉 • 자동차학원·자동차교습, 운전·정비 관련 직업훈련소는 〈자동차 관련 시설〉 • 무도학원·무도교습 〈위락시설〉
탁구장, 체육도장	• 500㎡ 미만인 것은 〈제1종 근린생활시설〉 그 이상은 〈운동시설〉
그 외 체육시설	• 500㎡ 미만인 것은 〈제2종 근린생활시설〉 그 이상은 〈운동시설〉
체육관, 운동장	• 관람석의 바닥 면적의 합계가 1천㎡ 미만인 경우 〈운동시설〉, 그 이상인 것은 〈문화 및 집회시설〉
단란주점	• 150㎡ 미만은 〈제2종 근린생활시설〉, 그 이상의 것 〈위락시설〉
제1종 근린생활시설	• 의원, 치과의원, 한의원, 침술원, 접골원, 조산원, 안마원, 산후조리원 등
의료시설	• 병원(종합병원, 치과병원, 한방병원, 정신병원 및 요양병원 등), 격리병원
동물병원 등	• 300㎡ 미만인 것은 〈제1종 근린생활시설〉, 그 이외의 것은 〈제2종 근린생활시설〉
장의사	• 〈제2종 근린생활시설〉 (cf. 장례시설이 아님) • 장례시설은 장례식장, 동물전용의 장례식장임
동·식물원	• 〈문화 및 집회시설〉 (cf. 동물 및 식물관련 시설 아님)
극장, 영화관	• 500㎡ 미만인 것은 〈제2종 근린생활시설〉, 그 이외의 것은 〈문화 및 집회시설〉
종교집회장	• 500㎡ 미만인 경우 〈제2종 근린생활시설〉, 그 이상은 〈종교시설〉
다중생활시설	• 500㎡ 미만은 〈제2종 근린생활시설〉, 이상은 〈숙박시설〉 • 다중주택은 〈단독주택〉 중의 하나로 비교
관공서	• 1000㎡ 미만의 것 〈제1종 근린생활시설〉, 그 이상의 것 〈공공업무시설〉
전기차 충전소	• 1000㎡ 미만은 〈제1종 근린생활시설〉, 그 이상은 〈자동차 관련 시설〉
야영장	• 300㎡ 미만의 경우 〈야영장 시설〉, 300㎡ 이상의 경우 〈수련시설〉

Ⅲ. 용도변경

건축물의 용도변경은 변경하려는 용도의 건축기준에 맞게 하여야 한다.

1. 대상 및 종류

허가	신고	시설군	건축물의 세부용도
↑	↓	자동차 관련 시설군	• 자동차 관련 시설
		산업 등의 시설군	• 공장, 창고시설, 운수시설, 위험물저장 및 처리시설, 자원순환 관련 시설, 장례시설, 묘지 관련 시설
		전기통신시설군	• 방송통신시설, 발전시설
		문화 및 집회시설군	• 문화 및 집회시설, 위락시설, 관광휴게시설, 종교시설
		영업시설군	• 판매시설, 운동시설, 숙박시설, 제2종 근린생활시설 중 다중생활시설
		교육 및 복지시설군	• 교육연구시설, 수련시설, 노유자시설, 의료시설, 야영장 시설
		근린생활시설군	• 제1종 근린생활시설, 제2종 근린생활시설(다중생활시설 제외)
		주거업무시설군	• 단독주택, 공동주택, 업무시설, 교정시설, 국방·군사시설
		그 밖의 시설군	• 동물 및 식물관련시설

허가대상		• 시설군에 속하는 건축물의 용도를 상위군에 해당하는 용도로 변경하는 경우
신고대상		• 시설군에 속하는 건축물의 용도를 하위군에 해당하는 용도로 변경하는 경우
건축물대장 기재내용 변경신청 대상	원칙	• 같은 시설군 안에서 용도를 변경하려는 자는 국토교통부령으로 정하는 바에 따라 특별자치시장·특별자치도지사 또는 시장·군수·구청장에게 건축물대장 기재내용의 변경을 신청하여야 한다.
	예외	① 건축물 상호 간의 용도변경에 해당하는 경우 변경신청 대상에서 제외한다. ② 다만, 같은 시설군에 속하는 건축물 상호 간의 용도변경 및 「국토의 계획 및 이용에 관한 법률」이나 그 밖의 관계 법령에서 정하는 용도제한에 적합한 범위에서 제1종 근린생활시설과 제2종 근린생활시설 상호 간의 용도변경은 그러하지 아니하다. (목욕장, 의원등, 공연장, 청소년게임제공업소등, 학원등, 골프연습장, 놀이형시설, 단란주점, 안마시술소, 노래연습장, 유흥주점, 주문배송시설, 생활형숙박시설)

2. 효과

사용승인	① 허가나 신고 대상인 경우로서 용도변경하려는 부분의 바닥면적의 합계가 100㎡ 이상인 경우의 사용승인에 관한 규정을 준용한다. ② 다만, 용도변경하려는 부분의 바닥면적의 합계가 500㎡ 미만으로서 대수선에 해당되는 공사를 수반하지 아니하는 경우에는 그러하지 아니하다.
건축사 설계 의무 준용	• 허가 대상인 경우로서 용도변경하려는 부분의 바닥면적의 합계가 500㎡ 이상인 용도변경의 설계에 관하여는 건축물의 설계규정을 준용한다.

3. 복수용도의 인정

① 건축주는 건축물의 용도를 복수로 하여 건축허가, 건축신고 및 용도변경 허가·신고 또는 건축물대장 기재내용의 변경 신청을 할 수 있다.
② 허가권자는 신청한 복수의 용도가 이 법 및 관계 법령에서 정한 건축기준과 입지기준 등에 모두 적합한 경우에 한정하여 국토교통부령으로 정하는 바에 따라 복수 용도를 허용할 수 있다.
  ㉠ 복수 용도는 같은 시설군 내에서 허용할 수 있다.
  ㉡ 허가권자는 지방건축위원회의 심의를 거쳐 다른 시설군의 용도간의 복수 용도를 허용할 수 있다.

핵심 지문 기출 OX

01 바닥면적의 합계가 1000㎡인 〈극장〉은 제1종 근린생활시설에 해당한다.(x)[33회]

02 바닥면적의 합계가 1000㎡인 〈서점〉은 제1종 근린생활시설에 해당한다.(x)[33회]

03 바닥면적의 합계가 1000㎡인 〈탁구장〉은 제1종 근린생활시설에 해당한다.(x)[33회]

04 바닥면적의 합계가 1000㎡인 〈파출소〉는 제1종 근린생활시설에 해당한다.(x)[33회]

05 바닥면적의 합계가 1000㎡인 〈산후조리원〉은 제1종 근린생활시설에 해당한다.(o)[33회]

06 甲이 A도 B시에 소재하는 자동차영업소로만 쓰는 건축물(500㎡)의 용도를 전부 노래연습장으로 용도변경하려고 할 때 甲은 건축물 용도변경에 관하여 B시장의 허가를 받아야 한다.(x)[34회]

07 甲이 A도 B시에 소재하는 자동차영업소로만 쓰는 건축물(500㎡)의 용도를 전부 노래연습장으로 용도변경하려고 할 때 甲은 B시장에게 건축물 용도변경에 관하여 신고를 하여야 한다.(x)[34회]

08 甲이 A도 B시에 소재하는 자동차영업소로만 쓰는 건축물(500㎡)의 용도를 전부 노래연습장으로 용도변경하려고 할 때 甲은 B시장에게 건축물대장 기재내용의 변경을 신청하여야 한다.(o)[34회]

09 건축주인 甲이 4층 건축물을 병원으로 사용하던 중 이를 서점으로 용도변경하고자 할 때 甲은 건축물의 용도를 서점으로 변경하려면 용도변경을 신고하여야 한다.(o)[29회]

10 건축주인 甲이 4층 건축물을 병원으로 사용하던 중 이를 서점으로 용도변경하고자 할 때 甲의 병원이 준주거지역에 위치하고 있다면 서점으로 용도변경을 할 수 없다.(x)[29회]

11 甲이 A도 B군에서 숙박시설로 사용승인을 받은 바닥면적의 합계가 3천㎡인 건축물의 용도를 변경하려고 할 때 의료시설로 용도를 변경하려는 경우에는 용도변경 신고를 하여야 한다.(o)³¹회

12 甲이 A도 B군에서 숙박시설로 사용승인을 받은 바닥면적의 합계가 3천㎡인 건축물의 용도를 변경하려고 할 때 종교시설로 용도를 변경하려는 경우에는 용도변경 허가를 받아야 한다.(o)³¹회

13 甲이 A도 B군에서 숙박시설로 사용승인을 받은 바닥면적의 합계가 3천㎡인 건축물의 용도를 변경하려고 할 때 甲이 바닥면적의 합계 1천㎡의 부분에 대해서만 업무시설로 용도를 변경하는 경우에는 사용승인을 받지 않아도 된다.(x)³¹회

14 甲이 A도 B시에 소재하는 자동차영업소로만 쓰는 건축물(500㎡)의 용도를 전부 노래연습장으로 용도변경하려고 할 때 甲은 용도변경한 건축물을 사용하려면 B시장의 사용승인을 받아야 한다.(x)³⁴회

15 甲이 A도 B시에 소재하는 자동차영업소로만 쓰는 건축물(500㎡)의 용도를 전부 노래연습장으로 용도변경하려고 할 때 甲의 건축물에 대한 용도변경을 위한 설계는 건축사가 아니면 할 수 없다.(x)³⁴회

16 건축주인 甲이 4층 건축물을 병원으로 사용하던 중 이를 서점으로 용도변경하고자 할 때 甲은 용도변경을 위하여 건축물을 대수선할 경우 그 설계는 건축사가 아니어도 할 수 있다.(x)²⁹회

17 甲이 A도 B군에서 숙박시설로 사용승인을 받은 바닥면적의 합계가 3천㎡인 건축물의 용도를 변경하려고 할 때 B군수는 甲이 판매시설과 위락시설의 복수 용도로 용도변경 신청을 한 경우 지방건축위원회의 심의를 거쳐 이를 허용할 수 있다.(o)³¹회

18 건축주인 甲이 4층 건축물을 병원으로 사용하던 중 이를 서점으로 용도변경하고자 할 때 甲은 서점에 다른 용도를 추가하여 복수용도로 용도변경을 신청을 할 수 없다.(x)²⁹회

Unit 4 건축허가 및 건축신고

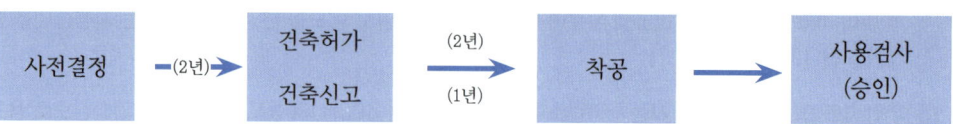

Ⅰ. 사전결정

대상	• 건축허가 대상 건축물을 건축하려는 자는 건축허가를 신청하기 전에 허가권자에게 그 건축물의 건축에 관한 다음의 사항에 대한 사전결정을 신청할 수 있다. ① 해당 대지에 건축하는 것이 이 법이나 관계 법령에서 허용되는지 여부 ② 이 법 또는 관계 법령에 따른 건축기준 및 건축제한, 그 완화에 관한 사항 등을 고려하여 해당 대지에 건축 가능한 건축물의 규모 ③ 건축허가를 받기 위하여 신청자가 고려하여야 할 사항
심의 등	• 사전결정신청자는 건축위원회 심의와 「도시교통정비 촉진법」에 따른 교통영향평가서의 검토를 동시에 신청할 수 있다.
협의	• 허가권자는 사전결정이 신청된 건축물의 대지면적이 「환경영향평가법」에 따른 소규모 환경영향평가 대상사업인 경우 환경부장관이나 지방환경관서의 장과 소규모 환경영향평가에 관한 협의를 하여야 한다.
사전결정 통지	• 허가권자는 신청을 받으면 입지, 건축물의 규모, 용도 등을 사전결정한 후 사전결정 신청자에게 알려야 한다.
통지의 효과	**통지의 효과** • 사전결정 통지를 받은 경우에는 다음의 허가를 받거나 신고 또는 협의를 한 것으로 본다. ① 「국토의 계획 및 이용에 관한 법률」에 따른 개발행위허가 ② 「산지관리법」에 따른 산지전용허가와 산지전용신고, 산지일시사용허가·신고. 다만, 보전산지인 경우에는 도시지역만 해당된다. ③ 「농지법」에 따른 농지전용허가·신고 및 협의 ④ 「하천법」에 따른 하천점용허가 **사전결정 전 협의** • 허가권자는 〈통지의 효과〉에 해당되는 내용이 포함된 사전결정을 하려면 미리 관계 행정기관의 장과 협의하여야 하며, 협의를 요청받은 관계 행정기관의 장은 요청받은 날부터 15일 이내에 의견을 제출하여야 한다.
효력상실	• 사전결정신청자는 사전결정을 통지받은 날부터 2년 이내에 건축허가를 신청하여야 하며, 이 기간에 건축허가를 신청하지 아니하면 사전결정의 효력이 상실된다.

Ⅱ. 건축허가

1. 건축허가권자

허가권자	• 건축물을 건축하거나 대수선하려는 자는 특별자치시장·특별자치도지사 또는 시장·군수·구청장의 허가를 받아야 한다.
예외	• 층수가 21층 이상이거나 연면적의 합계가 10만㎡ 이상인 건축물의 건축(연면적의 10분의 3 이상을 증축하여 층수가 21층 이상으로 되거나 연면적의 합계가 10만㎡ 이상으로 되는 경우를 포함)은 특별시장 또는 광역시장의 허가를 받아야 한다. 다만, 다음 어느 하나에 해당하는 건축물은 제외한다. ① 공장 ② 창고 ③ 지방건축위원회의 심의를 거친 건축물(특별시 또는 광역시의 건축조례로 정하는 바에 따라 해당 지방건축위원회의 심의사항으로 할 수 있는 건축물에 한정하며, 초고층 건축물은 제외한다)
도지사의 사전승인	• 시장·군수는 다음 어느 하나에 해당하는 건축물의 건축을 허가하려면 미리 건축계획서와 국토교통부령으로 정하는 건축물의 용도, 규모 및 형태가 표시된 기본설계도서를 첨부하여 도지사의 승인을 받아야 한다. ① 층수가 21층 이상이거나 연면적의 합계가 10만㎡ 이상인 건축물(연면적의 10분의 3 이상을 증축하여 층수가 21층 이상으로 되거나 연면적의 합계가 10만㎡ 이상으로 되는 경우를 포함). 다만, 공장, 창고, 지방건축위원회의 심의를 거친 건축물과 도시환경, 광역교통 등을 고려하여 해당 도의 조례로 정하는 건축물은 제외한다. ② 자연환경이나 수질을 보호하기 위하여 도지사가 지정·공고한 구역에 건축하는 3층 이상 또는 연면적의 합계가 1천㎡ 이상인 건축물로서 위락시설과 숙박시설 등 대통령령(공동주택, 제2종 근린생활시설 중 일반음식점, 업무시설 중 일반업무시설)으로 정하는 용도에 해당하는 건축물 ③ 주거환경이나 교육환경 등 주변 환경을 보호하기 위하여 필요하다고 인정하여 도지사가 지정·공고한 구역에 건축하는 위락시설 및 숙박시설에 해당하는 건축물

2. 대지의 소유권 확보

건축허가를 받으려는 자는 해당 대지의 소유권을 확보하여야 한다. 다만, 다음의 어느 하나에 해당하는 경우에는 그러하지 아니하다. ②에 따라 건축허가를 받은 건축주는 해당 건축물 또는 대지의 공유자 중 동의하지 아니한 공유자에게 그 공유지분을 시가로 매도할 것을 청구할 수 있다. 이 경우 매도청구를 하기 전에 매도청구 대상이 되는 공유자와 3개월 이상 협의를 하여야 한다.

① 건축주가 대지의 소유권을 확보하지 못하였으나 그 대지를 사용할 수 있는 권원을 확보한 경우. 다만, 분양을 목적으로 하는 공동주택은 제외한다.
② 건축주가 건축물의 노후화 또는 구조안전 문제 등 대통령령으로 정하는 사유로 건축물을 신축·개축·재축 및 리모델링을 하기 위하여 건축물 및 해당 대지의 공유자 수의 100분의 80 이상의 동의를 얻고 동의한 공유자의 지분 합계가 전체 지분의 100분의 80 이상인 경우
③ 건축주가 건축허가를 받아 주택과 주택 외의 시설을 동일 건축물로 건축하기 위하여 「주택법」 제21조를 준용한 대지 소유 등의 권리 관계를 증명한 경우. 다만, 「주택법」 제15조 제1항 각 호 외의 부분 본문에 따른 대통령령으로 정하는 호수(30호, 30세대) 이상으로 건설·공급하는 경우에 한정한다.
④ 건축하려는 대지에 포함된 국유지 또는 공유지에 대하여 허가권자가 해당 토지의 관리청이 해당 토지를 건축주에게 매각하거나 양여할 것을 확인한 경우
⑤ 건축주가 집합건물의 공용부분을 변경하기 위하여 「집합건물의 소유 및 관리에 관한 법률」에 따른 결의가 있었음을 증명한 경우
⑥ 건축주가 집합건물을 재건축하기 위하여 「집합건물의 소유 및 관리에 관한 법률」에 따른 결의가 있었음을 증명한 경우

3. 안전영향평가

주체	• 허가권자는 안전영향평가기관에 의뢰하여 실시하여야 한다.
요건	① 초고층 건축물 ② 연면적(하나의 대지에 둘 이상의 건축물을 건축하는 경우에는 각각의 건축물의 연면적을 말한다)이 10만㎡ 이상이고, 16층 이상인 건축물
검토 사항	① 해당 건축물에 적용된 설계 기준 및 하중의 적정성 ② 해당 건축물의 하중저항시스템의 해석 및 설계의 적정성 ③ 지반조사 방법 및 지내력 산정결과의 적정성 ④ 굴착공사에 따른 지하수위 변화 및 지반 안전성에 관한 사항 ⑤ 그 밖에 건축물의 안전영향평가를 위하여 국토교통부장관이 필요하다고 인정하는 사항
절차	① 안전영향평가기관은 안전영향평가를 의뢰받은 날부터 30일 이내에 안전영향평가 결과를 허가권자에게 제출하여야 한다. 다만, 부득이한 경우에는 20일의 범위에서 그 기간을 한 차례만 연장할 수 있다. ② 안전영향평가 결과는 건축위원회의 심의를 거쳐 확정한다. 이 경우 건축위원회의 심의를 받아야 하는 건축물은 건축위원회 심의에 안전영향평가 결과를 포함하여 심의할 수 있다. ③ 허가권자는 안전영향평가 결과를 제출받은 경우에는 지체 없이 안전영향평가를 의뢰한 자에게 그 내용을 통보하여야 한다. ④ 안전영향평가에 드는 비용은 안전영향평가를 의뢰한 자가 부담한다. ⑤ 안전영향평가 대상 건축물의 건축주는 건축허가 신청 시 제출하여야 하는 도서에 안전영향평가 결과를 반영하여야 하며, 건축물의 계획상 반영이 곤란하다고 판단되는 경우에는 그 근거 자료를 첨부하여 허가권자에게 건축위원회의 재심의를 요청할 수 있다.
의제 규정	• 안전영향평가를 실시하여야 하는 건축물이 다른 법률에 따라 구조안전과 인접 대지의 안전에 미치는 영향 등을 평가 받은 경우에는 안전영향평가의 해당 항목을 평가 받은 것으로 본다.

4. 건축허가의 거부

허가권자는 건축허가를 하고자 하는 때에 「건축기본법」에 따른 한국건축규정의 준수 여부를 확인하여야 한다. 다만, 다음의 어느 하나에 해당하는 경우에는 이 법이나 다른 법률에도 불구하고 건축위원회의 심의를 거쳐 건축허가를 하지 아니할 수 있다.

① 위락시설이나 숙박시설에 해당하는 건축물의 건축을 허가하는 경우 해당 대지에 건축하려는 건축물의 용도·규모 또는 형태가 주거환경이나 교육환경 등 주변 환경을 고려할 때 부적합하다고 인정되는 경우
② 「국토의 계획 및 이용에 관한 법률」에 따른 방재지구 및 「자연재해대책법」에 따른 자연재해위험개선지구 등 상습적으로 침수되거나 침수가 우려되는 대통령령으로 정하는 지역에 건축하려는 건축물에 대하여 일부 공간에 거실을 설치하는 것이 부적합하다고 인정되는 경우

5. 건축허가의 제한·취소

(1) 건축허가의 제한

		요청권자	내용
제한권자	국토교통부장관	주무부장관	• 국토교통부장관은 국토관리를 위하여 특히 필요하다고 인정하거나 주무부장관이 국방, 「국가유산기본법」에 따른 국가유산의 보존, 환경보전 또는 국민경제를 위하여 특히 필요하다고 인정하여 요청하면 허가권자의 건축허가나 허가를 받은 건축물의 착공을 제한할 수 있다.
	특별시장, 광역시장, 도지사	–	• 지역계획이나 도시·군계획에 특히 필요하다고 인정하면 시장·군수·구청장의 건축허가나 허가를 받은 건축물의 착공을 제한할 수 있다.
제한절차 (의견청취 – 심의 – 통보 및 공고)			• 국토교통부장관이나 시·도지사는 건축허가나 건축허가를 받은 건축물의 착공을 제한하려는 경우에는 「토지이용규제 기본법」에 따라 주민의견을 청취한 후 건축위원회의 심의를 거쳐야 한다. 국토교통부장관이나 특별시장·광역시장·도지사는 건축허가나 건축물의 착공을 제한하는 경우 제한 목적·기간, 대상 건축물의 용도와 대상 구역의 위치·면적·경계 등을 상세하게 정하여 허가권자에게 통보하여야 하며, 통보를 받은 허가권자는 지체 없이 이를 공고하여야 한다. 특별시장·광역시장·도지사는 시장·군수·구청장의 건축허가나 건축물의 착공을 제한한 경우 즉시 국토교통부장관에게 보고하여야 하며, 보고를 받은 국토교통부장관은 제한 내용이 지나치다고 인정하면 해제를 명할 수 있다.
제한기간 (2+1)			• 건축허가나 건축물의 착공을 제한하는 경우 제한기간은 2년 이내로 한다. 다만, 1회에 한하여 1년 이내의 범위에서 제한기간을 연장할 수 있다.

(2) 건축허가 취소

원칙	• 허가권자는 허가를 받은 자가 다음의 어느 하나에 해당하면 허가를 취소하여야 한다. ① 허가를 받은 날부터 2년(「산업집적활성화 및 공장설립에 관한 법률」에 따라 공장의 신설·증설 또는 업종변경의 승인을 받은 공장은 3년) 이내에 공사에 착수하지 아니한 경우 ② ①의 기간 이내에 공사에 착수하였으나 공사의 완료가 불가능하다고 인정되는 경우 ③ 착공신고 전에 경매 또는 공매 등으로 건축주가 대지의 소유권을 상실한 때부터 6개월이 지난 이후 공사의 착수가 불가능하다고 판단되는 경우
예외	• 다만, ①에 해당하는 경우로서 정당한 사유가 있다고 인정되면 1년의 범위에서 공사의 착수기간을 연장할 수 있다.

핵심 지문 기출 OX

01 사전결정을 할 수 있는 자는 건축허가권자이다.(o)28회

02 사전결정신청자는 건축위원회 심의와 「도시교통정비 촉진법」에 따른 교통영향평가서의 검토를 동시에 신청할 수 있다.(o)28회

03 사전결정 신청사항에는 건축허가를 받기 위하여 신청자가 고려하여야 할 사항이 포함될 수 있다.(o)28회

04 사전결정의 통지로써 「국토의 계획 및 이용에 관한 법률」에 따른 개발행위허가가 의제되는 경우 허가권자는 사전결정을 하기에 앞서 관계 행정기관의 장과 협의하여야 한다.(o)28회

05 건축허가대상 건축물을 건축하려는 자가 건축 관련 입지와 규모의 사전결정 통지를 받은 경우에 허가를 받은 것으로 볼 수 있는 것으로 〈「국토의 계획 및 이용에 관한 법률」 제56조에 따른 개발행위허가, 하천법」 제33조에 따른 하천점용허가, 도시지역 외의 지역에서 「산지관리법」 제14조에 따른 보전산지에 대한 산지전용허가, 「농지법」 제34조에 따른 농지전용허가〉가 해당한다.(x)33회

06 「국토의 계획 및 이용에 관한 법률」 제56조에 따른 개발행위허가는 건축하려는 자가 허가권자의 사전결정통지를 받은 경우 그 허가를 받은 것으로 볼 수 있다.(o)30회

07 「산지관리법」 제15조의2에 따른 도시지역 안의 보전산지에 대한 산지일시사용허가는 건축하려는 자가 허가권자의 사전결정통지를 받은 경우 그 허가를 받은 것으로 볼 수 있다.(o)30회

08 「산지관리법」 제14조에 따른 농림지역 안의 보전산지에 대한 산지전용허가는 건축하려는 자가 허가권자의 사전결정통지를 받은 경우 그 허가를 받은 것으로 볼 수 있다.(x)30회

09 「농지법」 제34조에 따른 농지전용허가는 건축하려는 자가 허가권자의 사전결정통지를 받은 경우 그 허가를 받은 것으로 볼 수 있다.(o)30회

10 사전결정신청자는 사전결정을 통지받은 날부터 2년 이내 착공신고를 하여야 하며, 이 기간에 착공신고를 하지 아니하면 사전결정의 효력이 생긴다.(x)28회

11 A광역시 B구에서 20층의 연면적 합계가 5만㎡인 허가대상 건축물을 신축하려고 할 때 B구청장에게 건축허가를 받아야 한다.(o)31회

12 분양을 목적으로 하는 공동주택의 건축주가 그 대지를 사용할 수 있는 권원을 확보한 경우 건축허가를 받으려는 자가 해당 대지의 소유권을 확보하지 않아도 된다.(x)28회

13 건축주가 집합건물의 공용부분을 변경하기 위하여 「집합건물의 소유 및 관리에 관한 법률」 제15조 제1항에 따른 결의가 있었음을 증명한 경우 건축허가를 받으려는 자가 해당 대지의 소유권을 확보하지 않아도 된다.(o)28회

14 건축하려는 대지에 포함된 국유지에 대하여 허가권자가 해당 토지의 관리청이 해당 토지를 건축주에게 매각할 것을 확인한 경우 건축허가를 받으려는 자가 해당 대지의 소유권을 확보하지 않아도 된다.(o)28회

15 초고층 건축물에 대하여는 건축허가 이후 지체 없이 건축물 안전영향평가를 실시하여야 한다.(x)35회

16 건축주 甲은 A도 B시에서 연면적이 100㎡이고 2층인 건축물을 대수선하고자 건축신고를 하려고 할 때 B시장은 건축신고의 수리 전에 건축물 안전영향평가를 실시하여야 한다.(x)32회

17 〈해당 건축물에 적용된 설계 기준 및 하중의 적정성〉은 안전영향평가기관이 안전영향평가를 실시할 때 검토하여야 하는 사항이다.(o)³³회

18 〈해당 건축물의 하중저항시스템의 해석 및 설계의 적정성〉은 안전영향평가기관이 안전영향평가를 실시할 때 검토하여야 하는 사항이다.(o)³³회

19 〈지반조사 방법 및 지내력 산정결과의 적정성〉은 안전영향평가기관이 안전영향평가를 실시할 때 검토하여야 하는 사항이다.(o)³³회

20 〈굴착공사에 따른 지하수위 변화 및 지반 안전성에 관한 사항〉은 안전영향평가기관이 안전영향평가를 실시할 때 검토하여야 하는 사항이다.(o)³³회

21 〈해당 건축물의 안전영향평가를 위하여 지방건축위원회가 결정하는 사항〉은 안전영향평가기관이 안전영향평가를 실시할 때 검토하여야 하는 사항이다.(x)³³회

22 안전영향평가기관은 안전영향평가를 의뢰받은 날부터 30일 이내에 안전영향평가 결과를 허가권자에게 제출하여야 하며, 이 기간은 연장될 수 없다.(x)³⁵회

23 건축물 안전영향평가 결과는 도시계획위원회의 심의를 거쳐 확정된다.(x)³⁵회

24 허가권자는 안전영향평가에 대한 심의 결과 및 안전영향평가 내용을 일간신문에 게재하는 방법으로 공개하여야 한다.(x)³⁵회

25 안전영향평가를 실시하여야 하는 건축물이 다른 법률에 따라 구조안전과 인접 대지의 안전에 미치는 영향 등을 평가 받은 경우에는 안전영향평가의 해당 항목을 평가받은 것으로 본다.(o)³⁵회

26 A광역시 B구에서 20층의 연면적 합계가 5만㎡인 허가대상 건축물을 신축하려고 할 때 건축허가를 받은 경우에도 A광역시장은 지역계획에 특히 필요하다고 인정하면 건축물의 착공을 제한할 수 있다.(o)³¹회

27 甲이 A도 B군에서 숙박시설로 사용승인을 받은 바닥면적의 합계가 3천㎡인 건축물의 용도를 변경하려고 할 때 A도지사는 도시·군계획에 특히 필요하다고 인정하면 B군수의 용도변경허가를 제한할 수 있다.(o)³¹회

28 국방, 문화재보존 또는 국민경제를 위하여 특히 필요한 경우 주무부장관은 허가권자의 건축허가를 제한할 수 있다.(x)³²회

29 지역계획을 위하여 특히 필요한 경우 도지사는 특별자치시장의 건축허가를 제한할 수 있다.(x)³²회

30 도지사는 지역계획에 특히 필요하다고 인정하더라도 허가 받은 건축물의 착공을 제한할 수 없다.(x)³⁵회

31 시·도지사가 건축허가를 제한하는 경우에는 「토지이용규제 기본법」에 따라 주민의견을 청취하거나 건축위원회의 심의를 거쳐야 한다.(x)³²회

32 시장·군수·구청장이 건축허가를 제한하려는 경우에는 주민의견을 청취한 후 도시계획위원회의 심의를 거쳐야 한다.(x)³⁵회

33 건축허가를 제한하는 경우 건축허가 제한기간은 2년 이내로 하며, 1회에 한하여 1년 이내의 범위에서 제한기간을 연장할 수 있다.(o)³²회

34 건축허가를 제한하는 경우 제한기간은 2년 이내로 하며, 1회에 한하여 1년 이내의 범위에서 제한기간을 연장할 수 있다.(o)³⁵회

35 국토교통부장관은 건축허가를 제한하는 경우 제한 목적·기간, 대상 건축물의 용도와 대상 구역의 위치·면적·경계를 지체 없이 공고하여야 한다.(x)³²회

36 건축허가를 제한하는 경우 국토교통부장관은 제한 목적·기간 등을 상세하게 정하여 지체 없이 공고하여야 한다.(x)³⁵회

37 건축허가를 제한한 경우 허가권자는 즉시 국토교통부장관에게 보고하여야 하며, 보고를 받은 국토교통부장관은 제한 내용이 지나치다고 인정하면 직권으로 이를 해제하여야 한다.(x)³⁵회

Ⅲ. 건축신고

1. 건축신고

원칙		• 허가 대상 건축물이라 하더라도 신고대상 건축물에 해당하면 미리 특별자치시장·특별자치도지사 또는 시장·군수·구청장에게 국토교통부령으로 정하는 바에 따라 신고를 하면 건축허가를 받은 것으로 본다.
신고절차	원칙	• 특별자치시장·특별자치도지사 또는 시장·군수·구청장은 신고를 받은 날부터 5일 이내에 신고수리 여부 또는 민원 처리 관련 법령에 따른 처리기간의 연장 여부를 신고인에게 통지하여야 한다.
	예외	① 이 법 또는 다른 법령에 따라 심의, 동의, 협의, 확인 등이 필요한 경우에는 20일 이내에 통지하여야 한다. ② 특별자치시장·특별자치도지사 또는 시장·군수·구청장은 심의, 동의, 협의, 확인 등이 필요한 사실을 신고를 받은 날부터 5일 이내에 신고인에게 그 내용을 통지하여야 한다.
실효(1+1)		• 신고를 한 자가 신고일부터 1년 이내에 공사에 착수하지 아니하면 그 신고의 효력은 없어진다. 다만, 건축주의 요청에 따라 허가권자가 정당한 사유가 있다고 인정하면 1년의 범위에서 착수기한을 연장할 수 있다.
신고대상 건축물 ★		① 바닥면적의 합계가 85㎡ 이내의 증축·개축 또는 재축. 다만, 3층 이상 건축물인 경우에는 증축·개축 또는 재축하려는 부분의 바닥면적의 합계가 건축물 연면적의 10분의 1 이내인 경우로 한정한다. ② 「국토의 계획 및 이용에 관한 법률」에 따른 관리지역, 농림지역 또는 자연환경보전지역에서 연면적이 200㎡ 미만이고 3층 미만인 건축물의 건축. 다만, 다음 각 목의 어느 하나에 해당하는 구역에서의 건축은 제외한다. 　㉠ 지구단위계획구역 　㉡ 방재지구 　㉢ 붕괴위험지역 ③ 연면적이 200㎡ 미만이고 3층 미만인 건축물의 대수선 ④ 주요구조부의 해체가 없는 등 다음 어느 하나에 해당하는 대수선 　㉠ 내력벽의 면적을 30㎡ 이상 수선하는 것 　㉡ 기둥을 세 개 이상 수선하는 것 　㉢ 보를 세 개 이상 수선하는 것 　㉣ 지붕틀을 세 개 이상 수선하는 것 　㉤ 방화벽 또는 방화구획을 위한 바닥 또는 벽을 수선하는 것 　㉥ 주계단·피난계단 또는 특별피난계단을 수선하는 것 ⑤ 그 밖에 소규모 건축물로서 대통령령으로 정하는 건축물의 건축 　㉠ 연면적의 합계가 100㎡ 이하인 건축물 　㉡ 건축물의 높이를 3미터 이하의 범위에서 증축하는 건축물 　㉢ 표준설계도서에 따라 건축하는 건축물로서 그 용도 및 규모가 주위환경이나 미관에 지장이 없다고 인정하여 건축조례로 정하는 건축물 　㉣ 「국토의 계획 및 이용에 관한 법률」에 따른 공업지역, 지구단위계획구역(산업·유통형만 해당) 및 「산업입지 및 개발에 관한 법률」에 따른 산업단지에서 건축하는 2층 이하인 건축물로서 연면적 합계 500㎡ 이하인 공장 　㉤ 농업이나 수산업을 경영하기 위하여 읍·면지역에서 건축하는 연면적 200㎡ 이하의 창고 및 연면적 400㎡ 이하의 축사, 작물재배사, 종묘배양시설, 화초 및 분재 등의 온실

신고대상 공작물	신고대상 규모	• 종류
	높이 2m 초과	• 옹벽 또는 담장 〈2.옹.담〉
	높이 4m 초과	• 장식탑, 기념탑, 첨탑, 광고탑, 광고판, 그 밖에 이와 비슷한 것 〈4.광.장.기.첨〉
	높이 5m 초과	• 태양에너지를 이용하는 발전설비와 그 밖에 이와 비슷한 것
	높이 6m 초과	① 굴뚝 ② 골프연습장 등의 운동시설을 위한 철탑, 주거지역·상업지역에 설치하는 통신용 철탑, 그 밖에 이와 비슷한 것 〈6.굴.철〉
	높이 8m 초과	• 고가수조나 그 밖에 이와 비슷한 것
	바닥면적 30㎡ 초과	• 지하대피호
	높이 8m 이하	• 기계식 주차장 및 철골 조립식 주차장(바닥면이 조립식이 아닌 것을 포함한다) 으로서 외벽이 없는 것

Ⅳ. 가설건축물
1. 허가대상 가설건축물

원칙	• 도시·군계획시설 및 도시·군계획시설예정지에서 가설건축물을 건축하려는 자는 특별자치시장·특별자치도지사 또는 시장·군수·구청장(허가권자)의 허가를 받아야 한다.
예외	• 특별자치시장·특별자치도지사 또는 시장·군수·구청장은 해당 가설건축물의 건축이 다음 어느 하나에 해당하는 경우면 허가를 하지 아니하여야 한다. ① 「국토의 계획 및 이용에 관한 법률」 제64조(개발행위허가 규정)에 위배되는 경우 ② 4층 이상인 경우 ③ 구조, 존치기간, 설치목적 및 다른 시설 설치 필요성 등에 관하여 대통령령으로 정하는 기준의 범위에서 조례로 정하는 바에 따르지 아니한 경우 ㉠ 철근콘크리트조 또는 철골철근콘크리트조가 아닐 것 ㉡ 존치기간은 3년 이내일 것. 다만, 도시·군계획사업이 시행될 때까지 그 기간을 연장할 수 있다. ㉢ 전기·수도·가스 등 새로운 간선 공급설비의 설치를 필요로 하지 아니할 것 ㉣ 공동주택·판매시설·운수시설 등으로서 분양을 목적으로 건축하는 건축물이 아닐 것

2. 신고대상 가설건축물

원칙	• 대통령령으로 정하는 용도의 가설건축물을 축조하려는 자는 대통령령으로 정하는 존치기간, 설치 기준 및 절차에 따라 **특별자치시장·특별자치도지사 또는 시장·군수·구청장**에게 신고한 후 착공하여야 한다.
절차	• 신고에 관하여는 건축신고 절차를 준용한다.
존치기간	원칙	• 신고해야 하는 가설건축물의 **존치기간은 3년 이내**로 하며, 존치기간의 연장이 필요한 경우에는 횟수별 3년의 범위에서 가설건축물별로 건축조례로 **정하는 횟수만큼 존치기간을 연장**할 수 있다.
	예외	• 다만, **공사용 가설건축물 및 공작물**의 경우에는 해당 **공사의 완료일까지의 기간**으로 한다.
대상	① 재해가 발생한 구역 또는 그 인접구역으로서 특별자치시장·특별자치도지사 또는 시장·군수·구청장이 지정하는 구역에서 일시사용을 위하여 건축하는 것 ② 특별자치시장·특별자치도지사 또는 시장·군수·구청장이 도시미관이나 교통소통에 지장이 없다고 인정하는 가설흥행장, 가설전람회장, 농·수·축산물 직거래용 가설점포, 그 밖에 이와 비슷한 것 ③ 공사에 필요한 규모의 공사용 가설건축물 및 공작물 ④ 전시를 위한 견본주택이나 그 밖에 이와 비슷한 것
대상	⑤ 특별자치시장·특별자치도지사 또는 시장·군수·구청장이 도로변 등의 미관정비를 위하여 지정·공고하는 구역에서 축조하는 가설점포(물건 등의 판매를 목적으로 하는 것을 말한다)로서 안전·방화 및 위생에 지장이 없는 것 ⑥ 조립식 구조로 된 경비용으로 쓰는 가설건축물로서 **연면적이 10㎡ 이하**인 것 ⑦ 조립식 경량구조로 된 외벽이 없는 임시 자동차 차고 ⑧ 컨테이너 또는 이와 비슷한 것으로 된 가설건축물로서 임시사무실·임시창고 또는 임시숙소로 사용되는 것(**건축물의 옥상에 축조하는 것은 제외**한다. 다만, 2009년 7월 1일부터 2015년 6월 30일까지 및 2016년 7월 1일부터 2019년 6월 30일까지 공장의 옥상에 축조하는 것은 포함한다) ⑨ 도시지역 중 **주거지역·상업지역 또는 공업지역**에 설치하는 **농업·어업용 비닐하우스**로서 연면적이 100㎡ 이상인 것 ⑩ **연면적이 100㎡ 이상**인 간이축사용, 가축분뇨처리용, 가축운동용, 가축의 비가림용 **비닐하우스 또는 천막**구조 건축물 ⑪ 농업·어업용 고정식 온실 및 간이작업장, 가축양육실 ⑫ 물품저장용, 간이포장용, 간이수선작업용 등으로 쓰기 위하여 공장 또는 창고시설에 설치하거나 인접 대지에 설치하는 천막(벽 또는 지붕이 합성수지 재질로 된 것을 포함한다), 그 밖에 이와 비슷한 것 ⑬ 유원지, 종합휴양업 사업지역 등에서 한시적인 관광·문화행사 등을 목적으로 천막 또는 경량구조로 설치하는 것 ⑭ 야외전시시설 및 촬영시설 ⑮ 야외흡연실 용도로 쓰는 가설건축물로서 연면적이 **50㎡ 이하**인 것 ⑯ 그 밖에 제1호부터 제14호까지의 규정에 해당하는 것과 비슷한 것으로서 건축조례로 정하는 건축물

V. 허가에 따른 의제사항 및 변경사항 등

1. 허가(신고)에 따른 인·허가등의 의제사항

건축허가(신고)를 받으면 다음의 허가 등을 받거나 신고를 한 것으로 보며, 공장건축물의 경우에는 「산업집적활성화 및 공장설립에 관한 법률」에 따라 관련 법률의 인·허가등이나 허가등을 받은 것으로 본다.

① 공사용 가설건축물의 축조신고
② 공작물의 축조신고
③ 「국토의 계획 및 이용에 관한 법률」에 따른 개발행위허가
④ 「국토의 계획 및 이용에 관한 법률」에 따른 시행자의 지정과 실시계획의 인가
⑤ 도로, 하천점용 등의 허가 외 16항목

2. 허가와 신고사항의 변경

의의	원칙	• 건축주가 허가를 받았거나 신고한 사항을 변경하려면 변경하기 전에 대통령령으로 정하는 바에 따라 허가권자의 허가를 받거나 특별자치시장·특별자치도지사 또는 시장·군수·구청장에게 신고하여야 한다.
	예외	• 다만, 대통령령으로 정하는 경미한 사항의 변경(신축·증축·개축·재축·이전·대수선 또는 용도변경에 해당하지 아니하는 변경)은 그러하지 아니하다.
허가 및 신고 대상		① 바닥면적의 합계가 85㎡를 초과하는 부분에 대한 신축·증축·개축에 해당하는 변경인 경우에는 허가를 받고, 그 밖의 경우에는 신고할 것 ② 신고로써 허가를 갈음하는 건축물에 대하여는 변경 후 건축물의 연면적을 각각 신고로써 허가를 갈음할 수 있는 규모에서 변경하는 경우에는 신고할 것 ③ 건축주·설계자·공사시공자 또는 공사감리자를 변경하는 경우에는 신고할 것

3. 공용건축물에 관한 특례

협의	• 국가나 지방자치단체는 건축물을 건축·대수선·용도변경하거나 가설건축물을 건축하거나 공작물을 축조하려는 경우에는 대통령령으로 정하는 바에 따라 미리 건축물의 소재지를 관할하는 허가권자와 협의하여야 한다.
간주	• 국가나 지방자치단체가 건축물의 소재지를 관할하는 허가권자와 협의한 경우에는 허가를 받았거나 신고한 것으로 본다.

핵심 지문 기출 OX

01 건축주 甲은 A도 B시에서 연면적이 100㎡이고 2층인 건축물을 대수선하고자 건축신고를 하려고 할 때 건축신고를 한 甲이 신고일부터 6개월 이내에 공사에 착수하지 아니하면 그 신고의 효력은 없어진다.(x)[32회]

02 건축주 甲은 A도 B시에서 연면적이 100㎡이고 2층인 건축물을 대수선하고자 건축신고를 하려고 할 때 甲이 대수선을 하기 전에 B시장에게 건축신고를 하면 건축허가를 받은 것으로 본다.(o)[32회]

03 〈연면적 180㎡인 2층 건축물의 대수선〉은 건축신고를 하면 건축허가를 받은 것으로 볼 수 있다.(o)[29회]

04 〈연면적 150㎡인 3층 건축물의 피난계단 증설〉은 건축신고를 하면 건축허가를 받은 것으로 볼 수 있다.(x)[29회]

05 〈연면적 270㎡인 3층 건축물의 방화벽 수선〉은 건축신고를 하면 건축허가를 받은 것으로 볼 수 있다.(o)[29회]

06 〈1층의 바닥면적 50㎡, 2층의 바닥면적 30㎡인 2층 건축물의 건축〉은 건축신고를 하면 건축허가를 받은 것으로 볼 수 있다.(o)[29회]

07 〈바닥면적 100㎡인 단층 건축물의 신축〉은 건축신고를 하면 건축허가를 받은 것으로 볼 수 있다.(o)[29회]

08 〈높이 4미터의 옹벽〉은 건축물과 분리하여 공작물을 축조하려는 경우, 특별자치시장·특별자치도지사 또는 시장·군수·구청장에게 신고하여야 하는 공작물이다.(o)[30회]

09 〈높이 4미터의 장식탑〉은 건축물과 분리하여 공작물을 축조하려는 경우, 특별자치시장·특별자치도지사 또는 시장·군수·구청장에게 신고하여야 하는 공작물이다.(x)[30회]

10 〈높이 8미터의 굴뚝〉은 건축물과 분리하여 공작물을 축조하려는 경우, 특별자치시장·특별자치도지사 또는 시장·군수·구청장에게 신고하여야 하는 공작물이다.(o)[30회]

11 〈상업지역에 설치하는 높이 8미터의 통신용 철탑〉은 건축물과 분리하여 공작물을 축조하려는 경우, 특별자치시장·특별자치도지사 또는 시장·군수·구청장에게 신고하여야 하는 공작물이다.(o)[30회]

12 〈바닥면적 40㎡의 지하대피호〉는 건축물과 분리하여 공작물을 축조하려는 경우, 특별자치시장·특별자치도지사 또는 시장·군수·구청장에게 신고하여야 하는 공작물이다.(o)[30회]

13 〈전시를 위한 견본주택〉은 가설건축물 축조신고의 대상이다.(o)[28회]

14 〈조립식 구조로 된 주거용으로 쓰는 가설건축물로서 연면적이 20㎡인 것〉은 가설건축물 축조신고의 대상이다.(x)[28회]

15 〈도시지역 중 주거지역에 설치하는 농업용 비닐하우스로서 연면적이 100㎡인 것〉은 가설건축물 축조신고의 대상이다.(o)[28회]

16 〈2017년 10월 28일 현재 공장의 옥상에 축조하는 컨테이너로 된 가설건축물로서 임시사무실로 사용되는 것〉은 가설건축물 축조신고의 대상이다.(o)[28회]

17 〈야외흡연실 용도로 쓰는 가설건축물로서 연면적이 50㎡인 것〉은 가설건축물 축조신고의 대상이다.(o)[28회]

18 신고대상 가설건축물인 전시를 위한 견본주택을 축조하는 경우 견본주택의 존치기간은 해당 주택의 분양완료일까지이다.(x)[31회]

19 A광역시 B구에서 20층의 연면적 합계가 5만㎡인 허가대상 건축물을 신축하려고 할 때 건축허가를 받은 이후에 공사시공자를 변경하는 경우에는 B구청장에게 신고하여야 한다.(o)[31회]

20 건축주 甲은 A도 B시에서 연면적이 100㎡이고 2층인 건축물을 대수선하고자 건축신고를 하려고 할 때 건축신고를 한 甲이 공사시공자를 변경하려면 B시장에게 허가를 받아야 한다.(x)[32회]

21 A광역시 B구에서 20층의 연면적 합계가 5만㎡인 허가대상 건축물을 신축하려고 할 때 건축허가를 받은 경우에도 해당 대지를 조성하기 위해 높이 5미터의 옹벽을 축조하려면 따로 공작물 축조신고를 하여야 한다.(x)[31회]

Unit 5 사용승인 및 건물의 유지·관리

Ⅰ. 건축공사현장 안전관리예치금

안전관리예치금 (1천㎡, 1%)	① 건축허가를 받은 자가 건축물의 건축공사를 중단하고 장기간 공사현장을 방치할 경우 허가권자는 연면적이 1천㎡ 이상인 건축물로서 해당 지방자치단체의 조례로 정하는 건축물에 대하여는 착공신고를 하는 건축주(한국토지주택공사 또는 건축사업을 수행하기 위하여 설립된 지방공사는 제외)에게 장기간 건축물의 공사현장이 방치되는 것에 대비하여 예치금을 건축공사비의 1퍼센트의 범위에서 예치하게 할 수 있다. ② 예치금을 반환할 때에는 대통령령으로 정하는 이율로 산정한 이자를 포함하여 반환하여야 한다. 다만, 보증서를 예치한 경우에는 그러하지 아니하다.
개선명령	•허가권자는 공사현장이 방치되어 도시미관을 저해하고 안전을 위해한다고 판단되면 건축허가를 받은 자에게 건축물 공사현장의 미관과 안전관리를 위한 다음의 개선을 명할 수 있다. ① 안전울타리 설치 등 안전조치 ② 공사재개 또는 해체 등 정비
행정대집행	•개선명령을 받은 자가 개선을 하지 아니하면 「행정대집행법」으로 정하는 바에 따라 대집행을 할 수 있다. 이 경우 건축주가 예치한 예치금을 행정대집행에 필요한 비용에 사용할 수 있으며, 행정대집행에 필요한 비용이 이미 납부한 예치금보다 많을 때에는 그 차액을 추가로 징수할 수 있다.

Ⅱ. 사용승인

1. 사용승인의 신청

사용승인 신청	• 건축주가 허가를 받았거나 신고를 한 건축물의 건축공사를 완료한 후 그 건축물을 사용하려면 공사감리자가 작성한 감리완료보고서와 국토교통부령으로 정하는 공사완료도서를 첨부하여 허가권자에게 사용승인을 신청하여야 한다.

일괄신고	• 허가나 신고사항 중 대통령령으로 정하는 사항의 변경은 사용승인을 신청할 때 허가권자에게 일괄하여 신고할 수 있다.
	① 건축물의 동수나 층수를 변경하지 아니하면서 변경되는 부분의 바닥면적의 합계가 50㎡ 이하인 경우로서 다음의 요건을 모두 갖춘 경우
	   ㉠ 변경되는 부분의 높이가 1미터 이하이거나 전체 높이의 10분의 1 이하일 것
	   ㉡ 허가를 받거나 신고를 하고 건축 중인 부분의 위치 변경범위가 1미터 이내일 것
	   ㉢ 신고를 하면 건축허가를 받은 것으로 보는 규모에서 건축허가를 받아야 하는 규모의 변경이 아닐 것
	② 건축물의 동수나 층수를 변경하지 아니하면서 변경되는 부분이 연면적 합계의 10분의 1 이하인 경우(연면적이 5천㎡ 이상인 건축물은 각 층의 바닥면적이 50㎡ 이하의 범위에서 변경되는 경우만 해당)
	③ 대수선에 해당하는 경우
	④ 건축물의 층수를 변경하지 아니하면서 변경되는 부분의 높이가 1미터 이하이거나 전체 높이의 10분의 1 이하인 경우
	⑤ 허가를 받거나 신고를 하고 건축 중인 부분의 위치가 1미터 이내에서 변경되는 경우

2. 사용승인서의 교부

① 허가권자는 사용승인신청을 받은 경우 그 신청서를 받은 날부터 7일 이내에 다음의 사항에 대한 검사를 실시하고, 검사에 합격된 건축물에 대하여는 사용승인서를 내주어야 한다.
   ㉠ 사용승인을 신청한 건축물이 이 법에 따라 허가 또는 신고한 설계도서대로 시공되었는지의 여부
   ㉡ 감리완료보고서, 공사완료도서 등의 서류 및 도서가 적합하게 작성되었는지의 여부

② 다만, 해당 지방자치단체의 조례로 정하는 건축물은 사용승인을 위한 검사를 실시하지 아니하고 사용승인서를 내줄 수 있다.

3. 임시사용승인 및 건축물의 사용

임시사용승인		• 임시사용승인의 기간은 2년 이내로 한다. 다만, 허가권자는 대형 건축물 또는 암반공사 등으로 인하여 공사기간이 긴 건축물에 대하여는 그 기간을 연장할 수 있다.
건축물의 사용	원칙	• 건축주는 사용승인을 받은 후가 아니면 건축물을 사용하거나 사용하게 할 수 없다.
	예외	• 다만, 다음 어느 하나에 해당하는 경우에는 사용하거나 사용하게 할 수 있다. ① 허가권자가 신청서를 받은 날부터 7일 이내에 사용승인서를 교부하지 아니한 경우 ② 사용승인서를 교부받기 전에 공사가 완료된 부분이 건폐율, 용적률, 설비, 피난·방화 등 국토교통부령으로 정하는 기준에 적합한 경우로서 기간을 정하여 대통령령으로 정하는 바에 따라 임시로 사용의 승인을 한 경우

4. 사용승인의 효과

건축주가 사용승인을 받은 경우에는 다음에 따른 사용승인·준공검사 또는 등록신청 등을 받거나 한 것으로 보며, 공장건축물의 경우에는 「산업집적활성화 및 공장설립에 관한 법률」에 따라 관련 법률의 검사 등을 받은 것으로 본다.
① 「하수도법」에 따른 배수설비의 준공검사 및 개인하수처리시설의 준공검사
② 「공간정보의 구축 및 관리 등에 관한 법률」에 따른 지적공부의 변동사항 등록신청
③ 「도로법」에 따른 도로점용 공사의 준공확인
④ 「국토의 계획 및 이용에 관한 법률」에 따른 개발 행위 및 도시·군계획시설사업의 준공검사 외 6항목

Ⅲ. 건축물의 유지 및 관리

특별자치시장·특별자치도지사 또는 시장·군수·구청장은 이 법 또는 이 법에 따른 명령이나 처분에 위반되는 건축물의 발생을 예방하고 건축물을 적법하게 유지·관리하도록 지도하기 위하여 대통령령으로 정하는 바에 따라 건축지도원을 지정할 수 있다. 특별자치시장·특별자치도지사 또는 시장·군수·구청장은 건축물의 소유·이용 및 유지·관리 상태를 확인하거나 건축정책의 기초 자료로 활용하기 위하여 다음에 해당하면 건축물대장에 건축물과 그 대지의 현황 및 국토교통부령으로 정하는 건축물의 구조내력에 관한 정보를 적어서 보관하고 이를 지속적으로 정비하여야 한다.
① 사용승인서를 내준 경우
② 건축허가 대상 건축물(신고 대상 건축물을 포함한다) 외의 건축물의 공사를 끝낸 후 기재를 요청한 경우
③ 그 밖에 대통령령으로 정하는 경우
  ㉠ 건축물대장의 신규등록 및 변경등록의 신청이 있는 경우
  ㉡ 법 시행일 전에 법령등에 적합하게 건축되고 유지·관리된 건축물의 소유자가 그 건축물의 건축물관리대장이나 그 밖에 이와 비슷한 공부를 건축물대장에 옮겨 적을 것을 신청한 경우
  ㉢ 그 밖에 기재내용의 변경 등이 필요한 경우로서 국토교통부령으로 정하는 경우

핵심 지문 기출 OX

01 허가권자는 연면적이 〈1천〉㎡ 이상인 건축물로서 해당 지방자치단체의 조례로 정하는 건축물에 대하여는 착공신고를 하는 건축주에게 장기간 건축물의 공사현장이 방치되는 것에 대비하여 미리 미관 개선과 안전관리에 필요한 비용을 건축공사비의 〈1%〉의 범위에서 예치하게 할 수 있다.(o)^{30회}

02 건축주 甲은 A도 B시에서 연면적이 100㎡이고 2층인 건축물을 대수선하고자 건축신고를 하려고 할 때 건축신고를 한 甲은 공사가 끝난 후 사용승인 신청 없이 건축물을 사용할 수 있다.(x)^{32회}

03 허가권자가 건축물의 사용승인서를 내준 경우 건축물대장에 건축물과 그 대지의 현황 및 건축물의 구조내력에 관한 정보를 적어서 보관하고 이를 지속적으로 정비하여야 한다.(o)^{32회}

04 건축허가 또는 건축신고 대상 건축물 외의 건축물의 공사가 끝난 후 기재 요청이 있는 경우 건축물대장에 건축물과 그 대지의 현황 및 건축물의 구조내력에 관한 정보를 적어서 보관하고 이를 지속적으로 정비하여야 한다.(o)^{32회}

05 「집합건물의 소유 및 관리에 관한 법률」에 따른 건축물대장의 신규등록 신청이 있는 경우 건축물대장에 건축물과 그 대지의 현황 및 건축물의 구조내력에 관한 정보를 적어서 보관하고 이를 지속적으로 정비하여야 한다.(o)^{32회}

Unit 6. 건축물의 설계, 건축시공 및 공사감리

I. 건축물의 설계

설계사 설계 의무	• 건축허가를 받아야 하거나 건축신고를 하여야 하는 건축물 또는 「주택법」에 따른 리모델링을 하는 건축물의 건축등을 위한 설계는 건축사가 아니면 할 수 없다. 다만, 다음 각 호의 어느 하나에 해당하는 경우에는 그러하지 아니하다.
	① 바닥면적의 합계가 85㎡ 미만인 증축·개축 또는 재축
	② 연면적이 200㎡ 미만이고 층수가 3층 미만인 건축물의 대수선
	③ 그 밖에 건축물의 특수성과 용도 등을 고려하여 대통령령으로 정하는 건축물의 건축등
	   ㉠ 읍·면지역(시장 또는 군수가 지역계획 또는 도시·군계획에 지장이 있다고 인정하여 지정·공고한 구역은 제외한다)에서 건축하는 건축물 중 연면적이 200㎡ 이하인 창고 및 농막과 연면적 400㎡ 이하인 축사, 작물재배사, 종묘배양시설, 화초 및 분재 등의 온실
	   ㉡ 건축조례로 정하는 가설건축물

설계 기준	• 설계자는 건축물이 이 법과 이 법에 따른 명령이나 처분, 그 밖의 관계 법령에 맞고 안전·기능 및 미관에 지장이 없도록 설계하여야 하며, 국토교통부장관이 정하여 고시하는 설계도서 작성기준에 따라 설계도서를 작성하여야 한다. 다만, 해당 건축물의 공법 등이 특수한 경우로서 국토교통부령으로 정하는 바에 따라 건축위원회의 심의를 거친 때에는 그러하지 아니하다.
서명·날인 의무	• 설계도서를 작성한 설계자는 설계가 이 법과 이 법에 따른 명령이나 처분, 그 밖의 관계 법령에 맞게 작성되었는지를 확인한 후 설계도서에 서명날인하여야 한다.
표준설계 도서 등	• 국토교통부장관이 국토교통부령으로 정하는 바에 따라 작성하거나 인정하는 표준설계도서나 특수한 공법을 적용한 설계도서에 따라 건축물을 건축하는 경우에는 설계사 설계 의무 조항을 적용하지 아니한다.

Ⅱ. 건축시공

시공자의 의무	• 공사시공자는 계약대로 성실하게 공사를 수행하여야 하며, 이 법과 이 법에 따른 명령이나 처분, 그 밖의 관계 법령에 맞게 건축물을 건축하여 건축주에게 인도하여야 한다.
설계도서 비치의무 등	• 공사시공자는 건축물(건축허가나 용도변경허가 대상인 것만 해당된다)의 공사현장에 설계도서를 갖추어 두어야 한다. 공사시공자는 설계도서가 이 법과 이 법에 따른 명령이나 처분, 그 밖의 관계 법령에 맞지 아니하거나 공사의 여건상 불합리하다고 인정되면 건축주와 공사감리자의 동의를 받아 서면으로 설계자에게 설계를 변경하도록 요청할 수 있다. 이 경우 설계자는 정당한 사유가 없으면 요청에 따라야 한다.
상세시공 도면 작성	• 공사시공자는 공사를 하는 데에 필요하다고 인정하거나 공사감리자로부터 상세시공도면을 작성하도록 요청을 받으면 상세시공도면을 작성하여 공사감리자의 확인을 받아야 하며, 이에 따라 공사를 하여야 한다.
표지판 설치 의무	• 공사시공자는 건축허가나 용도변경허가가 필요한 건축물의 건축공사를 착수한 경우에는 해당 건축공사의 현장에 건축물의 규모·용도·설계자·시공자 및 감리자 등을 표시한 건축허가표지판을 주민이 보기 쉽도록 해당건축공사 현장의 주요 출입구에 설치하여야 한다.
현장관리인 지정	• 「건설산업기본법」상 시공자 제한을 받지 않는 건축물의 건축주는 공사 현장의 공정 및 안전을 관리하기 위하여 건설기술인 1명을 현장관리인으로 지정하여야 한다. 이 경우 현장관리인은 국토교통부령으로 정하는 바에 따라 공정 및 안전 관리 업무를 수행하여야 하며, 건축주의 승낙을 받지 아니하고는 정당한 사유 없이 그 공사 현장을 이탈하여서는 아니 된다.
공정별 사진 및 동영상 촬영·보관 의무	• 공동주택, 종합병원, 관광숙박시설 등 대통령령으로 정하는 용도 및 규모(①다중이용 건축물, ②특수구조 건축물, ③건축물의 하층부가 필로티나 그 밖에 이와 비슷한 구조(벽면적의 2분의 1 이상이 그 층의 바닥면에서 위층 바닥 아래면까지 공간으로 된 것만 해당한다)로서 상층부와 다른 구조형식으로 설계된 건축물(이하 '필로티형식 건축물'이라 한다) 중 3층 이상인 건축물)의 공사시공자는 건축주, 공사감리자 및 허가권자가 설계도서에 따라 적정하게 공사되었는지를 확인할 수 있도록 공사의 공정이 대통령령으로 정하는 진도에 다다른 때마다 사진 및 동영상을 촬영하고 보관하여야 한다.

Ⅲ. 공사감리

공사감리자 지정	건축사	① 건축허가를 받아야 하는 건축물(건축신고 대상 건축물은 제외)을 건축하는 경우 ② 건축물을 리모델링하는 경우
	건설엔지니어링 사업자 또는 건축사	• 다중이용 건축물을 건축하는 경우
권한	공사중지 요청	• 공사감리자는 공사감리를 할 때 이 법과 이 법에 따른 명령이나 처분, 그 밖의 관계 법령에 위반된 사항을 발견하거나 공사시공자가 설계도서대로 공사를 하지 아니하면 이를 건축주에게 알린 후 공사시공자에게 시정하거나 재시공하도록 요청하여야 하며, 공사시공자가 시정이나 재시공 요청에 따르지 아니하면 서면으로 그 건축공사를 중지하도록 요청할 수 있다. 이 경우 공사중지를 요청받은 공사시공자는 정당한 사유가 없으면 즉시 공사를 중지하여야 한다. 공사감리자는 공사시공자가 시정이나 재시공 요청을 받은 후 이에 따르지 아니하거나 공사중지 요청을 받고도 공사를 계속하면 국토교통부령으로 정하는 바에 따라 이를 허가권자에게 보고하여야 한다.
	상세시공도면 작성 요청	• 공사감리자는 필요하다고 인정하면 공사시공자에게 상세시공도면을 작성하도록 요청할 수 있다.

핵심 지문 기출 OX

01 A광역시 B구에서 20층의 연면적 합계가 5만㎡인 허가대상 건축물을 신축하려고 할 때 공사감리자는 필요하다고 인정하면 공사시공자에게 상세시공도면을 작성하도록 요청할 수 있다.(o)[31회]

02 신고대상 가설건축물인 전시를 위한 견본주택을 축조하는 경우 견본주택이 2층 이상인 경우 공사감리자를 지정하여야 한다.(x)[31회]

Unit 7. 공용건축물에 대한 특례

Ⅰ. 의의

국가나 지방자치단체는 건축물을 건축·대수선·용도변경하거나 가설건축물을 건축하거나 공작물을 축조하려는 경우에는 대통령령으로 정하는 바에 따라 미리 건축물의 소재지를 관할하는 허가권자와 협의하여야 한다. 건축물의 소재지를 관할하는 허가권자와 협의한 경우에는 허가를 받았거나 신고한 것으로 본다. 협의한 건축물에 대해서는 사용승인을 받지 않고 건축물을 사용할 수 있다. 다만, 건축물의 공사가 끝난 경우에는 지체 없이 허가권자에게 통보하여야 한다.

Ⅱ. 여유공간의 활용

국가나 지방자치단체가 소유한 대지의 지상 또는 지하 여유공간에 구분지상권을 설정하여 주민편의 시설 등 아래의 시설을 설치하고자 하는 경우 허가권자는 구분지상권자를 건축주로 보고 구분지상권이 설정된 부분을 대지로 보아 건축허가를 할 수 있다. 이 경우 구분지상권 설정의 대상 및 범위, 기간 등은 「국유재산법」 및 「공유재산 및 물품 관리법」에 적합하여야 한다.

① 제1종 근린생활시설
② 제2종 근린생활시설(총포판매소, 장의사, 다중생활시설, 제조업소, 단란주점, 안마시술소 및 노래연습장은 제외한다)
③ 문화 및 집회시설(공연장 및 전시장으로 한정한다)
④ 의료시설
⑤ 교육연구시설
⑥ 노유자시설
⑦ 운동시설
⑧ 업무시설(오피스텔은 제외한다)

핵심 지문 기출 OX

01 국가가 소유한 대지의 지상 여유공간에 구분지상권을 설정하여 시설을 설치하려는 경우, 허가권자가 구분지상권자를 건축주로 보고 구분지상권이 설정된 부분을 대지로 보아 건축허가를 할 수 있는 시설로 〈제2종 근린생활시설 중 다중생활시설〉이 해당한다.(x)[30회]

02 국가가 소유한 대지의 지상 여유공간에 구분지상권을 설정하여 시설을 설치하려는 경우, 허가권자가 구분지상권자를 건축주로 보고 구분지상권이 설정된 부분을 대지로 보아 건축허가를 할 수 있는 시설로 〈제2종 근린생활시설 중 노래연습장〉이 해당한다.(x)[30회]

03 국가가 소유한 대지의 지상 여유공간에 구분지상권을 설정하여 시설을 설치하려는 경우, 허가권자가 구분지상권자를 건축주로 보고 구분지상권이 설정된 부분을 대지로 보아 건축허가를 할 수 있는 시설로 〈문화 및 집회시설 중 공연장〉이 해당한다.(o)[30회]

04 국가가 소유한 대지의 지상 여유공간에 구분지상권을 설정하여 시설을 설치하려는 경우, 허가권자가 구분지상권자를 건축주로 보고 구분지상권이 설정된 부분을 대지로 보아 건축허가를 할 수 있는 시설로 〈업무시설 중 오피스텔〉이 해당한다.(x)[30회]

05 국가가 소유한 대지의 지상 여유공간에 구분지상권을 설정하여 시설을 설치하려는 경우, 허가권자가 구분지상권자를 건축주로 보고 구분지상권이 설정된 부분을 대지로 보아 건축허가를 할 수 있는 시설로 〈수련시설 중 「청소년활동진흥법」에 따른 유스호스텔〉이 해당한다.(x)[30회]

Unit 8 건축물의 대지와 도로

I. 대지의 안전 등

대지의 높이	• 대지는 인접한 도로면보다 낮아서는 아니 된다. 다만, 대지의 배수에 지장이 없거나 건축물의 용도상 방습의 필요가 없는 경우에는 인접한 도로면보다 낮아도 된다.
지반의 개량	• 습한 토지, 물이 나올 우려가 많은 토지, 쓰레기, 그 밖에 이와 유사한 것으로 매립된 토지에 건축물을 건축하는 경우에는 성토, 지반 개량 등 필요한 조치를 하여야 한다.
옹벽의 설치	• 손궤(무너져 내림)의 우려가 있는 토지에 대지를 조성하려면 국토교통부령으로 정하는 바에 따라 옹벽을 설치하거나 그 밖에 필요한 조치를 하여야 한다. ① 옹벽의 높이가 2미터이상인 경우에는 이를 콘크리트구조로 할 것 ② 옹벽의 외벽면에는 이의 지지 또는 배수를 위한 시설외의 구조물이 밖으로 튀어 나오지 아니하게 할 것 ③ 옹벽에는 3㎡마다 하나 이상의 배수구멍을 설치하여야 하고, 옹벽의 윗가장자리로부터 안쪽으로 2미터 이내에서의 지표수는 지상으로 또는 배수관으로 배수하여 옹벽의 구조상 지장이 없도록 할 것

II. 대지의 조경

원칙	• 면적이 200㎡ 이상인 대지에 건축을 하는 건축주는 용도지역 및 건축물의 규모에 따라 해당 지방자치단체의 조례로 정하는 기준에 따라 대지에 조경이나 그 밖에 필요한 조치를 하여야 한다.
예외	• 다만, 조경이 필요하지 아니한 건축물로서 다음의 건축물에 대하여는 조경 등의 조치를 하지 아니할 수 있다. ① 녹지지역에 건축하는 건축물 ② 면적 5천㎡ 미만인 대지에 건축하는 공장 ③ 연면적의 합계가 1천500㎡ 미만인 공장 ④ 「산업집적활성화 및 공장설립에 관한 법률」에 따른 산업단지의 공장 ⑤ 대지에 염분이 함유되어 있는 경우 또는 건축물 용도의 특성상 조경 등의 조치를 하기가 곤란하거나 조경 등의 조치를 하는 것이 불합리한 경우로서 건축조례로 정하는 건축물 ⑥ 축사 ⑦ 가설건축물 ⑧ 연면적의 합계가 1천500㎡ 미만인 물류시설(주거지역 또는 상업지역에 건축하는 것은 제외) ⑨ 「국토의 계획 및 이용에 관한 법률」에 따라 지정된 자연환경보전지역·농림지역 또는 관리지역(지구단위계획구역으로 지정된 지역은 제외)의 건축물

Ⅲ. 공개공지등의 확보

설치대상 지역	• 다음 각 호의 어느 하나에 해당하는 지역의 환경을 쾌적하게 조성하기 위하여 건축물은 일반이 사용할 수 있도록 기준에 따라 소규모 휴식시설 등의 공개공지등을 설치하여야 한다. ① 일반주거지역, 준주거지역 ② 상업지역 ③ 준공업지역 ④ 특별자치시장·특별자치도지사 또는 시장·군수·구청장이 도시화의 가능성이 크거나 노후 산업단지의 정비가 필요하다고 인정하여 지정·공고하는 지역
건축물	① 운수시설(여객용 시설만 해당), 문화 및 집회시설, 종교시설, 판매시설(농수산물유통시설은 제외), 숙박시설 및 업무시설로서 해당 용도로 쓰는 바닥면적의 합계가 5천㎡ 이상인 건축물 ② 그 밖에 다중이 이용하는 시설로서 건축조례로 정하는 건축물
설치면적	• 공개공지등의 면적은 대지면적의 100분의 10 이하의 범위에서 건축조례로 정한다. 이 경우 조경면적과 「매장유산 보호 및 조사에 관한 법률」에 따른 매장유산의 현지보존 조치 면적을 공개공지등의 면적으로 할 수 있다.
공개공지의 설치	① 공개공지는 필로티의 구조로 설치할 수 있다. ② 공개공지등을 설치할 때에는 모든 사람들이 환경친화적으로 편리하게 이용할 수 있도록 긴 의자 또는 조경시설 등 건축조례로 정하는 시설을 설치해야 한다.
기준완화	① 용적률은 해당 지역에 적용하는 용적률의 1.2배 이하 ② 높이 제한은 해당 건축물에 적용하는 높이기준의 1.2배 이하
공개공지의 활용	• 공개공지등에는 연간 60일 이내의 기간 동안 건축조례로 정하는 바에 따라 주민들을 위한 문화행사를 열거나 판촉활동을 할 수 있다. 다만, 울타리를 설치하는 등 공중이 해당 공개공지등을 이용하는데 지장을 주는 행위를 해서는 아니 된다.
공개공지 안에서의 행위 제한	• 누구든지 공개공지등에 물건을 쌓아놓거나 출입을 차단하는 시설을 설치하는 등 공개공지등의 활용을 저해하는 행위를 하여서는 아니 된다. ① 공개공지등의 일정 공간을 점유하여 영업을 하는 행위 ② 공개공지등의 이용에 방해가 되는 행위로서 다음의 행위 　㉠ 공개공지등에 제3항에 따른 시설 외의 시설물을 설치하는 행위 　㉡ 공개공지등에 물건을 쌓아 놓는 행위 ③ 울타리나 담장 등의 시설을 설치하거나 출입구를 폐쇄하는 등 공개공지등의 출입을 차단하는 행위 ④ 공개공지등과 그에 설치된 편의시설을 훼손하는 행위 ⑤ 그 밖에 제1부터 제4까지의 행위와 유사한 행위로서 건축조례로 정하는 행위

Ⅳ. 대지와 도로의 관계

원칙	• 건축물의 대지는 2미터 이상이 도로(자동차만의 통행에 사용되는 도로는 제외)에 접하여야 한다.
완화	• 다음 어느 하나에 해당하면 접하지 아니하여도 된다. ① 해당 건축물의 출입에 지장이 없다고 인정되는 경우 ② 건축물의 주변에 광장, 공원, 유원지 및 그 밖에 관계 법령에 따라 건축이 금지되고 공중의 통행에 지장이 없는 공지가 있는 경우 ③ 「농지법」에 따른 농막을 건축하는 경우 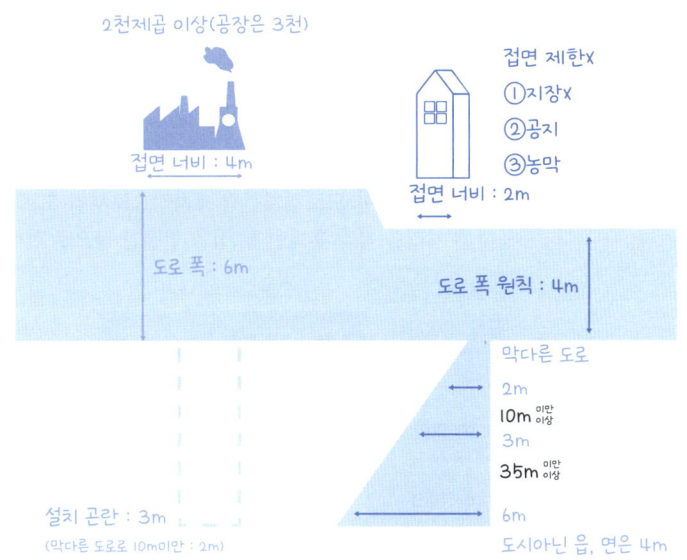
도로	• 보행과 자동차 통행이 가능한 너비 4미터 이상의 도로로서 ①관계 법령에 따라 신설 또는 변경에 관한 고시가 된 도로나 그 예정도로 또는 ②건축허가 또는 신고시에 시·도지사나 자치구의 구청장이 위치를 지정하여 공고한 도로나 그 예정도로를 말한다. 다만 지형적으로 자동차 통행이 불가능한 경우와 막다른 도로의 경우에는 다음의 조건을 충족해야 한다. ㉠ 특별자치시장·특별자치도지사 또는 시장·군수·구청장이 지형적 조건으로 인하여 차량 통행을 위한 도로의 설치가 곤란하다고 인정하여 그 위치를 지정·공고하는 구간의 너비 3미터 이상(길이가 10미터 미만인 막다른 도로인 경우에는 너비 2미터 이상)인 도로 ㉡ ㉠에 해당하지 아니하는 막다른 도로로서 그 도로의 너비가 그 길이에 따라 각각 다음 표에 정하는 기준 이상인 도로 | 막다른 도로의 길이 | 도로의 너비 | |---|---| | 10미터 미만 | 2미터 | | 10미터 이상 35미터 미만 | 3미터 | | 35미터 이상 | 6미터(도시지역이 아닌 읍·면지역은 4미터) |
강화	• 연면적의 합계가 2천㎡(공장인 경우에는 3천㎡) 이상인 건축물(축사, 작물 재배사, 그 밖에 이와 비슷한 건축물로서 건축조례로 정하는 규모의 건축물은 제외한다)의 대지는 너비 6미터 이상의 도로에 4미터 이상 접하여야 한다.

V. 건축선

1. 건축선의 지정

구분		내용
원칙		도로와 접한 부분에 건축물을 건축할 수 있는 선은 대지와 도로의 경계선으로 한다.
예외	도로 양쪽에 대지가 있는 경우	소요 너비에 못 미치는 너비의 도로인 경우에는 그 중심선으로부터 그 소요 너비의 2분의 1의 수평거리만큼 물러난 선을 건축선으로 한다.
	도로의 반대쪽에 경사지 등이 있는 경우	도로의 반대쪽에 경사지, 하천, 철도, 선로부지, 그 밖에 이와 유사한 것이 있는 경우에는 그 경사지 등이 있는 쪽의 도로경계선에서 소요 너비에 해당하는 수평거리의 선을 건축선으로 한다.
	도로모퉁이	너비 8미터 미만인 도로의 모퉁이에 위치한 대지의 도로모퉁이 부분의 건축선은 그 대지에 접한 도로경계선의 교차점으로부터 도로경계선에 따라 다음의 표에 따른 거리를 각각 후퇴한 두 점을 연결한 선으로 한다.
지정건축선		특별자치시장·특별자치도지사 또는 시장·군수·구청장은 시가지 안에서 건축물의 위치나 환경을 정비하기 위하여 필요하다고 인정하면 도시지역에는 4m 이하의 범위에서 건축선을 따로 지정할 수 있다.

도로의 교차각	해당 도로의 너비		교차되는 도로의 너비
	6미터 이상 8미터 미만	4미터 이상 6미터 미만	
90°미만	4미터(A)	3미터(B)	6미터 이상 8미터 미만
	3미터(B)	2미터(C)	4미터 이상 6미터 미만
90° 이상 120° 미만	3미터(ㄱ)	2미터(ㄴ)	6미터 이상 8미터 미만
	2미터(ㄴ)	2미터(ㄷ)	4미터 이상 6미터 미만

2. 건축선에 따른 건축제한

① 건축물과 담장은 건축선의 수직면을 넘어서는 아니 된다. 다만, 지표 아래 부분은 그러하지 아니하다.
② 도로면으로부터 높이 4.5미터 이하에 있는 출입구, 창문, 그 밖에 이와 유사한 구조물은 열고 닫을 때 건축선의 수직면을 넘지 아니하는 구조로 하여야 한다.

핵심 지문 기출 OX

01 〈녹지지역에 건축하는 건축물〉은 대지의 조경 등의 조치를 하지 아니할 수 있는 건축물에 해당한다.(o)³⁵회

02 대지면적이 2천㎡인 대지에 건축하는 경우 조경 등의 조치를 하여야 하는 건축물로서 〈녹지지역에 건축하는 기숙사〉가 해당한다.(x)³¹회

03 〈「국토의 계획 및 이용에 관한 법률」에 따라 지정된 지구단위계획구역으로 지정된 지역 아닌 관리지역의 건축물〉은 대지의 조경 등의 조치를 하지 아니할 수 있는 건축물에 해당한다.(o)³⁵회

04 〈면적 4천㎡인 대지에 건축하는 공장〉은 대지의 조경 등의 조치를 하지 아니할 수 있는 건축물에 해당한다.(o)³⁵회

05 대지면적이 2천㎡인 대지에 건축하는 경우 조경 등의 조치를 하여야 하는 건축물로서 〈2층의 공장〉이 해당한다.(x)³¹회

06 〈연면적의 합계가 1천㎡인 공장〉은 대지의 조경 등의 조치를 하지 아니할 수 있는 건축물에 해당한다.(o)³⁵회

07 대지면적이 2천㎡인 대지에 건축하는 경우 조경 등의 조치를 하여야 하는 건축물로서 〈연면적의 합계가 1천㎡인 축사〉가 해당한다.(x)³¹회

08 대지면적이 2천㎡인 대지에 건축하는 경우 조경 등의 조치를 하여야 하는 건축물로서 〈도시·군계획시설에서 허가를 받아 건축하는 가설건축물〉이 해당한다.(x)³¹회

09 대지면적이 2천㎡인 대지에 건축하는 경우 조경 등의 조치를 하여야 하는 건축물로서 〈상업지역에 건축하는 물류시설〉이 해당한다.(o)³¹회

10 〈주거지역에 건축하는 연면적의 합계가 1천500㎡인 물류시설〉은 대지의 조경 등의 조치를 하지 아니할 수 있는 건축물에 해당한다.(x)³⁵회

11 〈일반주거지역에 있는 초등학교〉는 대지에 공개 공지 또는 공개 공간을 설치하여야 하는 건축물에 해당한다.(x)³⁴회

12 〈준주거지역에 있는 「농수산물 유통 및 가격안정에 관한 법률」에 따른 농수산물유통시설〉은 대지에 공개 공지 또는 공개 공간을 설치하여야 하는 건축물에 해당한다.(x)³⁴회

13 〈일반상업지역에 있는 관망탑〉은 대지에 공개 공지 또는 공개 공간을 설치하여야 하는 건축물에 해당한다.(x)³⁴회

14 〈자연녹지지역에 있는 「청소년활동진흥법」에 따른 유스호스텔〉은 대지에 공개 공지 또는 공개 공간을 설치하여야 하는 건축물에 해당한다.(x)³⁴회

15 노후 산업단지의 정비가 필요하다고 인정되어 지정·공고된 지역에는 공개공지등을 설치할 수 없다.(x)³⁵회

16 〈준공업지역에 있는 여객용 운수시설〉은 대지에 공개 공지 또는 공개 공간을 설치하여야 하는 건축물에 해당한다.(o)³⁴회

17 공개 공지는 필로티의 구조로 설치할 수 없다.(x)³⁵회

18 공개공지등을 설치할 때에는 모든 사람들이 환경친화적으로 편리하게 이용할 수 있도록 긴 의자 또는 조경시설 등 건축조례로 정하는 시설을 설치해야 한다.(o)³⁵회

19 공개공지등에는 건축조례로 정하는 바에 따라 연간 최장 90일의 기간 동안 주민들을 위한 문화행사를 열거나 판촉활동을 할 수 있다.(x)³⁵회

20 울타리나 담장 등 시설의 설치 또는 출입구의 폐쇄 등을 통하여 공개공지등의 출입을 제한한 경우 지체 없이 관할 시장·군수·구청장에게 신고하여야 한다.(x)³⁵회

21 「건축법」 제2조제1항제11호에 따른 소요 너비에 못 미치는 너비의 도로인 경우에는 그 중심선으로부터 그 〈소요 너비의 2분의 1의 수평거리만큼 물러난 선〉을 건축선으로 하되, 그 도로의 반대쪽에 하천이 있는 경우에는 그 하천이 있는 쪽의 도로경계선에서 〈소요 너비에 해당하는 수평거리의 선〉을 건축선으로 하며, 그 건축선과 도로 사이의 대지면적은 건축물의 대지면적 산정 시 〈제외〉한다.(o)³⁴회

22 '막다른 도로'의 구조와 너비는 '막다른 도로'가 "도로"에 해당하는지 여부를 판단하는 기준이 된다.(o)²⁸회

23 신고대상 가설건축물인 전시를 위한 견본주택을 축조하는 경우 「건축법」 제44조(대지와 도로의 관계)는 적용된다.(o)³¹회

Unit 9. 건축물의 구조 및 재료

2025 위패스 공인중개사 합격셀렉트

Ⅰ. 건축물의 구조안전 확인

1. 구조내력 등

건축물은 고정하중, 적재하중, 적설하중, 풍압, 지진, 그 밖의 진동 및 충격 등에 대하여 안전한 구조를 가져야 한다. 건축물을 건축하거나 대수선하는 경우에는 대통령령으로 정하는 바에 따라 구조의 안전을 확인하여야 하며, 지방자치단체의 장은 구조 안전 확인 대상 건축물에 대하여 허가 등을 하는 경우 내진성능 확보 여부를 확인하여야 한다.

2. 건축물의 구조안전 확인

의의	• 건축물을 건축하거나 대수선하는 경우에는 구조의 안전을 확인하여야 한다.
구조안전 확인 서류 제출 대상	• 다음 어느 하나에 해당하는 건축물의 건축주는 해당 건축물의 설계자로부터 구조 안전의 확인 서류를 받아 착공신고를 하는 때에 그 확인 서류를 허가권자에게 제출하여야 한다. ① 층수가 2층[주요구조부인 기둥과 보를 설치하는 건축물로서 그 기둥과 보가 목재인 목구조 건축물의 경우에는 3층] 이상인 건축물 ② 연면적이 200㎡(목구조 건축물의 경우에는 500㎡) 이상인 건축물. 다만, 창고, 축사, 작물 재배사는 제외한다. ③ 높이가 13미터 이상인 건축물 ④ 처마높이가 9미터 이상인 건축물 ⑤ 기둥과 기둥 사이의 거리가 10미터 이상인 건축물 ⑥ 건축물의 용도 및 규모를 고려한 중요도가 높은 건축물로서 국토교통부령으로 정하는 건축물 ⑦ 국가적 문화유산으로 보존할 가치가 있는 건축물로서 국토교통부령으로 정하는 것 ⑧ 한쪽 끝은 고정되고 다른 끝은 지지되지 아니한 구조로 된 보·차양 등이 외벽(외벽이 없는 경우에는 외곽 기둥을 말한다)의 중심선으로부터 3미터 이상 돌출된 건축물 ⑨ 무량판 구조(보가 없이 바닥판·기둥으로 구성된 구조를 말한다. 이하 같다)를 가진 건축물로서 무량판 구조인 어느 하나의 층에 수직으로 배치된 주요구조부의 전체 단면적에서 보가 없이 배치된 기둥의 전체 단면적이 차지하는 비율이 4분의 1 이상인 건축물 ⑩ 특수한 설계·시공·공법 등이 필요한 건축물로서 국토교통부장관이 정하여 고시하는 구조로 된 건축물 ⑪ 단독주택 및 공동주택

3. 내진능력 공개

다음에 해당하는 건축물을 건축하고자 하는 자는 사용승인을 받는 즉시 건축물이 지진 발생 시에 견딜 수 있는 능력을 공개하여야 한다. 다만 구조안전확인 대상 건축물이 아니거나 내진능력 산정이 곤란한 건축물은 제외한다.

공개대상	제외대상
① 층수가 2층[주요구조부인 기둥과 보를 설치하는 건축물로서 그 기둥과 보가 목재인 목구조 건축물의 경우에는 3층] 이상인 건축물 ② 면적이 200㎡(목구조 건축물의 경우에는 500㎡) 이상인 건축물 ③ 그 밖에 건축물의 규모와 중요도를 고려하여 대통령령으로 정하는 건축물(구조안전 확인 서류 제출 대상 ③ ~ ⑪)	① 창고, 축사, 작물 재배사 및 표준설계도서에 따라 건축하는 건축물 ② 구조기준 중 국토교통부령으로 정하는 소규모건축구조기준을 적용한 건축물

II. 건축물의 방화

1. 방화지구 안의 건축물에 대한 제한

방화지구 안의 건축물에 대한 제한	• 건축물의 주요구조부와 지붕·외벽을 내화구조로 하여야 한다. 그러나 ①연면적 30㎡ 미만인 단층 부속건축물로서 외벽 및 처마면이 내화구조 또는 불연재료로 된 것, ②도매시장의 용도로 쓰는 건축물로서 그 주요구조부가 불연재료로 된 것은 내화구조로 하지 않을 수 있다.
방화지구 안의 공작물에 대한 제한	• 공작물로서 간판, 광고탑, 그 밖에 공작물 중 건축물의 지붕 위에 설치하는 공작물이나 높이 3미터 이상의 공작물은 주요부를 불연재료로 하여야 한다.

2. 건축물의 내화구조와 방화벽

(1) 내화구조

주요구조부와 지붕을 내화구조로 한다.(MUST)	주요구조부에만 내화구조로 할 수 있다. (CAN)
• 문화 및 집회시설, 의료시설, 공동주택 등 대통령령으로 정하는 건축물은 국토교통부령으로 정하는 기준에 따라 주요구조부와 지붕을 내화구조로 하여야 한다.	• 막구조의 건축물은 주요구조부에만 내화구조로 할 수 있다.

(2) 방화벽

연면적 1천㎡ 이상인 건축물은 방화벽으로 구획하되, 각 구획된 바닥면적의 합계는 1천㎡ 미만이어야 한다. 다만, 주요구조부가 내화구조이거나 불연재료인 건축물과 건축물 또는 내부설비의 구조상 방화벽으로 구획할 수 없는 창고시설의 경우에는 그러하지 아니하다.

3. 건축물의 마감재료 등

① 대통령령으로 정하는 용도 및 규모의 건축물의 벽, 반자, 지붕(반자가 없는 경우에 한정한다) 등 **내부의 마감재료**[복합자재의 경우 심재를 포함한다]는 **방화에 지장이 없는 재료**로 하되, 실내공기질 유지기준 및 권고기준을 고려하고 관계 중앙행정기관의 장과 협의하여 국토교통부령으로 정하는 기준에 따른 것이어야 한다.

② 대통령령으로 정하는 건축물의 **외벽에 사용하는 마감재료**(두 가지 이상의 재료로 제작된 자재의 경우 각 재료를 포함한다)는 **방화에 지장이 없는 재료**로 하여야 한다. 이 경우 마감재료의 기준은 국토교통부령으로 정한다.

③ 대통령령으로 정하는 용도 및 규모에 해당하는 건축물 외벽에 설치되는 **창호**는 **방화에 지장이 없도록** 인접 대지와의 **이격거리를 고려**하여 방화성능 등이 국토교통부령으로 정하는 기준에 적합하여야 한다.

Ⅲ. 건축물의 침수 방지

자연재해위험개선지구 중 침수위험지구에 국가·지방자치단체 또는 공공기관이 건축하는 건축물은 침수 방지 및 방수를 위하여 다음 기준에 따라야 한다.

① 건축물의 1층 전체를 필로티(건축물을 사용하기 위한 경비실, 계단실, 승강기실, 그 밖에 이와 비슷한 것을 포함) 구조로 할 것
② 국토교통부령으로 정하는 침수 방지시설을 설치할 것

Ⅳ. 피난시설 등의 설치

1. 피난시설의 설치

직통계단의 설치	• 건축물의 피난층(직접 지상으로 통하는 출입구가 있는 층 및 피난안전구역) 외의 층에서는 피난층 또는 지상으로 통하는 직통계단(경사로를 포함)을 거실의 각 부분으로부터 계단(거실로부터 가장 가까운 거리에 있는 1개소의 계단을 말한다)에 이르는 보행거리가 30미터 이하가 되도록 설치해야 한다.
피난계단의 설치	• 5층 이상 또는 지하 2층 이하인 층에 설치하는 직통계단은 국토교통부령으로 정하는 기준에 따라 피난계단 또는 특별피난계단으로 설치하여야 한다.
옥외 피난계단의 설치	• 건축물의 3층 이상인 층(피난층은 제외한다)으로서 다음 어느 하나에 해당하는 용도로 쓰는 층에는 제34조에 따른 직통계단 외에 그 층으로부터 지상으로 통하는 옥외피난계단을 따로 설치하여야 한다. ① 제2종 근린생활시설 중 공연장(해당 용도로 쓰는 바닥면적의 합계가 300㎡ 이상인 경우만 해당), 문화 및 집회시설 중 공연장이나 위락시설 중 주점영업의 용도로 쓰는 층으로서 그 층 거실의 바닥면적의 합계가 300㎡ 이상인 것 ② 문화 및 집회시설 중 집회장의 용도로 쓰는 층으로서 그 층 거실의 바닥면적의 합계가 1천㎡ 이상인 것
지하층과 피난층 사이의 개방공간 설치	• 바닥면적의 합계가 3천㎡ 이상인 공연장·집회장·관람장 또는 전시장을 지하층에 설치하는 경우에는 각 실에 있는 자가 지하층 각 층에서 건축물 밖으로 피난하여 옥외계단 또는 경사로 등을 이용하여 피난층으로 대피할 수 있도록 천장이 개방된 외부 공간을 설치하여야 한다.
관람실 등으로부터의 출구 설치	• 다음 어느 하나에 해당하는 건축물에는 국토교통부령으로 정하는 기준에 따라 관람실 또는 집회실로부터의 출구를 설치해야 한다. ① 제2종 근린생활시설 중 공연장·종교집회장(해당 용도로 쓰는 바닥면적의 합계가 각각 300㎡ 이상인 경우만 해당한다) ② 문화 및 집회시설(전시장 및 동·식물원은 제외한다) ③ 종교시설 ④ 위락시설 ⑤ 장례시설

건축물 바깥쪽으로의 출구 설치	• 다음 어느 하나에 해당하는 건축물에는 국토교통부령으로 정하는 기준에 따라 그 건축물로부터 바깥쪽으로 나가는 출구를 설치하여야 한다. ① 제2종 근린생활시설 중 공연장·종교집회장·인터넷컴퓨터게임시설제공업소(해당 용도로 쓰는 바닥면적의 합계가 각각 300㎡ 이상인 경우만 해당한다) ② 문화 및 집회시설(전시장 및 동·식물원은 제외한다) ③ 종교시설 ④ 판매시설 ⑤ 업무시설 중 국가 또는 지방자치단체의 청사 ⑥ 위락시설 ⑦ 연면적이 5천㎡ 이상인 창고시설 ⑧ 교육연구시설 중 학교 ⑨ 장례시설 ⑩ 승강기를 설치하여야 하는 건축물
대지 안의 피난 및 소화에 필요한 통로 설치	• 건축물의 대지 안에는 그 건축물 바깥쪽으로 통하는 주된 출구와 지상으로 통하는 피난계단 및 특별피난계단으로부터 도로 또는 공지(공원, 광장, 그 밖에 이와 비슷한 것으로서 피난 및 소화를 위하여 해당 대지의 출입에 지장이 없는 것을 말한다)로 통하는 통로를 다음의 기준에 따라 설치하여야 한다. ① 통로의 너비는 다음 각 목의 구분에 따른 기준에 따라 확보할 것 ㉠ 단독주택: 유효 너비 0.9미터 이상 ㉡ 바닥면적의 합계가 500㎡ 이상인 문화 및 집회시설, 종교시설, 의료시설, 위락시설 또는 장례시설: 유효 너비 3미터 이상 ㉢ 그 밖의 용도로 쓰는 건축물: 유효 너비 1.5미터 이상 ② 필로티 내 통로의 길이가 2미터 이상인 경우에는 피난 및 소화활동에 장애가 발생하지 아니하도록 자동차 진입억제용 말뚝 등 통로 보호시설을 설치하거나 통로에 단차를 둘 것

2. 옥상광장 등의 설치

난간의 설치	• 옥상광장 또는 2층 이상인 층에 있는 노대나 그 밖에 이와 비슷한 것의 주위에는 높이 1.2미터 이상의 난간을 설치하여야 한다. 다만, 그 곳에 출입할 수 없는 구조인 경우에는 그러하지 아니하다.
옥상광장의 설치	• 5층 이상인 층이 제2종 근린생활시설 중 공연장·종교집회장·인터넷컴퓨터게임시설제공업소(해당 용도로 쓰는 바닥면적의 합계가 각각 300㎡ 이상인 경우만 해당한다), 문화 및 집회시설(전시장 및 동·식물원은 제외한다), 종교시설, 판매시설, 위락시설 중 주점영업 또는 장례시설의 용도로 쓰는 경우에는 피난 용도로 쓸 수 있는 광장을 옥상에 설치하여야 한다.

비상문 자동개폐 장치의 설치	• 다음 어느 하나에 해당하는 건축물은 옥상으로 통하는 출입문에 「소방시설 설치 및 관리에 관한 법률」 성능인증 및 제품검사를 받은 비상문자동개폐장치(화재 등 비상시에 소방시스템과 연동되어 잠김 상태가 자동으로 풀리는 장치를 말한다)를 설치해야 한다.
	① 피난 용도로 쓸 수 있는 광장을 옥상에 설치해야 하는 건축물
	② 피난 용도로 쓸 수 있는 광장을 옥상에 설치하는 다음의 건축물
	  ㉠ 다중이용 건축물
	  ㉡ 연면적 1천㎡ 이상인 공동주택

헬리포트· 대피공간의 설치	• 층수가 11층 이상인 건축물로서 11층 이상인 층의 바닥면적의 합계가 1만㎡ 이상인 건축물의 옥상에는 다음 구분에 따른 공간을 확보하여야 한다. |건축물의 지붕을 평지붕으로 하는 경우|헬리포트를 설치하거나 헬리콥터를 통하여 인명 등을 구조할 수 있는 공간
건축물의 지붕을 경사지붕으로 하는 경우|경사지붕 아래에 설치하는 대피공간|

3. 피난안전구역

준초고층 건축물	• 준초고층 건축물에는 피난층 또는 지상으로 통하는 직통계단과 직접 연결되는 피난안전구역을 해당 건축물 전체 층수의 2분의 1에 해당하는 층으로부터 상하 5개층 이내에 1개소 이상 설치하여야 한다.
초고층 건축물	• 초고층 건축물에는 피난층 또는 지상으로 통하는 직통계단과 직접 연결되는 피난안전구역을 지상층으로부터 최대 30개 층마다 1개소 이상 설치하여야 한다.

V. 소음방지용 경계벽 및 바닥의 설치

소음방지용 경계벽	• 다음의 건축물에 대하여 가구·세대 등 간 소음 방지를 위하여 경계벽을 설치하여야 한다.
	• 단독주택 중 다가구주택의 각 가구 간 또는 공동주택(기숙사는 제외한다)의 각 세대 간 경계벽
	① 공동주택 중 기숙사의 침실, 의료시설의 병실, 교육연구시설 중 학교의 교실 또는 숙박시설의 객실 간 경계벽
	② 제1종 근린생활시설 중 산후조리원의 다음 각 호의 어느 하나에 해당하는 경계벽
	  ㉠ 임산부실 간 경계벽
	  ㉡ 신생아실 간 경계벽
	  ㉢ 임산부실과 신생아실 간 경계벽
	③ 제2종 근린생활시설 중 다중생활시설의 호실 간 경계벽
	④ 노유자시설 중 노인복지주택의 각 세대 간 경계벽
	⑤ 노유자시설 중 노인요양시설의 호실 간 경계벽

소음방지용 바닥	• 다음의 어느 하나에 해당하는 건축물의 층간바닥(화장실의 바닥은 제외)은 기준에 따라 설치해야 한다. ① 단독주택 중 다가구주택 ② 공동주택 ③ 업무시설 중 오피스텔 ④ 제2종 근린생활시설 중 다중생활시설 ⑤ 숙박시설 중 다중생활시설

VI. 건축물의 범죄예방

① 국토교통부장관은 범죄를 예방하고 안전한 생활환경을 조성하기 위하여 건축물, 건축설비 및 대지에 관한 범죄예방 기준을 정하여 고시할 수 있다.

② 다음의 건축물은 범죄예방 기준에 따라 건축하여야 한다.
  ㉠ 다가구주택, 아파트, 연립주택 및 다세대주택
  ㉡ 제1종 근린생활시설 중 일용품을 판매하는 소매점
  ㉢ 제2종 근린생활시설 중 다중생활시설
  ㉣ 문화 및 집회시설(동·식물원은 제외한다)
  ㉤ 교육연구시설(연구소 및 도서관은 제외한다)
  ㉥ 노유자시설
  ㉦ 수련시설
  ㉧ 업무시설 중 오피스텔
  ㉨ 숙박시설 중 다중생활시설

핵심 지문 기출 OX

01 〈연면적이 330㎡인 2층의 목구조 건축물〉은 구조 안전 확인 건축물 중 건축주가 착공신고시 구조 안전 확인서류를 제출하여야 하는 건축물이다.(x)29회

02 건축허가를 받은 건축물의 착공신고 시 허가권자에 대하여 구조 안전 확인 서류의 제출이 필요한 대상 건축물의 기준 중 〈건축물의 높이는 13미터 이상〉이 해당한다.(o)34회

03 〈처마높이가 10미터인 건축물〉은 구조 안전 확인 건축물 중 건축주가 착공신고시 구조 안전 확인서류를 제출하여야 하는 건축물이다.(o)29회

04 건축허가를 받은 건축물의 착공신고 시 허가권자에 대하여 구조 안전 확인 서류의 제출이 필요한 대상 건축물의 기준 중 〈건축물의 처마높이는 7미터 이상〉이 해당한다.(x)34회

05 〈기둥과 기둥 사이의 거리가 10미터인 건축물〉은 구조 안전 확인 건축물 중 건축주가 착공신고시 구조 안전 확인서류를 제출하여야 하는 건축물이다.(o)29회

06 건축허가를 받은 건축물의 착공신고 시 허가권자에 대하여 구조 안전 확인 서류의 제출이 필요한 대상 건축물의 기준 중 〈건축물의 기둥과 기둥 사이의 거리는 10미터 이상〉이 해당한다.(o)34회

07 〈단독주택〉은 구조 안전 확인 건축물 중 건축주가 착공신고시 구조 안전 확인서류를 제출하여야 하는 건축물이다.(o)29회

08 〈다세대주택〉은 구조 안전 확인 건축물 중 건축주가 착공신고시 구조 안전 확인서류를 제출하여야 하는 건축물이다.(o)29회

09 건축주인 甲이 4층 건축물을 병원으로 사용하던 중 이를 서점으로 용도변경하고자 할 때 甲은 서점으로 용도변경을 할 경우 피난 용도로 쓸 수 있는 광장을 옥상에 설치하여야 한다.(x)29회

10 〈높이가 13미터인 건축물〉은 건축허가 대상 건축물로서 내진능력을 공개하여야 하는 건축물에 해당한다.(o)35회

11 〈처마높이가 9미터인 건축물〉은 건축허가 대상 건축물로서 내진능력을 공개하여야 하는 건축물에 해당한다.(o)35회

12 〈기둥과 기둥 사이의 거리가 10미터인 건축물〉은 건축허가 대상 건축물로서 내진능력을 공개하여야 하는 건축물에 해당한다.(o)35회

13 〈건축물의 용도 및 규모를 고려한 중요도가 높은 건축물로서 국토교통부령으로 정하는 건축물〉은 건축허가 대상 건축물로서 내진능력을 공개하여야 하는 건축물에 해당한다.(o)35회

14 〈국가적 문화유산으로 보존할 가치가 있는 것으로 문화체육관광부령으로 정하는 건축물〉은 건축허가 대상 건축물로서 내진능력을 공개하여야 하는 건축물에 해당한다.(x)35회

15 〈인터넷컴퓨터게임시설제공업소〉는 건축물로부터 바깥쪽으로 나가는 출구를 설치하여야 하는 건축물이다.(o)34회

16 〈전시장〉은 건축물로부터 바깥쪽으로 나가는 출구를 설치하여야 하는 건축물이다.(x)34회

17 〈업무시설 중 국가 또는 지방자치단체의 청사〉는 건축물로부터 바깥쪽으로 나가는 출구를 설치하여야 하는 건축물이다.(o)34회

18 〈무도학원〉은 건축물로부터 바깥쪽으로 나가는 출구를 설치하여야 하는 건축물이다.(o)^{34회}

19 〈동물 전용의 장례식장〉은 건축물로부터 바깥쪽으로 나가는 출구를 설치하여야 하는 건축물이다.(o)^{34회}

20 대지 안의 피난 및 소화에 필요한 통로설치에 관한 규정상 단독주택은 통로의 유효 너비를 〈0.9 미터〉 이상이다.(o)^{33회}

21 대지 안의 피난 및 소화에 필요한 통로설치에 관한 규정상 바닥면적의 합계가 〈300〉㎡ 이상인 문화 및 집회시설, 종교시설, 의료시설, 위락시설 또는 장례시설은 유효 너비가 〈1〉미터 이상이다.(x)^{33회}

22 대지 안의 피난 및 소화에 필요한 통로설치에 관한 규정상 그 밖의 용도로 쓰는 건축물은 유효 너비가 〈1.5〉미터 이상이다.(o)^{33회}

23 〈세대수가 300세대인 아파트〉는 국토교통부장관이 정하여 고시하는 건축물, 건축설비 및 대지에 관한 범죄예방 기준에 따라 건축하여야 하는 건축물이다.(o)^{29회}

24 〈제2종근린생활시설 중 다중생활시설〉은 국토교통부장관이 정하여 고시하는 건축물, 건축설비 및 대지에 관한 범죄예방 기준에 따라 건축하여야 하는 건축물이다.(o)^{29회}

25 〈숙박시설 중 다중생활시설〉은 국토교통부장관이 정하여 고시하는 건축물, 건축설비 및 대지에 관한 범죄예방 기준에 따라 건축하여야 하는 건축물이다.(o)^{29회}

26 〈제1종근린생활시설 중 일용품을 판매하는 소매점〉은 국토교통부장관이 정하여 고시하는 건축물, 건축설비 및 대지에 관한 범죄예방 기준에 따라 건축하여야 하는 건축물이다.(o)^{29회}

27 〈교육연구시설 중 학교〉는 국토교통부장관이 정하여 고시하는 건축물, 건축설비 및 대지에 관한 범죄예방 기준에 따라 건축하여야 하는 건축물이다.(o)^{29회}

Unit 10. 건축물의 대지, 면적 및 높이

Ⅰ. 대지가 지역·지구 또는 구역에 걸치는 경우

원칙	• 대지가 이 법이나 다른 법률에 따른 지역·지구 또는 구역에 걸치는 경우에는 대통령령으로 정하는 바에 따라 그 건축물과 대지의 전부에 대하여 대지의 과반이 속하는 지역·지구 또는 구역 안의 건축물 및 대지 등에 관한 규정을 적용한다.	
	원칙	**예외**
특례 - 건축물이 방화지구에 걸치는 경우	• 하나의 건축물이 방화지구와 그 밖의 구역에 걸치는 경우에는 그 전부에 대하여 방화지구 안의 건축물에 관한 규정을 적용한다.	• 건축물의 방화지구에 속한 부분과 그 밖의 구역에 속한 부분의 경계가 방화벽으로 구획되는 경우 그 밖의 구역에 있는 부분에 대하여는 적용하지 아니한다.
특례 - 대지가 녹지지역에 걸치는 경우	• 대지가 녹지지역과 그 밖의 지역·지구 또는 구역에 걸치는 경우에는 각 지역·지구 또는 구역 안의 건축물과 대지에 관한 규정을 적용한다.	• 녹지지역 안의 건축물이 방화지구에 걸치는 경우에는 방화지구 안의 건축물에 관한 규정을 적용한다.

Ⅱ. 대지

1. 대지면적과 건폐율 및 용적률

$$건폐율 = \frac{건축면적}{대지면적} \times 100 \qquad 건폐율 = \frac{연면적}{대지면적} \times 100$$

- 건폐율(대지에 건축물이 둘 이상 있는 경우에는 이들 건축면적의 합계)의 최대한도는 「국토의 계획 및 이용에 관한 법률」의 건폐율의 기준에 따른다. 다만, 이 법에서 기준을 완화하거나 강화하여 적용하도록 규정한 경우에는 그에 따른다.
- 용적률(대지에 건축물이 둘 이상 있는 경우에는 이들 연면적의 합계)의 최대한도는 「국토의 계획 및 이용에 관한 법률」에 따른 용적률의 기준에 따른다. 다만, 이 법에서 기준을 완화하거나 강화하여 적용하도록 규정한 경우에는 그에 따른다.

2. 대지의 분할제한

용도지역별 최소 대지분할면적	제한규정
• 건축물이 있는 대지는 다음의 범위에서 해당 지방자치단체의 조례로 정하는 면적에 못 미치게 분할할 수 없다. ① 주거지역: 60㎡ 이상 ② 상업지역: 150㎡ 이상 ③ 공업지역: 150㎡ 이상 ④ 녹지지역: 200㎡ 이상 ⑤ 그 외 지역: 60㎡ 이상	• 건축물이 있는 대지는 다음 기준에도 못 미치게 분할할 수 없다. ① 대지와 도로의 관계 ② 건축물의 건폐율 ③ 대지 안의 공지 ④ 건축물의 높이제한 ⑤ 일조권 확보를 위한 높이 제한

3. 면적의 산정방법

(1) 대지면적

원칙	제외
대지의 수평투영면적으로 한다.	① 소요너비 미달 도로의 건축선과 도로사이 면적 제외 ② 도시·군계획시설에 포함되는 대지(건축물 또는 공작물을 설치하는 도시·군계획시설의 부지는 제외)면적

(2) 건축면적

원칙	• 건축물의 외벽(외벽이 없는 경우에는 외곽 부분의 기둥)의 중심선으로 둘러싸인 부분의 수평투영면적으로 한다.
돌출된 부분이 있는 건축물	• 처마, 차양, 부연, 그 밖에 이와 비슷한 것으로서 그 외벽의 중심선으로부터 수평거리 1미터 이상 돌출된 부분이 있는 건축물의 건축면적은 그 돌출된 끝부분으로부터 다음의 구분에 따른 수평거리를 후퇴한 선으로 둘러싸인 부분의 수평투영면적으로 한다. ① 전통사찰: 4미터 이하의 범위에서 외벽의 중심선까지의 거리 ② 사료 투여, 가축 이동 및 가축 분뇨 유출 방지 등을 위하여 처마, 차양, 부연, 그 밖에 이와 비슷한 것이 설치된 축사: 3미터 이하의 범위에서 외벽의 중심선까지의 거리(두 동의 축사가 하나의 차양으로 연결된 경우에는 6미터 이하의 범위에서 축사 양 외벽의 중심선까지의 거리를 말한다) ③ 한옥: 2미터 이하의 범위에서 외벽의 중심선까지의 거리 ④ 충전시설(그에 딸린 충전 전용 주차구획을 포함)의 설치를 목적으로 처마, 차양, 부연, 그 밖에 이와 비슷한 것이 설치된 공동주택(「주택법」에 따른 사업계획승인 대상으로 한정한다): 2미터 이하의 범위에서 외벽의 중심선까지의 거리 ⑤ 신·재생에너지 설비(신·재생에너지를 생산하거나 이용하기 위한 것만 해당)를 설치하기 위하여 처마, 차양, 부연, 그 밖에 이와 비슷한 것이 설치된 건축물로서 제로에너지건축물 인증을 받은 건축물: 2미터 이하의 범위에서 외벽의 중심선까지의 거리 ⑥ 수소연료공급시설을 설치하기 위하여 처마, 차양, 부연 그 밖에 이와 비슷한 것이 설치된 주유소, 액화석유가스 충전소 또는 고압가스 충전소: 2미터 이하의 범위에서 외벽의 중심선까지의 거리 ⑦ 그 밖의 건축물: 1미터

특례	① 태양열을 주된 에너지원으로 이용하는 주택, 단열재를 구조체의 외기측에 설치하는 단열공법으로 건축된 건축물 : 건축면적은 건축물의 외벽중 내측 내력벽의 중심선을 기준으로 한다.
	② 창고 또는 공장 중 물품을 입출고하는 부위의 상부에 설치하는 한쪽 끝은 고정되고 다른 끝은 지지되지 않은 구조로 된 돌출차양의 면적 중 건축면적에 산입하는 면적은 다음에 따라 산정한 면적 중 작은 값으로 한다.
	  ㉠ 해당 돌출차양을 제외한 창고의 건축면적의 10퍼센트를 초과하는 면적
	  ㉡ 해당 돌출차양의 끝부분으로부터 수평거리 6미터를 후퇴한 선으로 둘러싸인 부분의 수평투영면적

건축면적 제외 면적	① 지표면으로부터 1미터 이하에 있는 부분 (창고 중 물품을 입출고하기 위하여 차량을 접안시키는 부분의 경우에는 지표면으로부터 1.5미터 이하에 있는 부분) ② 건축물 지상층에 일반인이나 차량이 통행할 수 있도록 설치한 보행통로나 차량통로 ③ 지하주차장의 경사로 ④ 건축물 지하층의 출입구 상부(출입구 너비에 상당하는 규모의 부분을 말한다) ⑤ 생활폐기물 보관시설(음식물쓰레기, 의류 등의 수거시설을 말한다) ⑥ 장애인용 승강기, 장애인용 에스컬레이터, 휠체어리프트 또는 경사로 ⑦ 현지보존 및 이전보존을 위하여 매장유산 보호 및 전시에 전용되는 부분

건폐율 산정 시 건축면적 제외 면적	• 다음의 요건을 모두 갖춘 건축물의 건폐율을 산정할 때에는 지방건축위원회의 심의를 통해 ②에 따른 개방 부분의 상부에 해당하는 면적을 건축면적에서 제외할 수 있다.
	① 다음 어느 하나에 해당하는 시설로서 해당 용도로 쓰는 바닥면적의 합계가 1천㎡ 이상일 것
	  ㉠ 문화 및 집회시설(공연장·관람장·전시장)
	  ㉡ 교육연구시설(학교·연구소·도서관만 해당한다)
	  ㉢ 수련시설 중 생활권 수련시설, 업무시설 중 공공업무시설
	② 지면과 접하는 저층의 일부를 높이 8미터 이상으로 개방하여 보행통로나 공지 등으로 활용할 수 있는 구조·형태일 것

(3) 바닥면적

원칙	• 건축물의 각 층 또는 그 일부로서 벽, 기둥, 그 밖에 이와 비슷한 구획의 중심선으로 둘러싸인 부분의 수평투영면적으로 한다.
구체적 규정	① 벽·기둥의 구획이 없는 건축물은 그 지붕 끝부분으로부터 수평거리 1미터를 후퇴한 선으로 둘러싸인 수평투영면적으로 한다. ② 건축물의 노대등의 바닥은 난간 등의 설치 여부에 관계없이 노대등의 면적에서 노대등이 접한 가장 긴 외벽에 접한 길이에 1.5미터를 곱한 값을 뺀 면적을 바닥면적에 산입한다. (노대면적 − [접한 긴 외벽 * 1.5])을 산입 ③ 단열재를 구조체의 외기측에 설치하는 단열공법으로 건축된 건축물의 경우에는 단열재가 설치된 외벽 중 내측 내력벽의 중심선을 기준으로 산정한 면적을 바닥면적으로 한다. ④ 대피공간의 바닥면적은 건축물의 각 층 또는 그 일부로서 벽의 내부선으로 둘러싸인 부분의 수평투영면적으로 한다.

제외	① 필로티나 그 밖에 이와 비슷한 구조(벽면적의 2분의 1 이상이 그 층의 바닥면에서 위층 바닥 아래면까지 공간으로 된 것만 해당한다)의 부분은 그 부분이 공중의 통행이나 차량의 통행 또는 주차에 전용되는 경우와 공동주택의 경우
	② 승강기탑, 계단탑, 장식탑, 다락[층고가 1.5미터(경사진 형태의 지붕인 경우에는 1.8미터) 이하인 것만 해당]
	③ 공동주택으로서 지상층에 설치한 기계실, 전기실, 어린이놀이터, 조경시설 및 생활폐기물 보관시설
	④ 건축물을 리모델링하는 경우로서 미관 향상, 열의 손실 방지 등을 위하여 외벽에 부가하여 마감재 등을 설치하는 부분
	⑤ 장애인용 승강기, 장애인용 에스컬레이터, 휠체어리프트 또는 경사로
	⑥ 현지보존 및 이전보존을 위하여 매장유산 보호 및 전시에 전용되는 부분
	⑦ 지하주차장의 경사로(지상층에서 지하 1층으로 내려가는 부분으로 한정)
	⑧ 해당 세대 밖으로 대피할 수 있는 구조 또는 시설을 대피공간에 설치하는 경우 또는 대체시설을 발코니(발코니의 외부에 접하는 경우를 포함)에 설치하는 경우에는 해당 구조 또는 시설이 설치되는 대피공간 또는 발코니의 면적 중 다음의 구분에 따른 면적까지를 바닥면적에 산입하지 않는다.
	  ㉠ 인접세대와 공동으로 설치하는 경우: 4㎡
	  ㉡ 각 세대별로 설치하는 경우: 3㎡

(4) 연면적

원칙	• 하나의 건축물 각 층의 바닥면적의 합계로 한다.
용적률 산정 시 연면적에서 제외되는 면적	① 지하층의 면적 ② 지상층의 주차용으로 쓰는 면적 ③ 초고층 건축물과 준초고층 건축물에 설치하는 피난안전구역의 면적 ④ 건축물의 경사지붕 아래에 설치하는 대피공간의 면적

Ⅲ. 건축물의 높이산정 및 제한

1. 건축물의 높이

원칙	① 지표면으로부터 그 건축물의 상단까지의 높이로 한다. ② 건축물의 1층 전체에 필로티(건축물을 사용하기 위한 경비실, 계단실, 승강기실을 포함)가 설치되어 있는 경우에는 필로티의 층고를 제외한 높이로 한다.
특례	① 건축물의 옥상에 설치되는 승강기탑·계단탑·망루·장식탑·옥탑 등으로서 그 수평투영면적의 합계가 해당 건축물 건축면적의 8분의 1이하인 경우로서 그 부분의 높이가 12미터를 넘는 경우에는 그 넘는 부분만 해당 건축물의 높이에 산입한다. ② 지붕마루장식·굴뚝·방화벽의 옥상돌출부나 그 밖에 이와 비슷한 옥상돌출물과 난간벽(그 벽면적의 2분의 1 이상이 공간으로 되어 있는 것만 해당)은 그 건축물의 높이에 산입하지 아니한다.

2. 층고 및 층수

층고	• 방의 바닥구조체 윗면으로부터 위층 바닥구조체의 윗면까지의 높이로 한다. 다만, 한 방에서 층의 높이가 다른 부분이 있는 경우에는 그 각 부분 높이에 따른 면적에 따라 가중평균한 높이로 한다.	
층수	산정방법	① 층의 구분이 명확하지 아니한 건축물은 그 건축물의 높이 4미터마다 하나의 층으로 보고 그 층수를 산정한다. ② 건축물이 부분에 따라 그 층수가 다른 경우에는 그 중 가장 많은 층수를 그 건축물의 층수로 본다.
	미산입	① 승강기탑, 계단탑, 망루, 장식탑, 옥탑, 그 밖에 이와 비슷한 건축물의 옥상 부분으로서 그 수평투영면적의 합계가 해당 건축물 건축면적의 8분의 1 이하인 것 ② 지하층

3. 가로구역에서의 높이제한

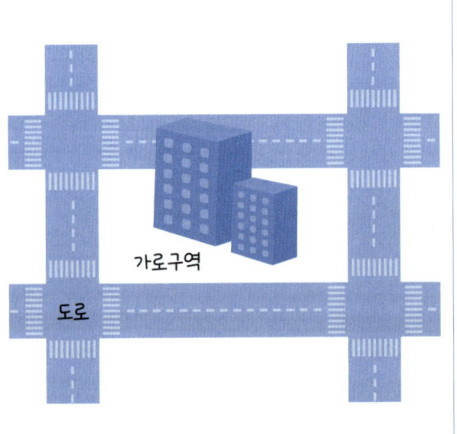

① 지정권자 : 허가권자는 가로구역을 단위로 하여 대통령령으로 정하는 기준과 절차에 따라 건축물의 높이를 지정·공고할 수 있다.
② 특별자치시장·특별자치도지사 또는 시장·군수·구청장 : 가로구역의 높이를 완화하여 적용할 필요가 있다고 판단되는 대지에 대하여는 대통령령으로 정하는 바에 따라 건축위원회의 심의를 거쳐 높이를 완화하여 적용할 수 있다.
③ 특별시장이나 광역시장 : 도시의 관리를 위하여 필요하면 가로구역별 건축물의 높이를 특별시나 광역시의 조례로 정할 수 있다.
④ 허가권자는 같은 가로구역에서 건축물의 용도 및 형태에 따라 건축물의 높이를 다르게 정할 수 있다.

4. 일조 등의 확보를 위한 높이제한
(1) 전용주거지역·일반주거지역

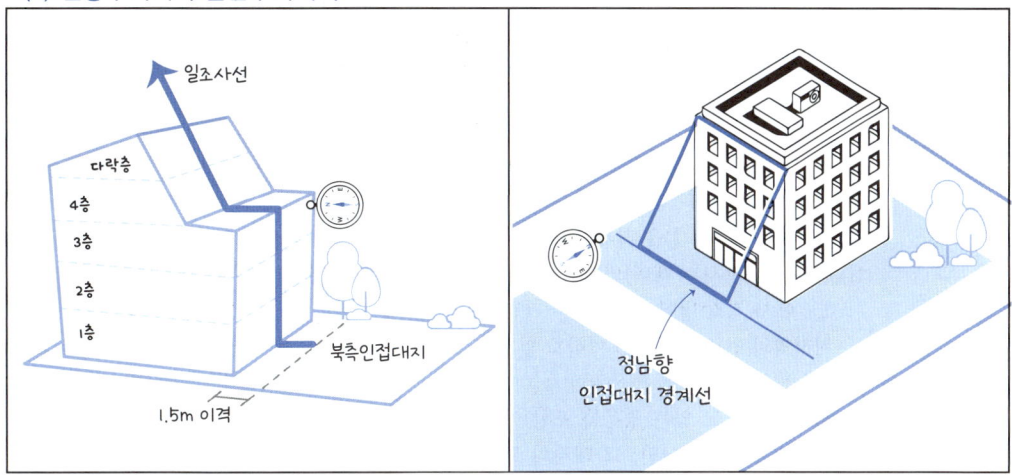

1) 원칙(정북방향으로의 높이제한)

전용주거지역과 일반주거지역 안에서 건축하는 건축물의 높이는 일조 등의 확보를 위하여 **정북방향의 인접 대지경계선으로부터의 거리**에 따라 대통령령으로 정하는 높이 이하로 하여야 한다.

건축물의 높이	• 띄우는 거리
10m 이하	• 인접 대지경계선으로부터 1.5미터 이상
10m 초과하는 부분	• 인접 대지경계선으로부터 해당 건축물 각 부분 높이의 2분의 1 이상
〈미적용 사항〉	

① 다음 어느 하나에 해당하는 구역 안의 대지 상호간에 건축하는 건축물로서 해당 **대지가 너비 20미터 이상의 도로**(자동차·보행자·자전거 전용도로를 포함하며, 도로에 공공공지, 녹지, 광장, 그 밖에 건축미관에 지장이 없는 도시·군계획시설이 접한 경우 해당 시설을 포함)에 접한 경우
 ㉠ 「국토의 계획 및 이용에 관한 법률」에 따른 지구단위계획구역, 경관지구
 ㉡ 「경관법」에 따른 중점경관관리구역
 ㉢ 특별가로구역
 ㉣ 도시미관 향상을 위하여 허가권자가 지정·공고하는 구역
② **건축협정구역 안에서 대지 상호간에 건축**하는 건축물
③ 건축물의 정북 방향의 **인접 대지가 전용주거지역이나 일반주거지역이 아닌 용도지역**에 해당하는 경우

2) 예외(정남방향으로의 높이제한)

다음 어느 하나에 해당하면 건축물의 높이를 정남방향의 인접 대지경계선으로부터의 거리에 따라 대통령령으로 정하는 높이 이하로 할 수 있다.
① 택지개발지구인 경우
② 대지조성사업지구인 경우
③ 지역개발사업구역인 경우
④ 국가산업단지, 일반산업단지, 도시첨단산업단지 및 농공단지인 경우
⑤ 도시개발구역인 경우
⑥ 「도시 및 주거환경정비법」에 따른 정비구역인 경우
⑦ 정북방향으로 도로, 공원, 하천 등 건축이 금지된 공지에 접하는 대지인 경우
⑧ 정북방향으로 접하고 있는 대지의 소유자와 합의한 경우나 그 밖에 대통령령으로 정하는 경우

(2) 공동주택(일반상업지역, 중심상업지역 제외)

적용 요건	• 다음에 해당하는 공동주택(일반상업지역과 중심상업지역에 건축하는 것은 제외)은 채광 등의 확보를 위하여 대통령령으로 정하는 높이 이하로 하여야 한다. ① 인접 대지경계선 등의 방향으로 채광을 위한 창문 등을 두는 경우 ② 하나의 대지에 두 동 이상을 건축하는 경우
적용 내용	• 공동주택은 다음 기준을 충족해야 한다. 다만, 채광을 위한 창문 등이 있는 벽면에서 직각 방향으로 인접 대지경계선까지의 수평거리가 1미터 이상으로서 건축조례로 정하는 거리 이상인 다세대주택은 ①을 적용하지 않는다. ① 건축물(기숙사는 제외)의 각 부분의 높이는 그 부분으로부터 채광을 위한 창문 등이 있는 벽면에서 직각 방향으로 인접 대지경계선까지의 수평거리의 2배(근린상업지역 또는 준주거지역의 건축물은 4배) 이하로 할 것 ② 같은 대지에서 두 동 이상의 건축물이 서로 마주보고 있는 경우(한 동의 건축물 각 부분이 서로 마주보고 있는 경우를 포함)에 건축물 각 부분 사이의 거리는 다음의 거리 이상을 띄어 건축할 것. 다만, 그 대지의 모든 세대가 동지를 기준으로 9시에서 15시 사이에 2시간 이상을 계속하여 일조를 확보할 수 있는 거리 이상으로 할 수 있다. ㉠ 채광을 위한 창문 등이 있는 벽면으로부터 직각방향으로 건축물 각 부분 높이의 0.5배(도시형 생활주택의 경우에는 0.25배) 이상의 범위에서 건축조례로 정하는 거리 이상 ㉡ ㉠에도 불구하고 서로 마주보는 건축물 중 높은 건축물(높은 건축물을 중심으로 마주보는 두 동의 축이 시계방향으로 정동에서 정서 방향인 경우만 해당한다)의 주된 개구부(거실과 주된 침실이 있는 부분의 개구부를 말한다)의 방향이 낮은 건축물을 향하는 경우에는 10미터 이상으로서 낮은 건축물 각 부분의 높이의 0.5배(도시형 생활주택의 경우에는 0.25배) 이상의 범위에서 건축조례로 정하는 거리 이상 ㉢ ㉠에도 불구하고 건축물과 부대시설 또는 복리시설이 서로 마주보고 있는 경우에는 부대시설 또는 복리시설 각 부분 높이의 1배 이상 ㉣ 채광창(창넓이가 0.5㎡ 이상인 창을 말한다)이 없는 벽면과 측벽이 마주보는 경우에는 8미터 이상 ㉤ 측벽과 측벽이 마주보는 경우[마주보는 측벽 중 하나의 측벽에 채광을 위한 창문 등이 설치되어 있지 아니한 바닥면적 3㎡ 이하의 발코니(출입을 위한 개구부를 포함한다)를 설치하는 경우를 포함한다]에는 4미터 이상 ③ 주택단지에 두 동 이상의 건축물이 도로를 사이에 두고 서로 마주보고 있는 경우에는 ② ㉠부터 ㉢까지를 적용하지 아니하되, 해당 도로의 중심선을 인접 대지경계선으로 보아 ①을 적용한다.

(3) 적용특례

2층 이하로서 높이가 8미터 이하인 건축물에는 해당 지방자치단체의 조례로 정하는 바에 따라 본 규정을 적용하지 아니할 수 있다.

핵심 지문 기출 OX

01 〈대지면적 1,500㎡〉, 〈각 층의 바닥면적 1,000㎡〉, 〈지상 1층 중 500㎡는 건축물의 부속용도인 주차장, 나머지는 제2종 근린생활시설로 이용하며〉, 〈지상 2층에서 11층까지는 업무시설로, 지하 1층은 제1종 근린생활시설로, 지하 2층과 지하 3층은 주차장〉으로 사용하는 건축물의 용적률은 900%이다.(x)[34회]

02 지하주차장의 경사로의 면적은 건축면적에 산입한다.(x)[33회]

03 태양열을 주된 에너지원으로 이용하는 주택의 건축면적은 건축물의 외벽중 내측 내력벽의 중심선을 기준으로 한다.(o)[33회]

04 건축법령상 건축물 바닥면적의 산정방법에서 벽·기둥의 구획이 없는 건축물은 그 지붕 끝부분으로부터 수평거리 1미터를 후퇴한 선으로 둘러싸인 수평투영면적으로 한다.(o)[29회]

05 건축물의 노대의 바닥은 난간 등의 설치 여부에 관계없이 노대의 면적에서 노대가 접한 가장 긴 외벽에 접한 길이에 1.5미터를 곱한 값을 뺀 면적을 바닥면적에 산입한다.(o)[29회]

06 필로티 부분은 공동주택의 경우에는 바닥면적에 산입한다.(x)[29회]

07 승강기탑은 바닥면적에 산입하지 아니한다.(o)[29회]

08 공동주택으로서 지상층에 설치한 조경시설은 바닥면적에 산입하지 아니한다.(o)[29회]

09 공동주택으로서 지상층에 설치한 조경시설의 면적은 바닥면적에 산입하지 않는다.(o)[33회]

10 공동주택으로서 지상층에 설치한 생활폐기물 보관함의 면적은 바닥면적에 산입한다.(x)[31회]

11 지하층에 설치한 기계실, 전기실의 면적은 용적률을 산정할 때 연면적에 산입한다.(x)[31회]

12 「건축법」상 건축물의 높이 제한 규정을 적용할 때, 건축물의 1층 전체에 필로티가 설치되어 있는 경우 건축물의 높이는 필로티의 층고를 제외하고 산정한다.(o)[31회]

13 건축물의 층고는 방의 바닥구조체 윗면으로부터 위층 바닥구조체의 아랫면까지의 높이로 한다.(x)[31회]

14 건축이 부분에 따라 그 층수가 다른 경우에는 그 중 가장 많은 층수와 가장 적은 층수를 평균하여 반올림한 수를 그 건축물의 층수로 본다.(x)[31회]

15 용적률을 산정할 때에는 지하층의 면적은 연면적에 산입하지 않는다.(o)[33회]

16 층의 구분이 명확하지 아니한 건축물의 높이는 4미터마다 하나의 층으로 보고 그 층수를 산정한다.(o)[33회]

Unit 11 건축법 적용의 완화

건축주, 설계자, 공사시공자 또는 공사감리자는 업무를 수행할 때 이 법을 적용하는 것이 매우 불합리하다고 인정되는 대지나 건축물로서 다음에 대하여는 이 법의 기준을 완화하여 적용할 것을 허가권자에게 요청할 수 있다. 허가권자는 건축위원회의 심의를 거쳐 완화 여부와 적용 범위를 결정하고 그 결과를 신청인에게 알려야 한다.

완화 대상	완화되는 규정
• 수면 위에 건축하는 건축물 등 대지의 범위를 설정하기 곤란한 경우	• 제40조 대지의 안전 등 • 제41조 토지 굴착 부분에 대한 조치 등 • 제42조 대지의 조경 • 제43조 공개 공지 등의 확보 • 제44조 대지와 도로의 관계 • 제45조 도로의 지정·폐지 또는 변경 • 제46조 건축선의 지정 • 제47조 건축선에 따른 건축제한 • 제55조 건축물의 건폐율 • 제56조 건축물의 용적률 • 제57조 대지의 분할 제한 • 제60조 건축물의 높이 제한 • 제61조 일조 등의 확보를 위한 건축물의 높이 제한
• 거실이 없는 통신시설 및 기계·설비시설	• 제44조 대지와 도로의 관계 • 제45조 도로의 지정·폐지 또는 변경 • 제46조 건축선의 지정
• 31층 이상인 건축물(건축물 전부가 공동주택의 용도로 쓰이는 경우는 제외)과 발전소, 제철소, 「산업집적활성화 및 공장설립에 관한 법률 시행령」에 따라 정하는 업종의 제조시설, 운동시설 등 특수 용도의 건축물	• 제43조 공개 공지 등의 확보 • 제49조 건축물의 피난시설 및 용도제한 등 • 제49조의2 피난시설 등의 유지·관리에 대한 기술지원 • 제50조 건축물의 내화구조와 방화벽 • 제50조의2 고층건축물의 피난 및 안전관리 • 제51조 방화지구 안의 건축물 • 제52조 건축물의 마감재료 등
• 전통사찰, 전통한옥 등 전통문화의 보존을 위하여 시·도의 건축조례로 정하는 지역의 건축물	• 제44조 대지와 도로의 관계 • 제46조 건축선의 지정
• 경사진 대지에 계단식으로 건축하는 공동주택으로서 지면에서 직접 각 세대가 있는 층으로의 출입이 가능하고, 위층 세대가 아래층 세대의 지붕을 정원 등으로 활용하는 것이 가능한 형태의 건축물과 초고층 건축물	• 제55조 건축물의 건폐율

핵심 지문 기출 OX

01 수면 위에 건축물을 건축하고자 하는 건축주는 건축물의 대지의 범위를 설정하기 곤란한 경우 허가권자에게 완화 적용을 요청할 수 없는 기준은 〈대지의 안전〉이다.(x)[32회]

02 수면 위에 건축물을 건축하고자 하는 건축주는 건축물의 대지의 범위를 설정하기 곤란한 경우 허가권자에게 완화 적용을 요청할 수 없는 기준은 〈대지의 조경〉이다.(x)[32회]

03 수면 위에 건축물을 건축하고자 하는 건축주는 건축물의 대지의 범위를 설정하기 곤란한 경우 허가권자에게 완화 적용을 요청할 수 없는 기준은 〈공개 공지 등의 확보〉이다.(x)[32회]

04 수면 위에 건축물을 건축하고자 하는 건축주는 건축물의 대지의 범위를 설정하기 곤란한 경우 허가권자에게 완화 적용을 요청할 수 없는 기준은 〈건축물의 높이 제한〉이다.(x)[32회]

05 수면 위에 건축물을 건축하고자 하는 건축주는 건축물의 대지의 범위를 설정하기 곤란한 경우 허가권자에게 완화 적용을 요청할 수 없는 기준은 〈건축물 내진등급의 설정〉이다.(o)[32회]

Unit 12 특별건축구역 등

Ⅰ. 특별건축구역

1. 특별건축구역의 지정

(1) 원칙
국토교통부장관 또는 시·도지사는 다음 구분에 따라 도시나 지역의 일부가 특별건축구역으로 특례적용이 필요하다고 인정하는 경우에는 특별건축구역을 지정할 수 있다.

국토교통부장관	시·도지사
① 국가가 국제행사 등을 개최하는 도시 또는 지역의 사업구역 ② 관계법령에 따른 국가정책사업으로서 대통령령으로 정하는 사업구역(혁신도시 사업구역, 공공주택지구)	① 지방자치단체가 국제행사 등을 개최하는 도시 또는 지역의 사업구역 ② 관계법령에 따른 도시개발·도시재정비 및 건축문화 진흥 사업으로서 건축물 또는 공간환경을 조성하기 위하여 대통령령으로 정하는 사업구역 (정비구역, 재정비촉진구역, 관광특구, 문화지구 등) ③ 그 밖에 대통령령으로 정하는 도시 또는 지역의 사업구역
경제자유구역, 택지개발사업구역, 도시개발구역	

(2) 예외
다음 어느 하나에 해당하는 지역·구역 등에 대하여는 특별건축구역으로 지정할 수 없다.
① 「개발제한구역의 지정 및 관리에 관한 특별조치법」에 따른 개발제한구역
② 「자연공원법」에 따른 자연공원
③ 「도로법」에 따른 접도구역
④ 「산지관리법」에 따른 보전산지

2. 특별건축구역의 지정절차

지정신청 및 제안	• 중앙행정기관의 장, 사업구역을 관할하는 시·도지사 또는 시장·군수·구청장(이하 '지정신청기관')은 특별건축구역의 지정이 필요한 경우에는 다음의 자료를 갖추어 중앙행정기관의 장 또는 시·도지사는 국토교통부장관에게, 시장·군수·구청장은 특별시장·광역시장·도지사에게 각각 특별건축구역의 지정을 신청할 수 있다. ① 위치·범위 및 면적 등에 관한 사항 ② 지정 목적 및 필요성 ③ 건축물의 규모 및 용도 등에 관한 사항 ④ 도시·군관리계획에 관한 사항. 이 경우 도시·군관리계획의 세부 내용은 대통령령으로 정한다. ⑤ 건축물의 설계, 공사감리 및 건축시공 등의 발주방법 등에 관한 사항 ⑥ 특별건축구역 전부 또는 일부를 대상으로 통합하여 적용하는 미술작품, 부설주차장, 공원 등의 시설에 대한 운영관리 계획서.
심의	• 국토교통부장관 또는 특별시장·광역시장·도지사는 지정신청이 접수된 경우에는 지정 여부를 결정하기 위하여 지정신청을 받은 날부터 30일 이내에 국토교통부장관이 지정신청을 받은 경우에는 중앙건축위원회, 특별시장·광역시장·도지사가 지정신청을 받은 경우에는 각각 특별시장·광역시장·도지사가 두는 건축위원회의 심의를 거쳐야 한다.
고시 및 송부	• 국토교통부장관 또는 시·도지사는 특별건축구역을 지정하거나 변경·해제하는 경우에는 대통령령으로 정하는 바에 따라 주요 내용을 관보에 고시하고, 국토교통부장관 또는 특별시장·광역시장·도지사는 지정신청기관에 관계 서류의 사본을 송부하여야 한다.

3. 특별건축구역의 지정효과

특별건축구역을 지정하거나 변경한 경우에는 「국토의 계획 및 이용에 관한 법률」에 따른 도시·군관리계획의 결정(용도지역·지구·구역의 지정 및 변경은 제외)이 있는 것으로 본다. 특별건축구역에 건축하는 건축물에 대해서는 다음의 내용을 적용하지 않을 수 있다.

① 대지의 조경
② 건축물의 건폐율
③ 건축물의 용적률
④ 대지 안의 공지
⑤ 건축물의 높이 제한
⑥ 일조 등의 확보를 위한 건축물의 높이 제한

4. 특별건축구역의 건축물

특별건축구역에서 건축기준 등의 특례사항을 적용하여 건축할 수 있는 건축물은 다음 어느 하나에 해당되어야 한다.

① 국가 또는 지방자치단체가 건축하는 건축물
② 「공공기관의 운영에 관한 법률」에 따른 공공기관 중 대통령령으로 정하는 공공기관이 건축하는 건축물
③ 그 밖에 대통령령으로 정하는 용도·규모의 건축물로서 도시경관의 창출, 건설기술 수준향상 및 건축 관련 제도개선을 위하여 특례 적용이 필요하다고 허가권자가 인정하는 건축물

5. 특별건축구역 통합적용계획
특별건축구역에서는 다음의 관계 법령의 규정에 대하여는 개별 건축물마다 적용하지 아니하고 특별건축구역 전부 또는 일부를 대상으로 통합하여 적용할 수 있다.
① 「문화예술진흥법」에 따른 건축물에 대한 미술작품의 설치
② 「주차장법」에 따른 부설주차장의 설치
③ 「도시공원 및 녹지 등에 관한 법률」에 따른 공원의 설치

Ⅱ. 건축협정

1. 건축협정 대상자 및 대상지역
토지 또는 건축물의 소유자, 지상권자 등은 전원의 합의로 다음 어느 하나에 해당하는 지역 또는 구역에서 건축물의 건축·대수선 또는 리모델링에 관한 협정을 체결할 수 있다.
① 「국토의 계획 및 이용에 관한 법률」에 따라 지정된 지구단위계획구역
② 「도시 및 주거환경정비법」에 따른 주거환경개선사업을 시행하기 위하여 지정·고시된 정비구역
③ 「도시재정비 촉진을 위한 특별법」에 따른 존치지역
④ 「도시재생 활성화 및 지원에 관한 특별법」에 따른 도시재생활성화지역
⑤ 시·도지사 및 시장·군수·구청장(이하 "건축협정인가권자")이 도시 및 주거환경개선이 필요하다고 인정하여 해당 지방자치단체의 조례로 정하는 구역

2. 건축협정의 인가
① 협정체결자 또는 건축협정운영회의 대표자는 건축협정서를 작성하여 국토교통부령으로 정하는 바에 따라 해당 건축협정인가권자의 인가를 받아야 한다. 이 경우 인가신청을 받은 건축협정인가권자는 인가를 하기 전에 건축협정인가권자가 두는 건축위원회의 심의를 거쳐야 한다.
② 건축협정 체결 대상 토지가 둘 이상의 특별자치시 또는 시·군·구에 걸치는 경우 건축협정 체결 대상 토지면적의 과반이 속하는 건축협정인가권자에게 인가를 신청할 수 있다. 이 경우 인가 신청을 받은 건축협정인가권자는 건축협정을 인가하기 전에 다른 특별자치시장 또는 시장·군수·구청장과 협의하여야 한다.

3. 건축협정의 변경
협정체결자 또는 건축협정운영회의 대표자는 인가받은 사항을 변경하려면 국토교통부령으로 정하는 바에 따라 건축협정인가권자에게 변경인가를 받아야 한다. 다만, 대통령령으로 정하는 경미한 사항을 변경하는 경우에는 그러하지 아니하다.

4. 건축협정의 폐지
① 협정체결자 또는 건축협정운영회의 대표자는 건축협정을 폐지하려는 경우에는 협정체결자 과반수의 동의를 받아 국토교통부령으로 정하는 바에 따라 건축협정인가권자의 인가를 받아야 한다.
② 다만, 특례를 적용하여 착공신고를 한 경우에는 착공신고를 한 날부터 20년이 지난 후에 건축협정의 폐지 인가를 신청할 수 있다.

5. 건축협정의 효력 및 승계

건축협정이 공고된 후 건축협정구역에 있는 토지나 건축물 등에 관한 권리를 협정체결자인 소유자등으로부터 이전받거나 설정받은 자는 협정체결자로서의 지위를 승계한다. 다만, 건축협정에서 달리 정한 경우에는 그에 따른다.

6. 건축협정에 따른 특례

(1) 건축협정 통합적용 특례

건축협정의 인가를 받은 건축협정구역에서 연접한 대지에 대하여는 다음 관계 법령의 규정을 개별 건축물마다 적용하지 아니하고 건축협정구역의 전부 또는 일부를 대상으로 통합하여 적용할 수 있다.

① 대지의 조경
② 대지와 도로와의 관계
③ 지하층의 설치
④ 건폐율
⑤ 부설주차장의 설치 〈주차장법〉
⑥ 개인하수처리시설의 설치 〈하수도법〉

(2) 건축협정구역 완화적용 특례

건축협정구역 지정	• 건축협정인가권자는 건축협정의 효율적인 체결을 통한 도시의 기능 및 미관의 증진을 위하여 건축협정 대상지역 중 어느 하나에 해당하는 지역 및 구역의 전체 또는 일부를 건축협정 집중구역으로 지정할 수 있다.
건축협정구역 완화적용 특례	• 건축협정구역에 건축하는 건축물에 대하여는 〈대지의 조경, 건폐율, 용적률, 높이제한, 일조 등의 확보를 위한 높이제한, 공지 등〉을 대통령령으로 정하는 바에 따라 완화하여 적용할 수 있다. 다만, 〈건축물의 용적률〉을 완화하여 적용하는 경우에는 건축위원회의 심의와 「국토의 계획 및 이용에 관한 법률」에 따른 지방도시계획위원회의 심의를 통합하여 거쳐야 한다.

Ⅲ. 결합건축

1. 결합건축 대상지

다음 어느 하나에 해당하는 지역에서 대지간의 최단거리가 100미터 이내의 범위에서 대통령령으로 정하는 범위에 있는 2개의 대지의 건축주가 서로 합의한 경우 2개의 대지를 대상으로 결합건축을 할 수 있다.

① 「국토의 계획 및 이용에 관한 법률」에 따라 지정된 상업지역
② 「역세권의 개발 및 이용에 관한 법률」에 따라 지정된 역세권개발구역
③ 「도시 및 주거환경정비법」에 따른 정비구역 중 주거환경개선사업의 시행을 위한 구역
④ 건축협정구역, 특별건축구역, 리모델링 활성화 구역

2. 결합건축의 절차 및 관리

절차	결합건축 협정서 첨부	• 결합건축을 하고자 하는 건축주는 건축허가를 신청하는 때에는 다음의 사항을 명시한 결합건축협정서를 첨부하여야 하며 국토교통부령으로 정하는 도서를 제출하여야 한다. ① 결합건축 대상 대지의 위치 및 용도지역 ② 결합건축협정서를 체결하는 자의 성명, 주소 및 생년월일 ③ 「국토의 계획 및 이용에 관한 법률」에 따라 조례로 정한 용적률과 결합건축으로 조정되어 적용되는 대지별 용적률 ④ 결합건축 대상 대지별 건축계획서
	심의	• 허가권자는 건축허가를 하기 전에 건축위원회의 심의를 거쳐야 한다. 다만, 결합건축으로 조정되어 적용되는 대지별 용적률이 「국토의 계획 및 이용에 관한 법률」에 따라 해당 대지에 적용되는 도시계획조례의 용적률의 100분의 20을 초과하는 경우에는 건축위원회 심의와 도시계획위원회 심의를 공동으로 하여 거쳐야 한다.
	특례	• 토지가 둘 이상의 특별자치시 또는 시·군·구에 걸치는 경우 건축협정 체결 대상 토지면적의 과반이 속하는 건축협정인가권자에게 인가를 신청할 수 있다.
관리		• 결합건축협정서에 따른 협정체결 유지기간은 최소 30년으로 한다.

Ⅳ. 이행강제금

1. 이행강제금의 부과

산정 기준	〈㎡당 시가표준액 50/100 × 위반면적 = 이행강제금〉 〈허. 용. 건. 신〉 (순서) ① 건폐율을 초과하여 건축한 경우: 100분의 80 ② 용적률을 초과하여 건축한 경우: 100분의 90 ③ 허가를 받지 아니하고 건축한 경우: 100분의 100 ④ 신고를 하지 아니하고 건축한 경우: 100분의 70
가중	• 허가권자는 영리목적을 위한 위반이나 상습적 위반 등 대통령령으로 정하는 경우에 금액을 100분의 100의 범위에서 해당 지방자치단체의 조례로 정하는 바에 따라 가중하여야 한다.
감경	① 축사 등 시설로서 500㎡(수도권 외의 지역에서는 1천㎡) 이하인 경우는 5분의 1을 감경한다. ② 연면적이 60㎡ 이하인 주거용 건축물은 법정이행강제금의 2분의 1의 범위에서 해당 지방자치단체의 조례로 정하는 금액을 부과한다

2. 이행강제금의 부과방법

부과횟수	• 허가권자는 최초의 시정명령이 있었던 날을 기준으로 하여 1년에 2회 이내의 범위에서 해당 지방자치단체의 조례로 정하는 횟수만큼 그 시정명령이 이행될 때까지 반복하여 이행강제금을 부과·징수할 수 있다.
사전계고	• 허가권자는 이행강제금을 부과하는 경우 금액, 부과 사유, 납부기한, 수납기관, 이의제기 방법 및 이의제기 기관 등을 구체적으로 밝힌 문서로 하여야 한다.
부과중지	• 허가권자는 시정명령을 받은 자가 이행하면 새로운 이행강제금의 부과를 즉시 중지하되, 이미 부과된 이행강제금은 징수하여야 한다.

V. 건축위원회 및 전문위원회

1. 건축위원회

건축위원회 심의사항	•국토교통부장관, 시·도지사 및 시장·군수·구청장은 다음의 사항을 조사·심의·조정 또는 재정하기 위하여 각각 건축위원회를 두어야 한다. ① 이 법과 조례의 제정·개정 및 시행에 관한 중요 사항 ② 건축물의 건축등과 관련된 분쟁의 조정 또는 재정에 관한 사항. 다만, 시·도지사 및 시장·군수·구청장이 두는 건축위원회는 제외한다. ③ 건축물의 건축등과 관련된 민원에 관한 사항. 다만, 국토교통부장관이 두는 건축위원회는 제외한다. ④ 건축물의 건축 또는 대수선에 관한 사항 ⑤ 다른 법령에서 건축위원회의 심의를 받도록 규정한 사항
전문위원회 설치 및 운영	•국토교통부장관, 시·도지사 및 시장·군수·구청장은 건축위원회의 심의등을 효율적으로 수행하기 위하여 필요하면 자신이 설치하는 건축위원회에 다음의 전문위원회를 두어 운영할 수 있다.

국토교통부 설치	시·도 및 시·군·구에 설치
건축분쟁전문위원회	건축민원전문위원회

2. 건축분쟁전문위원회

목적	•건축등과 관련된 다음의 분쟁의 조정 및 재정을 하기 위하여 국토교통부에 건축분쟁전문위원회를 둔다. 〈허가권자X〉 ① 건축관계자(건축주, 설계자, 공사시공자 또는 공사감리자)와 해당 건축물의 건축등으로 피해를 입은 인근주민 간의 분쟁 ② 관계전문기술자와 인근주민 간의 분쟁 ③ 건축관계자와 관계전문기술자 간의 분쟁 ④ 건축관계자 간의 분쟁 ⑤ 인근주민 간의 분쟁 ⑥ 관계전문기술자 간의 분쟁
위원회 구성	① 분쟁위원회는 위원장과 부위원장 각 1명을 포함한 15명 이내의 위원으로 구성한다. ② 조정은 3명의 위원으로 구성되는 조정위원회에서 하고, 재정은 5명의 위원으로 구성되는 재정위원회에서 한다.
절차	•분쟁위원회는 당사자의 조정신청을 받으면 60일 이내에, 재정신청을 받으면 120일 이내에 절차를 마쳐야 한다.
조정의 효력	•당사자가 조정안을 수락하고 조정서에 기명날인하면 조정서의 내용은 재판상 화해와 동일한 효력을 갖는다.
의결방법	•분쟁위원회의 회의는 재적위원 과반수의 출석으로 열고 출석위원 과반수의 찬성으로 의결한다.

3. 건축민원전문위원회

설치 목적	• 건축민원전문위원회는 건축물의 건축등과 관련된 다음의 민원[특별시장·광역시장·특별자치시장·특별자치도지사 또는 시장·군수·구청장의 처분이 완료되기 전의 것으로 한정]을 심의하며, 시·도지사가 설치하는 건축민원전문위원회(광역지방건축민원전문위원회)와 시장·군수·구청장이 설치하는 건축민원전문위원회(기초지방건축민원전문위원회)로 구분한다. ① 건축법령의 운영 및 집행에 관한 민원 ② 건축물의 건축등과 복합된 사항으로서 법률 규정의 운영 및 집행에 관한 민원
질의민원 심의의 신청	① 건축물의 건축등과 관련된 질의민원의 심의를 신청하려는 자는 관할 건축민원전문위원회에 심의 신청서를 제출하여야 한다. ② 심의를 신청하고자 하는 자는 문서로 신청하여야 한다. 다만, 문서에 의할 수 없는 특별한 사정이 있는 경우에는 구술로 신청할 수 있다. ③ 건축민원전문위원회는 신청인의 질의민원을 받으면 15일 이내에 심의절차를 마쳐야 한다. 다만, 사정이 있으면 건축민원전문위원회의 의결로 15일 이내의 범위에서 기간을 연장할 수 있다.
심의를 위한 조사 및 의견청취	① 건축민원전문위원회는 심의에 필요하다고 인정하면 위원 또는 사무국의 소속 공무원에게 관계 서류를 열람하게 하거나 관계 사업장에 출입하여 조사하게 할 수 있다. ② 건축민원전문위원회는 필요하다고 인정하면 신청인, 허가권자의 업무담당자, 이해관계자 또는 참고인을 위원회에 출석하게 하여 의견을 들을 수 있다.

핵심 지문 기출 OX

01 국토교통부장관은 지방자치단체가 국제행사 등을 개최하는 지역의 사업구역을 특별건축구역으로 지정할 수 있다.(x)³²회

02 「도로법」에 따른 접도구역은 특별건축구역으로 지정될 수 없다.(o)³²회

03 특별건축구역을 지정한 경우에는 「국토의 계획 및 이용에 관한 법률」에 따른 용도지역·지구·구역의 지정이 있는 것으로 본다.(x)³²회

04 〈대지의 조경에 관한 사항〉은 특별건축구역에서 국가가 건축하는 건축물에 적용하지 아니할 수 있다.(o)³³회

05 〈대지 안의 공지에 관한 사항〉은 특별건축구역에서 국가가 건축하는 건축물에 적용하지 아니할 수 있다.(o)³³회

06 〈대지와 도로의 관계에 관한 사항〉은 특별건축구역에서 국가가 건축하는 건축물에 적용하지 아니할 수 있다.(x)³³회

07 〈대지의 분할 제한에 관한 사항〉은 특별건축구역에서 국가가 건축하는 건축물에 적용하지 아니할 수 있다.(x)³³회

08 특별건축구역에서의 건축기준의 특례사항은 지방자치단체가 건축하는 건축물에는 적용되지 않는다.(x)³²회

09 특별건축구역에서 「주차장법」에 따른 부설주차장의 설치에 관한 규정은 개별 건축물마다 적용하여야 한다.(x)³²회

10 해당 지역의 토지 또는 건축물의 소유자 전원이 합의하면 지상권자가 반대하는 경우에도 건축협정을 체결할 수 있다.(x)³¹회

11 건축협정 체결 대상 토지가 둘 이상의 시·군·구에 걸치는 경우에는 관할 시·도지사에게 건축협정의 인가를 받아야 한다.(x)³¹회

12 협정체결자는 인가받은 건축협정을 변경하려면 협정체결자 과반수의 동의를 받아 건축협정인가권자에게 신고하여야 한다.(x)³¹회

13 건축협정을 폐지하려면 협정체결자 전원의 동의를 받아 건축협정인가권자의 인가를 받아야 한다.(x)³¹회

14 건축협정에서 달리 정하지 않는 한, 건축협정이 공고된 후에 건축협정구역에 있는 토지에 관한 권리를 협정체결자로부터 이전받은 자도 건축협정에 따라야 한다.(o)³¹회

15 〈지하층의 설치〉는 건축협정의 인가를 받은 건축협정구역에서 연접한 대지에 대하여 관계 법령의 규정을 개별 건축물마다 적용하지 아니하고 건축협정구역을 대상으로 통합하여 적용할 수 있다.(o)²⁸회

16 〈건폐율〉은 건축협정의 인가를 받은 건축협정구역에서 연접한 대지에 대하여 관계 법령의 규정을 개별 건축물마다 적용하지 아니하고 건축협정구역을 대상으로 통합하여 적용할 수 있다.(o)²⁸회

17 〈「주차장법」 제19조에 따른 부설주차장의 설치〉는 건축협정의 인가를 받은 건축협정구역에서 연접한 대지에 대하여 관계 법령의 규정을 개별 건축물마다 적용하지 아니하고 건축협정구역을 대상으로 통합하여 적용할 수 있다.(o)²⁸회

18 〈「하수도법」제34조에 따른 개인하수처리시설의 설치〉는 건축협정의 인가를 받은 건축협정구역에서 연접한 대지에 대하여 관계 법령의 규정을 개별 건축물마다 적용하지 아니하고 건축협정구역을 대상으로 통합하여 적용할 수 있다.(o)[28회]

19 〈계단의 설치〉는 건축협정의 인가를 받은 건축협정구역에서 연접한 대지에 대하여 관계 법령의 규정을 개별 건축물마다 적용하지 아니하고 건축협정구역을 대상으로 통합하여 적용할 수 있다.(x)[28회]

20 〈건축물의 용적률〉은 건축협정구역에서 건축하는 건축물에 대하여 완화하여 적용할 수 있는 건축기준 중 건축위원회의 심의와 「국토의 계획 및 이용에 관한 법률」에 따른 지방도시계획위원회의 심의를 통합하여 거쳐야 한다.(o)[34회]

21 〈건축물의 건폐율〉은 건축협정구역에서 건축하는 건축물에 대하여 완화하여 적용할 수 있는 건축기준 중 건축위원회의 심의와 「국토의 계획 및 이용에 관한 법률」에 따른 지방도시계획위원회의 심의를 통합하여 거쳐야 한다.(x)[34회]

22 〈건축물의 높이 제한〉은 건축협정구역에서 건축하는 건축물에 대하여 완화하여 적용할 수 있는 건축기준 중 건축위원회의 심의와 「국토의 계획 및 이용에 관한 법률」에 따른 지방도시계획위원회의 심의를 통합하여 거쳐야 한다.(x)[34회]

23 〈대지의 조경 면적〉은 건축협정구역에서 건축하는 건축물에 대하여 완화하여 적용할 수 있는 건축기준 중 건축위원회의 심의와 「국토의 계획 및 이용에 관한 법률」에 따른 지방도시계획위원회의 심의를 통합하여 거쳐야 한다.(x)[34회]

24 〈일조 등의 확보를 위한 건축물의 높이 제한〉은 건축협정구역에서 건축하는 건축물에 대하여 완화하여 적용할 수 있는 건축기준 중 건축위원회의 심의와 「국토의 계획 및 이용에 관한 법률」에 따른 지방도시계획위원회의 심의를 통합하여 거쳐야 한다.(x)[34회]

25 「국토의 계획 및 이용에 관한 법률」에 따라 지정된 상업지역은 결합건축을 할 수 있는 지역·구역에 해당한다.(o)[33회]

26 「역세권의 개발 및 이용에 관한 법률」에 따라 지정된 역세권개발구역은 결합건축을 할 수 있는 지역·구역에 해당한다.(o)[33회]

27 건축협정구역은 결합건축을 할 수 있는 지역·구역에 해당한다.(o)[33회]

28 리모델링 활성화 구역은 결합건축을 할 수 있는 지역·구역에 해당한다.(o)[33회]

29 특별가로구역은 결합건축을 할 수 있는 지역·구역에 해당한다.(x)[33회]

30 〈결합건축 대상 대지의 용도지역〉은 결합건축을 하고자 하는 건축주가 건축허가를 신청할 때 결합건축협정서에 명시하여야 하는 사항이다.(o)[30회]

31 〈결합건축협정서를 체결하는 자가 자연인인 경우 성명, 주소 및 생년월일〉은 결합건축을 하고자 하는 건축주가 건축허가를 신청할 때 결합건축협정서에 명시하여야 하는 사항이다.(o)[30회]

32 〈「국토의 계획 및 이용에 관한 법률」제78조에 따라 조례로 정한 용적률과 결합건축으로 조정되어 적용되는 대지별 용적률〉은 결합건축을 하고자 하는 건축주가 건축허가를 신청할 때 결합건축협정서에 명시하여야 하는 사항이다.(o)[30회]

33 〈결합건축 대상 대지별 건축계획서〉는 결합건축을 하고자 하는 건축주가 건축허가를 신청할 때 결합건축협정서에 명시하여야 하는 사항이다.(o)[30회]

34 〈결합건축협정서를 체결하는 자가 법인인 경우 지방세 납세증명서〉는 결합건축을 하고자 하는 건축주가 건축허가를 신청할 때 결합건축협정서에 명시하여야 하는 사항이다.(x)³⁰회

35 이행강제금을 산정하기 위하여 위반 내용에 따라 곱하는 비율은 높은 순서대로 〈허가를 받지 아니하고 건축한 경우 – 용적률을 초과하여 건축한 경우 – 건폐율을 초과하여 건축한 경우 – 신고를 하지 아니하고 건축한 경우〉이다.(o)²⁹회

36 '공사시공자'와 '해당 건축물의 건축으로 피해를 입은 인근주민'과의 분쟁은 건축분쟁전문위원회의 조정 및 재정의 대상이 된다.(o)²⁸회

37 '관계전문기술자'와 '해당 건축물의 건축으로 피해를 입은 인근주민'과의 분쟁은 건축분쟁전문위원회의 조정 및 재정의 대상이 된다.(o)²⁸회

38 '건축주'와 '공사감리자' 간의 분쟁은 건축분쟁전문위원회의 조정 및 재정의 대상이 된다.(o)²⁸회

39 '해당 건축물의 건축으로 피해를 입은 인근주민' 간의 분쟁은 건축분쟁전문위원회의 조정 및 재정의 대상이 된다.(o)²⁸회

40 '건축허가권자'와 '건축허가신청자' 간의 분쟁은 건축분쟁전문위원회의 조정 및 재정의 대상이 된다.(x)²⁸회

41 도지사는 건축위원회의 심의 등을 효율적으로 수행하기 위하여 필요하면 자신이 설치하는 건축위원회에 건축민원전문위원회를 두어 운영할 수 있다.(o)³⁰회

42 건축민원전문위원회는 건축법령의 운영 및 집행에 관한 민원을 심의할 수 있다.(o)³⁰회

43 건축민원전문위원회에 질의민원의 심의를 신청하려는 자는 문서에 의할 수 없는 특별한 사정이 있는 경우에는 구술로도 신청할 수 있다.(o)³⁰회

44 건축민원전문위원회는 심의에 필요하다고 인정하면 위원 또는 사무국의 소속 공무원에게 관계 서류를 열람하게 하거나 관계 사업장에 출입하여 조사하게 할 수 있다.(o)³⁰회

45 건축민원전문위원회가 위원회에 출석하게 하여 의견을 들을 수 있는 자는 신청인과 허가권자에 한한다.(x)³⁰회

PART 5 주택법

Unit 1-8

Unit 1 용어의 정의
Unit 2 주택건설사업자
Unit 3 주택조합
Unit 4 주택건설사업의 시행
Unit 5 주택의 공급
Unit 6 투기과열지구 및 전매제한
Unit 7 리모델링 허가
Unit 8 권한의 위임·위탁

주택법
[시행 2024. 7. 17.] [법률 제20048호, 2024. 1. 16. 일부개정]

주택법 시행령
[시행 2024. 7. 17.] [대통령령 제34690호, 2024. 7. 9. 타법개정]

주택법 시행규칙
[시행 2024. 8. 2.] [국토교통부령 제1373호, 2024. 8. 2. 일부개정]

Unit 1 용어의 정의

2025 위패스 공인중개사 합격셀렉트

Ⅰ. 주택에 관한 용어

1. 주택의 정의

'주택'이란 세대의 구성원이 장기간 독립된 주거생활을 할 수 있는 구조로 된 건축물의 전부 또는 일부 및 그 부속토지를 말하며, 단독주택과 공동주택으로 구분한다.

2. 주택의 종류

(1) 형태에 따른 분류

		단독주택	다중주택	다가구주택
주택	단독주택 (660 / 3개층)	・1세대가 하나의 건축물 안에서 독립된 주거생활을 할 수 있는 구조로 된 주택	・1개 동의 주택으로 쓰이는 바닥면적의 합계가 660㎡ 이하이고 주택으로 쓰는 층수가 3개층 이하일 것	・1개 동의 주택으로 쓰이는 바닥면적의 합계가 660㎡ 이하이고 주택으로 쓰는 층수가 3개층 이하이며, 19세대 이하가 거주할 수 있을 것
		아파트	연립주택	다세대주택
	공동주택 (660 / 4개층)	・주택으로 쓰는 층수가 5개층 이상인 주택	・주택으로 쓰는 1개동의 바닥면적 합계가 660㎡를 초과하고, 층수가 4개층 이하인 주택	・주택으로 쓰는 1개동의 바닥면적 합계가 660㎡ 이하이고, 층수가 4개층 이하인 주택
	준주택	・주택 외의 건축물과 그 부속토지로서 주거시설로 이용가능한 시설 등을 말하며, 그 범위와 종류는 대통령령으로 정한다. ① 기숙사, ② 노인복지주택, ③ 오피스텔, ④ 다중생활시설		

(2) 건설유형에 따른 분류

국민주택	민영주택
• 다음 어느 하나에 해당하는 주택으로서 국민주택규모 이하인 주택을 말한다. ① 국가·지방자치단체·한국토지주택공사 또는 지방공사가 건설하는 주택 ② 국가·지방자치단체의 재정 또는 주택도시기금으로부터 자금을 지원받아 건설되거나 개량되는 주택	• 국민주택을 제외한 주택을 말한다.

국민주택규모	① 주거전용면적이 1호 또는 1세대당 85제곱미터 이하인 주택 ② 「수도권정비계획법」에 따른 수도권을 제외한 도시지역이 아닌 읍 또는 면 지역은 1호 또는 1세대당 주거전용면적이 100제곱미터 이하인 주택을 말한다.	
주거전용면적	단독주택인 경우	• 바닥면적에서 지하실, 건축물과 분리된 창고·차고 및 화장실의 면적을 제외한 면적
	공동주택인 경우	• 외벽의 내부선을 기준으로 산정한 면적. 다만, 2세대 이상이 공동으로 사용하는 부분으로서 다음에 해당하는 공용면적은 제외하며, 이 경우 바닥면적에서 주거전용면적을 제외하고 남는 외벽면적은 공용면적에 가산한다. ① 복도, 계단, 현관 등 공동주택의 지상층에 있는 공용면적 ② 공용면적을 제외한 지하층, 관리사무소 등 그 밖의 공용면적

3. 세대구분형 공동주택

(1) 계획승인을 받아 건설하는 세대구분형 공동주택

정의	• 공동주택의 주택 내부 공간의 일부를 세대별로 구분하여 생활이 가능한 구조로 하되, 그 구분된 공간의 일부를 구분소유 할 수 없는 주택
건설	① 세대별로 구분된 각각의 공간마다 별도의 욕실, 부엌과 현관을 설치할 것 ② 하나의 세대가 통합하여 사용할 수 있도록 세대 간에 연결문 또는 경량구조의 경계벽 등을 설치할 것 ③ 세대구분형 공동주택의 세대수가 해당 주택단지 안의 공동주택 전체 세대수의 3분의 1을 넘지 않을 것 ④ 세대별로 구분된 각각의 공간의 주거전용면적의 합계가 해당 주택단지 전체 주거전용면적 합계의 3분의 1을 넘지 않는 등 국토교통부장관이 정하여 고시하는 주거전용면적의 비율에 관한 기준을 충족할 것
세대수 산정	• 세대구분형 공동주택의 세대수는 그 구분된 공간의 세대수에 관계없이 하나의 세대로 산정한다.

(2) 「공동주택관리법」에 따른 세대구분형 공동주택

① 구분된 공간의 세대수는 기존 세대를 포함하여 2세대 이하일 것
② 세대별로 구분된 각각의 공간마다 별도의 욕실, 부엌과 구분 출입문을 설치할 것
③ 세대구분형 공동주택의 세대수가 해당 주택단지 안의 공동주택 전체 세대수의 10분의 1과 해당 동의 전체 세대수의 3분의 1을 각각 넘지 않을 것. 다만, 특별자치시장, 특별자치도지사, 시장, 군수 또는 구청장이 부대시설의 규모 등 해당 주택단지의 여건을 고려하여 인정하는 범위에서 세대수의 기준을 넘을 수 있다.
④ 구조, 화재, 소방 및 피난안전 등 관계 법령에서 정하는 안전 기준을 충족할 것

4. 도시형 생활주택

도시지역에 건설하는 300세대 미만의 국민주택규모에 해당하는 주택

소형주택	① 세대별 주거전용면적은 60제곱미터 이하일 것 ② 세대별로 독립된 주거가 가능하도록 욕실 및 부엌을 설치할 것 ③ 지하층에는 세대를 설치하지 않을 것
단지형 연립주택	• 소형 주택이 아닌 연립주택. 다만, 「건축법」에 따라 건축위원회의 심의를 받은 경우에는 주택으로 쓰는 층수를 5개층까지 건축할 수 있다.
단지형 다세대주택	• 소형 주택이 아닌 다세대주택. 다만, 「건축법」에 따라 건축위원회의 심의를 받은 경우에는 주택으로 쓰는 층수를 5개층까지 건축할 수 있다.
건축제한 원칙	① 하나의 건축물에는 도시형 생활주택과 그 밖의 주택을 함께 건축할 수 없다. ② 하나의 건축물에는 단지형 연립주택 또는 단지형 다세대주택과 소형 주택을 함께 건축할 수 없다.
건축제한 예외	• 다음 어느 하나에 해당하는 경우는 예외로 한다. ① 소형 주택과 주거전용면적이 85제곱미터를 초과하는 주택 1세대를 함께 건축하는 경우 ② 「국토의 계획 및 이용에 관한 법률 시행령」에 따른 준주거지역 또는 상업지역에서 소형 주택과 도시형 생활주택 외의 주택을 함께 건축하는 경우

5. 그 밖의 주택

에너지절약형 친환경주택	• 저에너지 건물 조성기술 등을 이용하여 에너지 사용량을 절감하거나 이산화탄소 배출량을 저감할 수 있도록 건설된 주택을 말한다.
건강친화형 주택	• 건강하고 쾌적한 실내환경의 조성을 위하여 실내공기의 오염물질 등을 최소화할 수 있도록 건설된 주택을 말한다
장수명 주택	• 구조적으로 오랫동안 유지·관리될 수 있는 내구성을 갖추고, 입주자의 필요에 따라 내부 구조를 쉽게 변경할 수 있는 가변성과 수리 용이성 등이 우수한 주택을 말한다.
토지임대부 분양주택	• 토지의 소유권은 사업계획의 승인을 받아 토지임대부 분양주택 건설사업을 시행하는 자가 가지고, 건축물 및 복리시설 등에 대한 소유권(건축물의 전유부분에 대한 구분소유권은 이를 분양받은 자가 가지고, 건축물의 공용부분·부속건물 및 복리시설은 분양받은 자들이 공유한다)은 주택을 분양받은 자가 가지는 주택을 말한다.

Ⅱ. 주택에 필요한 시설 용어정의

1. 부대시설 및 복리시설

구분	정의	종류
부대시설	• 주택에 딸린 다음의 시설 또는 설비를 말한다.	• 담장 및 주택단지 안의 도로, 건축설비, 방범설비, 자전거보관소 등
복리시설	• 주택단지의 입주자 등의 생활복리를 위한 다음의 공동시설을 말한다.	• 어린이놀이터, 근린생활시설, 유치원, 주민운동시설 및 경로당, 입주자 등의 생활복리를 위하여 대통령령으로 정하는 공동시설

2. 기간시설 및 간선시설

기간시설	• 도로·상하수도·전기시설·가스시설·통신시설·지역난방시설 등을 말한다.
간선시설	① 도로·상하수도·전기시설·가스시설·통신시설 및 지역난방시설 등 주택단지 안의 기간시설을 그 주택단지 밖에 있는 같은 종류의 기간시설에 연결시키는 시설을 말한다. ② 다만, 가스시설·통신시설 및 지역난방시설의 경우에는 주택단지 안의 기간시설을 포함한다.

Ⅲ. 주택에 사용되는 토지에 관한 용어정의

1. 공공택지

다음 어느 하나에 해당하는 공공사업에 의하여 개발·조성되는 공동주택이 건설되는 용지를 말한다.
① 국민주택건설사업 또는 대지조성사업
②「택지개발촉진법」에 따른 택지개발사업. 다만, 주택건설등 사업자가 활용하는 택지는 제외.
③「산업입지 및 개발에 관한 법률」에 따른 산업단지개발사업
④「공공주택 특별법」에 따른 공공주택지구조성사업
⑤「민간임대주택에 관한 특별법」에 따른 공공지원민간임대주택 공급촉진지구 조성사업 (수용 또는 사용의 방식으로 시행하는 사업만 해당)
⑥「도시개발법」에 따른 도시개발사업(공공사업시행자 또는 국가, 지방자치단체 및 공공기관 등이 100분의 50을 초과하여 출자한 법인이 수용 또는 사용의 방식으로 시행하는 사업과 혼용방식 중 수용 또는 사용의 방식이 적용되는 구역에서 시행하는 사업만 해당)
⑦「경제자유구역의 지정 및 운영에 관한 특별법」에 따른 경제자유구역개발사업(수용 또는 사용의 방식으로 시행하는 사업과 혼용방식 중 수용 또는 사용의 방식이 적용되는 구역에서 시행하는 사업만 해당한다)
⑧「혁신도시 조성 및 발전에 관한 특별법」에 따른 혁신도시개발사업
⑨ 행정중심복합도시건설사업
⑩「공익사업을 위한 토지 등의 취득 및 보상에 관한 법률」에 따른 공익사업으로서 대통령령으로 정하는 사업

2. 주택단지

원칙	• 주택건설사업계획 또는 대지조성사업계획의 승인을 받아 주택과 그 부대시설 및 복리시설을 건설하거나 대지를 조성하는 데 사용되는 일단의 토지를 말한다.
예외	• 다만, 다음의 시설로 분리된 토지는 각각 별개의 주택단지로 본다. ① 철도·고속도로·자동차전용도로 ② 폭 20미터 이상인 일반도로 ③ 폭 8미터 이상인 도시계획예정도로 ④ 도시·군계획시설인 도로로서 국토교통부령으로 정하는 도로 ⑤ 일반국도·특별시도·광역시도 또는 지방도

3. 공구

정의	• '공구'란 하나의 주택단지에서 둘 이상으로 구분되는 일단의 구역으로, 착공신고 및 사용검사를 별도로 수행할 수 있는 구역을 말한다.
요건	• 다음 어느 하나에 해당하는 시설을 설치하거나 공간을 조성하여 6미터 이상의 너비로 공구 간 경계를 설정할 것 ① 「주택건설기준 등에 관한 규정」에 따른 주택단지 안의 도로 ② 주택단지 안의 지상에 설치되는 부설주차장 ③ 주택단지 안의 옹벽 또는 축대 ④ 식재 · 조경이 된 녹지 ⑤ 그 밖에 어린이놀이터 등 부대시설이나 복리시설로서 사업계획 승인권자가 적합하다고 인정하는 시설
세대수	① 공구별 세대수는 300세대 이상으로 할 것 ② 전체 세대수는 600세대 이상으로 할 것

핵심 지문 기출 OX

01 주택법령상 〈주택〉이란 세대의 구성원이 장기간 독립된 주거생활을 할 수 있는 구조로 된 건축물의 전부 또는 일부를 말하며, 그 부속토지를 제외한다.(x)30회

02 주택법령상 〈3층의 다가구주택〉, 〈2층의 공관〉, 〈4층의 다세대주택〉, 〈3층의 기숙사〉, 〈7층의 오피스텔〉은 주택에 해당한다.(x)29회

03 주택법령상 〈단독주택〉에는 「건축법 시행령」에 따른 다가구주택이 포함되지 않는다.(x)30회

04 주택법령상 〈공동주택〉에는 「건축법 시행령」에 따른 아파트, 연립주택, 기숙사 등이 포함된다.(x)30회

05 주택법령상 「건축법 시행령」에 따른 다세대주택은 공동주택에 해당한다.(o)34회

06 주택법령상 「건축법 시행령」에 따른 다중생활시설은 〈준주택〉에 해당하지 않는다.(x)31회

07 주택법령상 「건축법 시행령」에 따른 오피스텔은 준주택에 해당한다.(o)34회

08 한국토지주택공사가 수도권에 건설한 주거전용면적이 1세대당 80제곱미터인 아파트는 국민주택에 해당한다.(o)29회

09 주택도시기금으로부터 자금을 지원받아 건설되는 1세대당 주거전용면적 84제곱미터인 주택은 〈국민주택〉에 해당한다.(o)31회

10 지방자치단체의 재정으로부터 자금을 지원받아 건설되는 주택이 국민주택에 해당하려면 자금의 50퍼센트 이상을 지방자치단체로부터 지원받아야 한다.(x)29회

11 민영주택은 국민주택을 제외한 주택을 말한다.(o)32회

12 민영주택이라도 국민주택규모 이하로 건축되는 경우 국민주택에 해당한다.(x)29회

13 다세대주택의 경우 주거전용면적은 건축물의 바닥면적에서 지하층 면적을 제외한 면적으로 한다.(x)²⁹회

14 아파트의 경우 복도, 계단 등 아파트의 지상층에 있는 공용면적은 주거전용면적에 포함된다.(x)²⁹회

15 세대구분형 공동주택이란 공동주택의 주택내부의 공간의 일부를 세대별로 구분하여 생활이 가능한 구조로 하되 그 구분된 공간의 일부를 구분소유할 수 있는 주택이다.(x)²⁸회

16 「공동주택관리법」에 따른 세대구분형 공동주택의 요건으로서 〈하나의 세대가 통합하여 사용할 수 있도록 세대 간에 연결문 또는 경량구조의 경계벽 등을 설치할 것〉을 요한다.(x)³⁴회

17 「공동주택관리법」에 따른 세대구분형 공동주택의 요건으로서 〈구분된 공간의 세대수는 기존 세대를 포함하여 2세대 이하일 것〉을 요한다.(o)³⁴회

18 「공동주택관리법」에 따른 세대구분형 공동주택의 요건으로서 〈세대별로 구분된 각각의 공간마다 별도의 욕실, 부엌과 구분 출입문을 설치할 것〉을 요한다.(o)³⁴회

19 「공동주택관리법」에 따른 세대구분형 공동주택의 요건으로서 〈구조, 화재, 소방 및 피난안전 등 관계 법령에서 정하는 안전 기준을 충족할 것〉을 요한다.(o)³⁴회

20 300세대인 국민주택규모의 단지형 다세대주택은 도시형 생활주택에 해당한다.(x)³²회

21 500세대인 국민주택규모의 소형 주택은 도시형 생활주택에 해당한다.(x)²⁸회

22 하나의 건축물에는 단지형 연립주택 또는 단지형 다세대주택과 소형 주택을 함께 건축할 수 없다.(o)³⁵회

23 주택법령상 도시형 생활주택으로서 소형 주택은 〈세대별로 주거전용면적은 60제곱미터 이하일 것, 세대별로 독립된 주거가 가능하도록 욕실 및 부엌을 설치할 것, 주거전용면적이 30제곱미터 미만인 경우에는 욕실 및 부엌을 제외한 부분을 하나의 공간으로 구성할 것, 지하층에는 세대를 설치하지 아니할 것〉에 해당하여야 한다.(x)³³회

24 방범설비는 〈복리시설〉에 해당한다.(x)³¹회

25 주택에 딸린 「건축법」에 따른 건축설비는 복리시설에 해당한다.(x)³²회

26 주민공동시설은 〈부대시설〉에 해당한다.(x)³¹회

27 주택에 딸린 자전거보관소는 복리시설에 해당한다.(x)³⁴회

28 주택법령상 주택단지에 딸린 어린이놀이터, 근린생활시설, 유치원, 주민운동시설, 지역난방공급시설 등은 〈부대시설〉에 포함된다.(x)³⁰회

29 도로 · 상하수도 · 전기시설 · 가스시설 · 통신시설 · 지역난방시설은 기간시설에 해당한다.(o)³⁴회

30 〈상하수도〉는 기간시설에 해당한다.(o)³⁵회

31 〈전기시설〉은 기간시설에 해당한다.(o)³⁵회

32 〈통신시설〉은 기간시설에 해당한다.(o)³⁵회

33 〈지역난방시설〉은 기간시설에 해당한다.(o)³⁵회

34 〈어린이놀이터〉는 기간시설에 해당한다.(x)³⁵회

35 〈간선시설〉이란 도로 · 상하수도 · 전기시설 · 가스시설 · 통신시설 · 지역난방시설 등을 말한다.(x)³¹회

36 「산업입지 및 개발에 관한 법률」에 따른 산업단지개발사업에 의하여 개발, 조성되는 공동주택이 건설되는 용지는 공공택지에 해당한다.(o)^{28회}

37 〈주택단지〉에 해당하는 토지가 폭 8미터 이상인 도시계획예정도로로 분리된 경우, 분리된 토지를 각각 별개의 주택단지로 본다.(o)^{30회, 34회}

38 폭 10m인 일반도로로 분리된 토지는 각각 별개의 주택단지이다.(x)^{28회}

39 주택법령상 주택단지가 〈철도, 폭 20미터의 고속도로, 폭 10미터의 일반도로, 폭 20미터의 자동차전용도로, 폭 10미터의 도시계획예정도로〉로 분리된 토지는 각각 별개의 주택단지로 본다.(x)^{32회}

40 공구란 하나의 주택단지에서 둘 이상으로 구분되는 일단의 구역으로서 공구별 세대수는 200세대 이상으로 해야한다.(x)^{28회}

Unit 2. 주택건설사업자

2025 위패스 공인중개사 합격셀렉트

Ⅰ. 등록사업자

1. 등록대상 및 요건

연간 대통령령으로 정하는 호수 이상의 주택건설사업을 시행하려는 자 또는 연간 대통령령으로 정하는 면적 이상의 대지조성사업을 시행하려는 자는 국토교통부장관에게 등록하여야 한다.

주택건설사업자	단독주택	• 연간 20호 이상
	공동주택	• 연간 20세대 이상 (도시형 생활주택은 30세대 이상)
대지조성사업자	• 연간 1만㎡ 이상	
요건	① 자본금 : 3억원(개인인 경우에는 자산평가액 6억원) 이상 ② 다음의 구분에 따른 기술인력 　㉠ 주택건설사업: 건축 분야 기술인 1명 이상 　㉡ 대지조성사업: 토목 분야 기술인 1명 이상 ③ 사무실면적: 사업의 수행에 필요한 사무장비를 갖출 수 있는 면적	

2. 예외

다음의 사업주체의 경우에는 국토교통부장관에게 등록하지 않아도 된다.
① 국가·지방자치단체
② 한국토지주택공사
③ 지방공사
④ 「공익법인의 설립·운영에 관한 법률」에 따라 주택건설사업을 목적으로 설립된 공익법인
⑤ 주택조합(등록사업자와 공동으로 주택건설사업을 하는 주택조합만 해당)
⑥ 근로자를 고용하는 자(등록사업자와 공동으로 주택건설사업을 시행하는 고용자만 해당)

3. 결격사유

다음 어느 하나에 해당하는 자는 주택건설사업 등의 등록을 할 수 없다.
① 미성년자·피성년후견인 또는 피한정후견인
② 파산선고를 받은 자로서 복권되지 아니한 자
③ 법을 위반하여 금고 이상의 실형을 선고받고 그 집행이 끝나거나(집행이 끝난 것으로 보는 경우를 포함) 집행이 면제된 날부터 2년이 지나지 아니한 자
④ 이 법을 위반하여 금고 이상의 형의 집행유예를 선고받고 그 유예기간 중에 있는 자
⑤ 등록이 말소된 후 2년이 지나지 아니한 자
⑥ 임원 중에 부터 까지의 규정 중 어느 하나에 해당하는 자가 있는 법인

4. 등록사업자의 주택건설 규모

원칙	① 등록사업자가 건설할 수 있는 주택은 주택으로 쓰는 층수가 5개층 이하인 주택으로 한다. ② 다만, 각층 거실의 바닥면적 300제곱미터 이내마다 1개소 이상의 직통계단을 설치한 경우에는 주택으로 쓰는 층수가 6개층인 주택을 건설할 수 있다.
예외	• 다음 각 호의 어느 하나에 해당하는 등록사업자는 주택으로 쓰는 층수가 6개층 이상인 주택을 건설할 수 있다. ① 주택으로 쓰는 층수가 6개층 이상인 아파트를 건설한 실적이 있는 자 ② 최근 3년간 300세대 이상의 공동주택을 건설한 실적이 있는 자

5. 주택건설사업의 등록말소

국토교통부장관은 등록사업자가 등록기준에 미달하거나, 택지를 전매하는 등에 해당하면 그 등록을 말소하거나 1년 이내의 기간을 정하여 영업의 정지를 명할 수 있다. 다만, ①거짓이나 그 밖의 부정한 방법으로 등록한 경우 또는 ②등록증의 대여 등을 한 경우에 해당하는 경우에는 그 등록을 말소하여야 한다. 등록말소 또는 영업정지 처분을 받은 등록사업자는 그 처분 전에 사업계획승인을 받은 사업은 계속 수행할 수 있다. 다만, 등록말소 처분을 받은 등록사업자가 그 사업을 계속 수행할 수 없는 중대하고 명백한 사유가 있을 경우에는 그러하지 아니하다.

II. 공동사업주체

토지소유자와 등록사업자 (임의)	• 토지소유자가 주택을 건설하는 경우에는 등록사업자와 공동으로 사업을 시행할 수 있다. 이 경우 토지소유자와 등록사업자를 공동사업주체로 본다.
주택조합과 등록사업자 (임의)	• 주택조합(세대수를 증가하지 아니하는 리모델링주택조합은 제외)이 그 구성원의 주택을 건설하는 경우에는 등록사업자(지방자치단체·한국토지주택공사 및 지방공사를 포함한다)와 공동으로 사업을 시행할 수 있다. 이 경우 주택조합과 등록사업자를 공동사업주체로 본다.
고용자와 등록사업자 (의무)	• 고용자가 그 근로자의 주택을 건설하는 경우에는 등록사업자와 공동으로 사업을 시행하여야 한다. 이 경우 고용자와 등록사업자를 공동사업주체로 본다.

핵심 지문 기출 OX

01 한국토지주택공사가 연간 10만제곱미터 이상의 대지조성사업을 시행하려는 경우에는 대지조성사업의 등록을 하여야 한다.(x)[31회]

02 「공익법인의 설립, 운영에 관한 법률」에 따라 주택건설사업을 목적으로 설립된 공익법인이 연간 20호 이상의 단독주택 건설사업을 시행하려는 경우 국토교통부장관에게 등록하여야 한다.(x)[34회]

03 주택건설공사를 시공할 수 있는 등록사업자가 최근 3년간 300세대 이상의 공동주택을 건설한 실적이 있는 경우에는 주택으로 쓰는 층수가 7개층인 주택을 건설할 수 있다.(o)[31회]

04 세대수를 증가하는 리모델링주택조합이 그 구성원의 주택을 건설하는 경우에는 등록사업자와 공동으로 사업을 시행할 수 없다.(x)[31회]

05 세대수를 증가하는 리모델링주택조합이 그 구성원의 주택을 건설하는 경우에는 국가와 공동으로 사업을 시행할 수 있다.(x)[34회]

06 고용자가 그 근로자의 주택을 건설하는 경우에는 대통령령으로 정하는 바에 따라 등록사업자와 공동으로 사업을 시행하여야 한다.(o)[34회]

07 국토교통부장관은 등록사업자가 타인에게 등록증을 대여한 경우에는 1년 이내의 기간을 정하여 영업의 정지를 명할 수 있다.(x)[34회]

08 영업정지 처분을 받은 등록사업자는 그 처분 전에 사업계획승인을 받은 사업을 계속 수행할 수 없다.(x)[34회]

Unit 3 주택조합

Ⅰ. 주택조합

1. 주택조합의 종류

지역주택조합	직장주택조합	리모델링주택조합
• 지역에 거주하는 주민이 주택을 마련하기 위하여 설립한 조합(수도권 / 광역시 및 도)	• 같은 직장의 근로자가 주택을 마련하기 위하여 설립한 조합	• 공동주택의 소유자가 그 주택을 리모델링하기 위하여 설립한 조합

2. 주택조합의 설립인가 및 신고

설립인가	① 많은 수의 구성원이 주택을 마련하거나 리모델링하기 위하여 주택조합을 설립하려는 경우에는 관할 특별자치시장, 특별자치도지사, 시장, 군수 또는 구청장의 인가를 받아야 한다. ② 인가받은 내용을 변경하거나 주택조합을 해산하려는 경우에도 또한 같다.
설립신고	① 국민주택을 공급받기 위하여 직장주택조합을 설립하려는 자는 관할 시장·군수·구청장에게 신고하여야 한다. ② 인가받은 내용을 변경하거나 직장주택조합을 해산하려는 경우에도 또한 같다.

3. 설립인가요건

종류	요건
지역주택조합, 직장주택조합	• 인가받은 내용을 변경하거나 주택조합을 해산하려는 경우에는 요건을 갖추지 않아도 된다. ① 해당 주택건설대지의 80퍼센트 이상에 해당하는 토지의 사용권원을 확보할 것 ② 해당 주택건설대지의 15퍼센트 이상에 해당하는 토지의 소유권을 확보할 것
리모델링주택조합	① 주택단지 전체를 리모델링하고자 하는 경우에는 주택단지 전체의 구분소유자와 의결권의 각 3분의 2 이상의 결의 및 각 동의 구분소유자와 의결권의 각 과반수의 결의 ② 동을 리모델링하고자 하는 경우에는 그 동의 구분소유자 및 의결권의 각 3분의 2 이상의 결의

종류	• 구비서류 요건
지역주택조합, 직장주택조합	① 창립총회 회의록 ② 조합장선출동의서 ③ 조합원 전원이 자필로 연명한 조합규약 ④ 조합원 명부 ⑤ 사업계획서 ⑥ 해당 주택건설대지의 80퍼센트 이상에 해당하는 토지의 사용권원을 확보하였음을 증명하는 서류 ⑦ 해당 주택건설대지의 15퍼센트 이상에 해당하는 토지의 소유권을 확보하였음을 증명하는 서류 ⑧ 고용자가 확인한 근무확인서(직장주택조합의 경우만 해당한다) ⑨ 조합원 자격이 있는 자임을 확인하는 서류
리모델링주택조합 — 일반 서류	① 창립총회 회의록 ② 조합장선출동의서 ③ 조합원 전원이 자필로 연명한 조합규약 ④ 조합원 명부 ⑤ 사업계획서
리모델링주택조합 — 결의증명서류	① 주택단지 전체를 리모델링하고자 하는 경우에는 주택단지 전체의 구분소유자와 의결권의 각 3분의 2 이상의 결의 및 각 동의 구분소유자와 의결권의 각 과반수의 결의 ② 동을 리모델링하고자 하는 경우에는 그 동의 구분소유자 및 의결권의 각 3분의 2 이상의 결의 ③ 건축기준의 완화 적용이 결정된 경우에는 그 증명서류 ④ 해당 주택이 사용검사일(임시 사용승인을 받은 경우에는 그 임시 사용승인일을 말한다) 또는 사용승인일부터 다음의 구분에 따른 기간이 지났음을 증명하는 서류 ㉠ 대수선인 리모델링 : 10년 ㉡ 증축인 리모델링 : 15년

4. 설립 내용

등록사업자의 배상책임	• 주택조합과 등록사업자가 공동으로 사업을 시행하면서 시공할 경우 등록사업자는 시공자로서의 책임뿐만 아니라 자신의 귀책사유로 사업 추진이 불가능하게 되거나 지연됨으로 인하여 조합원에게 입힌 손해를 배상할 책임이 있다.
주택 우선 공급	• 주택조합(리모델링주택조합은 제외)은 그 구성원을 위하여 건설하는 주택을 그 조합원에게 우선 공급할 수 있으며, 직장주택조합에 대하여는 사업주체가 국민주택을 그 직장주택조합원에게 우선 공급할 수 있다.

5. 주택조합업무의 대행

- 주택조합(리모델링주택조합은 제외) 및 주택조합의 발기인은 조합원 모집 등 주택조합의 업무를 공동사업주체인 등록사업자 또는 다음 어느 하나에 해당하는 자로서 자본금(법인: 5억원 이상 자본금, 개인: 10억원 이상 자산평가액)을 보유한 자 외의 자에게 대행하게 할 수 없다.
- 주택조합의 업무를 대행하는 자는 신의에 따라 성실하게 업무를 수행하여야 하고, 자신의 귀책사유로 주택조합(발기인 포함) 또는 조합원(주택조합 가입 신청자를 포함)에게 손해를 입힌 경우에는 그 손해를 배상할 책임이 있다.

대행주체	대행업무
① 등록사업자 ② 「공인중개사법」에 따른 중개업자 ③ 「도시 및 주거환경정비법」에 따른 정비사업전문관리업자 ④ 「부동산개발업의 관리 및 육성에 관한 법률」에 따른 등록사업자 ⑤ 「자본시장과 금융투자업에 관한 법률」에 따른 신탁업자	① 조합원 모집, 토지 확보, 조합설립인가 신청 등 조합설립을 위한 업무의 대행 ② 사업성 검토 및 사업계획서 작성업무의 대행 ③ 설계자 및 시공자 선정에 관한 업무의 지원 ④ 사업계획승인 신청 등 사업계획승인을 위한 업무의 대행 ⑤ 계약금 등 자금의 보관 및 그와 관련된 업무의 대행 ⑥ 그 밖에 총회의 운영업무 지원 등 국토교통부령으로 정하는 사항

6. 조합설립인가 취소

시장·군수·구청장은 주택조합 또는 주택조합의 구성원이 ①거짓이나 그 밖의 부정한 방법으로 설립인가를 받은 경우, ②국토교통부장관 또는 지방자치단체의 장이 지도·감독상 발하는 명령이나 처분을 위반한 경우에는 주택조합의 설립인가를 취소할 수 있다.

Ⅱ. 조합원

1. 조합원의 수

주택조합(리모델링주택조합은 제외)은 주택조합 설립인가를 받는 날부터 사용검사를 받는 날까지 계속하여 다음의 요건을 모두 충족해야 한다. 리모델링주택조합 설립에 동의한 자로부터 건축물을 취득한 자는 리모델링주택조합 설립에 동의한 것으로 본다.

① 주택건설 예정 세대수(설립인가 당시의 사업계획서상 주택건설 예정 세대수) (임대주택으로 건설·공급하는 세대수는 제외)의 50퍼센트 이상의 조합원으로 구성할 것. 다만, 사업계획승인 등의 과정에서 세대수가 변경된 경우에는 변경된 세대수를 기준으로 한다.

② 조합원은 20명 이상일 것

2. 조합원의 자격

지역주택조합	① 조합설립인가 신청일(대지가 투기과열지구 안에 있는 경우 조합설립인가 신청일 1년 전의 날)부터 해당 조합주택의 입주 가능일까지 주택을 소유하는지에 대하여 다음의 어느 하나에 해당할 것 　㉠ 세대주를 포함한 세대원 전원이 주택을 소유하고 있지 아니한 세대의 세대주일 것 　㉡ 세대주를 포함한 세대원 중 1명에 한정하여 주거전용면적 85제곱미터 이하의 주택 1채를 소유한 세대의 세대주일 것 ② 조합설립인가 신청일 현재 지역주택조합의 지역에 6개월 이상 계속하여 거주하여 온 사람일 것 ③ 본인 또는 본인과 같은 세대별 주민등록표에 등재되어 있지 않은 배우자가 같은 또는 다른 지역주택조합의 조합원이거나 직장주택조합의 조합원이 아닐 것
직장주택조합	① 지역주택조합 요건 중 ①에 해당하는 사람일 것. 다만, 국민주택을 공급받기 위한 직장주택조합의 경우에는 ㉠에 해당하는 세대주로 한정한다. ② 조합설립인가 신청일 현재 동일한 특별시·광역시·특별자치시·특별자치도·시 또는 군(광역시의 관할구역에 있는 군은 제외) 안에 소재하는 동일한 국가기관·지방자치단체·법인에 근무하는 사람일 것 ③ 본인 또는 본인과 같은 세대별 주민등록표에 등재되어 있지 않은 배우자가 같은 또는 다른 직장주택조합의 조합원이거나 지역주택조합의 조합원이 아닐 것
리모델링주택조합	① 사업계획승인을 받아 건설한 공동주택의 소유자 ② 복리시설을 함께 리모델링하는 경우에는 해당 복리시설의 소유자 ③ 건축허가를 받아 분양을 목적으로 건설한 공동주택의 소유자(해당 건축물에 공동주택 외의 시설이 있는 경우에는 해당 시설의 소유자를 포함)

- 조합원의 사망으로 그 지위를 상속받는 자는 다음의 요건에도 불구하고 조합원이 될 수 있다.
- 주택조합의 조합원이 근무·질병치료·유학·결혼 등 부득이한 사유로 세대주 자격을 일시적으로 상실한 경우로서 시장·군수·구청장이 인정하는 경우에는 조합원 자격이 있는 것으로 본다.

3. 조합원의 모집방법

조합원의 모집	① 지역주택조합 또는 직장주택조합의 설립인가를 받기 위하여 조합원을 모집하려는 자는 해당 주택건설대지의 50퍼센트 이상에 해당하는 토지의 사용권원을 확보하여 관할 시장·군수·구청장에게 신고하고, 공개모집의 방법으로 조합원을 모집하여야 한다. ② 조합 설립인가를 받기 전에 신고한 내용을 변경하는 경우에도 또한 같다.
조합원 모집공고	• 모집주체가 주택조합의 조합원을 모집하기 위하여 광고를 하는 경우에는 다음의 내용이 포함되어야 한다. ① '지역주택조합 또는 직장주택조합의 조합원 모집을 위한 광고'라는 문구 ② 조합원의 자격기준에 관한 내용 ③ 주택건설대지의 사용권원 및 소유권을 확보한 비율 ④ 조합의 명칭 및 사무소의 소재지 ⑤ 조합원 모집 신고 수리일
신고수리불가	① 이미 신고된 사업대지와 전부 또는 일부가 중복되는 경우 ② 이미 수립되었거나 수립 예정인 도시·군계획, 이미 수립된 토지이용계획 또는 이 법이나 관계 법령에 따른 건축기준 및 건축제한 등에 따라 해당 주택건설대지에 조합주택을 건설할 수 없는 경우 ③ 조합업무를 대행할 수 있는 자가 아닌 자와 업무대행계약을 체결한 경우 등 신고내용이 법령에 위반되는 경우 ④ 신고한 내용이 사실과 다른 경우
계약서 작성	• 조합원을 모집하는 자와 주택조합 가입 신청자는 다음의 사항이 포함된 주택조합 가입에 관한 계약서를 작성하여야 한다. ① 주택조합의 사업개요 ② 조합원의 자격기준 ③ 분담금 등 각종 비용의 납부예정금액, 납부시기 및 납부방법 ④ 주택건설대지의 사용권원 및 소유권을 확보한 면적 및 비율 ⑤ 조합원 탈퇴 및 환급의 방법, 시기 및 절차
충원 또는 재모집	• 공개모집 이후 조합원의 사망·자격상실·탈퇴 등으로 인한 결원을 충원하거나 미달된 조합원을 재모집하는 경우에는 신고하지 아니하고 선착순의 방법으로 조합원을 모집할 수 있다.

4. 조합 가입 및 청약의 철회

가입비 예치		• 모집주체는 주택조합의 가입을 신청한 자가 주택조합 가입을 신청하는 때에 납부하여야 하는 일체의 금전을 예치기관에 예치하도록 하여야 한다. ① 「은행법」에 따른 은행 ② 「우체국예금·보험에 관한 법률」에 따른 체신관서 ③ 「보험업법」에 따른 보험회사 ④ 「자본시장과 금융투자업에 관한 법률」에 따른 신탁업자
철회	청약철회	① 주택조합의 가입을 신청한 자는 가입비등을 예치한 날부터 30일 이내에 주택조합 가입에 관한 청약을 철회할 수 있다. ② 청약 철회를 서면으로 하는 경우에는 청약 철회의 의사를 표시한 서면을 발송한 날에 그 효력이 발생한다.
	청약철회 절차 (철회신청 → 요청 → 반환)	① 모집주체는 주택조합의 가입을 신청한 자가 청약 철회를 한 경우 청약 철회 의사가 도달한 날부터 7일 이내에 예치기관의 장에게 가입비등의 반환을 요청하여야 한다. ② 예치기관의 장은 가입비등의 반환 요청을 받은 경우 요청일부터 10일 이내에 그 가입비등을 예치한 자에게 반환하여야 한다.
	배상	• 모집주체는 주택조합의 가입을 신청한 자에게 청약 철회를 이유로 위약금 또는 손해배상을 청구할 수 없다.
조합원의 탈퇴		• 조합원은 조합규약으로 정하는 바에 따라 조합에 탈퇴 의사를 알리고 탈퇴할 수 있다. 탈퇴한 조합원(제명된 조합원을 포함한다)은 조합규약으로 정하는 바에 따라 부담한 비용의 환급을 청구할 수 있다.

5. 조합원의 교체 및 신규가입

가입금지	원칙	• 지역주택조합 또는 직장주택조합은 **설립인가를 받은 후**에는 해당 조합원을 교체하거나 신규로 가입하게 할 수 없다.
	예외	• 다음 어느 하나에 해당하는 경우 예외로 한다. ① 조합원 수가 주택건설 예정 세대수를 초과하지 아니하는 범위에서 시장·군수·구청장으로부터 조합원 추가모집의 승인을 받은 경우 ② 다음 어느 하나에 해당하는 사유로 결원이 발생한 범위에서 충원하는 경우 　㉠ **조합원의 사망** 　㉡ 사업계획승인 이후에 입주자로 선정된 지위가 **양도·증여 또는 판결** 등으로 변경된 경우. 다만, **전매가 금지되는 경우는 제외**한다. 　㉢ 조합원의 탈퇴 등으로 조합원 수가 **주택건설 예정 세대수의 50퍼센트 미만**이 되는 경우 　㉣ 조합원이 무자격자로 판명되어 자격을 상실하는 경우 　㉤ 사업계획승인 등의 과정에서 주택건설 예정 세대수가 변경되어 조합원 수가 변경된 세대수의 50퍼센트 미만이 되는 경우
판단기준일		• 조합원으로 추가모집되거나 충원되는 자가 조합원 자격 요건을 갖추었는지를 판단할 때에는 해당 **조합설립인가 신청일을 기준**으로 한다.
변경인가 신청		• 조합원 추가모집의 승인과 조합원 추가모집에 따른 주택조합의 변경인가 신청은 **사업계획승인신청일까지** 하여야 한다.

6. 조합임원의 결격사유

(1) 조합임원의 결격사유

다음 어느 하나에 해당하는 사람은 주택조합의 발기인 또는 임원이 될 수 없다.

① 미성년자·피성년후견인 또는 피한정후견인

② 파산선고를 받은 사람으로서 복권되지 아니한 사람

③ 금고 이상의 실형을 선고받고 그 집행이 종료(종료된 것으로 보는 경우를 포함)되거나 집행이 면제된 날부터 2년이 지나지 아니한 사람

④ 금고 이상의 형의 집행유예를 선고받고 그 유예기간 중에 있는 사람

⑤ 금고 이상의 형의 선고유예를 받고 그 선고유예기간 중에 있는 사람

⑥ 법원의 판결 또는 다른 법률에 따라 자격이 상실 또는 정지된 사람

⑦ 해당 주택조합의 공동사업주체인 등록사업자 또는 업무대행사의 임직원

(2) 조합임원의 당연퇴직

주택조합의 발기인이나 임원이 다음 어느 하나에 해당하는 경우 해당 발기인은 그 지위를 상실하고 해당 임원은 당연히 퇴직한다. 지위가 상실된 발기인 또는 퇴직된 임원이 지위 상실이나 퇴직 전에 관여한 행위는 그 효력을 상실하지 아니한다.

① 주택조합의 발기인이 자격기준을 갖추지 아니하게 되거나 주택조합의 임원이 조합원 자격을 갖추지 아니하게 되는 경우

② 주택조합의 발기인 또는 임원이 결격사유에 해당하게 되는 경우

7. 사업계획승인 신청

① 주택조합은 설립인가를 받은 날부터 2년 이내에 사업계획승인(사업계획승인 대상이 아닌 리모델링인 경우에는 허가를 말한다)을 신청하여야 한다.

② 주택조합은 등록사업자가 소유하는 공공택지를 주택건설대지로 사용해서는 아니 된다. 다만, 경매 또는 공매를 통하여 취득한 공공택지는 예외로 한다.

Ⅲ. 주택상환사채

1. 주택상환사채의 발행

주체	발행권자	• 한국토지주택공사와 등록사업자는 주택으로 상환하는 사채를 발행할 수 있다. ① 법인으로서 자본금이 5억원 이상일 것 ② 「건설산업기본법」에 따라 건설업 등록을 한 자일 것 ③ 최근 3년간 연평균 주택건설 실적이 300호 이상일 것 ④ 금융기관 또는 주택도시보증공사의 보증을 받은 경우
	승인권자	• 주택상환사채를 발행하려는 자는 주택상환사채발행계획을 수립하여 국토교통부장관의 승인을 받아야 한다.
발행방법		① 주택상환사채는 기명증권으로 하고, 사채권자의 명의변경은 취득자의 성명과 주소를 사채원부에 기록하는 방법으로 하며, 취득자의 성명을 채권에 기록하지 아니하면 사채발행자 및 제3자에게 대항할 수 없다. ② 주택상환사채는 액면 또는 할인의 방법으로 발행한다. ③ 주택상환사채권에는 ㉠기호와 ㉡번호를 붙이고 ㉢발행 기관, ㉣발행 금액, ㉤발행 조건, ㉥상환의 시기와 절차를 적어야 한다.
상환기간		① 주택상환사채의 상환기간은 3년을 초과할 수 없다. ② 상환기간은 주택상환사채 발행일부터 주택의 공급계약체결일까지의 기간으로 한다.
사용용도		• 주택상환사채의 납입금은 다음의 용도로만 사용할 수 있다. ① 택지의 구입 및 조성 ② 주택건설자재의 구입 ③ 건설공사비에의 충당 ④ 그 밖에 주택상환을 위하여 필요한 비용으로서 국토교통부장관의 승인을 받은 비용에의 충당
효력		• 등록사업자의 등록이 말소된 경우에도 등록사업자가 발행한 주택상환사채의 효력에는 영향을 미치지 아니한다.
「상법」의 적용		• 주택상환사채의 발행에 관하여 이 법에서 규정한 것 외에는 「상법」 중 사채발행에 관한 규정을 적용한다.

2. 주택상환사채의 양도 및 중도해약

원칙	• 주택상환사채는 양도하거나 중도에 해약할 수 없다.
예외	• 다만, 다음과 같은 부득이한 사유가 있는 경우는 양도하거나 중도에 해약할 수 있다. ① 세대원(세대주가 포함된 세대의 구성원)의 근무 또는 생업상의 사정이나 질병치료, 취학 또는 결혼으로 세대원 전원이 다른 행정구역으로 이전하는 경우 ② 세대원 전원이 상속으로 취득한 주택으로 이전하는 경우 ③ 세대원 전원이 해외로 이주하거나 2년 이상 해외에 체류하려는 경우

핵심 지문 기출 OX

01 주택단지 전체를 리모델링하고자 하는 경우에는 주택단지 전체의 구분소유자와 의결권의 각 3분의 2이상의 결의 및 각 동의 구분소유자와 의결권의 각 과반수의 결의를 얻어야 한다.(o)[28회]

02 지역주택조합설립인가를 받으려는 자는 해당 주택건설대지의 80% 이상에 해당하는 토지의 사용권원을 확보하여야 한다.(o)[28회]

03 〈조합장선출동의서〉는 지역주택조합의 설립인가신청을 위하여 제출하여야 하는 서류에 해당한다.(o)[30회]

04 〈조합원 전원이 자필로 연명한 조합규약〉은 지역주택조합의 설립인가신청을 위하여 제출하여야 하는 서류에 해당한다.(o)[30회]

05 〈해당 주택건설대지의 80퍼센트 이상에 해당하는 토지의 사용권원을 확보하였음을 증명하는 서류〉는 지역주택조합의 설립인가신청을 위하여 제출하여야 하는 서류에 해당한다.(o)[30회]

06 〈조합원 자격이 있는 자임을 확인하는 서류〉는 지역주택조합의 설립인가신청을 위하여 제출하여야 하는 서류에 해당한다.(o)[30회]

07 〈조합원의 동의를 받은 정산서〉는 지역주택조합의 설립인가신청을 위하여 제출하여야 하는 서류에 해당한다.(x)[30회]

08 지역주택조합은 그 구성원을 위하여 건설하는 주택을 그 조합원에게 우선 공급할 수 있다.(o)[28회]

09 주택조합은 주택건설 예정 세대수의 50% 이상의 조합원으로 구성하되, 조합원은 10명 이상이어야 한다.(x)[28회]

10 리모델링주택조합 설립에 동의한 자로부터 건축물을 취득하였더라도 리모델링주택조합 설립에 동의한 것으로 보지 않는다.(x)[33회]

11 조합원이 근무로 인하여 세대주 자격을 일시적으로 상실한 경우로서 시장, 군수, 구청장이 인정하는 경우에는 조합원 자격이 있는 것으로 본다.(o)[28회]

12 지역주택조합의 조합원을 모집하기 위하여 모집주체가 광고하려는 경우 광고에 포함하여야 하는 내용으로 〈조합원의 자격기준에 관한 내용〉이 해당한다.(o)[34회]

13 지역주택조합의 조합원을 모집하기 위하여 모집주체가 광고하려는 경우 광고에 포함하여야 하는 내용으로 〈조합의 명칭 및 사무소의 소재지〉가 해당한다.(o)[34회]

14 지역주택조합의 조합원을 모집하기 위하여 모집주체가 광고하려는 경우 광고에 포함하여야 하는 내용으로 〈조합원 모집 신고 수리일〉이 해당한다.(o)[34회]

15 지역주택조합의 조합원을 모집하기 위하여 모집주체가 광고하려는 경우 광고에 포함하여야 하는 내용으로 〈조합설립인가일〉이 해당한다.(x)[34회]

16 조합원의 공개모집 이후 조합원의 사망, 자격상실, 탈퇴 등으로 인한 결원을 충원하거나 미달된 조합원을 재모집하는 경우에는 신고하지 아니하고 선착순의 방법으로 조합원을 모집할 수 있다.(o)[28회]

17 조합원을 공개모집한 이후 조합원의 자격상실로 인한 결원을 충원하려면 시장, 군수, 구청장에게 신고하고 공개모집의 방법으로 조합원을 충원하여야 한다.(x)[29회]

18 조합설립에 동의한 조합원은 **조합설립인가가 있은 이후에는** 자신의 의사에 의해 **조합을 탈퇴**할 수 없다.(x)²⁹회

19 **탈퇴한 조합원**은 조합규약으로 정하는 바에 따라 **부담한 비용의 환급**을 청구할 수 있다.(o)²⁸회

20 총회의 의결로 **제명된 조합원**은 조합에 자신이 **부담한 비용의 환급**을 청구할 수 없다.(x)²⁹회

21 〈조합원 수가 주택건설 예정 세대수를 초과하지 아니하는 범위에서 조합원 **추가모집의 승인을 받은 경우**〉는 지역주택조합이 설립인가를 받은 후 조합원을 **신규**로 가입하게 할 수 있는 경우와 결원의 범위에서 **충원**할 수 있는 경우 중 어느 하나에도 해당하지 않는다.(x)³¹회

22 〈조합원이 **사망한 경우**〉는 지역주택조합이 설립인가를 받은 후 조합원을 **신규**로 가입하게 할 수 있는 경우와 결원의 범위에서 **충원**할 수 있는 경우 중 어느 하나에도 해당하지 않는다.(x)³¹회

23 조합원의 **사망**으로 그 지위를 상속받는 자는 조합원이 될 수 있다.(o)²⁸회

24 조합설립 인가 후에 조합원의 탈퇴를 조합원 수가 **주택건설 예정 세대수의 50% 미만**이 되는 경우에는 결원이 발생한 범위에서 조합원을 신규로 가입하게 할 수 있다.(o)²⁸회

25 〈조합원의 탈퇴 등으로 조합원 수가 **주택건설 예정 세대수의 60퍼센트**가 된 경우〉는 지역주택조합이 설립인가를 받은 후 조합원을 **신규**로 가입하게 할 수 있는 경우와 결원의 범위에서 **충원**할 수 있는 경우 중 어느 하나에도 해당하지 않는다.(o)³¹회

26 〈조합원이 **무자격자**로 판명되어 **자격을 상실**하는 경우〉는 지역주택조합이 설립인가를 받은 후 조합원을 **신규**로 가입하게 할 수 있는 경우와 결원의 범위에서 **충원**할 수 있는 경우 중 어느 하나에도 해당하지 않는다.(x)³¹회

27 〈사업계획승인의 과정에서 주택건설 예정 세대수가 변경되어 **조합원 수가 변경된 세대수의 40퍼센트**가 된 경우〉는 지역주택조합이 설립인가를 받은 후 조합원을 **신규**로 가입하게 할 수 있는 경우와 결원의 범위에서 **충원**할 수 있는 경우 중 어느 하나에도 해당하지 않는다.(x)³¹회

28 조합설립 인가 후에 조합원으로 추가모집되는 자가 조합원 자격 요건을 갖추었는지를 판단할 때에는 **추가모집공고일을 기준**으로 한다.(x)²⁸회

29 조합원 추가모집에 따른 주택조합의 변경인가 신청은 **사업계획승인신청일**까지 하여야 한다.(o)²⁸회

30 조합의 임원이 금고 이상의 실형을 받아 당연퇴직을 하면 그가 **퇴직 전에 관여한 행위**는 그 효력을 상실한다.(x)²⁹회

31 지역주택조합은 **설립인가**를 받은 날부터 **2년 이내**에 사업계획승인을 **신청**하여야 한다.(o)²⁹회

32 〈택지의 구입 및 조성〉은 주택상환사채의 **납입금이 사용될 수 있는 용도**로 명시되어 있다.(o)³²회

33 〈주택건설자재의 구입〉은 주택상환사채의 **납입금이 사용될 수 있는 용도**로 명시되어 있다.(o)³²회

34 〈주택조합 운영비에의 충당〉은 주택상환사채의 **납입금이 사용될 수 있는 용도**로 명시되어 있다.(x)³²회

35 〈주택조합 가입 청약철회자의 가입비 반환〉은 주택상환사채의 **납입금이 사용될 수 있는 용도**로 명시되어 있다.(x)³²회

36 법인으로서 **자본금이 3억원**인 등록사업자는 **주택상환사채를 발행**할 수 있다.(x)³³회

Unit 4. 주택건설사업의 시행

2025 위패스 공인중개사 합격셀렉트

Ⅰ. 사업계획승인

1. 사업계획승인의 대상

단독주택 (30/50)	원칙	• 30호 이상
	예외	• 다음 어느 하나에 해당하는 단독주택의 경우에는 50호로 한다. ① 공공사업에 따라 조성된 용지를 개별 필지로 구분하지 아니하고 일단의 토지로 공급받아 해당 토지에 건설하는 단독주택 ② 한옥
공동주택 (30/50)	원칙	• 30세대 (리모델링의 경우에는 증가하는 세대수 기준) 이상

	예외	• 다음 어느 하나에 해당하는 공동주택을 건설(리모델링의 경우는 제외)하는 경우에는 50세대로 한다.
		① 다음의 요건을 모두 갖춘 단지형 연립주택 또는 단지형 다세대주택
		   ㉠ 세대별 주거전용면적이 30제곱미터 이상일 것
		   ㉡ 해당 주택단지 진입도로의 폭이 6미터 이상일 것.
		     다만, 해당 주택단지의 진입도로가 두 개 이상인 경우에는 다음의 요건을 모두 갖추면 진입도로의 폭을 4미터 이상 6미터 미만으로 할 수 있다.
		     ⓐ 두 개의 진입도로 폭의 합계가 10미터 이상일 것
		     ⓑ 폭 4미터 이상 6미터 미만인 진입도로는 도로와 통행거리가 200미터 이내일 것
		② 「도시 및 주거환경정비법」에 따른 정비구역에서 주거환경개선사업을 시행하기 위하여 건설하는 공동주택

면적		• 1만제곱미터 이상의 대지조성사업을 시행하려는 자

승인제외		① 다음의 요건을 모두 갖춘 사업의 경우
		   ㉠ 준주거지역 또는 상업지역(유통상업지역은 제외)에서 300세대 미만의 주택과 주택 외의 시설을 동일 건축물로 건축하는 경우일 것
		   ㉡ 해당 건축물의 연면적에서 주택의 연면적이 차지하는 비율이 90퍼센트 미만일 것
		② 「농어촌정비법」에 따른 생활환경정비사업 중 농업협동조합중앙회가 조달하는 자금으로 시행하는 사업인 경우

2. 사업계획승인권자

승인권자	사업요건
시·도지사 또는 대도시 시장	• 주택건설사업 또는 대지조성사업으로서 해당 대지면적이 10만제곱미터 이상인 경우
특별시장·광역시장· 특별자치시장· 특별자치도지사 또는 시장·군수	• 주택건설사업 또는 대지조성사업으로서 해당 대지면적이 10만제곱미터 미만인 경우
국토교통부장관	① 국가 및 한국토지주택공사가 시행하는 경우 ② 330만제곱미터 이상의 규모로 「택지개발촉진법」에 따른 택지개발사업 또는 「도시개발법」에 따른 도시개발사업을 추진하는 지역 중 국토교통부장관이 지정·고시하는 지역에서 주택건설사업을 시행하는 경우 ③ 수도권 또는 광역시 지역의 긴급한 주택난 해소가 필요하거나 지역균형개발 또는 광역적 차원의 조정이 필요하여 국토교통부장관이 지정·고시하는 지역에서 주택건설사업을 시행하는 경우 ④ 다음의 자가 단독 또는 공동으로 총지분의 50퍼센트를 초과하여 출자한 위탁관리 부동산투자회사 공공주택건설사업을 시행하는 경우 ㉠ 국가 ㉡ 지방자치단체 ㉢ 한국토지주택공사 ㉣ 지방공사

3. 사업계획승인의 내용 및 제출서류
공구별 분할시행

내용		• 사업계획은 쾌적하고 문화적인 주거생활을 하는 데에 적합하도록 수립되어야 하며, 그 사업계획에는 부대시설 및 복리시설의 설치에 관한 계획 등이 포함되어야 한다.
제출 서류	주택건설 사업계획 승인신청의 경우	① 신청서 ② 사업계획서 ③ 주택과 그 부대시설 및 복리시설의 배치도 ④ 공사설계도서(대지조성공사를 우선 시행하는 경우에만 해당하며, 사업주체가 국가, 지방자치단체, 한국토지주택공사 또는 지방공사인 경우에는 위치도, 지형도 및 평면도를 말한다. 표본설계도서에 따라 사업계획승인을 하는 경우에는 제외한다) ⑤ 토지를 수용하거나 사용하는 경우 「국토의 계획 및 이용에 관한 법률 시행령」의 일부 사항을 적은 서류 ⑥ 등록사업자의 요건 사실을 증명하는 서류(공동사업시행의 경우에만 해당) ⑦ 다른 법률에 따라 인·허가 등이 의제됨에 따라 협의에 필요한 서류 ⑧ 공공시설의 귀속에 관한 사항을 기재한 서류 ⑨ 주택조합설립인가서(주택조합만 해당한다) ⑩ 구분에 따른 공업화주택에 해당한다는 사실 등을 증명하는 서류 ⑪ 그 밖에 국토교통부령으로 정하는 서류
	대지조성 사업계획 승인신청의 경우	① 신청서 ② 사업계획서 ③ 공사설계도서(사업주체가 국가, 지방자치단체, 한국토지주택공사 또는 지방공사인 경우에는 위치도, 지형도 및 평면도를 말한다) ④ 토지를 수용하거나 사용하는 경우 「국토의 계획 및 이용에 관한 법률 시행령」의 일부 사항을 적은 서류 ⑤ 다른 법률에 따라 인·허가 등이 의제됨에 따라 협의에 필요한 서류 ⑥ 공공시설의 귀속에 관한 사항을 기재한 서류 ⑦ 조성한 대지의 공급계획서 ⑧ 그 밖에 국토교통부령으로 정하는 서류
공구별 분할시행의 경우	분할시행	• 주택건설사업을 시행하려는 자는 전체 세대수가 600세대 이상의 주택단지를 공구별로 분할하여 주택을 건설·공급할 수 있다.
	구비서류	① 사업계획승인신청서에 주택과 그 부대시설 및 복리시설의 배치도, 대지조성공사 설계도서 등 ② 공구별 공사계획서 ③ 입주자모집계획서 ④ 사용검사계획서
표본설계 도서의 승인		• 한국토지주택공사, 지방공사 또는 등록사업자는 동일한 규모의 주택을 대량으로 건설하려는 경우에는 국토교통부령으로 정하는 바에 따라 국토교통부장관에게 주택의 형별로 표본설계도서를 작성·제출하여 승인을 받을 수 있다.

Ⅱ. 사업계획의 승인절차

1. 대지의 소유권 확보

원칙	• 주택건설사업계획의 승인을 받으려는 자는 해당 주택건설대지의 소유권을 확보하여야 한다.
예외	• 다음 어느 하나에 해당하는 경우에는 소유권을 확보하지 않아도 된다. ① 지구단위계획의 결정이 필요한 주택건설사업의 해당 대지면적의 80퍼센트 이상을 사용할 수 있는 권원을 확보하고, 확보하지 못한 대지가 매도청구 대상이 되는 대지에 해당하는 경우 ② 사업주체가 주택건설대지의 소유권을 확보하지 못하였으나 그 대지를 사용할 수 있는 권원을 확보한 경우 ③ 국가·지방자치단체·한국토지주택공사 또는 지방공사가 주택건설사업을 하는 경우 ④ 리모델링 결의를 한 리모델링주택조합이 매도청구를 하는 경우

2. 기반시설의 기부채납

사업계획승인권자는 사업계획을 승인할 때 사업주체가 제출하는 사업계획에 해당 주택건설사업 또는 대지조성사업과 직접적으로 관련이 없거나 과도한 기반시설의 기부채납을 요구하여서는 아니 된다.

3. 사업계획 통합심의

사업계획승인권자는 필요하다고 인정하는 경우에 도시계획·건축·교통 등 사업계획승인과 관련된 다음의 사항을 통합하여 검토 및 심의할 수 있다.
① 「건축법」에 따른 건축심의
② 「국토의 계획 및 이용에 관한 법률」에 따른 도시·군관리계획 및 개발행위 관련 사항
③ 「대도시권 광역교통 관리에 관한 특별법」에 따른 광역교통 개선대책
④ 「도시교통정비 촉진법」에 따른 교통영향평가
⑤ 「경관법」에 따른 경관심의
⑥ 그 밖에 사업계획승인권자가 필요하다고 인정하여 통합심의에 부치는 사항

4. 사업계획승인 여부의 통보

사업계획승인권자는 사업계획승인의 신청을 받았을 때에는 정당한 사유가 없으면 신청받은 날부터 60일 이내에 사업주체에게 승인 여부를 통보하여야 한다.

5. 사업계획의 변경승인

(1) 사업계획의 변경승인

승인받은 사업계획을 변경하려면 사업계획승인권자로부터 변경승인을 받아야 한다. 다만, 국토교통부령으로 정하는 경미한 사항을 변경하는 경우에는 그러하지 아니하다.

> **〈경미한 사항〉**
> 〈①.③.⑦〉은 사업주체가 국가, 지방자치단체, 한국토지주택공사 또는 지방공사인 경우로 한정한다.
> ① 총사업비의 20퍼센트의 범위에서의 사업비 증감. 다만, 국민주택을 건설하는 경우로서 지원받는 주택도시기금이 증가되는 경우는 제외한다.
> ② 건축물이 아닌 부대시설 및 복리시설의 설치기준 변경으로서 다음 각 목의 요건을 모두 갖춘 변경
>   ㉠ 해당 부대시설 및 복리시설 설치기준 이상으로의 변경일 것
>   ㉡ 위치변경(건축설비의 위치변경은 제외)이 발생하지 아니하는 변경일 것
> ③ 대지면적의 20퍼센트의 범위에서의 면적 증감. 다만, 지구경계의 변경을 수반하거나 토지 또는 토지에 정착된 물건 및 그 토지나 물건에 관한 소유권 외의 권리를 수용할 필요를 발생시키는 경우는 제외한다.
> ④ 세대수 또는 세대당 주택공급면적을 변경하지 아니하는 범위에서의 내부구조의 위치나 면적 변경(사업계획승인을 받은 면적의 10퍼센트 범위에서의 변경으로 한정한다)
> ⑤ 내장 재료 및 외장 재료의 변경(재료의 품질이 사업계획승인을 받을 당시의 재료와 같거나 그 이상인 경우로 한정)
> ⑥ 사업계획승인의 조건으로 부과된 사항을 이행함에 따라 발생되는 변경. 다만, 공공시설 설치계획의 변경이 필요한 경우는 제외
> ⑦ 건축물의 설계와 용도별 위치를 변경하지 아니하는 범위에서의 건축물의 배치조정 및 주택단지 안 도로의 선형변경

(2) 사업계획 변경승인의 제한

사업계획승인권자는 사업주체가 입주자 모집공고를 한 후에는 다음 어느 하나에 해당하는 사업계획의 변경을 승인해서는 아니 된다. 다만, 사업주체가 미리 입주예정자(주택단지를 공구별로 건설·공급하여 기존 공구에 입주자가 있는 경우 ②에 대해서는 그 입주자를 포함한다)에게 사업계획의 변경에 관한 사항을 통보하여 입주예정자 80퍼센트 이상의 동의를 받은 경우에는 예외로 한다. 사업주체는 입주자 모집공고를 한 후 사업계획변경승인을 받은 경우에는 14일 이내에 문서로 입주예정자에게 그 내용을 통보하여야 한다.

> ① 주택(공급계약이 체결된 주택만 해당한다)의 공급가격에 변경을 초래하는 사업비의 증액
> ② 호당 또는 세대당 주택공급면적(바닥면적에 산입되는 면적으로서 사업주체가 공급하는 주택의 면적을 말한다) 및 대지지분의 변경. 다만, 다음 어느 하나에 해당하는 경우는 제외한다.
>   ㉠ 호당 또는 세대당 공용면적 또는 대지지분의 2퍼센트 이내의 증감. 이 경우 대지지분의 감소는 「공간정보의 구축 및 관리 등에 관한 법률」에 따른 지적확정측량에 따라 대지지분의 감소가 부득이하다고 사업계획승인권자가 인정하는 경우로서 사업주체가 입주예정자에게 대지지분의 감소 내용과 사유를 통보한 경우로 한정한다.
>   ㉡ 입주예정자가 없는 동 단위 공동주택의 세대당 주택공급면적의 변경

Ⅲ. 사업시행을 위한 보호 및 일반조치

1. 매도청구

사업계획승인을 받은 사업주체는 다음에 따라 해당 주택건설대지 중 사용할 수 있는 권원을 확보하지 못한 대지(건축물을 포함)의 소유자에게 그 대지를 시가로 매도할 것을 청구할 수 있다. 이 경우 매도청구 대상이 되는 대지의 소유자와 매도청구를 하기 전에 3개월 이상 협의를 하여야 한다.

주택건설대지면적의 95% 이상의 사용권원을 확보한 경우	• 사용권원을 확보하지 못한 대지의 모든 소유자에게 매도청구 가능
주택건설대지면적의 80% 이상 95% 미만의 사용권원을 확보한 경우	• 사용권원을 확보하지 못한 대지의 소유자 중 지구단위계획구역 결정고시일 10년 이전에 해당 대지의 소유권을 취득하여 계속 보유하고 있는 자(상속받아 소유권을 취득한 경우에는 피상속인의 소유기간을 합산)를 제외한 소유자에게 매도청구 가능

2. 리모델링주택조합의 매도청구

리모델링의 허가를 신청하기 위한 동의율을 확보한 경우 리모델링 결의를 한 리모델링주택조합은 그 리모델링 결의에 찬성하지 아니하는 자의 주택 및 토지에 대하여 매도청구를 할 수 있다.

3. 소유자의 확인이 곤란한 대지 등에 대한 처분

매도청구 의제	• 사업계획승인을 받은 사업주체는 해당 주택건설대지 중 사용할 수 있는 권원을 확보하지 못한 대지의 소유자가 있는 곳을 확인하기가 현저히 곤란한 경우에는 전국적으로 배포되는 둘 이상의 일간신문에 두 차례 이상 공고하고, 공고한 날부터 30일 이상이 지났을 때에는 매도청구 대상의 대지로 본다.
공탁	• 사업주체는 매도청구 대상 대지의 감정평가액에 해당하는 금액을 법원에 공탁하고 주택건설사업을 시행할 수 있다. 이때 대지의 감정평가액은 사업계획승인권자가 추천하는 「감정평가 및 감정평가사에 관한 법률」에 따른 감정평가법인등 2인 이상이 평가한 금액을 산술평균하여 산정한다.

Ⅳ. 사업계획의 이행 및 취소 등

1. 공사착수

(1) 원칙

사업주체는 승인받은 사업계획대로 사업을 시행하여야 하고, 다음의 구분에 따라 공사를 시작하여야 한다.

사업계획승인을 받은 경우	• 승인받은 날부터 5년 이내	
공구별 분할시행으로 사업계획승인을 받은 경우	• 최초로 공사를 진행하는 공구	• 승인받은 날부터 5년 이내
	• 최초로 공사를 진행하는 공구 외의 공구	• 해당 주택단지에 대한 최초 착공 신고일부터 2년 이내

(2) 예외

다만, 사업계획승인권자는 정당한 사유가 있다고 인정하는 경우에는 사업주체의 신청을 받아 그 사유가 없어진 날부터 1년의 범위에서 공사의 착수기간을 연장할 수 있다.

① 「매장유산 보호 및 조사에 관한 법률」에 따라 국가유산청장의 매장유산 발굴허가를 받은 경우
② 해당 사업시행지에 대한 소유권 분쟁(소송절차가 진행 중인 경우만 해당한다)으로 인하여 공사 착수가 지연되는 경우
③ 사업계획승인의 조건으로 부과된 사항을 이행함에 따라 공사 착수가 지연되는 경우
④ 천재지변 또는 사업주체에게 책임이 없는 불가항력적인 사유로 인하여 공사 착수가 지연되는 경우
⑤ 공공택지의 개발·조성을 위한 계획에 포함된 기반시설의 설치 지연으로 공사 착수가 지연되는 경우
⑥ 해당 지역의 미분양주택 증가 등으로 사업성이 악화될 우려가 있거나 주택건설경기가 침체되는 등 공사에 착수하지 못할 부득이한 사유가 있다고 사업계획승인권자가 인정하는 경우

(3) 착공신고

사업주체가 공사를 시작하려는 경우에는 국토교통부령으로 정하는 바에 따라 사업계획승인권자에게 신고하여야 한다. 사업계획승인권자는 신고를 받은 날부터 20일 이내에 신고수리 여부를 신고인에게 통지하여야 한다.

2. 사업계획승인의 취소사유

사업계획승인권자는 다음 어느 하나에 해당하는 경우 그 사업계획의 승인을 취소할 수 있다.

① 사업주체가 사업계획승인을 받은 후 5년 이내에 공사를 시작하지 아니한 경우
② 사업주체가 경매·공매 등으로 인하여 대지소유권을 상실한 경우
③ 사업주체의 부도·파산 등으로 공사의 완료가 불가능한 경우

3. 주택의 시공

사업계획승인을 받아 건설되는 주택(부대시설과 복리시설을 포함한다)을 설계하는 자는 설계도서 작성기준에 맞게 설계하여야 하며, 시공자와 사업주체는 설계도서에 맞게 시공하여야 한다. 사업계획승인을 받은 주택의 건설공사는 건설사업자로서 대통령령으로 정하는 자 또는 건설사업자로 간주하는 등록사업자가 아니면 이를 시공할 수 없다.

4. 주택의 감리자 지정

주택의 감리자 지정	• 사업계획승인권자가 주택건설사업계획을 승인하였을 때와 시장·군수·구청장이 리모델링의 허가를 하였을 때에는 감리자격이 있는 자를 대통령령으로 정하는 바에 따라 해당 주택건설공사의 감리자로 지정하여야 한다. 다만, 사업주체가 국가·지방자치단체·한국토지주택공사·지방공사 또는 대통령령으로 정하는 자인 경우와 「건축법」에 따라 공사감리를 하는 도시형 생활주택의 경우에는 그러하지 아니하다.
감리자 지정의 제한	• 사업계획승인권자는 감리자가 감리자의 지정에 관한 서류를 부정 또는 거짓으로 제출하거나, 업무 수행 중 위반 사항이 있음을 알고도 묵인하는 등 대통령령으로 정하는 사유에 해당하는 경우에는 감리자를 교체하고, 그 감리자에 대하여는 1년의 범위에서 감리업무의 지정을 제한할 수 있다.
감리자의 업무	• 감리자는 자기에게 소속된 자를 대통령령으로 정하는 바에 따라 감리원으로 배치하고, 다음의 업무를 수행하여야 한다. ① 시공자가 설계도서에 맞게 시공하는지 여부의 확인 ② 시공자가 사용하는 건축자재가 관계 법령에 따른 기준에 맞는 건축자재인지 여부의 확인 ③ 주택건설공사에 대하여 품질시험을 하였는지 여부의 확인 ④ 시공자가 사용하는 마감자재 및 제품이 사업주체가 시장·군수·구청장에게 제출한 마감자재 목록표 및 영상물 등과 동일한지 여부의 확인 ⑤ 주택건설공사의 하수급인이 시공자격을 갖추었는지 여부의 확인 ⑥ 그 밖에 주택건설공사의 감리에 관한 사항으로서 대통령령으로 정하는 사항 　㉠ 설계도서가 해당 지형 등에 적합한지에 대한 확인 　㉡ 설계변경에 관한 적정성 확인 　㉢ 시공계획·예정공정표 및 시공도면 등의 검토·확인 　㉣ 국토교통부령으로 정하는 주요 공정이 예정공정표대로 완료되었는지 여부의 확인 　㉤ 예정공정표보다 공사가 지연된 경우 대책의 검토 및 이행 여부의 확인 　㉥ 방수·방음·단열시공의 적정성 확보, 재해의 예방, 시공상의 안전관리 및 그 밖에 건축공사의 질적 향상을 위하여 국토교통부장관이 정하여 고시하는 사항에 대한 검토·확인
위반사실의 보고	• 감리자는 업무를 수행하면서 위반 사항을 발견하였을 때에는 지체 없이 시공자 및 사업주체에게 위반 사항을 시정할 것을 통지하고, 7일 이내에 사업계획승인권자에게 그 내용을 보고하여야 한다.

V. 사용검사

1. 사용검사권자

원칙	• 사업주체는 사업계획승인을 받아 시행하는 주택건설사업 또는 대지조성사업을 완료한 경우에는 주택 또는 대지에 대하여 국토교통부령으로 정하는 바에 따라 시장·군수·구청장의 사용검사를 받아야 한다.
특칙	• 국가 또는 한국토지주택공사가 사업주체인 경우와 국토교통부장관으로부터 사업계획의 승인을 받은 경우에는 국토교통부장관의 사용검사를 받아야 한다.

2. 사용검사 내용 및 시기

분할 및 동별 사용검사	① 공구별로 분할하여 사업계획을 승인받은 경우에는 완공된 주택에 대하여 분할 사용검사를 받을 수 있다. ② 사업계획승인 조건의 미이행, 입주자를 분할 모집하여 전체 단지의 사용검사를 마치기 전에 입주자가 필요한 경우에는 공사가 완료된 주택에 대하여 동별로 사용검사를 받을 수 있다.	
시공보증자 등의 사용검사	파산 등 (사업주체 → 시공보증자 → 입주예정자 대표회의)	정당한 이유 없이 사용검사를 위한 절차 미이행
	① 사업주체가 파산 등으로 주택건설사업을 계속할 수 없는 경우에는 해당 주택의 시공을 보증한 자가 잔여공사를 시공하고 사용검사를 받아야 한다. ② 시공보증자가 없거나 파산 등으로 시공을 할 수 없는 경우에는 입주예정자의 대표회의가 시공자를 정하여 잔여공사를 시공하고 사용검사를 받아야 한다.	① 사업주체가 정당한 이유 없이 사용검사를 위한 절차를 이행하지 아니하는 경우에는 해당 주택의 시공을 보증한 자, 해당 주택의 시공자 또는 입주예정자 ② 사용검사권자는 사업주체가 사용검사를 받지 아니하는 정당한 이유를 밝히지 못하면 사용검사를 거부하거나 지연할 수 없다.
	• 입주예정자가 사용검사를 받을 때에는 입주예정자의 대표회의가 사용검사권자에게 사용검사를 신청할 때 하자보수보증금을 예치하여야 한다.	
사용검사시기	• 사용검사는 신청일부터 15일 이내에 하여야 한다.	
임시 사용승인	• 사용검사권자의 임시 사용승인을 받은 경우에는 주택 또는 대지를 사용할 수 있다. ① 주택건설사업의 경우 : 건축물의 동별로 공사가 완료된 경우 ② 대지조성사업의 경우 : 구획별로 공사가 완료된 경우 ③ 임시 사용승인의 대상이 공동주택인 경우 : 세대별로 임시 사용승인을 할 수 있다.	
사용검사의 효과	• 사용검사를 받았을 때에는 의제되는 인·허가등에 따른 해당 사업의 사용승인·준공검사 또는 준공인가 등을 받은 것으로 본다. 이 경우 사용검사권자는 미리 관계 행정기관의 장과 협의하여야 한다.	

핵심 지문 기출 OX

01 주거전용 단독주택인 건축법령상의 한옥 50호 이상의 건설사업을 시행하려는 자는 사업계획승인을 받아야 한다.(o)²⁸회

02 사업계획에는 부대시설 및 복리시설의 설치에 관한 계획 등이 포함되어야 한다.(o)³⁰회, ³²회, ³⁵회

03 대지조성사업계획승인을 받으려는 자는 사업계획승인신청서에 조성한 대지의 공급계획서를 첨부하여 사업계획승인권자에게 제출하여야 한다.(o)³¹회

04 주택건설사업을 시행하려는 자는 전체 세대수가 600세대 이상의 주택단지를 공구별로 분할하여 주택을 건설, 공급할 수 있다.(o)²⁸회, ³²회, ³⁵회

05 주택단지의 전체 세대수가 500세대인 주택건설사업을 시행하려는 자는 주택단지를 공구별로 분할하여 주택을 건설, 공급할 수 있다.(x)³⁰회

06 「한국토지주택공사법」에 따른 한국토지주택공사는 동일한 규모의 주택을 대량으로 건설하려는 경우에는 국토교통부장관에게 주택의 형별로 표본설계도서를 작성, 제출하여 승인을 받을 수 있다.(o)³⁰회

07 등록사업자는 동일한 규모의 주택을 대량으로 건설하려는 경우에는 시,도지사에게 주택의 형별로 표본설계도서를 작성, 제출하여 승인을 받을 수 있다.(x)³¹회

08 사업주체가 주택건설대지를 사용할 수 있는 권원을 확보한 경우에는 그 대지의 소유권을 확보하지 못한 경우에도 사업계획의 승인을 받을 수 없다.(o)²⁹회

09 주택건설사업계획의 승인을 받으려는 한국토지주택공사는 해당 주택건설대지의 소유권을 확보하지 않아도 된다.(o)³⁵회

10 사업계획승인권자는 사업계획을 승인할 때 사업주체가 제출하는 사업계획에 해당 주택건설사업과 직접적으로 관련이 없거나 과도한 기반시설의 기부채납을 요구하여서는 아니된다.(o)³⁰회

11 사업계획승인권자는 사업계획승인의 신청을 받았을 때에는 정당한 사유가 없으면 신청받은 날부터 60일 이내에 사업주체에게 승인 여부를 통보하여야 한다.(o)²⁸회, ³⁰회, ³²회

12 주택조합이 승인받은 총사업비의 10퍼센트를 감액하는 변경을 하려면 변경승인을 받아야 한다.(o)²⁹회

13 승인받은 사업계획 중 공공시설 설치계획의 변경이 필요한 경우에는 사업계획승인권자로부터 변경승인을 받지 않아도 된다.(x)³⁵회

14 지방공사가 사업주체인 경우 건축물의 설계와 용도별 위치를 변경하지 아니하는 범위에서의 건축물의 배치조정은 사업계획변경승인을 받지 않아도 된다.(o)³¹회

15 사업주체는 입주자 모집공고를 한 후 사업계획변경승인을 받은 경우에는 14일 이내에 문서로 입주예정자에게 그 내용을 통보하여야 한다.(o)³⁵회

16 사업주체는 공사의 착수기간이 연장되지 않는 한 주택건설사업계획의 승인을 받은 날부터 5년 이내에 공사를 시작하여야 한다.(o)²⁸회

17 사업주체는 사업계획승인을 받은 날부터 1년 이내에 공사를 착수하여야 한다.(x)³²회

18 〈문화재청장의 매장문화재 발굴허가를 받은 경우〉 사업계획승인권자가 사업주체의 신청을 받아 공사의 착수기간을 연장할 수 있다.(o)^{30회}

19 〈해당 사업시행지에 대한 소유권 분쟁을 사업주체가 소송 외의 방법으로 해결하는 과정에서 공사 착수가 지연되는 경우〉 사업계획승인권자가 사업주체의 신청을 받아 공사의 착수기간을 연장할 수 있다.(x)^{30회}

20 〈사업계획승인의 조건으로 부과된 사항을 이행함에 따라 공사 착수가 지연되는 경우〉 사업계획승인권자가 사업주체의 신청을 받아 공사의 착수기간을 연장할 수 있다.(o)^{30회}

21 사업계획승인의 조건으로 부과된 사항을 이행함에 따라 공사 착수가 지연되는 경우, 사업계획승인권자는 그 사유가 없어진 날부터 3년의 범위에서 공사의 착수기간을 연장할 수 있다.(x)^{28회}

22 〈사업주체에게 책임이 없는 불가항력적인 사유로 인하여 공사 착수가 지연되는 경우〉 사업계획승인권자가 사업주체의 신청을 받아 공사의 착수기간을 연장할 수 있다.(o)^{30회}

23 〈공공택지의 개발, 조성을 위한 계획에 포함된 기반시설의 설치 지연으로 공사 착수가 지연되는 경우〉 사업계획승인권자가 사업주체의 신청을 받아 공사의 착수기간을 연장할 수 있다.(o)^{30회}

24 사업주체가 승인받은 사업계획에 따라 공사를 시작하려는 경우 사업계획승인권자에게 신고하여야 한다.(o)^{29회}

25 사업계획승인권자는 착공신고를 받은 날부터 20일 이내에 신고수리 여부를 신고인에게 통지하여야 한다.(o)^{32회}

26 사업계획승인권자는 사업주체가 경매로 인하여 대지소유권을 상실한 경우에는 그 사업계획의 승인을 취소하여야 한다.(x)^{29회}

27 「주택법」에 따라 건설사업자로 간주하는 등록사업자는 주택건설사업계획승인을 받은 주택의 건설공사를 시공할 수 없다.(x)^{35회}

28 사업계획승인권자는 감리자가 업무수행 중 위반 사항이 있음을 알고도 묵인한 경우 그 감리자에 대하여 2년의 범위에서 감리업무의 지정을 제한할 수 있다.(x)^{31회}

29 설계도서가 해당 지형 등에 적합한지에 대한 확인은 감리자의 업무에 해당한다.(o)^{31회}

30 감리자는 업무를 수행하면서 위반 사항을 발견하였을 때에는 지체 없이 시공자 및 사업주체에게 위반 사항을 시정할 것을 통지하고, 7일 이내에 사업계획승인권자에게 그 내용을 보고하여야 한다.(o)^{31회}

31 사용검사는 사용검사 신청일부터 15일 이내에 하여야 한다.(o)^{34회}

32 하나의 주택단지의 입주자를 분할 모집하여 전체 단지의 사용검사를 마치기 전에 입주가 필요한 경우에는 공사가 완료된 주택에 대하여 동별로 사용검사를 받을 수 있다.(o)^{34회}

33 사업주체가 파산 등으로 사용검사를 받을 수 없는 경우에는 해당 주택의 시공을 보증한 자, 해당 주택의 시공자 또는 입주예정자는 사용검사를 받을 수 있다.(x)^{34회}

34 무단거주가 아닌 입주예정자가 사업주체의 파산 등으로 사용검사를 받을 때에는 입주예정자의 대표회의가 사용검사권자에게 사용검사를 신청할 때 하자보수보증금을 예치하여야 한다.(o)^{34회}

35 사업주체는 건축물의 동별로 공사가 완료된 경우로서 사용검사권자의 임시 사용승인을 받은 경우에는 사용검사를 받기 전에 주택을 사용하게 할 수 있다.(o)^{34회}

Unit 5 주택의 공급

Ⅰ. 주택의 공급기준

1. 주택을 공급하는 자의 의무

입주자를 모집하려는 경우	① 시장·군수·구청장의 승인(복리시설의 경우에는 신고)을 받을 것 ② 시장·군수·구청장은 신청을 받으면 신청일부터 5일 이내에 승인 여부를 결정하여야 한다. 다만, 분양가상한제 적용주택의 경우에는 10일 이내에 결정하여야 하며, 부득이한 사유가 있으면 5일의 범위에서 연장할 수 있다. ③ 공공주택사업자(국가, 지방자치단체, 한국토지주택공사, 지방공사)는 승인 및 신고대상 제외
건설하는 주택을 공급하려는 경우	① 입주자모집의 시기·조건·방법·절차, 입주금의 납부 방법·시기·절차, 주택공급계약의 방법·절차 등에 적합할 것 ② 벽지·바닥재·주방용구·조명기구 등을 제외한 부분의 가격을 따로 제시하고, 이를 입주자가 선택할 수 있도록 할 것
공급업무의 대행	**공급업무의 대행**: • 사업주체는 주택을 효율적으로 공급하기 위하여 필요하다고 인정하는 경우 주택의 공급업무의 일부를 제3자로 하여금 대행하게 할 수 있다. **분양대행자**: • 사업주체가 입주자자격, 공급 순위 등을 증명하는 서류의 확인 등 국토교통부령으로 정하는 업무를 대행하게 하는 경우 분양대행자에게 대행하게 하여야 한다. ① 등록사업자 ② 「건설산업기본법」에 따른 건설업자 ③ 「도시 및 주거환경정비법」에 따른 정비사업전문관리업자 ④ 「부동산개발업의 관리 및 육성에 관한 법률」에 따른 등록사업자 ⑤ 다른 법률에 따라 등록하거나 인가 또는 허가를 받은 자

2. 마감자재 목록표

제출	• 사업주체가 시장·군수·구청장의 승인을 받으려는 경우(사업주체가 공공사업시행자인 경우에는 견본주택을 건설하는 경우)에는 건설하는 견본주택에 사용되는 마감자재의 규격·성능 및 재질을 적은 목록표와 견본주택의 각 실의 내부를 촬영한 영상물 등을 제작하여 승인권자에게 제출하여야 한다.
보관기간	• 시장·군수·구청장은 받은 마감자재 목록표와 영상물 등을 사용검사가 있은 날부터 2년 이상 보관하여야 하며, 입주자가 열람을 요구하는 경우에는 이를 공개하여야 한다.
설치기준	① 사업주체가 마감자재 생산업체의 부도 등으로 인한 제품의 품귀 등 부득이한 사유로 인하여 사업계획승인 또는 마감자재 목록표의 마감자재와 다르게 마감자재를 시공·설치하려는 경우에는 당초의 마감자재와 같은 질 이상으로 설치하여야 한다. ② 사업주체가 마감자재 목록표의 자재와 다른 마감자재를 시공·설치하려는 경우에는 그 사실을 입주예정자에게 알려야 한다.

3. 주택에 관한 광고 등

① 사업주체는 공급하려는 주택에 대하여 기반시설의 설치, 정비 또는 개량에 관한 사항이 포함된 표시 및 광고를 한 경우 주택공급계약 체결기간의 시작일부터 30일 이내에 해당 표시 또는 광고의 사본을 시장·군수·구청장에게 제출하여야 한다.

② 이 경우 시장·군수·구청장은 제출받은 표시 또는 광고의 사본을 사용검사가 있은 날부터 2년 이상 보관하여야 하며, 입주자가 열람을 요구하는 경우 이를 공개하여야 한다.

4. 주택공급에 관한 규칙

주택공급에 관한 규칙으로 정하는 사항은 다음과 같다.

① 법 제54조에 따른 주택의 공급
② 법 제54조의2에 따른 주택의 공급업무의 대행 등
③ 법 제56조, 제56조의2, 제56조의3에 따른 입주자저축, 주택청약업무수행기관, 입주자자격 정보 제공 등
④ 법 제60조에 따른 견본주택의 건축기준
⑤ 법 제63조에 따른 투기과열지구의 지정 및 해제
⑥ 법 제63조의2에 따른 조정대상지역의 지정 및 해제
⑦ 법 제64조에 따른 주택의 전매행위 제한 등
⑧ 법 제65조에 따른 공급질서 교란 금지

Ⅱ. 주택의 분양가상한제 등

1. 분양가상한제 적용주택

원칙	• 사업주체가 일반인에게 공급하는 공동주택 중 다음 어느 하나에 해당하는 지역에서 공급하는 주택의 경우에는 기준에 따라 산정되는 분양가격 이하로 공급하여야 한다. ① 공공택지 ② 공공택지 외의 택지에서 주택가격 상승 우려가 있어 국토교통부장관이 주거정책심의위원회의 심의를 거쳐 지정하는 지역
예외	• 다음 어느 하나에 해당하는 경우에는 분양가상한제를 적용하지 아니한다. ① 도시형 생활주택 ② 경제자유구역에서 건설·공급하는 공동주택 ③ 관광특구에서 건설·공급하는 공동주택으로서 해당 건축물의 층수가 50층 이상이거나 높이가 150미터 이상인 경우 ④ 한국토지주택공사 또는 지방공사가 다음의 정비사업의 시행자로 참여하여 요건을 충족하는 경우로서 해당 사업에서 건설·공급하는 주택 ㉠ 「도시 및 주거환경정비법」에 따른 정비사업으로서 면적, 세대수 등이 요건에 해당되는 사업 ㉡ 「빈집 및 소규모주택 정비에 관한 특례법」에 따른 소규모주택정비사업 ⑤ 주거환경개선사업 및 공공재개발사업에서 건설·공급하는 주택 ⑥ 주거재생혁신지구에서 시행하는 혁신지구재생사업에서 건설·공급하는 주택 ⑦ 도심 공공주택 복합사업에서 건설·공급하는 주택

2. 입주자 모집공고에 대한 공시사항

공공택지에서의 공급	• 사업주체는 분양가상한제 적용주택으로서 공공택지에서 공급하는 주택에 대하여 입주자모집 승인을 받았을 때에는 입주자 모집공고에 다음에 대하여 분양가격을 공시하여야 한다. ① 택지비(택지공급가격, 기간이자, 필요적 경비, 그 밖의 비용) ② 공사비(토목, 건축, 기계설비, 그 밖의 공종, 그 밖의 공사비) ③ 간접비(설계비, 감리비, 일반분양시설 경비, 분담금 및 부담금, 보상비, 그 밖의 사업비성 경비) ④ 그 밖에 국토교통부령으로 정하는 비용(기본형건축비에 가산되는 비용)
공공택지 외에서의 공급	• 시장·군수·구청장이 공공택지 외의 택지에서 공급되는 분양가상한제 적용주택 중 분양가 상승 우려가 큰 지역으로서 대통령령으로 정하는 기준에 해당되는 지역에서 공급되는 주택의 입주자모집 승인을 하는 경우에는 다음 구분에 따라 분양가격을 공시하여야 한다. ① 택지비, ② 직접공사비, ③ 간접공사비, ④ 설계비, ⑤ 감리비, ⑥ 부대비, ⑦ 그 밖에 국토교통부령으로 정하는 비용(기본형건축비에 가산되는 비용)

3. 입주자의 거주의무

대상 (입주자)	① 사업주체가 수도권에서 건설·공급하는 분양가상한제 적용주택 ② 토지임대부 분양주택
내용	• 주택의 입주자(상속받은 자는 제외)는 해당 주택의 최초 입주가능일부터 3년 이내(토지임대부 분양주택의 경우에는 최초 입주가능일을 말한다)에 입주하여야 하고, 해당 주택의 분양가격과 인근지역 주택매매가격의 비율에 따라 5년 이내의 범위에서 거주의무기간 동안 계속하여 해당 주택에 거주하여야 한다.

공공택지	분양가격이 인근지역 주택매매가격의 80퍼센트 미만	5년
	80퍼센트 이상 100퍼센트 미만	3년
공공택지 외	분양가격이 인근지역 주택매매가격의 80퍼센트 미만	3년
	80퍼센트 이상 100퍼센트 미만	2년
토지임대부 분양주택		5년

매입신청	① 거주의무자는 거주의무를 이행하지 아니한 경우 해당 주택을 양도할 수 없다. ② 다만, 거주의무자가 거주의무기간 이내에 거주를 이전하려는 경우 거주의무자는 한국토지주택공사에 해당 주택의 매입을 신청하여야 한다.

4. 분양가격의 결정요소

분양가격은 택지비와 건축비로 구성(토지임대부 분양주택의 경우에는 건축비만 해당)된다.

택지비	① 공공택지에서 주택을 공급하는 경우에는 해당 택지의 공급가격에 국토교통부령으로 정하는 택지와 관련된 비용을 가산한 금액 ② 공공택지 외의 택지에서 분양가상한제 적용주택을 공급하는 경우에는 감정평가한 가액에 국토교통부령으로 정하는 택지와 관련된 비용을 가산한 금액
건축비	① 건축비는 기본형건축비에 국토교통부령으로 정하는 금액을 더한 금액으로 한다. ② 기본형건축비는 시장·군수·구청장이 해당 지역의 특성을 고려하여 100분의 95 이상 100분의 105 이하의 범위에서 따로 정하여 고시할 수 있다.

5. 분양가상한제 적용지역의 지정 및 해제 ★

지정	• 국토교통부장관은 주택가격상승률이 물가상승률보다 현저히 높은 지역으로서 그 지역의 주택가격·주택거래 등과 지역 주택시장 여건 등을 고려하였을 때 주택가격이 급등하거나 급등할 우려가 있는 지역 중 다음 기준을 충족하는 지역은 주거정책심의위원회 심의를 거쳐 분양가상한제 적용 지역으로 지정할 수 있다. ① 분양가상한제 적용 지역으로 지정하는 날이 속하는 달의 바로 전달(이하 '분양가상한제적용직전월'이라 한다)부터 소급하여 12개월간의 아파트 분양가격상승률이 물가상승률의 2배를 초과한 지역. 이 경우 해당 지역의 아파트 분양가격상승률을 산정할 수 없는 경우 해당 지역이 포함된 특별시·광역시·특별자치시·특별자치도 또는 시·군의 아파트 분양가격상승률을 적용한다. ② 분양가상한제적용직전월부터 소급하여 3개월간의 주택매매거래량이 전년 동기 대비 20퍼센트 이상 증가한 지역 ③ 분양가상한제적용직전월부터 소급하여 주택공급이 있었던 2개월 동안 해당 지역에서 공급되는 주택의 월평균 청약경쟁률이 모두 5대 1을 초과하였거나 해당 지역에서 공급되는 국민주택규모 주택의 월평균 청약경쟁률이 모두 10대 1을 초과한 지역
지정해제	① 국토교통부장관은 분양가상한제 적용 지역으로 계속 지정할 필요가 없다고 인정하는 경우에는 주거정책심의위원회 심의를 거쳐 분양가상한제 적용 지역의 지정을 해제하여야 한다. ② 국토교통부장관은 분양가상한제 적용 지역 지정의 해제를 요청받은 경우에는 주거정책심의위원회의 심의를 거쳐 요청받은 날부터 40일 이내에 해제 여부를 결정하고, 그 결과를 시·도지사, 시장, 군수 또는 구청장에게 통보하여야 한다.

6. 분양가심사위원회

운영	① 시장·군수·구청장은 사업계획승인 신청(「도시 및 주거환경정비법」에 따른 사업시행계획인가 및 「건축법」에 따른 건축허가를 포함)이 있는 날부터 20일 이내에 분양가심사위원회를 설치·운영하여야 한다. ② 사업주체가 국가, 지방자치단체, 한국토지주택공사 또는 지방공사인 경우에는 해당 기관의 장이 위원회를 설치·운영하여야 한다.
구성	• 분양가심사위원회는 주택 관련 분야 교수, 주택건설 또는 주택관리 분야 전문직 종사자, 관계 공무원 또는 변호사·회계사·감정평가사 등 관련 전문가 10명 이내로 구성한다.

Ⅲ. 주택건설사업 등에 의한 임대주택의 건설 등

1. 임대주택의 건설 및 공급

용적률 완화	• 사업주체(리모델링을 시행하는 자는 제외)가 다음의 사항을 포함한 사업계획승인신청서(「건축법」의 허가신청서를 포함)를 제출하는 경우 사업계획승인권자(건축허가권자를 포함)는 용도지역별 용적률 범위에서 특별시·광역시·특별자치시·특별자치도·시 또는 군의 조례로 정하는 기준에 따라 용적률을 완화하여 적용할 수 있다. ① 30호 이상의 주택과 주택 외의 시설을 동일 건축물로 건축하는 계획 ② 임대주택의 건설·공급에 관한 사항
임대주택의 공급비율 및 공급가격	• 용적률을 완화하여 적용하는 경우 사업주체는 완화된 용적률의 30% 이상 60% 이하의 범위에서 특별시·광역시·특별자치시·도 또는 특별자치도의 조례로 정하는 비율에 해당하는 면적을 임대주택으로 공급하여야 한다. 이때 공급되는 임대주택의 공급가격은 공공건설임대주택의 분양전환가격 산정기준에서 정하는 건축비로 하고, 그 부속토지는 인수자에게 기부채납한 것으로 본다.
공급방법	• 사업주체는 공급되는 주택의 전부(주택조합이 설립된 경우 조합원에게 공급하고 남은 주택)를 대상으로 공개추첨의 방법에 의하여 인수자에게 공급하는 임대주택을 선정하여야 하며, 그 선정 결과를 지체 없이 인수자에게 통보하여야 한다.

2. 우선 인수 및 인수자 지정 요청

사업주체는 임대주택을 국토교통부장관, 시·도지사, 한국토지주택공사 또는 지방공사에 공급하여야 하며 시·도지사가 우선 인수할 수 있다. 다만, 시·도지사가 임대주택을 인수하지 아니하는 경우 다음의 구분에 따라 국토교통부장관에게 인수자 지정을 요청하여야 한다.

특별시장, 광역시장 또는 도지사가 인수하지 아니하는 경우	• 관할 시장, 군수 또는 구청장이 사업계획승인 신청 사실을 특별시장, 광역시장 또는 도지사에게 통보한 후 국토교통부장관에게 인수자 지정 요청
특별자치시장 또는 특별자치도지사가 인수하지 아니하는 경우	• 특별자치시장 또는 특별자치도지사가 직접 국토교통부장관에게 인수자 지정 요청

Ⅳ. 사용검사 후 매도청구

주택소유자의 매도청구	• 주택(복리시설을 포함)의 소유자들은 주택단지 전체 대지에 속하는 일부의 토지에 대한 소유권이전등기 말소소송 등에 따라 사용검사(동별 사용검사 포함)를 받은 이후에 해당 토지의 소유권을 회복한 자(실소유자)에게 해당 토지를 시가로 매도할 것을 청구할 수 있다.
대표자 선정요건	• 주택의 소유자들은 대표자를 선정하여 매도청구에 관한 소송을 제기할 수 있다. 이 경우 대표자는 주택의 소유자 전체의 4분의 3 이상의 동의를 받아 선정한다.
매도청구 요건	• 매도청구를 하려는 경우에는 해당 토지의 면적이 주택단지 전체 대지 면적의 5퍼센트 미만이어야 한다.
판결효력	• 매도청구에 관한 소송에 대한 판결은 주택의 소유자 전체에 대하여 효력이 있다.
송달기간	• 매도청구의 의사표시는 실소유자가 해당 토지 소유권을 회복한 날부터 2년 이내에 해당 실소유자에게 송달되어야 한다.
구상권	• 주택의 소유자들은 매도청구로 인하여 발생한 비용의 전부를 사업주체에게 구상할 수 있다.

핵심 지문 기출 OX

01 군수는 입주자 모집승인 시 사업주체에서 받은 마감자재 목록표의 열람을 입주자가 요구하는 경우 이를 공개하여야 한다.(o)[28회]

02 사업주체가 부득이한 사유로 인하여 사업계획승인의 마감자재와 다르게 시공, 설치하려는 경우에는 당초의 마감자재와 같은 질 이하의 자재로 설치할 수 있다.(x)[28회]

03 사업주체가 마감자재 목록표의 자재와 다른 마감자재를 시공, 설치하려는 경우에는 그 사실을 입주예정자에게 알려야 한다.(o)[28회]

04 「주택공급에 관한 규칙」으로 정하는 사항으로 〈법 제54조에 따른 주택의 공급〉이 해당한다.(o)[35회]

05 「주택공급에 관한 규칙」으로 정하는 사항으로 〈법 제60조에 따른 견본주택의 건축기준〉이 해당한다.(o)[35회]

06 「주택공급에 관한 규칙」으로 정하는 사항으로 〈법 제65조 제5항에 따른 입주자자격 제한〉이 해당한다.(o)[35회]

07 「주택공급에 관한 규칙」으로 정하는 사항으로 〈법 제57조에 따른 분양가격 산정방식〉이 해당한다.(x)[35회]

08 사업주체가 일반인에게 공급하는 공동주택 중 공공택지에서 공급하는 주택의 경우에는 분양가상한제가 적용된다.(o)[28회]

09 도시형 생활주택을 공급하는 경우에는 분양가상한제가 적용되지 않는다.(o)[28회]

10 도시형 생활주택은 분양가상한제 적용주택에 해당하지 않는다.(o)[33회]

11 사업주체는 분양가상한제 적용주택으로서 공공택지에서 공급하는 주택에 대하여 입주자 모집공고에 분양가격을 공시해야 하는데, 간접비는 공시해야 하는 분양가격에 포함되지 않는다.(x)[33회]

12 토지임대부 분양주택의 분양가격은 택지비와 건축비로 구성된다.(x)[33회]

13 사업주체가 50세대의 주택과 주택 외의 시설을 동일 건축물로 건축하는 계획 및 임대주택의 건설, 공급에 관한 사항을 포함한 사업계획승인신청서를 제출한 경우 〈사업계획승인권자는 「국토의 계획 및 이용에 관한 법률」에 따른 건폐율 및 용적률을 완화하여 적용〉할 수 있다.(x)[29회]

14 사업주체가 50세대의 주택과 주택 외의 시설을 동일 건축물로 건축하는 계획 및 임대주택의 건설, 공급에 관한 사항을 포함한 사업계획승인신청서를 제출한 경우 〈사업계획승인권자가 임대주택의 건설을 이유로 용적률을 완화하는 경우 사업주체는 완화된 용적률의 70퍼센트에 해당하는 면적을 임대주택으로 공급하여야 한다〉.(x)[29회]

15 사업주체가 50세대의 주택과 주택 외의 시설을 동일 건축물로 건축하는 계획 및 임대주택의 건설, 공급에 관한 사항을 포함한 사업계획승인신청서를 제출한 경우 〈사업주체는 용적률의 완화로 건설되는 임대주택을 인수자에게 공급하여야 하며, 이 경우 시장, 군수가 우선 인수할 수 있다〉.(x)[29회]

16 사업주체가 50세대의 주택과 주택 외의 시설을 동일 건축물로 건축하는 계획 및 임대주택의 건설, 공급에 관한 사항을 포함한 사업계획승인신청서를 제출한 경우 〈사업주체가 임대주택을 인수자에게 공급하는 경우 임대주택의 부속토지의 공급가격은 공시지가로 한다〉.(x)[29회]

17 사업주체가 50세대의 주택과 주택 외의 시설을 동일 건축물로 건축하는 계획 및 임대주택의 건설, 공급에 관한 사항을 포함한 사업계획승인신청서를 제출한 경우 〈인수자에게 공급하는 임대주택의 선정은 주택조합이 사업주체인 경우에는 조합원에게 공급하고 남은 주택을 대상으로 공개추첨의 방법에 의한다〉.(o)[29회]

18 주택건설사업이 완료되어 사용검사가 있은 후에 주택단지의 일부 토지에 대해 소유권이전등기 말소소송에 따라 해당 토지의 소유권을 회복하게 된 경우 〈주택의 소유자들은 해당 토지를 공시지가로 매도할 것을 청구할 수 있다〉.(x)[29회]

19 주택건설사업이 완료되어 사용검사가 있은 후에 주택단지의 일부 토지에 대해 소유권이전등기 말소소송에 따라 해당 토지의 소유권을 회복하게 된 경우 〈대표자를 선정하여 매도청구에 관한 소송을 하는 경우 대표자는 복리시설을 포함하여 주택의 소유자 전체의 4분의 3 이상의 동의를 받아 선정한다〉.(o)[29회]

20 〈사용검사 후 매도청구〉 조문 중 매도청구를 하려는 경우에는 해당 토지의 면적이 주택단지 전체 대지 면적의 〈5〉 퍼센트 미만이어야 한다.(o)[30회]

21 주택건설사업이 완료되어 사용검사가 있은 후에 주택단지의 일부 토지에 대해 소유권이전등기 말소소송에 따라 해당 토지의 소유권을 회복하게 된 경우 〈소유권을 회복한 토지의 면적이 주택단지 전체 대지 면적의 5퍼센트를 넘는 경우에는 주택 소유자 전원의 동의가 있어야 매도청구를 할 수 있다〉.(x)[29회]

22 주택건설사업이 완료되어 사용검사가 있은 후에 주택단지의 일부 토지에 대해 소유권이전등기 말소소송에 따라 해당 토지의 소유권을 회복하게 된 경우 〈대표자를 선정하여 매도청구에 관한 소송을 하는 경우 그 판결은 대표자 선정에 동의하지 않은 주택의 소유자에게는 효력이 미치지 않는다〉.(x)[29회]

23 〈사용검사 후 매도청구〉 조문 중 매도청구의 의사표시는 실소유자가 해당 토지 소유권을 회복한 날부터 〈2〉년 이내에 해당 실소유자에게 송달되어야 한다.(o)[30회]

24 주택건설사업이 완료되어 사용검사가 있은 후에 주택단지의 일부 토지에 대해 소유권이전등기 말소소송에 따라 해당 토지의 소유권을 회복하게 된 경우 〈해당 토지의 소유권을 회복한 날부터 1년이 경과한 이후에는 매도청구를 할 수 없다〉.(x)[29회]

Unit 6. 투기과열지구 및 전매제한

Ⅰ. 공급질서 교란 금지

원칙	• 누구든지 이 법에 따라 건설·공급되는 주택을 공급받거나 공급받게 하기 위하여 다음 어느 하나에 해당하는 증서 또는 지위를 양도·양수(매매·증여나 그 밖에 권리 변동을 수반하는 모든 행위를 포함, 상속·저당의 경우는 제외) 또는 이를 알선하거나 광고를 하여서는 아니 되며, 누구든지 거짓이나 그 밖의 부정한 방법으로 이 법에 따라 건설·공급되는 증서나 지위 또는 주택을 공급받거나 공급받게 하여서는 아니 된다.
주택을 공급 받을 수 있는 증서 및 지위	① 주택을 공급받을 수 있는 지위 ② 입주자저축 증서 ③ 주택상환사채 ④ 시장·군수·구청장이 발행한 무허가건물 확인서, 건물철거예정 증명서 또는 건물 철거 확인서 ⑤ 공공사업의 시행으로 인한 이주대책에 따라 주택을 공급받을 수 있는 지위 또는 이주대책대상자 확인서
위반의 효과	① 국토교통부장관 또는 사업주체는 ㉠증서 또는 지위를 양도하거나 양수한 자 또는 ㉡거짓이나 그 밖의 부정한 방법으로 증서나 지위 또는 주택을 공급받은 자에 대해서 그 주택 공급을 신청할 수 있는 지위를 무효로 하거나 이미 체결된 주택의 공급계약을 취소하여야 한다. ② 사업주체가 공급질서 교란행위를 한 자에게 대통령령으로 정하는 바에 따라 산정한 주택가격에 해당하는 금액을 지급한 경우에는 그 지급한 날에 그 주택을 취득한 것으로 본다. 이 경우 사업주체가 매수인에게 주택가격을 지급하거나, 매수인을 알 수 없어 주택가격의 수령 통지를 할 수 없는 경우 등 대통령령으로 정하는 사유에 해당하는 경우로서 주택가격을 그 주택이 있는 지역을 관할하는 법원에 공탁한 경우에는 그 주택에 입주한 자에게 기간을 정하여 퇴거를 명할 수 있다. ③ 국토교통부장관은 이를 위반한 자에 대하여 위반한 행위를 적발한 날부터 10년까지 주택의 입주자자격을 제한할 수 있다.

Ⅱ. 투기과열지구

1. 지정권자

① 국토교통부장관 또는 시·도지사는 주택가격의 안정을 위하여 필요한 경우에는 **주거정책심의위원회**(시·도지사의 경우에는 시·도 주거정책심의위원회)의 심의를 거쳐 일정한 지역을 투기과열지구로 지정하거나 이를 해제할 수 있다.

② 투기과열지구는 그 지정 목적을 달성할 수 있는 **최소한의 범위**에서 **시·군·구 또는 읍·면·동의 지역 단위**로 지정하되, 택지개발지구 등 해당 지역 여건을 고려하여 지정 단위를 조정할 수 있다.

2. 지정대상지역 ★

투기과열지구는 해당 지역의 **주택가격상승률이 물가상승률보다 현저히 높은 지역**으로서 그 지역의 청약경쟁률·주택가격·주택보급률 및 주택공급계획 등과 지역 주택시장 여건 등을 고려하였을 때 주택에 대한 투기가 성행하고 있거나 성행할 우려가 있는 지역 중 다음 기준을 충족하는 곳이어야 한다.

> ① 투기과열지구로 **지정하는 날이 속하는 달의 바로 전달**(이하 이 항에서 "투기과열지구지정직전월"이라 한다)부터 **소급하여 주택공급이 있었던 2개월 동안** 해당 지역에서 공급되는 주택의 **월별 평균 청약경쟁률이 모두 5대 1을 초과했거나 국민주택규모** 주택의 월별 평균 청약경쟁률이 모두 **10대 1을 초과한 곳**
> ② 다음에 해당하는 곳으로서 **주택공급이 위축될 우려가 있는 곳**
>   ㉠ 투기과열지구지정직전월의 **주택분양실적이 전달보다 30퍼센트 이상 감소한 곳**
>   ㉡ 사업계획승인 건수나 건축허가 건수(투기과열지구지정직전월부터 소급하여 6개월간의 건수를 말한다)가 **직전 연도보다 급격하게 감소한 곳**
> ③ 신도시 개발이나 주택 전매행위의 성행 등으로 투기 및 주거불안의 우려가 있는 곳으로서 다음에 해당하는 곳
>   ㉠ 해당 지역이 속하는 **시·도의 주택보급률이 전국 평균 이하인 곳**
>   ㉡ 해당 지역이 속하는 **시·도의 자가주택비율이 전국 평균 이하인 곳**
>   ㉢ 해당 지역의 **분양주택**(투기과열지구로 지정하는 날이 속하는 연도의 **직전 연도에 분양된 주택**을 말한다)**의 수가 입주자저축에 가입한 사람 등의 수보다 현저히 적은 곳**

3. 절차 및 해제 등

절차	① 국토교통부장관이 투기과열지구를 지정하거나 해제할 경우에는 미리 시·도지사의 의견을 듣고 그 의견에 대한 검토의견을 회신하여야 하며, 시·도지사가 투기과열지구를 지정하거나 해제할 경우에는 국토교통부장관과 협의하여야 한다. ② 국토교통부장관 또는 시·도지사는 투기과열지구를 지정하였을 때에는 지체 없이 이를 공고하고, 국토교통부장관은 그 투기과열지구를 관할하는 시장·군수·구청장에게, 특별시장, 광역시장 또는 도지사는 그 투기과열지구를 관할하는 시장, 군수 또는 구청장에게 각각 공고 내용을 통보하여야 한다.
재검토	① 국토교통부장관은 반기마다 주거정책심의위원회의 회의를 소집하여 투기과열지구로 지정된 지역별로 해당 지역의 주택가격 안정 여건의 변화 등을 고려하여 투기과열지구 지정의 유지 여부를 재검토하여야 한다. ② 재검토 결과 투기과열지구 지정의 해제가 필요하다고 인정되는 경우에는 지체 없이 투기과열지구 지정을 해제하고 이를 공고하여야 한다.
지정해제	① 투기과열지구로 지정된 지역의 시·도지사, 시장, 군수 또는 구청장은 투기과열지구 지정 후 해당 지역의 주택가격이 안정되는 등 지정 사유가 없어졌다고 인정되는 경우에는 국토교통부장관 또는 시·도지사에게 투기과열지구 지정의 해제를 요청할 수 있다. ② 투기과열지구 지정의 해제를 요청받은 국토교통부장관 또는 시·도지사는 요청받은 날부터 40일 이내에 주거정책심의위원회의 심의를 거쳐 투기과열지구 지정의 해제 여부를 결정하여 그 투기과열지구를 관할하는 지방자치단체의 장에게 심의결과를 통보하여야 한다.

Ⅲ. 조정대상지역

1. 지정권자 및 지정대상지역 ★

- 국토교통부장관은 다음 어느 하나에 해당하는 지역으로서 다음 기준을 충족하는 지역을 주거정책심의위원회의 심의를 거쳐 조정대상지역으로 지정할 수 있다.
- ①의 경우 조정대상지역은 그 지정 목적을 달성할 수 있는 최소한의 범위에서 시·군·구 또는 읍·면·동의 지역 단위로 지정하되, 택지개발지구 등 해당 지역 여건을 고려하여 지정 단위를 조정할 수 있다.

① 주택가격, 청약경쟁률, 분양권 전매량 및 주택보급률 등을 고려하였을 때 주택 분양 등이 과열되어 있거나 과열될 우려가 있는 지역 : 조정대상지역으로 지정하는 날이 속하는 달의 바로 전달(이하 '조정대상지역지정직전월')부터 소급하여 3개월간의 해당 지역 주택가격상승률이 그 지역이 속하는 시·도 소비자물가상승률의 1.3배를 초과한 지역으로서 다음에 해당하는 지역
  ㉠ 조정대상지역지정직전월부터 소급하여 주택공급이 있었던 2개월 동안 해당 지역에서 공급되는 주택의 월별 평균 청약경쟁률이 모두 5대 1을 초과했거나 국민주택규모 주택의 월별 평균 청약경쟁률이 모두 10대 1을 초과한 지역
  ㉡ 조정대상지역지정직전월부터 소급하여 3개월간의 분양권 전매거래량이 직전 연도의 같은 기간보다 30퍼센트 이상 증가한 지역
  ㉢ 해당 지역이 속하는 시·도의 주택보급률 또는 자가주택비율이 전국 평균 이하인 지역

② 주택가격, 주택거래량, 미분양주택의 수 및 주택보급률 등을 고려하여 주택의 분양·매매 등 거래가 위축되어 있거나 위축될 우려가 있는 지역 : 조정대상지역지정직전월부터 소급하여 6개월간의 평균 주택가격상승률이 마이너스 1퍼센트 이하인 지역으로서 다음 각 목에 해당하는 지역
  ㉠ 조정대상지역지정직전월부터 소급하여 3개월 연속 주택매매거래량이 직전 연도의 같은 기간보다 20퍼센트 이상 감소한 지역
  ㉡ 조정대상지역지정직전월부터 소급하여 3개월간의 평균 미분양주택의 수가 직전 연도의 같은 기간보다 2배 이상인 지역
  ㉢ 해당 지역이 속하는 시·도의 주택보급률 또는 자가주택비율이 전국 평균을 초과하는 지역

2. 절차 및 해제 등

절차	① 국토교통부장관은 조정대상지역을 지정하는 경우에는 미리 시·도지사의 의견을 들어야 한다. ② 국토교통부장관은 조정대상지역을 지정하였을 때에는 지체 없이 이를 공고하고, 그 조정대상지역을 관할하는 시장·군수·구청장에게 공고 내용을 통보하여야 한다.
재검토	① 국토교통부장관은 반기마다 주거정책심의위원회의 회의를 소집하여 조정대상지역으로 지정된 지역별로 해당 지역의 주택가격 안정 여건의 변화 등을 고려하여 조정대상지역 지정의 유지 여부를 재검토하여야 한다. ② 재검토 결과 조정대상지역의 지정의 해제가 필요하다고 인정되는 경우에는 지체 없이 투기과열지구 지정을 해제하고 이를 공고하여야 한다.
지정해제	① 조정대상지역으로 지정된 지역의 시·도지사, 시장, 군수 또는 구청장은 조정대상지역 지정 후 해당 지역의 주택가격이 안정되는 등 지정 사유가 없어졌다고 인정되는 경우에는 국토교통부장관 또는 시·도지사에게 투기과열지구 지정의 해제를 요청할 수 있다. ② 국토교통부장관은 조정대상지역 지정의 해제를 요청받은 경우에는 주거정책심의위원회의 심의를 거쳐 요청받은 날부터 40일 이내에 해제 여부를 결정하고, 그 결과를 해당 지역을 관할하는 시·도지사 또는 시장·군수·구청장에게 통보해야 한다.

Ⅳ. 주택의 전매행위 제한

1. 전매제한 대상

사업주체가 건설·공급하는 주택으로서 다음 어느 하나에 해당하는 경우에는 10년 이내의 범위에서 전매제한기간이 지나기 전에는 그 주택을 전매(매매·증여나 그 밖에 권리의 변동을 수반하는 모든 행위를 포함, 상속의 경우는 제외)하거나 이의 전매를 알선할 수 없다. 이 경우 전매제한기간은 주택의 수급 상황 및 투기 우려 등을 고려하여 대통령령으로 지역별로 달리 정할 수 있다.

① 투기과열지구에서 건설·공급되는 주택

② 조정대상지역에서 건설·공급되는 주택

　다만, 조정대상지역 중 주택가격, 주택거래량, 미분양주택의 수 및 주택보급률 등을 고려하여 주택의 분양·매매 등 거래가 위축되어 있거나 위축될 우려가 있는 지역에서 공공택지 외의 택지에서 건설·공급되는 주택은 제외

③ 분양가상한제 적용주택

　다만, 수도권 외의 지역 중 주택의 수급 상황 및 투기 우려 등을 고려하여 광역시 및 광역시 중 도시지역이 아닌 지역으로서 투기과열지구가 지정되지 아니하거나 지정 해제된 지역 중 공공택지 외의 택지에서 건설·공급되는 분양가상한제 적용주택은 제외한다.

④ 공공택지 외의 택지에서 건설·공급되는 주택

⑤ 「도시 및 주거환경정비법」에 따른 공공재개발사업에서 건설·공급하는 주택

⑥ 토지임대부 분양주택

2. 전매제한의 특례

주택을 공급받은 자의 생업상의 사정 등으로 전매가 불가피하다고 인정되는 경우로서 다음 어느 하나에 해당하여 한국토지주택공사의 동의를 받은 경우에는 적용하지 아니한다. 다만, 분양가상한제 적용주택을 공급받은 자가 전매하는 경우에는 한국토지주택공사가 그 주택을 우선 매입할 수 있다.

① 세대원(전매제한주택을 공급받은 사람이 포함된 세대의 구성원)이 근무 또는 생업상의 사정이나 질병치료·취학·결혼으로 인하여 세대원 전원이 다른 광역시, 특별자치시, 특별자치도, 시 또는 군(광역시의 관할구역에 있는 군은 제외한다)으로 이전하는 경우. 다만, 수도권 안에서 이전하는 경우는 제외한다.

② 상속에 따라 취득한 주택으로 세대원 전원이 이전하는 경우

③ 세대원 전원이 해외로 이주하거나 2년 이상의 기간 동안 해외에 체류하려는 경우

④ 이혼으로 인하여 입주자로 선정된 지위 또는 주택을 배우자에게 이전하는 경우

⑤ 「공익사업을 위한 토지 등의 취득 및 보상에 관한 법률」에 따라 공익사업의 시행으로 주거용 건축물을 제공한 자가 사업시행자로부터 이주대책용 주택을 공급받은 경우로서 시장·군수·구청장이 확인하는 경우

⑥ 분양가상한제 적용주택, 공공택지 외의 택지 및 「도시 및 주거환경정비법」에 따른 공공재개발에서 건설·공급되는 주택의 소유자가 국가·지방자치단체 및 금융기관에 대한 채무를 이행하지 못하여 경매 또는 공매가 시행되는 경우

⑦ 입주자로 선정된 지위 또는 주택의 일부를 배우자에게 증여하는 경우

⑧ 실직·파산 또는 신용불량으로 경제적 어려움이 발생한 경우

구분		의무 거주기간	보유기간	매입금액
공공택지	80% 미만	5년	5년 미만	매입비용의 100%에 해당하는 금액
			5년 이상 6년 미만	매입비용의 50% + 인근지역 주택매매가격의 50%
			6년 이상	인근지역 주택매매가격의 100%
	80% 이상 100% 미만	3년	3년 미만	매입비용의 100%에 해당하는 금액
			3년 이상 4년 미만	매입비용의 50% + 인근지역 주택매매가격의 50%
			4년 이상	인근지역 주택매매가격의 100%
	100% 이상	–	–	매입비용의 100%에 해당하는 금액
공공택지 외	80% 미만	3년	3년 미만	매입비용의 100%에 해당하는 금액
			3년 이상 4년 미만	매입비용의 70% + 인근지역 주택매매가격의 25%
			4년 이상 5년 미만	매입비용의 50% + 인근지역 주택매매가격의 50%
			5년 이상 6년 미만	매입비용의 25% + 인근지역 주택매매가격의 75%
			6년 이상	매입비용의 100%에 해당하는 금액
	80% 이상 100% 미만	2년	2년 미만	매입비용의 100%에 해당하는 금액
			2년 이상 3년 미만	매입비용의 50% + 인근지역 주택매매가격의 50%
			3년 이상 4년 미만	매입비용의 25% + 인근지역 주택매매가격의 75%
			4년 이상	인근지역 주택매매가격의 100%
	100% 이상	–	–	매입비용의 100%에 해당하는 금액
토지임대부 분양주택		5년	5년 미만	해당 주택의 매입비용
			5년 이상 전매기간 경과 전	(감정평가금액 − 입주금) × 70% + 입주금
			전매행위 제한을 위반한 경우	해당 주택의 매입비용

3. 부기등기 및 위반효력

부기등기	• 사업주체가 분양가상한제 적용주택, 공공택지 외의 택지에서 건설·공급되는 주택 및 토지임대부 분양주택에 해당하는 주택을 공급하는 경우에는 그 주택의 소유권을 제3자에게 이전할 수 없음을 소유권에 관한 등기에 부기등기하여야 한다.
전매제한 위반효력	• 전매제한을 위반하여 주택의 입주자로 선정된 지위의 전매가 이루어진 경우, 사업주체가 매입비용을 그 매수인에게 지급한 경우에는 그 지급한 날에 사업주체가 해당 입주자로 선정된 지위를 취득한 것으로 본다.
한국토지주택공사의 재공급	① 한국토지주택공사는 매입한 주택을 재공급하여야 하며, 해당 주택을 공급받은 자는 전매제한기간 중 잔여기간 동안 그 주택을 전매할 수 없다. ② 이 경우 매입한 주택은 토지임대부 분양주택으로 재공급하여야 한다.

핵심 지문 기출 OX

01 주택을 공급받을 수 있는 조합원 지위의 상속은 주택공급과 관련하여 금지되는 공급질서 교란행위에 해당한다.(x)[32회]

02 입주자저축 증서의 저당은 주택공급과 관련하여 금지되는 공급질서 교란행위에 해당한다.(x)[32회]

03 주택을 공급받을 수 있는 증서로서 시장, 군수, 구청장이 발행한 무허가건물 확인서의 증여는 주택공급과 관련하여 금지되는 공급질서 교란행위에 해당한다.(o)[32회]

04 공공사업의 시행으로 인한 이주대책에 따라 주택을 공급받을 수 있는 지위의 매매는 주택공급과 관련하여 금지되는 공급질서 교란행위에 해당한다.(o)[32회]

05 주택공급이 있었던 직전 〈2〉개월 간 해당 지역에서 공급되는 주택의 청약경쟁률이 〈5〉대 1을 초과하였거나 국민주택규모 이하 주택의 청약경쟁률이 10대 1을 초과한 곳은 투기과열지구 지정기준에 해당한다.(o)[28회]

06 투기과열지구로 지정하는 날이 직전월부터 소급하여 주택공급이 있었던 〈2〉개월 동안 해당 지역에서 공급되는 주택의 월평균 주청약경쟁률이 모두 5대 1을 초과하였거나 국민주택규모 주택의 월평균 청약경쟁률이 모두 〈10〉대1을 초과한 곳은 투기과열지구 지정 기준에 부합한다.(o)[32회]

07 주택의 분양계획이 직전월보다 〈30〉퍼센트 이상 감소한 곳으로 주택공급이 위축될 우려가 있는 곳은 투기과열지구 지정기준에 해당한다.(o)[28회]

08 주택의 〈분양계획〉이 직전월보다 30퍼센트 이상 감소하여 주택공급이 위축될 우려가 있는 곳은 투기과열지구 지정 기준에 부합한다.(o)[32회]

09 국토교통부장관은 시,도별 주택보급률 또는 자가주택비율이 전국 평균을 초과하는 지역을 투기과열지구로 지정할 수 있다.(x)[29회]

10 투기과열지구의 지정기간은 3년으로 하되, 당해 지역 시장, 군수, 구청장의 의견을 들어 연장할 수 있다.(x)[29회]

11 투기과열지구로 지정되면 지구 내 주택은 전매행위가 제한된다.(x)[29회]

12 시,도지사는 주택의 분양, 매매 등 거래가 위축될 우려가 있는 지역을 시,도 주거정책심의위원회의 심의를 거쳐 조정대상지역으로 지정할 수 있다.(x)²⁹회

13 조정대상지역지정직전월부터 소급하여 6개월 간의 평균 주택가격상승률이 마이너스 〈1〉퍼센트 이하인 지역은 조정대상지역의 지정기준에 부합한다.(o)³⁴회

14 조정대상지역지정직전월부터 소급하여 〈6개월〉 연속 주택매매거래량이 직전 연도의 같은 기간보다 〈5〉퍼센트 이상 감소한 지역은 조정대상지역의 지정기준에 부합한다.(x)³⁴회

15 조정대상지역지정직전월부터 소급하여 〈3개월〉간의 평균 미분양주택의 수가 직전 연도의 같은 기간보다 2배 이상인 지역은 조정대상지역의 지정기준에 부합한다.(o)³⁴회

16 조정대상지역으로 지정된 지역의 시장, 군수, 구청장은 조정대상지역으로 유지할 필요가 없다고 판단되는 경우 국토교통부장관에게 그 지정의 해제를 요청할 수 있다.(o)²⁹회

17 한국토지주택공사가 우선 매입하는 분양가상한제 적용주택의 매입금액은 공공택지 외의 택지에서 건설, 공급되는 주택의 분양가격이 인근지역주택매매가격의 80퍼센트 이상 100퍼센트 미만이고 보유기간이 3년 이상 4년 미만인 경우 매입비용의 〈75〉퍼센트에 인근지역주택가격의 〈25〉퍼센트를 더한 금액에 해당한다.(x)³²회

Unit 7. 리모델링 허가

Ⅰ. 리모델링의 정의

리모델링이란 건축물의 노후화 억제 또는 기능 향상 등을 위한 다음 어느 하나에 해당하는 행위를 말한다.

① 대수선 : 사용검사일부터 10년 이상 경과한 공동주택
② 증축 : 사용검사일(주택단지 안의 공동주택 전부에 대하여 임시사용승인을 받은 경우에는 그 임시사용승인일을 말한다) 또는 「건축법」에 따른 사용승인일부터 15년이 지난 공동주택
  ㉠ 각 세대의 주거전용면적의 30퍼센트 이내(세대의 주거전용면적이 85제곱미터 미만인 경우에는 40퍼센트 이내)에서 증축하는 행위. 이 경우 공용부분에 대하여도 별도로 증축할 수 있다.
  ㉡ ㉠에 따른 각 세대의 증축 가능 면적을 합산한 면적의 범위에서 기존 세대수의 15퍼센트 이내에서 세대수를 증가하는 증축 행위. 다만, 수직으로 증축하는 행위는 다음 요건을 모두 충족하는 경우로 한정한다.
    • 최대 3개층 이하로서 대통령령으로 정하는 범위에서 증축할 것

수직증축형 리모델링의 대상이 되는 기존 건축물의 층수가 15층 이상인 경우	3개층까지
수직증축형 리모델링의 대상이 되는 기존 건축물의 층수가 14층 이하인 경우	2개층까지

    • 수직증축형 리모델링 대상이 되는 기존 건축물의 신축 당시 구조도를 보유하고 있을 것

Ⅱ. 리모델링의 허가기준

1. 허가대상

입주자, 사용자, 관리주체	• 공동주택(부대시설과 복리시설을 포함)의 입주자·사용자 또는 관리주체가 공동주택을 리모델링하려고 하는 경우에는 허가와 관련된 면적, 세대수 또는 입주자 등의 동의 비율에 관하여 대통령령으로 정하는 기준 및 절차 등에 따라 시장·군수·구청장의 허가를 받아야 한다.
리모델링주택조합 또는 입주자대표회의	① 대통령령으로 정하는 기준 및 절차 등에 따라 리모델링 결의를 한 리모델링주택조합이나 소유자 전원의 동의를 받은 입주자대표회의가 시장·군수·구청장의 허가를 받아 리모델링을 할 수 있다. ② 리모델링에 동의한 소유자는 리모델링주택조합 또는 입주자대표회의가 시장·군수·구청장에게 허가신청서를 제출하기 전까지 서면으로 동의를 철회할 수 있다.

2. 동의 요건

입주자, 사용자, 관리주체	• 공사기간, 공사방법 등이 적혀있는 동의서에 입주자 전체의 동의를 받아야 한다.
리모델링주택조합	• 다음의 사항이 적혀있는 결의서에 주택단지 전체를 리모델링하는 경우에는 주택단지 전체 구분소유자 및 의결권의 각 75% 이상의 동의와 각 동별 구분소유자 및 의결권의 각 50% 이상의 동의를 받아야 하며, 동을 리모델링하는 경우에는 그 동의 구분소유자 및 의결권의 각 75% 이상의 동의를 받아야 한다. ① 리모델링 설계의 개요 ② 공사비 ③ 조합원의 비용분담 명세
입주자대표회의	• 다음의 사항이 적혀있는 결의서에 주택단지의 소유자 전원의 동의를 받아야 한다. ① 리모델링 설계의 개요 ② 공사비 ③ 소유자의 비용분담 명세

3. 시공자 선정

원칙	• 시공자를 선정하는 경우에는 국토교통부장관이 정하는 경쟁입찰의 방법으로 하여야 한다.
예외	• 시공자 선정을 위하여 같은 항에 따라 국토교통부장관이 정하는 경쟁입찰의 방법으로 2회 이상 경쟁입찰을 하였으나 입찰자의 수가 해당 경쟁입찰의 방법에서 정하는 최저 입찰자 수에 미달하여 경쟁입찰의 방법으로 시공자를 선정할 수 없게 된 경우 경쟁입찰의 방법으로 하지 아니한다.

4. 허가신청

허가신청서의 제출	• 리모델링 허가를 받으려는 자는 허가신청서에 국토교통부령으로 정하는 서류를 첨부하여 시장·군수·구청장에게 제출하여야 한다.
동의의 철회	• 리모델링에 동의한 소유자는 리모델링주택조합 또는 입주자대표회의가 시장·군수·구청장에게 허가신청서를 제출하기 전까지 서면으로 동의를 철회할 수 있다.

5. 권리변동계획의 수립

세대수가 증가되는 리모델링을 하는 경우에는 기존 주택의 권리변동, 비용분담 등 대통령령으로 정하는 사항에 대한 계획을 수립하여 사업계획승인 또는 행위허가를 받아야 한다.

① 리모델링 전후의 대지 및 건축물의 권리변동 명세
② 조합원의 비용분담
③ 사업비
④ 조합원 외의 자에 대한 분양계획

6. 증축형 리모델링의 안전진단 및 구조기준

안전진단의 실시	• 증축형 리모델링을 하려는 자는 시장·군수·구청장에게 안전진단을 요청하여야 하며, 안전진단을 요청받은 시장·군수·구청장은 해당 건축물의 증축 가능 여부의 확인 등을 위하여 안전진단을 실시하여야 한다.
안전진단 기관	• 시장·군수·구청장은 안전진단을 실시하는 경우에는 대통령령으로 정하는 기관에 안전진단을 의뢰하여야 하며, 안전진단을 의뢰받은 기관은 리모델링을 하려는 자가 추천한 건축구조기술사와 함께 안전진단을 실시하여야 한다. ① 안전진단전문기관 ② 국토안전관리원 ③ 한국건설기술연구원
구조기준	• 수직증축형 리모델링의 설계자는 국토교통부장관이 정하여 고시하는 구조기준에 맞게 구조설계도서를 작성하여야 한다.

Ⅲ. 리모델링 기본계획의 수립

1. 수립권자 및 대상지역

(1) 리모델링 기본계획

세대수 증가형 리모델링으로 인한 도시과밀, 이주수요 집중 등을 체계적으로 관리하기 위하여 수립하는 계획을 말한다.

(2) 특별시장·광역시장 및 대도시의 시장

특별시장·광역시장 및 대도시의 시장은 관할구역에 대하여 다음의 사항을 포함한 리모델링 기본계획을 10년 단위로 수립하여야 한다. 다만, 세대수 증가형 리모델링에 따른 도시과밀의 우려가 적은 경우 등 대통령령으로 정하는 경우에는 리모델링 기본계획을 수립하지 아니할 수 있다.

기본계획의 내용	기본계획 수립하지 아니할 수 있는 경우
① 계획의 목표 및 기본방향 ② 도시기본계획 등 관련 계획 검토 ③ 리모델링 대상 공동주택 현황 및 세대수 증가형 리모델링 수요 예측 ④ 세대수 증가에 따른 기반시설의 영향 검토 ⑤ 일시집중 방지 등을 위한 단계별 리모델링 시행방안 ⑥ 도시과밀 방지 등을 위한 계획적 관리와 리모델링의 원활한 추진을 지원하기 위한 사항으로서 특별시·광역시 또는 대도시의 조례로 정하는 사항	① 특별시·광역시 : 세대수 증가형 리모델링에 따른 도시과밀이나 이주수요의 일시집중 우려가 적은 경우로서 특별시장·광역시장이「국토의 계획 및 이용에 관한 법률」에 따른 시·도도시계획위원회의 심의를 거쳐 리모델링 기본계획을 수립할 필요가 없다고 인정하는 경우 ② 대도시 : 세대수 증가형 리모델링에 따른 도시과밀이나 이주수요의 일시집중 우려가 적은 경우로서 대도시 시장의 요청으로 도지사가 시·도도시계획위원회의 심의를 거쳐 리모델링 기본계획을 수립할 필요가 없다고 인정하는 경우

(3) 대도시가 아닌 시의 시장

세대수 증가형 리모델링에 따른 도시과밀이나 일시집중 등이 우려되어 도지사가 리모델링 기본계획의 수립이 필요하다고 인정한 경우 리모델링 기본계획을 수립하여야 한다.

2. 수립절차

공람 및 의견청취	① 특별시장·광역시장 및 대도시의 시장은 리모델링 기본계획을 수립하거나 변경하려면 14일 이상 주민에게 공람하고, 지방의회의 의견을 들어야 한다. ② 지방의회는 의견제시를 요청받은 날부터 30일 이내에 의견을 제시하여야 하며, 30일 이내에 의견을 제시하지 아니하는 경우에는 이의가 없는 것으로 본다. ③ 다만, 대통령령으로 정하는 경미한 변경인 경우에는 주민공람 및 지방의회 의견청취 절차를 거치지 아니할 수 있다. 　㉠ 세대수 증가형 리모델링 수요 예측 결과에 따른 세대수 증가형 리모델링을 하려는 주택의 총 세대수가 감소하거나 10퍼센트 범위에서 증가하는 경우 　㉡ 세대수 증가형 리모델링 수요의 변동으로 기반시설의 영향 검토나 단계별 리모델링 시행 방안이 변경되는 경우 　㉢ 도시·군기본계획 등 관련 계획의 변경에 따라 리모델링 기본계획이 변경되는 경우
협의 및 심의	• 특별시장·광역시장 및 대도시의 시장은 리모델링 기본계획을 수립하거나 변경하려면 관계 행정기관의 장과 협의한 후 시·도도시계획위원회 또는 시·군·구 도시계획위원회의 심의를 거쳐야 한다.
의견제시	• 협의를 요청받은 관계 행정기관의 장은 특별한 사유가 없으면 그 요청을 받은 날부터 30일 이내에 의견을 제시하여야 한다.
도지사 승인	• 대도시의 시장은 리모델링 기본계획을 수립하거나 변경하려면 도지사의 승인을 받아야 하며, 도지사는 리모델링 기본계획을 승인하려면 시·도도시계획위원회의 심의를 거쳐야 한다.
고시	• 특별시장·광역시장 및 대도시의 시장은 리모델링 기본계획을 수립하거나 변경한 때에는 이를 지체 없이 해당 지방자치단체의 공보에 고시하여야 한다.

핵심 지문 기출 OX

01 대수선은 리모델링에 포함되지 않는다.(x)[33회]

02 수직증축형 리모델링의 대상이 되는 기존 건축물의 층수가 15층 이상인 경우에는 3개층까지 증축할 수 있다.(o)[28회]

03 수직증축형 리모델링의 허용 요건에 관한 규정 중 수직으로 증축하는 행위의 대상이 기존 건축물의 층수가 〈15층〉 이상인 경우 〈3개층〉이 가능하다.(o)[35회]

04 수직증축형 리모델링의 대상이 되는 기존 건축물의 층수가 12층인 경우에는 2개층까지 증축할 수 있다.(o)[31회]

05 수직증축형 리모델링의 허용 요건에 관한 규정 중 기존 건축물의 층수가 〈14층〉 이상인 경우 〈3개층〉이 가능하다.(x)[35회]

06 공동주택의 입주자가 공동주택을 리모델링하려고 하는 경우에는 시장, 군수, 구청장의 허가를 받아야 한다.(o)³¹회

07 공동주택 리모델링의 허가는 시,도지사가 한다.(x)³³회

08 입주자, 사용자 또는 관리주체가 리모델링하려고 하는 경우에는 공사기간, 공사방법 등이 적혀 있는 동의서에 입주자 전체의 동의를 받아야 한다.(o)²⁸회

09 입주자대표회의가 리모델링하려는 경우에는 리모델링 설계개요, 공사비, 소유자의 비용분담 명세가 적혀 있는 결의서에 주택단지 소유자 전원의 동의를 받아야 한다.(o)³¹회

10 주택단지 전체를 리모델링하고자 주택조합을 설립하기 위해서는 주택단지 전체의 구분소유자와 의결권의 각 과반수의 결의가 필요하다.(x)³³회

11 공동주택의 리모델링은 동별로 할 수 있다.(o)³³회

12 리모델링에 동의한 소유자는 리모델링 결의를 한 리모델링주택조합이나 소유자 전원의 동의를 받은 입주자대표회의가 시장, 군수, 구청장에게 리모델링 허가신청서를 제출하기 전까지 서면으로 동의를 철회할 수 있다.(o)³⁴회

13 리모델링에 동의한 소유자는 입주자대표회의가 시장, 군수, 구청장에게 허가신청서를 제출한 이후에도 서면으로 동의를 철회할 수 있다.(x)²⁸회

14 증축형 리모델링을 하려는 자는 시장, 군수, 구청장에게 안전진단을 요청하여야 한다.(o)²⁸회, ³¹회

15 대수선인 리모델링을 하려는 자는 시장, 군수, 구청장에게 안전진단을 요청하여야 한다.(x)³⁴회

16 사업비에 관한 사항은 세대수가 증가되는 리모델링을 하는 경우 수립하여야 하는 권리변동계획에 포함되지 않는다.(x)³¹회

17 수직증축형 리모델링의 설계자는 국토교통부장관이 정하여 고시하는 구조기준에 맞게 구조설계도서를 작성하여야 한다.(o)³⁴회

18 세대수 증가형 리모델링으로 인한 도시과밀, 이주수요 집중 등을 체계적으로 관리하기 위하여 수립하는 계획을 리모델링 기본계획이라 한다.(o)³⁴회

19 특별시장, 광역시장 및 대도시의 시장은 리모델링 기본계획을 수립하거나 변경한 때에는 이를 지체없이 해당 지방자치단체의 공보에 고시하여야 한다.(o)³⁴회

권한의 위임·위탁

Ⅰ. 권한의 위임

국토교통부장관은 다음의 권한을 시·도지사에게 위임한다.

① 주택건설사업자 및 대지조성사업자의 등록말소 및 영업의 정지
② 사업계획의 승인·변경승인·승인취소 및 착공신고의 접수. 다만, 다음 어느 하나에 해당하는 경우는 제외한다.
  ㉠ 제27조제3항제1호의 경우 중 택지개발사업을 추진하는 지역 안에서 주택건설사업을 시행하는 경우
  ㉡ 제27조제3항제3호에 따른 주택건설사업을 시행하는 경우. 다만, 착공신고의 접수는 시·도지사에게 위임한다.
③ 사용검사 및 임시 사용승인
④ 새로운 건설기술을 적용하여 건설하는 공업화주택에 관한 권한
⑤ 법 제93조에 따른 보고·검사
⑥ 주택건설사업 등의 등록말소 또는 주택조합의 설립인가취소에 따른 청문

Ⅱ. 업무의 위탁

주택사업자단체(협회)	① 주택건설사업 및 대지조성사업의 등록 ② 영업실적 등의 접수
한국부동산원	• 주택관련 정보의 종합관리에 관한 다음의 업무를 한국부동산원에 위탁한다. ① 주택거래 관련 정보체계의 구축·운용 ② 주택공급 관련 정보체계의 구축·운용 ③ 주택가격의 동향 조사 및 주택시장 분석

핵심 지문 기출 OX

01 〈주택건설사업자의 등록말소〉는 주택법령상 시·도지사에게 위임한 국토교통부장관의 권한에 해당한다.(o)³³회

02 〈주택건설사업자의 영업의 정지〉는 주택법령상 시·도지사에게 위임한 국토교통부장관의 권한에 해당한다.(o)³³회

03 〈사업계획승인을 받아 시행하는 주택건설사업을 완료한 경우의 사용검사〉는 주택법령상 시·도지사에게 위임한 국토교통부장관의 권한에 해당한다.(o)³³회

04 〈사업계획승인을 받아 시행하는 주택건설사업을 완료한 경우의 임시 사용승인〉은 주택법령상 시·도지사에게 위임한 국토교통부장관의 권한에 해당한다.(o)³³회

05 〈주택건설사업의 등록〉은 주택법령상 시·도지사에게 위임한 국토교통부장관의 권한에 해당한다.(x)³³회

PART 6 농지법

Unit 1-6

Unit 1 정의
Unit 2 농지의 소유
Unit 3 대리경작자 제도
Unit 4 농업진흥지역
Unit 5 농지전용
Unit 6 농지대장

농지법
[시행 2025. 1. 3.] [법률 제19877호, 2024. 1. 2. 일부개정]

농지법 시행령
[시행 2024. 9. 20.] [대통령령 제34319호, 2024. 3. 19. 일부개정]

농지법 시행규칙
[시행 2025. 1. 3.] [농림축산식품부령 제700호, 2025. 1. 3. 일부개정]

Unit 1 정의

Ⅰ. 농지

1. 농지

농지○	① 전, 답, 과수원인 토지, 그 밖에 법적 지목을 불문 + 실제로 농작물 경작지, 다년생 식물 재배지로 이용되는 토지 ② 농지개량시설의 부지 ③ 농축산물 생산시설의 부지
농지×	① 전, 답, 과수원이 아닌 토지 + 농작물 경작지, 다년생식물 재배지로 이용되는 기간이 3년 미만인 토지 ② 임야 + 산지전용허가를 거치지 아니하고 농작물의 경작 또는 다년생식물의 재배에 이용되는 토지 ③ 「초지법」에 따라 조성된 초지

2. 농지개량시설 및 농축산물 생산시설

농지개량 시설	① 유지, 양·배수시설, 수로, 농로, 제방 ② 토양의 침식이나 재해로 인한 농작물의 피해를 방지하기 위하여 설치한 계단·흙막이·방풍림과 그 밖에 이에 준하는 시설
농축산물 생산시설	① 고정식온실·버섯재배사 및 비닐하우스와 농림축산식품부령으로 정하는 그 부속시설 ② 축사·곤충사육사와 농림축산식품부령으로 정하는 그 부속시설 ③ 간이퇴비장 ④ 농막 : 농작업에 직접 필요한 농자재 및 농기계 보관, 수확 농산물 간이 처리 또는 농작업 중 일시 휴식을 위하여 설치하는 시설(연면적 20제곱미터 이하이고, 주거 목적이 아닌 경우로 한정한다) ⑤ 간이저온저장고 : 연면적 33제곱미터 이하일 것 ⑥ 간이액비저장조 : 저장 용량이 200톤 이하일 것 ⑦ 농촌산업지구, 농촌융복합산업지구 또는 스마트농업 육성지구 안에 설치하는 수직농장·식물공장

Ⅱ. 농업인

다음 어느 하나에 해당하는 자를 말한다.
① 1천제곱미터 이상의 농지에서 농작물 또는 다년생식물을 경작 또는 재배하거나 1년 중 90일 이상 농업에 종사하는 자
② 농지에 330제곱미터 이상의 고정식온실·버섯재배사·비닐하우스, 그 밖의 농림축산식품부령으로 정하는 농업생산에 필요한 시설을 설치하여 농작물 또는 다년생식물을 경작 또는 재배하는 자
③ 대가축 2두, 중가축 10두, 소가축 100두, 가금 1천수 또는 꿀벌 10군 이상을 사육하거나 1년 중 120일 이상 축산업에 종사하는 자
④ 농업경영을 통한 농산물의 연간 판매액이 120만원 이상인 자

Ⅲ. 농업법인

「농어업경영체 육성 및 지원에 관한 법률」에 따라 설립된 영농조합법인과 업무집행권을 가진 자 중 1/3이상이 농업인인 농업회사법인을 말한다.

Ⅳ. 자경

농업인이 그 소유 농지에서 농작물 경작 또는 다년생식물 재배에 상시 종사하거나 농작업의 2분의 1 이상을 자기의 노동력으로 경작 또는 재배하는 것과 농업법인이 그 소유 농지에서 농작물을 경작하거나 다년생식물을 재배하는 것을 말한다.

Ⅴ. 위탁경영

농지 소유자가 타인에게 일정한 보수를 지급하기로 약정하고 농작업의 전부 또는 일부를 위탁하여 행하는 농업경영을 말한다.

Ⅵ. 농지개량

의 의	• 농지의 생산성을 높이기 위하여 농지의 형질을 변경하는 다음에 해당하는 행위
종 류	① 농지의 이용가치를 높이기 위하여 농지의 구획을 정리하거나 개량시설을 설치하는 행위 ② 농지의 토양개량이나 관개, 배수, 농업기계 이용의 개선을 위하여 해당 농지에서 객토·성토 또는 절토하거나 암석을 채굴하는 행위

Ⅶ. 농지의 전용

농지를 농작물의 경작이나 다년생식물의 재배 등 농업생산 또는 농지개량 외의 용도로 사용하는 것을 말한다. 다만, 농지 개량시설의 부지 또는 농축산물 생산시설 부지로 사용하는 경우에는 전용으로 보지 아니한다.

Ⅷ. 주말·체험영농

농업인이 아닌 개인이 주말 등을 이용하여 취미생활이나 여가활동으로 농작물을 경작하거나 다년생식물을 재배하는 것을 말한다.

핵심 지문 기출 OX

01 농지법령상 실제로 농작물 경작지로 이용되는 토지이더라도 법적지목이 과수원인 경우에는 '농지'에 해당하지 않는다.(x)[27회]

02 농지법령상 대통령령으로 정하는 다년생식물 재배지로 실제로 이용되는 토지(「초지법」에 따라 조성된 초지 등 대통령령으로 정하는 토지는 제외)는 농지에 해당한다.(o)[30회]

03 인삼의 재배지로 계속하여 이용되는 기간이 4년인 지목이 전(田)인 토지는 '농지'에 해당한다.(o)[27회]

04 농지법령상 관상용 수목의 묘목을 조경목적으로 식재한 재배지로 실제로 이용되는 토지는 농지에 해당한다.(x)[30회]

05 농지법령상 「공간정보의 구축 및 관리 등에 관한 법률」에 따른 지목이 답(畓)이고 농작물 경작지로 실제로 이용되는 토지의 개량시설에 해당하는 양·배수시설의 부지는 농지에 해당한다.(o)[30회]

06 농지법령상 3,000㎡의 농지에서 농작물을 경작하면서 1년 중 80일을 농업에 종사하는 개인은 '농업인'에 해당한다.(o)[27회]

07 농지에 300㎡의 비닐하우스를 설치하여 다년생식물을 재배하는 자는 농지법령상 농업에 종사하는 개인으로서 농업인에 해당한다.(x)[28회]

08 농지법령상 소가축 80두를 사육하면서 1년 중 150일을 축산업에 종사하는 개인은 '농업인'에 해당한다.(o)[27회]

09 가금 500수를 사육하는 자는 농지법령상 농업에 종사하는 개인으로서 농업인에 해당한다.(x)[28회]

10 꿀벌 10군을 사육하는 자는 농지법령상 농업에 종사하는 개인으로서 농업인에 해당한다.(o)[28회]

11 1년 중 100일을 축산업에 종사하는 자는 농지법령상 농업에 종사하는 개인으로서 농업인에 해당한다.(x)[28회]

12 농산물의 연간 판매액이 100만원인 자는 농지법령상 농업에 종사하는 개인으로서 농업인에 해당한다.(x)[28회]

13 농지법령상 농지소유자가 타인에게 일정한 보수를 지급하기로 약정하고 농작물의 일부를 위탁하여 행하는 농업경영도 '위탁경영'에 해당한다.(o)[27회]

14 농지법령상 과수원인 토지를 재해로 인한 농작물의 피해를 방지하기 위한 방풍림 부지로 사용하는 것은 농지의 전용에 해당하지 않는다.(o)²⁹회

15 농지법령상 농지에 연면적 33제곱미터인 농막을 설치하는 경우 농지의 전용으로 본다.(o)³⁵회

16 농지법령상 농지에 연면적 33제곱미터인 간이저온저장고를 설치하는 경우 농지의 전용으로 본다.(x)³⁵회

17 농지법령상 농지에 저장 용량이 200톤인 간이액비저장조를 설치하는 경우 농지의 전용으로 본다.(x)³⁵회

18 농업법인이란 「농어업경영체 육성 및 지원에 관한 법률」에 따라 설립된 영농조합법인과 같은 법에 따라 설립되고 업무집행권을 가진 자 중 〈3분의 1〉 이상이 농업인인 농업회사법인을 말한다.(o)²³회

Unit 2. 농지의 소유

Ⅰ. 농지 소유 및 소유의 제한

1. 경자유전의 원칙 및 예외

① 농지는 자기의 농업경영에 이용하거나 이용할 자가 아니면 소유하지 못한다. 그러나 다음의 경우는 농지를 소유할 수 있다. 이때 ㉡, ㉢을 제외하고는 소유 농지는 농업경영에 이용되도록 하여야 한다.

> ㉠ 국가나 지방자치단체가 농지를 소유하는 경우
> ㉡ (초·중·고등)학교, 공공단체·농업연구기관·농업생산자단체 또는 종묘나 그 밖의 농업 기자재 생산자가 그 목적사업을 수행하기 위하여 필요한 시험지·연구지·실습지·종묘생산지 또는 과수 인공수분용 꽃가루 생산지로 쓰기 위하여 취득하여 소유하는 경우
> ㉢ 주말·체험영농을 하려고 농업진흥지역 외의 농지를 소유하는 경우
> ㉣ 상속(상속인에게 한 유증을 포함)으로 농지를 취득하여 소유하는 경우
> ㉤ 8년 이상 농업경영을 하던 사람이 이농한 후에도 이농 당시 소유하고 있던 농지를 계속 소유하는 경우
> ㉥ 담보농지를 취득하여 소유하는 경우
> ㉦ 농지전용허가를 받거나 농지전용신고를 한 자가 그 농지를 소유하는 경우
> ㉧ 농지전용협의를 마친 농지를 소유하는 경우
> ㉨ 농지의 개발사업지구에 있는 농지로서 한국농어촌공사가 개발하여 매도하는 도·농간의 교류 촉진을 위한 1천500제곱미터 미만의 농원부지 또는 농어촌관광휴양지에 포함된 1천500제곱미터 미만의 농지나 「농어촌정비법」에 따른 농지를 취득하여 소유하는 경우
> ㉩ 농업진흥지역 밖의 농지 중 최상단부부터 최하단부까지의 평균경사율이 15퍼센트 이상인 농지로서 영농여건불리농지(ⓐ시·군의 읍·면 지역의 농지로, ⓑ집단화된 농지의 규모가 2만제곱미터 미만이며, ⓒ시장·군수가 영농 여건이 불리하고 생산성이 낮다고 인정하는 농지)를 소유하는 경우
> ㉪ 다음 어느 하나에 해당하는 경우
>   ⓐ 한국농어촌공사가 농지를 취득하여 소유하는 경우
>   ⓑ 「농어촌정비법」에 따라 농지를 취득하여 소유하는 경우
>   ⓒ 매립농지를 취득하여 소유하는 경우
>   ⓓ 토지수용으로 농지를 취득하여 소유하는 경우
>   ⓔ 농림축산식품부장관과 협의를 마치고 「공익사업을 위한 토지 등의 취득 및 보상에 관한 법률」에 따라 농지를 취득하여 소유하는 경우
>   ⓕ 공공토지비축심의위원회가 비축이 필요하다고 인정하는 토지로서 「국토의 계획 및 이용에 관한 법률」 계획관리지역과 자연녹지지역 안의 농지를 한국토지주택공사가 취득하여 소유하는 경우. 이 경우 그 취득한 농지를 전용하기 전까지는 한국농어촌공사에 지체 없이 위탁하여 임대하거나 무상사용하게 하여야 한다.

② 「농지법」에 따라 농지를 임대하거나 무상사용하게 하는 경우에는 임대하거나 무상사용하게 하는 기간 동안 농지를 계속 소유할 수 있다.

③ 이 법에서 허용된 경우 외에는 농지 소유에 관한 특례를 정할 수 없다.

2. 농지의 소유상한

상속	농업경영을 하지 아니하는 사람	그 상속 농지 중에서 총 10,000㎡ 이하
	농업 경영을 하는 자	소유상한이 없음
이농	8년 이상 농업경영을 한 후 이농한 사람	이농 당시 소유 농지 중에서 총 10,000㎡ 이하
주말·체험 농장	세대원 전부가 소유하는 총 면적 1,000㎡ 미만	

- 상속이나 이농의 경우 소유상한에도 불구하고 농지를 임대하거나 무상사용하게 하는 경우에는 임대하거나 무상사용하게 하는 기간 동안 소유 상한을 초과하는 농지를 계속 소유할 수 있다.

Ⅲ. 농지의 취득

> 자기의 농업경영에 이용하거나 이용할 자 + 농업경영계획서 작성 + 농지취득자격증명 발급

1. 농지취득자격 증명의 발급대상

농지를 취득하려는 자는 농지 소재지를 관할하는 시장, 구청장, 읍장 또는 면장에게서 농지취득자격증명을 발급받아야 한다. 시·구·읍·면의 장은 농지 투기가 성행하거나 성행할 우려가 있는 지역의 농지를 취득하려는 자 등 **농림축산식품부령으로 정하는 자**가 농지취득자격증명 발급을 신청한 경우 **농지위원회의 심의**를 거쳐야 한다. 시·구·읍·면의 장은 농지취득자격증명의 발급 신청을 받은 때에는 그 **신청을 받은 날부터 7일**(농업경영계획서 또는 주말·체험영농계획서를 **작성하지 아니**하고 농지취득자격증명의 발급신청을 할 수 있는 경우에는 **4일**, **농지위원회의 심의 대상**의 경우에는 **14일**) 이내에 신청인에게 농지취득자격증명을 발급하여야 한다.

> 〈농림축산식품부령으로 정하는 자〉
> ㉠ 「부동산 거래신고 등에 관한 법률」에 따라 지정된 허가구역에 있는 농지를 취득하려는 자
> ㉡ 취득대상 농지 소재지 관할 시·군·자치구 또는 연접한 시·군·자치구에 거주하지 않으면서 그 관할 시·군·자치구에 소재한 농지를 2022년 8월 18일 이후 처음으로 취득하려는 자
> ㉢ 1필지의 농지를 3인 이상이 공유로 취득하려는 경우 해당 공유자
> ㉣ 농업법인
> ㉤ 「출입국관리법」에 따라 등록한 외국인
> ㉥ 「재외동포의 출입국과 법적 지위에 관한 법률」 제6조에 따라 국내거소신고를 한 외국국적동포
> ㉦ 그 밖에 농업경영능력 등을 심사할 필요가 있다고 인정하여 시·군·자치구의 조례로 정하는 자

2. 발급대상 예외 (계획서X, 농지취득자격증X)
다음의 경우 농지취득자격증명을 발급받지 아니하고 농지를 취득할 수 있다.

㉠ 국가나 지방자치단체가 농지를 소유하는 경우
㉡ 상속(상속인에게 한 유증을 포함)으로 농지를 취득하여 소유하는 경우
㉢ 담보농지를 취득하여 소유하는 경우
㉣ 농지전용협의를 마친 농지를 소유하는 경우
㉤ 다음 어느 하나에 해당하는 경우
　ⓐ 한국농어촌공사가 농지를 취득하여 소유하는 경우
　ⓑ 「농어촌정비법」에 따라 농지를 취득하여 소유하는 경우
　ⓒ 매립농지를 취득하여 소유하는 경우
　ⓓ 토지수용으로 농지를 취득하여 소유하는 경우
　ⓔ 농림축산식품부장관과 협의를 마치고 「공익사업을 위한 토지 등의 취득 및 보상에 관한 법률」에 따라 농지를 취득하여 소유하는 경우
㉥ 농업법인의 합병으로 농지를 취득하는 경우
㉦ 공유 농지의 분할로 농지를 취득하는 경우
㉧ 시효의 완성으로 농지를 취득하는 경우
㉨ 환매권자가 환매권에 따라 농지를 취득하는 경우
㉩ 농지이용증진사업 시행계획에 따라 농지를 취득하는 경우

3. 농업경영계획서의 작성

(1) 농업경영계획서의 작성

농지취득자격증명을 발급받으려는 자는 다음의 사항이 모두 포함된 농업경영계획서 또는 주말·체험영농계획서를 작성하고 농림축산식품부령으로 정하는 서류를 첨부하여 농지 소재지를 관할하는 시·구·읍·면의 장에게 발급신청을 하여야 한다.

① 취득 대상 농지의 면적(공유로 취득하려는 경우 공유 지분의 비율 및 각자가 취득하려는 농지의 위치도 함께 표시한다)
② 취득 대상 농지에서 농업경영을 하는 데에 필요한 노동력 및 농업 기계·장비·시설의 확보 방안
③ 소유 농지의 이용 실태(농지 소유자에게만 해당한다)
④ 농지취득자격증명을 발급받으려는 자의 직업·영농경력·영농거리

(2) 농업경영계획서 작성의 면제 (계획서x, 농지취득자격증o)

다음에 따라 농지를 취득하는 자는 농업경영계획서 또는 주말·체험영농계획서를 작성하지 아니하고 농림축산식품부령으로 정하는 서류를 첨부하지 아니하여도 발급신청을 할 수 있다. 시·구·읍·면의 장은 제출되는 농업경영계획서 또는 주말·체험영농계획서 및 농지취득자격증명 신청서류를 10년간 보존하여야 한다.

① (초·중·고등)학교, 공공단체·농업연구기관·농업생산자단체 또는 종묘나 그 밖의 농업 기자재 생산자가 그 목적사업을 수행하기 위하여 필요한 시험지·연구지·실습지·종묘생산지 또는 과수 인공수분용 꽃가루 생산지로 쓰기 위하여 취득하여 소유하는 경우
② 농지전용허가를 받거나 농지전용신고를 한 자가 그 농지를 소유하는 경우
③ 농지의 개발사업지구에 있는 농지로서 한국농어촌공사가 개발하여 매도하는 도·농간의 교류촉진을 위한 1천500제곱미터 미만의 농원부지 또는 농어촌관광휴양지에 포함된 1천500제곱미터 미만의 농지나 「농어촌정비법」에 따른 농지를 취득하여 소유하는 경우
④ 농업진흥지역 밖의 농지 중 최상단부부터 최하단부까지의 평균경사율이 15퍼센트 이상인 농지로서 영농여건불리농지를 소유하는 경우
⑤ 공공토지비축심의위원회가 비축이 필요하다고 인정하는 토지로서 「국토의 계획 및 이용에 관한 법률」 계획관리지역과 자연녹지지역 안의 농지를 한국토지주택공사가 취득하여 소유하는 경우

Ⅳ. 농지의 위탁경영 임대·무상사용

1. 농지의 위탁경영

농지 소유자는 다음 어느 하나에 해당하는 경우 외에는 소유 농지를 위탁경영할 수 없다.

① 「병역법」에 따라 징집 또는 소집된 경우

② 3개월 이상 국외 여행 중인 경우

③ 농업법인이 청산 중인 경우

④ 질병, 취학, 선거에 따른 공직 취임, 부상으로 3월 이상의 치료가 필요한 경우, 교도소·구치소 또는 보호감호시설에 수용 중인 경우, 임신 중이거나 분만 후 6개월 미만인 경우로 자경할 수 없는 경우

⑤ 농지이용증진사업 시행계획에 따라 위탁경영하는 경우

⑥ 농업인이 자기 노동력이 부족하여 농작업의 일부를 위탁하는 경우

> 자기노동력이 부족한 경우는 다음 어느 하나에 해당하는 경우로서 통상적인 농업경영관행에 따라 농업경영을 함에 있어서 자기 또는 세대원의 노동력으로는 해당 농지의 농업경영에 관련된 농작업의 전부를 행할 수 없는 경우로 한다.
>
> ㉠ 다음 어느 하나에 해당하는 재배작물의 종류별 주요 농작업의 3분의 1 이상을 자기 또는 세대원의 노동력에 의하는 경우
>
>   ⓐ 벼 : 이식 또는 파종, 재배관리 및 수확
>
>   ⓑ 과수 : 가지치기 또는 열매솎기, 재배관리 및 수확
>
>   ⓒ 외의 농작물 또는 다년생식물 : 파종 또는 육묘, 이식, 재배관리 및 수확
>
> ㉡ 자기의 농업경영에 관련된 ㉠중 어느 하나에 해당하는 농작업에 1년 중 30일 이상 직접 종사하는 경우

2. 임대·무상사용

(1) 임대·무상사용 금지의 원칙 및 예외

다음 어느 하나에 해당하는 경우 외에는 농지를 임대하거나 무상사용하게 할 수 없다.

① 경자유전의 원칙의 예외에 해당하는 경우로 농업경영에 이용되어야 하는 농지를 임대하거나 무상사용하게 하는 경우

② 농지이용증진사업 시행계획에 따라 농지를 임대하거나 무상사용하게 하는 경우

③ 질병, 징집, 취학, 선거에 따른 공직취임, 부상으로 3월 이상의 치료가 필요한 경우, 교도소·구치소 또는 보호감호시설에 수용 중인 경우, 3월 이상 국외여행을 하는 경우, 농업법인이 청산 중인 경우, 임신 중이거나 분만 후 6개월 미만인 경우로 인하여 일시적으로 농업경영에 종사하지 아니하게 된 자가 소유하고 있는 농지를 임대하거나 무상사용하게 하는 경우

④ 60세 이상인 사람으로서 대통령령으로 정하는 사람이 소유하고 있는 농지 중에서 자기의 농업경영에 이용한 기간이 5년이 넘은 농지를 임대하거나 무상사용하게 하는 경우

⑤ 개인이 소유하고 있는 농지 중 3년 이상 소유한 농지를 주말·체험영농을 하려는 자에게 임대하거나 무상사용하게 하는 경우, 또는 주말·체험영농을 하려는 자에게 임대하는 것을 업으로 하는 자에게 임대하거나 무상사용하게 하는 경우

⑥ 농업법인이 소유하고 있는 농지를 주말·체험영농을 하려는 자에게 임대하거나 무상사용하게 하는 경우

⑦ 개인이 소유하고 있는 농지 중 3년 이상 소유한 농지를 한국농어촌공사나 그 밖에 대통령령으로 정하는 자에게 위탁하여 임대하거나 무상사용하게 하는 경우

⑧ 다음 어느 하나에 해당하는 농지를 한국농어촌공사나 그 밖에 대통령령으로 정하는 자에게 위탁하여 임대하거나 무상사용하게 하는 경우

㉠ 상속으로 농지를 취득한 사람으로서 농업경영을 하지 아니하는 사람이 소유 상한을 초과하여 소유하고 있는 농지

㉡ 8년 이상 농업경영을 한 후 이농한 사람이 규정한 소유 상한을 초과하여 소유하고 있는 농지

⑨ 자경 농지를 농림축산식품부장관이 정하는 이모작을 위하여 8개월 이내로 임대하거나 무상사용하게 하는 경우

⑩ 대통령령으로 정하는 농지 규모화, 농작물 수급 안정 등을 목적으로 한 사업을 추진하기 위하여 필요한 자경 농지를 임대하거나 무상사용하게 하는 경우

(2) 절차

임대차계약(농업경영을 하려는 자에게 임대하는 경우만 해당)과 사용대차계약(농업경영을 하려는 자에게 무상사용하게 하는 경우만 해당)은 서면계약을 원칙으로 한다. 임대차계약은 그 등기가 없는 경우에도 임차인이 농지소재지를 관할하는 시·구·읍·면의 장의 확인을 받고, 해당 농지를 인도받은 경우에는 그 다음 날부터 제삼자에 대하여 효력이 생긴다. 시·구·읍·면의 장은 농지임대차계약 확인대장을 갖추어 두고, 임대차계약증서를 소지한 임대인 또는 임차인의 확인 신청이 있는 때에는 농림축산식품부령으로 정하는 바에 따라 임대차계약을 확인한 후 대장에 그 내용을 기록하여야 한다.

(3) 임대차 기간

1) 임대차 기간

임대차 기간은 **3년 이상**으로 하여야 한다. 다만, ①농지의 임차인이 **다년생식물의 재배지**로 이용하는 농지이거나 ②농지의 임차인이 농작물의 재배시설로서 **고정식온실 또는 비닐하우스를 설치**한 농지의 경우에는 **5년 이상**으로 하여야 한다. **임대차 기간을 정하지 아니하거나 이보다 짧은 기간**으로 정한 경우에는 **3년 또는 5년의 기간**으로 **약정**된 것으로 본다. 다만, **임차인은** 3년 또는 5년 기간 미만으로 정한 임대차 기간이 **유효함을 주장**할 수 있다. **임대인은** ①질병, 징집, 취학의 경우, ②선거에 의한 공직에 취임하는 경우, ③부상으로 3개월 이상의 치료가 필요한 경우, ④교도소·구치소 또는 보호감호시설에 수용 중인 경우, ⑤농업법인이 청산 중인 경우, ⑥농지전용허가를 받았거나 농지전용신고를 하였으나 농지전용목적사업에 착수하지 않은 경우에는 임대차 기간을 **3년 또는 5년 기간 미만**으로 정할 수 있다. 임대차 기간은 임대차계약을 연장 또는 갱신하거나 재계약을 체결하는 경우에도 동일하게 적용한다. **국유재산과 공유재산인 농지**에 대해서는 해당 규정을 적용하지 않는다.

2) 묵시적 갱신 및 편면적 강행규정

임대인이 임대차 기간이 끝나기 3개월 전까지 임차인에게 임대차계약을 갱신하지 아니한다는 뜻이나 임대차계약 조건을 변경한다는 뜻을 통지하지 아니하면 그 임대차 기간이 끝난 때에 이전의 임대차계약과 같은 조건으로 다시 임대차계약을 한 것으로 본다. 이 법에 위반된 약정으로서 임차인에게 불리한 것은 그 효력이 없다.

(4) 임대인의 지위 승계

임대 농지의 **양수인**은 이 법에 따른 **임대인의 지위를 승계**한 것으로 본다.

(5) 임대차의 종료

농지를 임차하거나 사용대차한 임차인 또는 사용대차인이 그 농지를 **정당한 사유 없이 농업경영에 사용하지 아니**할 때에는 시장·군수·구청장이 농림축산식품부령으로 정하는 바에 따라 임대차 또는 사용대차의 **종료를 명**할 수 있다.

(6) 임대차계약에 관한 조정

	임대차계약에 관한 조정	임대차조정위원회 구성
규정	① 임대차계약의 당사자는 임대차계약에 관하여 서로 협의가 이루어지지 아니한 경우 관할 시장·군수 또는 자치구구청장에게 조정을 신청할 수 있다. ② 시장·군수 또는 자치구구청장은 신청이 있으면 지체 없이 농지임대차조정위원회를 구성하여 조정절차를 개시하여야 한다. ③ 농지임대차조정위원회에서 작성한 조정안을 임대차계약 당사자가 **수락한 때에는 이를 해당 임대차의 당사자 간에 체결된 계약**의 내용으로 본다.	• 농지임대차조정위원회는 **위원장 1명을 포함한 3명의 위원**으로 구성하며, 위원장은 부시장·부군수 또는 자치구의 부구청장이 되고, 위원은 시·군·구 농업·농촌및식품산업정책심의회의 위원으로서 조정의 이해당사자와 관련이 없는 사람 중에서 시장·군수 또는 자치구구청장이 위촉한다.

V. 농지의 처분

1. 처분사유

농지 소유자는 다음 어느 하나에 해당하게 되면 그 사유가 발생한 날부터 1년 이내에 해당 농지(㊊의 경우에는 농지 소유 상한을 초과하는 면적에 해당하는 농지를 말한다)를 그 사유가 발생한 날 당시 세대를 같이 하는 세대원이 아닌 자, 농지 소유자가 법인인 경우 해당 법인의 특수관계인에 해당하지 않는 자에게 처분하여야 한다.

> ㉠ 소유 농지를 자연재해·농지개량·질병 등 대통령령으로 정하는 정당한 사유 없이 자기의 농업경영에 이용하지 아니하거나 이용하지 아니하게 되었다고 시장·군수 또는 구청장이 인정한 경우
> ㉡ 농지를 소유하고 있는 농업회사법인이 요건에 맞지 아니하게 된 후 3개월이 지난 경우
> ㉢ 연구지등으로 농지를 취득한 자가 그 농지를 해당 목적사업에 이용하지 아니하게 되었다고 시장·군수 또는 구청장이 인정한 경우
> ㉣ 주말·체험 농장 목적으로 농지를 취득한 자가 자연재해·농지개량·질병 등 대통령령으로 정하는 정당한 사유 없이 그 농지를 주말·체험영농에 이용하지 아니하게 되었다고 시장·군수 또는 구청장이 인정한 경우
> ㉤ 상속으로 농지를 취득하여 소유한 자가 농지를 임대하거나 한국농어촌공사에 위탁하여 임대하는 등 대통령령으로 정하는 정당한 사유 없이 자기의 농업경영에 이용하지 아니하거나 이용하지 아니하게 되었다고 시장·군수 또는 구청장이 인정한 경우
> ㉥ 8년 이상 농업경영을 한 후 이농한 사람이 농지를 임대하거나 한국농어촌공사에 위탁하여 임대하는 등 대통령령으로 정하는 정당한 사유 없이 자기의 농업경영에 이용하지 아니하거나, 이용하지 아니하게 되었다고 시장·군수 또는 구청장이 인정한 경우
> ㉦ 농지전용허가를 받거나 농지전용신고를 한 자가 농지를 취득한 날부터 2년 이내에 그 목적사업에 착수하지 아니한 경우
> ㉧ 농림축산식품부장관과의 협의를 마치지 아니하고 농지를 소유한 경우
> ㉨ 공공토지비축심의위원회가 비축이 필요하다고 인정하는 토지로 한국토지주택공사가 취득한 경우 해당 농지를 한국농어촌공사에 지체 없이 위탁하지 아니한 경우
> ㉩ 농지 소유 상한을 초과하여 농지를 소유한 것이 판명된 경우
> ㉪ 자연재해·농지개량·질병 등 대통령령으로 정하는 정당한 사유 없이 농업경영계획서 또는 주말·체험영농계획서 내용을 이행하지 아니하였다고 시장·군수 또는 구청장이 인정한 경우

2. 농지처분의 통지, 처분 명령 및 매수 청구

농지처분의 통지	• 시장·군수 또는 구청장은 농지의 처분의무가 생긴 농지의 소유자에게 농림축산식품부령으로 정하는 바에 따라 처분 대상 농지, 처분의무 기간 등을 구체적으로 밝혀 그 농지를 처분하여야 함을 알려야 한다.
처분명령	• 시장·군수 또는 구청장은 처분의무 기간에 처분 대상 농지를 처분하지 않은 농지 소유자에게 6개월 이내에 그 농지를 처분할 것을 명할 수 있다.
매수 청구	• 농지 소유자는 처분명령을 받으면 한국농어촌공사에 그 농지의 매수를 청구할 수 있다. 한국농어촌공사는 매수청구를 받으면 공시지가를 기준으로 해당 농지를 매수할 수 있다. 이 경우 인근 지역의 실제 거래 가격이 공시지가보다 낮으면 실제 거래 가격을 기준으로 매수할 수 있다.

3. 처분명령의 유예

시장·군수 또는 구청장은 처분의무 기간에 처분 대상 농지를 처분하지 아니한 농지 소유자가 ①해당 농지를 자기의 농업경영에 이용하는 경우, ②한국농어촌공사나 그 밖에 대통령령으로 정하는 자와 해당 농지의 매도위탁계약을 체결한 경우, 처분의무 기간이 지난 날부터 3년간 처분명령을 직권으로 유예할 수 있다.

4. 이행강제금의 부과

시장·군수 또는 구청장은 처분명령을 받은 후 정당한 사유 없이 지정기간까지 그 처분명령을 이행하지 아니한 자에게 해당 농지의 감정평가법인등이 감정평가한 감정가격 또는 개별공시지가 중 더 높은 가액의 100분의 25에 해당하는 이행강제금을 부과한다.

핵심 지문 기출 OX

01 「초·중등교육법」 및 「고등교육법」에 따른 학교가 그 목적사업을 수행하기 위하여 필요한 연구지·실습지로쓰기 위하여 농림축산식품부령으로 정하는 바에 따라농지를 취득하여 소유하는 경우 자기의 농업경영에 이용하거나 이용할 자가 아니더라도 농지를 소유할 수 있다.(o)[33회]

02 농지법령상 주말·체험영농을 하려고 농지를 소유하는 경우 농업인이 아닌 개인도 농지를 소유할 수 있다.(o)[26회]

03 주말·체험영농을 하려고 농업진흥지역 내의 농지를 소유하는 경우 자기의 농업경영에 이용하거나 이용할 자가 아니더라도 농지를 소유할 수 있다.(x)[33회]

04 8년 이상 농업경영을 하던 사람이 이농한 후에도 이농당시 소유 농지 중 1만제곱미터를 계속 소유하면서 농업경영에 이용되도록 하는 경우 자기의 농업경영에 이용하거나 이용할 자가 아니더라도 농지를 소유할 수 있다.(o)[33회]

05 「공유수면 관리 및 매립에 관한 법률」에 따라 매립농지를 취득하여 소유하면서 농업경영에 이용되도록 하는 경우 자기의 농업경영에 이용하거나 이용할 자가 아니더라도 농지를 소유할 수 있다.(o)[33회]

06 농림축산식품부장관과 협의를 마치고 「공익사업을 위한 토지 등의 취득 및 보상에 관한 법률」에 따라 농지를 취득하여 소유하면서 농업경영에 이용되도록 하는 경우 자기의 농업경영에 이용하거나 이용할 자가 아니더라도 농지를 소유할 수 있다.(o)[33회]

07 농지법령상 농지소유상한에 따르면 상속으로 농지를 취득한 자로서 농업경영을 하지 아니하는 자는 그 상속 농지 중에서 총 〈10,000㎡〉까지만 소유할 수 있다.(o)[22회]

08 농지법령상 농지소유상한에 따르면 8년 이상 농업경영을 한 후 이농한 자는 이농 당시 소유 농지 중에서 총 〈10,000㎡〉까지만 소유할 수 있다.(o)[21회]

09 국가나 지방자치단체가 농지를 소유하는 경우 농지법령상 농지취득자격증명을 발급받지 아니하고 농지를 취득할 수 있다.(o)[32회]

10 상속으로 농지를 취득하는 경우 농지법령상 농지취득자격증명을 발급받지 아니하고 농지를 취득할 수 있는 경우에 해당하지 않는다.(x)[26회]

11 농업법인의 합병으로 농지를 취득하는 경우 농지법령상 농지취득자격증명을 발급받지 아니하고 농지를 취득할 수 있다.(o)³²회

12 농업법인의 합병으로 농지를 취득하는 경우 농지법령상 농지취득자격증명을 발급받지 아니하고 농지를 취득할 수 있는 경우에 해당하지 않는다.(x)²⁶회

13 공유 농지의 분할로 농지를 취득하는 경우 농지법령상 농지취득자격증명을 발급받지 아니하고 농지를 취득할 수 있다.(o)³¹회

14 공유농지의 분할로 농지를 취득하는 경우 농지법령상 농지취득자격증명을 발급받지 아니하고 농지를 취득할 수 있는 경우에 해당하지 않는다.(x)²⁶회

15 시효의 완성으로 농지를 취득하는 경우 농지법령상 농지취득자격증명을 발급받지 아니하고 농지를 취득할 수 있다.(o)³²회

16 시효의 완성으로 농지를 취득하는 경우 농지법령상 농지취득자격증명을 발급받지 아니하고 농지를 취득할 수 있는 경우에 해당하지 않는다.(x)²⁶회

17 농지를 농업인 주택의 부지로 전용하려고 농지전용신고를 한 자가 그 농지를 취득하는 경우 농지법령상 농지취득자격증명을 발급받지 아니하고 농지를 취득할 수 있는 경우에 해당하지 않는다.(o)²⁶회

18 농지법령상 주말·체험영농을 하려고 농지를 소유하는 경우 농지를 취득하려면 농지취득자격증명을 발급받아야 한다.(o)²⁶회

19 주말·체험영농을 하려고 농업진흥지역 외의 농지를 소유하는 경우 농지법령상 농지취득자격증명을 발급받지 아니하고 농지를 취득할 수 있다.(x)³²회

20 농지법령상 주말·체험영농을 하려고 농지를 소유하는 경우 세대원 전부가 소유한 면적을 합하여 총 1천 제곱미터 미만의 농지를 소유할 수 있다.(o)²⁶회

21 「병역법」에 따라 징집 또는 소집된 경우 농지법령상 농지 소유자가 소유 농지를 위탁경영할 수 있다.(o)³⁴회

22 농지법령상 농지소유자가 「병역법」에 따라 현역으로 징집된 경우 소유 농지를 위탁경영할 수 없는 경우이다.(x)²⁹회

23 농지법령상 농지소유자가 6개월간 미국을 여행 중인 경우 소유 농지를 위탁경영할 수 없는 경우이다.(x)²⁹회

24 농지법령상 2개월간 국외 여행 중인 경우 소유 농지를 위탁경영할 수 있는 경우이다.(x)²⁵회

25 농지법령상 농지의 소유자가 6개월간 대한민국 전역을 일주하는 여행 중인 경우 소유 농지를 위탁경영할 수 없는 경우이다.(o)³⁰회

26 농업법인이 청산 중인 경우 농지법령상 농지 소유자가 소유 농지를 위탁경영할 수 있다.(o)³⁴회

27 농지법령상 농지소유자인 농업법인이 청산 중인 경우 소유 농지를 위탁경영할 수 없는 경우이다.(x)²⁹회

28 농지법령상 농업법인이 소송 중인 경우 소유 농지를 위탁경영할 수 있는 경우이다.(x)²⁵회

29 선거에 따른 공직 취임으로 자경할 수 없는 경우 농지법령상 농지 소유자가 소유 농지를 위탁경영할 수 있다.(o)³⁴회

30 농지법령상 농지의 소유자가 선거에 따른 공직취임으로 자경할 수 없는 경우 소유 농지를 위탁경영할 수 없는 경우이다.(x)³⁰회

31 농지법령상 농지소유자가 선거에 따른 지방의회의원 취임으로 자경할 수 없는 경우 소유 농지를 위탁경영할 수 없는 경우이다.(x)²⁹회

32 농지법령상 농지 소유자가 1년간 국내 여행 중인 경우 소유 농지를 위탁경영할 수 있는 경우이다.(x)²⁵회

33 농지법령상 농지소유자가 교통사고로 2개월간 치료가 필요한 경우 소유 농지를 위탁경영할 수 없는 경우이다.(o)²⁹회

34 농지법령상 농작업 중의 부상으로 2개월간 치료가 필요한 경우 소유 농지를 위탁경영할 수 있는 경우이다.(x)²⁵회

35 농지법령상 농지 소유자가 구치소에 수용 중이어서 자경할 수 없는 경우 소유 농지를 위탁경영할 수 있는 경우이다.(o)²⁵회

36 농지이용증진사업 시행계획에 따라 위탁경영하는 경우 농지법령상 농지 소유자가 소유 농지를 위탁경영할 수 있다.(o)³⁴회

37 농지법령상 농지의 소유자가 과수를 가지치기 또는 열매솎기, 재배관리 및 수확하는 농작업에 1년 중 4주간을 직접 종사하는 경우 소유 농지를 위탁경영할 수 없는 경우이다.(o)³⁰회

38 농업인이 자기 노동력이 부족하여 농작업의 전부를 위탁하는 경우 농지법령상 농지 소유자가 소유 농지를 위탁경영할 수 있다.(x)³⁴회

39 〈3월 이상의 국외여행〉으로 인하여 일시적으로 농업경영에 종사하지 아니하게 된 자가 소유하고 있는 농지는 농지법령상 농지를 임대하거나 무상사용하게 할 수 있다.(o)³⁴회

40 농지법령상 60세 이상 농업인은 자신이 거주하는 시·군에 있는 소유 농지 중에서 자기의 농업경영에 이용한 기간이 5년이 넘은 농지를 임대할 수 있다.(o)³¹회

41 〈60세 이상인 농업인〉이 거주하는 시·군에 있는 소유 농지 중에서 자기의 농업경영에 이용한 기간이 〈5년이 넘은 농지〉는 농지법령상 농지를 임대하거나 무상사용하게 할 수 있다.(o) ³⁴회

42 농지법령상 자기의 농업경영을 위해 농지를 소유하는 자는 주말·체험영농을 하려는 자에게 임대하는 것을 업으로 하는 자에게 자신의 농지를 임대할 수 없다.(x)²¹회

43 농지법령상 임대차계약은 서면계약을 원칙으로 한다.(o)²⁴회

44 농지법령상 농업경영을 하려는 자에게 농지를 임대하는 경우 서면계약을 원칙으로 한다.(o)²¹회

45 농지법령상 임대차계약은 그 등기가 없는 경우에도 임차인이 농지소재지를 관할하는 시·구·읍·면의 장의 확인을 받고, 해당 농지를 인도받은 경우에는 그 다음 날부터 제3자에 대하여 효력이 생긴다.(o)³¹회, ²⁴회

46 농지법령상 국·공유재산이 아닌 A농지의 임대차계약은 등기가 있어야만 제3자에게 효력이 있다.(x)²⁷회

47 농지법령상 농지의 임대차에서 농지의 임차인이 농작물의 재배시설로서 비닐하우스를 설치한 농지의 임대차기간을 10년 이상으로 하여야 한다.(x)³¹회

48 농지법령상 임대인이 취학을 이유로 A농지를 임대하는 경우 임대차기간은 3년 이상으로 하여야 한다.(x)²⁷회

49 농지법령상 임대인이 질병을 이유로 A농지를 임대하였다가 같은 이유로 임대차계약을 갱신하는 경우 임대차기간은 3년 이상으로 하여야 한다.(x)²⁷회

50 농지법령상 임대차 기간을 정하지 아니하거나 5년보다 짧은 경우에는 5년으로 약정된 것으로 본다.(x)²⁴회

51 농지법령상 국유재산인 B농지의 임대차기간은 3년 미만으로 할 수 있다.(o)²⁷회

52 농지법령상 임대 농지의 양수인은 「농지법」에 따른 임대인의 지위를 승계한 것으로 본다.(o)²¹회, ²⁴회

53 농지법령상 농지를 임차한 임차인이 그 농지를 정당한 사유 없이 농업경영에 사용하지 아니할 때에는 시장·군수·구청장은 임대차의 종료를 명할 수 있다.(o)³¹회

54 농지법령상 국·공유재산이 아닌 A농지의 임차인이 그 농지를 정당한 사유없이 농업경영에 사용하지 아니할 경우 농지소재지 읍·면장은 임대차의 종료를 명할 수 있다.(x)²⁷회

55 농지법령상 농지처분의무 기간은 처분사유가 발생한 날부터 6개월이다.(x)²⁵회

56 농지법령상 농지 소유자가 시장·군수 또는 구청장으로부터 농지처분명령을 받은 경우 한국토지주택공사에 그 농지의 매수를 청구할 수 있다.(x)²⁵회

57 농지법령상 군수는 처분명령을 받은 후 정당한 사유없이 지정기간까지 그 처분명령을 이행하지 아니한 자에게 해당 농지의 토지가액의 100분의 〈20〉에 해당하는 이행강제금을 부과한다.(x)²⁸회

58 농지법령상 시장·군수 또는 구청장은 농지처분명령을 받은 후 농지법령상의 정당한 사유 없이 지정기간까지 그 처분명령을 이행하지 아니한 자에게 해당 농지의 토지가액의 100분의 20에 해당하는 〈이행강제금〉을 부과한다.(x)²²회

59 농지법령상 주말·체험영농을 하려고 농지를 취득한 자가 징집으로 인하여 그 농지를 주말·체험영농에 이용하지 못하게 되면 1년 이내에 그 농지를 처분하여야 한다.(x)²⁶회

60 농지법령상 농지 소유자가 선거에 따른 공직취임으로 휴경하는 경우에는 소유농지를 자기의 농업경영에 이용하지 아니하더라도 농지처분의무가 면제된다.(o)²⁵회

61 농지법령상 농지전용신고를 하고 농지를 취득한 자가 질병으로 인하여 취득한 날부터 2년이 초과하도록 그 목적사업에 착수하지 아니한 경우에는 농지처분의무가 면제된다.(x)²⁵회

62 농지법령상 농지 소유 상한을 초과하여 농지를 소유한 것이 판명된 경우에는 소유농지 전부를 처분하여야 한다.(x)²⁵회

Unit 3. 대리경작자 제도

구분	내용
의의	• 시장·군수 또는 구청장은 유휴농지에 대하여 그 농지의 소유권자나 임차권자를 대신하여 농작물을 경작할 자를 직권으로 지정하거나 유휴농지를 경작하려는 자의 신청을 받아 대리경작자를 지정할 수 있다.
유휴농지의 판단	• 유휴농지는 농작물 경작이나 다년생식물 재배에 이용되지 아니하는 농지로 다음 어느 하나에 해당하지 않는 농지를 말한다. ① 지력의 증진이나 토양의 개량·보전을 위하여 필요한 기간 동안 휴경하는 농지 ② 연작으로 인하여 피해가 예상되는 재배작물의 경작 또는 재배 전후에 지력의 증진 또는 회복을 위하여 필요한 기간 동안 휴경하는 농지 ③ 농지전용허가를 받거나 농지전용협의를 거친 농지 ④ 농지전용신고를 한 농지 ⑤ 농지의 타용도 일시사용허가를 받거나 협의를 거친 농지 ⑥ 농지의 타용도 일시사용신고를 하거나 협의를 거친 농지 ⑦ 그 밖에 농림축산식품부장관이 정하는 ①부터 ⑥까지의 농지에 준하는 농지
대리경작자 지정 요건	• 다음에 해당하지 않는 농업인 또는 농업법인으로서 대리경작을 하려는 자 중에서 지정하나, 지정이 곤란한 경우에는 농업생산자단체·학교나 그 밖의 해당 농지를 경작하려는 자를 대리경작자로 지정할 수 있다. ① 농지 처분의무를 통지받고 그 처분 대상 농지를 처분하지 아니한 자(처분의무가 없어진 자는 제외) ② 처분명령을 받고 그 처분명령 대상 농지를 처분하지 아니한 자 ③ 징역형의 실형을 선고받고 그 집행이 끝나거나 집행이 면제된 날부터 1년이 지나지 않은 자 ④ 징역형의 집행유예를 선고받고 그 유예기간 중에 있는 자 ⑤ 징역형의 선고유예를 받고 그 유예기간 중에 있는 자 ⑥ 벌금형을 선고받고 1년이 지나지 않은 자
지정의 절차	• 농지의 소유권자·임차권자에게 지정예고 → 지정예고를 받은 날부터 10일 이내에 이의신청 → 이의신청을 받은 날로 7일 이내에 결과를 알려야 한다.
기간	• 대리경작 기간은 따로 정하지 아니하면 3년으로 한다.
토지사용료의 지급	• 대리경작자는 수확량의 100분의 10을 대리경작농지에서 경작한 농작물의 수확일부터 2월 이내에 그 농지의 소유권자나 임차권자에게 토지사용료로 지급하여야 한다. 토지사용료를 현금으로 지급하는 경우에는 따로 협의를 하지 않은 경우, 해당 농작물의 농판가격을 기준으로 금액을 산정하며, 해당 기간 안에 특별한 사유 없이 토지사용료를 지급하지 않은 경우, 그 기간의 만료일의 다음날부터 토지사용료를 지급하는 날까지의 기간을 연리 12퍼센트로 계산한 금액을 토지사용료에 가산하여 지급하여야 한다. 또한 농지의 소유권자나 임차권자가 수령을 거부하거나 대리경작자가 토지사용료의 지급이 곤란한 경우에는 토지사용료를 공탁할 수 있다.
중지	• 대리경작 농지의 소유권자 또는 임차권자가 그 농지를 스스로 경작하려면 대리경작 기간이 끝나기 3개월 전까지, 그 대리경작 기간이 끝난 후에는 대리경작자 지정을 중지할 것을 시장·군수 또는 구청장에게 신청하여야 하며, 신청을 받은 시장·군수 또는 구청장은 신청을 받은 날부터 1개월 이내에 대리경작자 지정 중지를 그 대리경작자와 그 농지의 소유권자 또는 임차권자에게 알려야 한다.
해지	• 시장·군수 또는 구청장은 다음 어느 하나에 해당하면 대리경작 기간이 끝나기 전이라도 대리경작자 지정을 해지할 수 있다. ① 대리경작 농지의 소유권자나 임차권자가 정당한 사유를 밝히고 지정 해지신청을 하는 경우 ② 대리경작자가 경작을 게을리하는 경우 ③ 그 밖에 대통령령으로 정하는 사유가 있는 경우

핵심 지문 기출 OX

01 농지법령상 유휴농지에 대하여 농지 소유권자를 대신할 대리경작자만 지정할 수 있고, 농지 임차권자를 대신할 대리경작자를 지정할 수는 없다.(x)[32회]

02 농지법령상 유휴농지에 대한 대리경작자 지정은 유휴농지를 경작하려는 농업인 또는 농업법인의 신청이 있을 때에만 할 수 있고, 직권으로는 할 수 없다.(x)[32회]

03 농지법령상 지력의 증진이나 토양의 개량·보전을 위하여 필요한 기간 동안 휴경하는 농지에 대하여도 대리경작자를 지정할 수 있다.(x)[32회]

04 농지법령상 지력의 증진을 위하여 필요한 기간 동안 휴경하는 농지에 대하여는 대리경작자를 지정할 수 없다.(o)[31회]

05 농지법령상 유휴농지의 대리경작 기간은 따로 정하지 아니하면 1년으로 한다.(x)[21회]

06 농지법령상 유휴농지에 대한 대리경작자의 대리경작 기간은 3년이고, 이와 다른 기간을 따로 정할 수 없다.(x)[32회]

07 농지법령상 유휴농지에 대리경작자는 수확량의 〈100분의 10〉을 농림축산식품부령으로 정하는 바에 따라 그 농지의 소유권자나 임차권자에게 토지사용료로 지급하여야 한다.(o)[28회]

08 농지법령상 유휴농지를 대리경작하는 경우 대리경작자는 수확량의 〈100분의 10〉을 그 농지의 소유권자나 임차권자에게 토지사용료로 지급하여야 한다.(o)[23회]

09 농지법령상 유휴농지에 대한 대리경작자가 경작을 게을리하는 경우에는 대리경작 기간이 끝나기 전이라도 대리경작자 지정을 해지할 수 있다.(o)[32회]

Unit 4. 농업진흥지역

Ⅰ. 농업진흥지역의 지정·운용

시·도지사(특별시장·광역시장·특별자치시장·도지사 또는 특별자치도지사)는 농지를 효율적으로 이용하고 보전하기 위하여 농업진흥지역을 지정한다. 농업진흥지역은 다음의 용도구역으로 구분하여 지정할 수 있다.

농업진흥구역	• 농업의 진흥을 도모하여야 하는 다음 어느 하나에 해당하는 지역으로서 농림축산식품부장관이 정하는 규모로 농지가 집단화되어 농업 목적으로 이용할 필요가 있는 지역 ① 농지조성사업 또는 농업기반정비사업이 시행되었거나 시행 중인 지역으로서 농업용으로 이용하고 있거나 이용할 토지가 집단화되어 있는 지역 ② ①에 해당하는 지역 외의 지역으로서 농업용으로 이용하고 있는 토지가 집단화되어 있는 지역
농업보호구역	• 농업진흥구역의 용수원 확보, 수질 보전 등 농업 환경을 보호하기 위하여 필요한 지역

Ⅱ. 지정 대상 지역

농업진흥지역 지정은 녹지지역·관리지역·농림지역 및 자연환경보전지역을 대상으로 한다. 다만, 특별시의 녹지지역은 제외한다.

Ⅲ. 지정절차

협의	• 농림축산식품부장관은 녹지지역이나 계획관리지역이 농업진흥지역에 포함되면 농업진흥지역 지정을 승인하기 전에 국토교통부장관과 협의하여야 한다.
심의 및 승인	• 시·도지사는 시·도 농업·농촌및식품산업정책심의회의 심의를 거쳐 농림축산식품부장관의 승인을 받아 농업진흥지역을 지정한다.
열람	• 시·도지사는 농업진흥지역을 지정하면 지체 없이 이 사실을 고시하고 관계 기관에 통보하여야 하며, 시장·군수 또는 자치구구청장으로 하여금 일반인에게 열람하게 하여야 한다.

Ⅳ. 용도구역에서의 행위제한

농업진흥구역	원칙	• 농업 생산 또는 농지 개량과 직접적으로 관련된 행위 외의 토지이용행위를 할 수 없다. ① 농작물의 경작 ② 다년생식물의 재배 ③ 고정식온실·버섯재배사 및 비닐하우스와 농림축산식품부령으로 정하는 그 부속시설의 설치 ④ 축사·곤충사육사와 농림축산식품부령으로 정하는 그 부속시설의 설치 ⑤ 간이퇴비장의 설치 ⑥ 농지개량사업 또는 농업용수개발사업의 시행 ⑦ 농막·농촌체류형 쉼터·간이저온저장고 및 간이액비 저장조 중에서 농림축산식품부령으로 정하는 시설의 설치 ⑧ 농림축산식품부령으로 정하는 지역, 지구 또는 구역 안에서 수직농장·식물공장의 설치
	예외	• 다음의 토지이용행위는 할 수 있다. ① 대통령령으로 정하는 농수산물의 가공·처리 시설의 설치 및 농수산업 관련 시험·연구 시설의 설치 ② 어린이놀이터, 마을회관, 그 밖에 대통령령으로 정하는 농업인의 공동생활에 필요한 편의 시설 및 이용 시설의 설치 ③ 대통령령으로 정하는 농업인 주택, 어업인 주택, 농업용 시설, 축산업용 시설 또는 어업용 시설의 설치 ④ 국방·군사 시설의 설치 ⑤ 하천, 제방, 그 밖에 이에 준하는 국토 보존 시설의 설치 ⑥ 국가유산의 보수·복원·이전, 매장유산의 발굴, 비석이나 기념탑, 그 밖에 이와 비슷한 공작물의 설치 ⑦ 도로, 철도, 그 밖에 대통령령으로 정하는 공공시설의 설치 ⑧ 지하자원 개발을 위한 탐사 또는 지하광물 채광과 광석의 선별 및 적치를 위한 장소로 사용하는 행위 ⑨ 농어촌 소득원 개발 등 농어촌 발전에 필요한 시설로서 대통령령으로 정하는 시설의 설치
농업보호구역		• 다음 외의 토지이용행위를 할 수 없다. ① 농업진흥구역에서 허용되는 토지이용행위 ② 농업인 소득 증대에 필요한 시설로서 다음의 건축물·공작물, 그 밖의 시설의 설치 　㉠ 관광농원사업으로 설치하는 시설로서 농업보호구역 안의 부지 면적이 2만㎡ 미만인 것 　㉡ 주말농원사업으로 설치하는 시설로서 농업보호구역 안의 부지 면적이 3천㎡ 미만인 것 　㉢ 태양에너지 발전설비로서 농업보호구역 안의 부지 면적이 1만㎡ 미만인 것 　㉣ 그 밖에 농촌지역 경제활성화를 통하여 농업인 소득증대에 기여하는 농수산업 관련 시설로서 농림축산식품부령으로 정하는 시설 ③ 농업인의 생활 여건을 개선하기 위하여 필요한 시설로서 다음의 건축물·공작물, 그 밖의 시설의 설치

	부지가 1천㎡미만	㉠ 단독주택 ㉡ 제1종 근린생활시설 중 일용품을 판매하는 소매점, 주민의 진료·치료 등을 위한 시설, 탁구장, 체육도장, 공공업무를 수행하는 시설, 주민이 공동으로 이용하는 시설(공중화장실 및 대피소 제외), 금융업소, 사무소 등 ㉢ 제2종 근린생활시설 중 공연장, 종교집회장, 서점, 총포판매소, 사진관, 표구점, 청소년게임제공업소, 장의사, 동물병원, 학원, 교습소, 직업훈련소, 독서실, 기원, 테니스장, 체력단련장, 에어로빅장 등(골프연습장 제외)
	부지가 3천㎡미만	• 제1종 근린생활시설 중 공중화장실, 대피소, 그밖에 이와 비슷한 것, 통신용시설, 정수장, 양수장 등(변전소 및 도시가스배관시설은 제외)

V. 걸치는 토지에 대한 행위제한

농업진흥구역과 농업보호구역이 걸치는 경우	농업진흥구역에 속하는 면적이 330㎡이하 농업보호구역 적용
농업진흥지역과 그 외의 지역이 걸치는 경우	농업진흥구역에 속하는 면적이 330㎡이하 행위제한 규정 적용X

- 초과하는 경우 각각 적용함

VI. 농업진흥지역의 농지매수 청구

매수청구	• 농업진흥지역의 농지를 소유하고 있는 농업인 또는 농업법인은 한국농어촌공사에 그 농지의 매수를 청구할 수 있다.
매수가격	• 한국농어촌공사는 매수 청구를 받으면 감정평가법인등이 평가한 금액을 기준으로 해당 농지를 매수할 수 있다.
자금융자	• 한국농어촌공사가 농지를 매수하는 데에 필요한 자금은 농지관리기금에서 융자한다.

VII. 기득권 보호

농업진흥지역 지정 당시 관계 법령에 따라 인가·허가 또는 승인 등을 받거나 신고하고 설치한 기존의 건축물·공작물과 그 밖의 시설에 대하여는 행위 제한 규정을 적용하지 아니한다. 또한 농업진흥지역 지정 당시 관계 법령에 따라 ①건축물의 건축, ②공작물이나 그 밖의 시설의 설치, ③토지의 형질변경, ④그 밖에 이에 준하는 행위에 대하여 인가·허가·승인 등을 받거나 신고하고 공사 또는 사업을 시행 중인 자는 그 공사 또는 사업에 대하여만 행위 제한 규정을 적용하지 아니한다.

핵심 지문 기출 OX

01 농지법령상 농업보호구역의 용수원 확보, 수질보전 등 농업 환경을 보호하기 위하여 필요한 지역을 농업진흥구역으로 지정할 수 있다.(x)[22회]

02 농지법령상 광역시의 녹지지역은 농업진흥구역의 지정 대상이 아니다.(x)[22회]

03 농지법령상 광역시의 관리지역은 농업진흥지역을 지정할 수 없는 지역이다.(x)[31회]

04 농지법령상 광역시의 농림지역은 농업진흥지역을 지정할 수 없는 지역이다.(x)[31회]

05 농지법령상 군의 자연환경보전지역은 농업진흥지역을 지정할 수 없는 지역이다.(x)[31회]

06 농지법령상 특별시의 녹지지역은 농업진흥지역을 지정할 수 없는 지역이다.(o)[31회]

07 농지법령상 특별시의 관리지역은 농업진흥지역을 지정할 수 없는 지역이다.(x)[31회]

Unit 5 농지전용

Ⅰ. 농지의 전용허가

농지를 전용하려는 자는 다음에 해당하는 경우 외에는 **농림축산식품부장관의 허가**를 받아야 한다.

> ㉠ 도시지역 또는 계획관리지역에 있는 농지로서 농지전용 협의를 거친 농지나 협의 대상에서 제외되는 농지를 전용하는 경우
> ㉡ 농지전용신고를 하고 농지를 전용하는 경우
> ㉢ 산지전용허가를 받지 아니하거나 산지전용신고를 하지 아니하고 불법으로 개간한 농지를 산림으로 복구하는 경우
> ㉣ 허가 받은 농지의 면적 또는 경계 등 다음의 중요 사항을 변경하려는 경우
>   ⓐ 전용허가를 받은 농지의 면적 또는 경계
>   ⓑ 전용허가를 받은 농지의 위치(동일 필지 안에서 위치를 변경하는 경우에 한한다)
>   ⓒ 전용허가를 받은 자의 명의

- 허가를 받아야 하는 경우

> ㉠ 다른 법률에 따라 농지전용허가가 의제되는 협의를 거쳐 농지를 전용하는 경우
> ㉡ 하천법에 따라 하천관리청으로부터 허가를 받아 농지를 형질변경하거나 공작물을 설치하기 위하여 농지를 전용하는 경우

Ⅱ. 농지전용신고

농지를 다음 어느 하나에 해당하는 시설의 부지로 전용하려는 자는 **시장·군수 또는 자치구구청장에게 신고**하여야 한다. 신고한 사항을 변경하려는 경우에도 또한 같다.

① 농업인 주택, 어업인 주택, 농축산업용 시설(개량시설과 농축산물 생산시설은 제외), 농수산물 유통·가공 시설
② 어린이놀이터·마을회관 등 농업인의 공동생활 편의 시설
③ 농수산 관련 연구 시설과 양어장·양식장 등 어업용 시설

III. 농지전용협의

주무부장관이나 지방자치단체의 장은 다음 어느 하나에 해당하면 농림축산식품부장관과 미리 농지전용에 관한 협의를 하여야 한다.

① 도시지역에 주거지역·상업지역·공업지역을 지정하거나 도시지역에 도시·군계획시설을 결정할 때에 해당 지역 예정지 또는 시설 예정지에 농지가 포함되어 있는 경우. 다만, 이미 지정된 주거지역·상업지역·공업지역을 다른 지역으로 변경하거나 이미 지정된 주거지역·상업지역·공업지역에 도시·군계획시설을 결정하는 경우는 제외한다.

② 계획관리지역에 지구단위계획구역을 지정할 때에 해당 구역 예정지에 농지가 포함되어 있는 경우

③ 도시지역의 녹지지역 및 개발제한구역의 농지에 대하여 개발행위를 허가하거나 토지의 형질변경 허가를 하는 경우

IV. 타용도 일시사용허가

농지를 다음 어느 하나에 해당하는 용도로 일시 사용하려는 자는 일정 기간 사용한 후 농지로 복구한다는 조건으로 시장·군수 또는 자치구구청장의 허가를 받아야 한다. 허가받은 사항을 변경하려는 경우에도 또한 같다. 다만, 국가나 지방자치단체의 경우에는 시장·군수 또는 자치구구청장과 협의하여야 한다.

① 건축허가 또는 건축신고 대상시설이 아닌 간이 농수축산업용 시설(개량시설과 농축산물 생산시설은 제외한다)과 농수산물의 간이 처리 시설을 설치하는 경우 (7년 이내 + 연장 5년 이내)

② 주목적사업(해당 농지에서 허용되는 사업만 해당)을 위하여 현장 사무소나 부대시설, 그 밖에 이에 준하는 시설을 설치하거나 물건을 적치하거나 매설하는 경우 (그 주목적 사업의 시행에 필요한 기간 이내 + 연장 3년 이내)

③ 대통령령으로 정하는 토석과 광물을 채굴하는 경우 (5년 이내 + 연장 3년 이내)

④ 전기사업을 영위하기 위한 목적으로 설치하는 태양에너지 발전설비로서 다음의 요건을 모두 갖춘 경우 (5년 이내 + 연장 18년, 단, 1회 연장기간 3년 초과 불가)
  ㉠ 공유수면매립을 통하여 조성한 토지 중 토양 염도가 일정 수준 이상인 지역 등 농림축산식품부령으로 정하는 지역에 설치하는 시설일 것
  ㉡ 설치 규모, 염도 측정방법 등 농림축산식품부장관이 별도로 정한 요건에 적합하게 설치하는 시설일 것

⑤ 「건축법」에 따른 건축허가 또는 건축신고 대상시설이 아닌 작물재배사(고정식온실·버섯재배사 및 비닐하우스는 제외) 중 농업생산성 제고를 위하여 정보통신기술을 결합한 시설로서 대통령령으로 정하는 요건을 모두 갖춘 시설을 설치하는 경우 (7년 이내 + 연장 9년, 단, 1회 연장기간 3년 초과 불가)

V. 타용도 일시사용 신고

농지를 다음 어느 하나에 해당하는 용도로 일시사용하려는 자는 지력을 훼손하지 아니하는 범위에서 일정 기간 사용한 후 농지로 원상복구한다는 조건으로 시장·군수 또는 자치구구청장에게 신고하여야 한다. 신고한 사항을 변경하려는 경우에도 또한 같다. 다만, 국가나 지방자치단체의 경우에는 시장·군수 또는 자치구구청장과 협의하여야 한다.

> ㉠ 썰매장, 지역축제장 등으로 일시적으로 사용하는 경우
> ㉡ 타용도 일시사용허가에 해당하는 경우로 ①과 ②(Ⅳ. 타용도 일시사용허가)에 해당하는 시설을 일시적으로 설치하는 경우

Ⅵ. 농지보전부담금

납부의무자	• 다음 어느 하나에 해당하는 자는 농지의 보전·관리 및 조성을 위한 부담금을 농지관리기금을 운용·관리하는 자에게 내야 한다. ① 농지전용허가를 받는 자 ② 농지전용협의를 거친 지역 예정지 또는 시설 예정지에 있는 농지를 전용하려는 자 ③ 농지전용에 관한 협의를 거친 구역 예정지에 있는 농지를 전용하려는 자 ④ 농지전용협의를 거친 농지를 전용하려는 자 ⑤ 농지전용신고를 하고 농지를 전용하려는 자
강제징수	• 농림축산식품부장관은 농지보전부담금을 내야 하는 자가 독촉장을 받고 지정된 기한까지 부담금과 가산금 및 중가산금을 내지 아니하면 국세 또는 지방세 체납처분의 예에 따라 징수할 수 있다.
가산금 및 중가산금	• 농림축산식품부장관은 농지보전부담금을 내야 하는 자가 납부기한까지 부담금을 내지 아니한 경우에는 납부기한이 지난 날부터 체납된 농지보전부담금의 100분의 3에 상당하는 금액을 가산금으로 부과한다. 농림축산식품부장관은 농지보전부담금을 체납한 자가 체납된 농지보전부담금을 납부하지 아니한 때에는 납부기한이 지난 날부터 1개월이 지날 때마다 체납된 농지보전부담금의 1천분의 12에 상당하는 중가산금을 가산금에 더하여 부과하되, 체납된 농지보전부담금의 금액이 100만원 미만인 경우는 중가산금을 부과하지 아니한다. 이 경우 중가산금을 가산하여 징수하는 기간은 60개월을 초과하지 못한다.

Ⅶ. 전용허가의 취소

1. 전용허가의 취소

농림축산식품부장관, 시장·군수 또는 자치구구청장은 농지전용허가 또는 농지의 타용도 일시사용허가를 받았거나 농지전용신고, 농지의 타용도 일시사용신고 또는 농지개량행위의 신고를 한 자가 다음 어느 하나에 해당하면 농림축산식품부령으로 정하는 바에 따라 허가를 취소하거나 관계 공사의 중지, 조업의 정지, 사업규모의 축소 또는 사업계획의 변경, 그 밖에 필요한 조치를 명할 수 있다. 다만, ⓐ에 해당하면 그 허가를 취소하여야 한다.

> ㉠ 거짓이나 그 밖의 부정한 방법으로 허가를 받거나 신고한 것이 판명된 경우
> ㉡ 허가 목적이나 허가 조건을 위반하는 경우
> ㉢ 허가를 받지 아니하거나 신고하지 아니하고 사업계획 또는 사업 규모를 변경하는 경우
> ㉣ 허가를 받거나 신고를 한 후 농지전용 목적사업과 관련된 사업계획의 변경 등 대통령령으로 정하는 정당한 사유 없이 최초로 허가를 받거나 신고를 한 날부터 2년 이상 대지의 조성, 시설물의 설치 등 농지전용 목적사업에 착수하지 아니하거나 농지전용 목적사업에 착수한 후 1년 이상 공사를 중단한 경우
> ㉤ 농지보전부담금을 내지 아니한 경우
> ㉥ 허가를 받은 자나 신고를 한 자가 허가취소를 신청하거나 신고를 철회하는 경우
> ⓐ 허가를 받은 자가 관계 공사의 중지 등 이 조 본문에 따른 조치명령을 위반한 경우

2. 농지전용이 의제되는 경우 전용허가의 취소 요청

농림축산식품부장관은 다른 법률에 따라 농지의 전용이 의제되는 협의를 거쳐 농지를 전용하려는 자가 농지보전부담금 부과 후 농지보전부담금을 납부하지 아니하고 2년 이내에 농지전용의 원인이 된 목적사업에 착수하지 아니하는 경우 관계 기관의 장에게 그 목적사업에 관련된 승인·허가 등의 취소를 요청할 수 있다. 이 경우 취소를 요청받은 관계 기관의 장은 특별한 사유가 없으면 이에 따라야 한다.

Ⅷ. 농지의 지목변경 제한

지목변경	허가		농지전용신고	농지전용협의
	농지전용허가	농지일시사용허가		
	농지지목변경O	농지지목변경X	농지지목변경O	농지지목변경O
	전 · 답 · 과수원 외 지목변경 가능 (이것 외는 전·답·과수원 외 지목변경X)			

핵심 지문 기출 OX

01 농지법령상 전용허가를 받은 농지의 위치를 동일 필지 안에서 변경하는 경우에는 농지전용신고를 하여야 한다.(x)²⁹회

02 농지법령상 「산지관리법」에 따른 산지전용허가를 받지 아니하고 불법으로 개간한 농지를 산림으로 복구하는 경우는 농지전용허가의 대상이 아니다.(o)²³회

03 농지법령상 산지전용허가를 받지 아니하고 불법으로 개간한 농지라도 이를 다시 산림으로 복구하려면 농지전용허가를 받아야 한다.(x)²⁹회

04 농지법령상 다른 법률에 따라 농지전용허가가 의제되는 협의를 거쳐 농지를 전용하는 경우는 농지전용허가를 받지 않아도 된다.(x)²³회

05 농지법령상 농지를 농업인 주택의 부지로 전용하려는 경우에는 농림축산식품부장관에게 농지전용신고를 하여야 한다.(x)²⁹회

06 농지법령상 주말·체험영농을 하려고 농지를 소유하는 경우 소유농지를 농수산물 유통·가공시설의 부지로 전용하려면 농지전용신고를 하여야 한다.(o)²⁶회

07 농지법령상 농업진흥지역 밖의 농지를 마을회관 부지로 전용하려는 자는 농지전용허가를 받아야 한다.(x)²⁴회

08 농지법령상 농지를 토목공사용 토석을 채굴하기 위하여 일시 사용하려는 사인은 5년 이내의 기간 동안 사용한 후 농지로 복구한다는 조건으로 시장·군수 또는 자치구구청장의 허가를 받아야 한다.(o)²³회

09 썰매장으로 사용하는 경우 농지의 타용도 일시사용신고를 할 수 있다.(o)³⁵회

10 지역축제장으로 사용하는 경우 농지의 타용도 일시사용신고를 할 수 있다.(o)³⁵회

11 해당 농지에서 허용되는 주목적사업을 위하여 현장 사무소를 설치하는 경우 농지의 타용도 일시사용신고를 할 수 있다.(o)³⁵회

12 해당 농지에서 허용되는 주목적사업을 위하여 물건을 매설하는 경우 농지의 타용도 일시사용신고를 할 수 있다.(o)³⁵회

13 「전기사업법」상 전기사업을 영위하기 위한 목적으로 「신에너지 및 재생에너지 개발·이용·보급 촉진법」에 따른 태양에너지 발전설비를 설치하는 경우 농지의 타용도 일시사용신고를 할 수 있다.(x)³⁵회

14 농지법령상 농지의 타용도 일시사용허가를 받는 자는 농지보전부담금을 납입하여야 한다.(x)²⁴회

15 농지법령상 농림수산식품부장관은 농지보전부담금을 내야 하는 자가 납부기한까지 부담금을 내지 아니하면 체납된 부담금의 〈100분의 3〉에 해당하는 가산금을 부과하여야 한다.(o)²²회

16 농지법령상 농업전용허가를 받은 자가 조업의 정지명령을 위반한 경우에는 그 허가를 취소하여야 한다.(o)²⁴회

17 농지법령상 농지전용허가를 받은 자가 관계 공사의 중지명령을 위반한 경우에는 허가를 취소하거나 조업의 정지를 명할 수 있다.(x)²³회

18 농지법령상 농지전용신고를 하고 농지를 전용하는 경우에는 농지를 전·답·과수원 외의 지목으로 변경하지 못한다.(x)²⁹회

Unit 6 농지대장

작성	• 시·구·읍·면의 장은 농지 소유 실태와 농지 이용 실태를 파악하여 이를 효율적으로 이용하고 관리하기 위하여 모든 농지에 대해 필지별로 농지대장을 작성하여 갖추어 두어야 한다. 이때 농지대장에 적을 사항을 전산정보처리조직으로 처리하는 경우 그 농지대장 파일은 농지대장으로 본다.
포함 내용	• 농지대장에는 농지의 소재지·지번·지목·면적·소유자·임대차 정보·농업진흥지역 여부 등을 포함한다.
농지이용 정보 등 변경신청	• 농지소유자 또는 임차인은 다음 사유가 발생하는 경우 그 변경사유가 발생한 날부터 60일 이내에 시·구·읍·면의 장에게 농지대장의 변경을 신청하여야 한다. ① 농지의 임대차계약과 사용대차계약이 체결·변경 또는 해제되는 경우 ② 토지에 농축산물 생산시설을 설치하는 경우 ③ 그 밖에 농림축산식품부령으로 정하는 사유에 해당하는 경우
열람 신청	• 농지대장을 열람하거나 그 등본을 교부받으려는 자는 구술 또는 문서(전자문서를 포함한다)로 시·구·읍·면장에게 이를 신청해야 한다. 농지대장의 열람은 해당 시·구·읍·면의 사무소 안에서 관계공무원의 참여 하에 해야 한다. 시·구·읍·면의 장은 자경하고 있는 농업인 또는 농업법인이 신청하면 농림축산식품부령으로 정하는 바에 따라 자경증명을 발급하여야 한다.
보존의무	• 시·구·읍·면장은 관할구역 안에 있는 농지가 농지전용허가 등의 사유로 농지에 해당하지 않게 된 경우에는 그 농지대장을 따로 편철하여 10년간 보존해야 한다. 이 경우 전산정보처리조직을 이용할 수 있다.

핵심 지문 기출 OX

01 농지대장은 모든 농지에 대해 필지별로 작성하는 것은 아니다.(x)[33회]

02 농지대장에 적을 사항을 전산정보처리조직으로 처리하는 경우 그 농지대장 파일은 농지대장으로 본다.(o)[33회]

03 농지소유자 또는 임차인은 농지의 임대차계약이 체결된 경우 그 날부터 60일 이내에 시·구·읍·면의 장에게 농지대장의 변경을 신청하여야 한다.(o)[33회]

04 농지대장의 열람은 해당 시·구·읍·면의 사무소 안에서 관계공무원의 참여 하에 해야 한다.(o)[33회]

05 시·구·읍·면의 장은 관할구역 안에 있는 농지가 농지전용허가로 농지에 해당하지 않게 된 경우에는 그 농지대장을 따로 편철하여 10년간 보존해야 한다.(o)[33회]

합격셀렉트 부동산공법

초판 1쇄 인쇄	2025. 02. 14.
초판 1쇄 발행	2025. 03. 01.
글	이현우
편집자	구낙회 · 김효선
표 지	그래픽웨일
일 러	소호 · 진연
마케팅	김효선
발행인	윤혜영
발행처	로앤오더
ISBN	979-11-6267-468-0
값	27,000원

2014년 02월 10일 I 제222-23-01234호
서울시 성동구 왕십리로 8길 21-1 2층 201호
전화 02-6332-1103 I 팩스 02-6332-1104
cafe.naver.com/lawnorder21

이 책은 저작권법에 따라 보호받는 저작물이므로 무단복제를 금지하며 이 책 내용의 전부 또는 일부를 이용하려면 반드시 저작권자와 로앤오더의 서면 동의를 받아야 합니다.

ⓒ 이 책에서 사용된 서체는 KoPubWorld바탕, KoPubWorld돋움, KBIZ한마음명조, 에스코어드림, 카페24클래식타입, NotoSansKR, MBC1961, Pretendard, 바른돋움, Tmon몬소리, 여기어때잘난체고딕을 사용하였습니다.